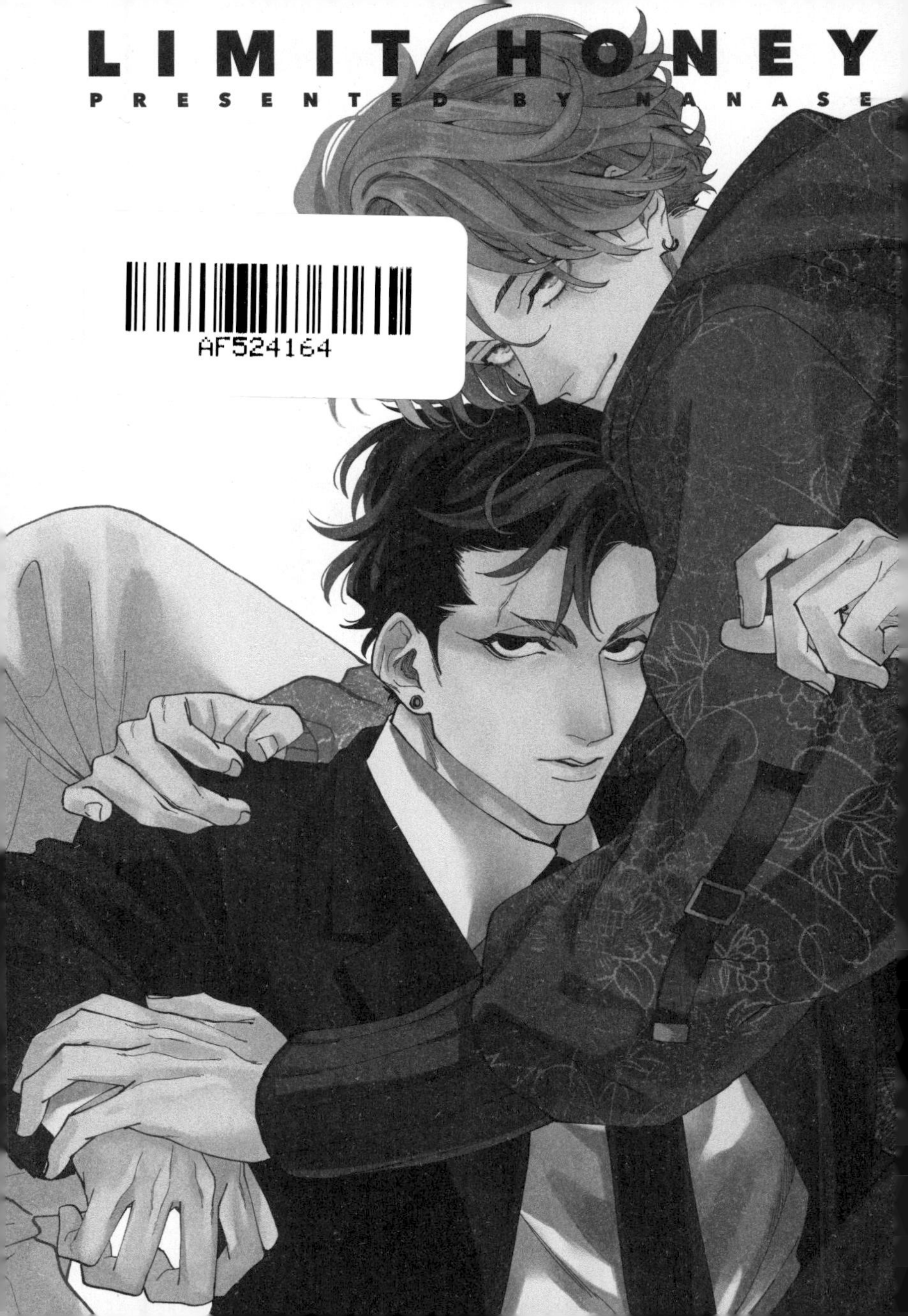

AF524164

LIMIT HONEY

INHALT

LIMIT HONEY 4TH SEASON

1 003

2 037

3 069

FINAL 101

BONUS 035

AN SCHLAF WAR NICHT
MEHR ZU DENKEN 133

LIMIT HONEY AFTER DAYS
KAKEI X OJI 139

TRAINING 171

ZUFALLSBEGEGNUNG IM CAFÉ 173

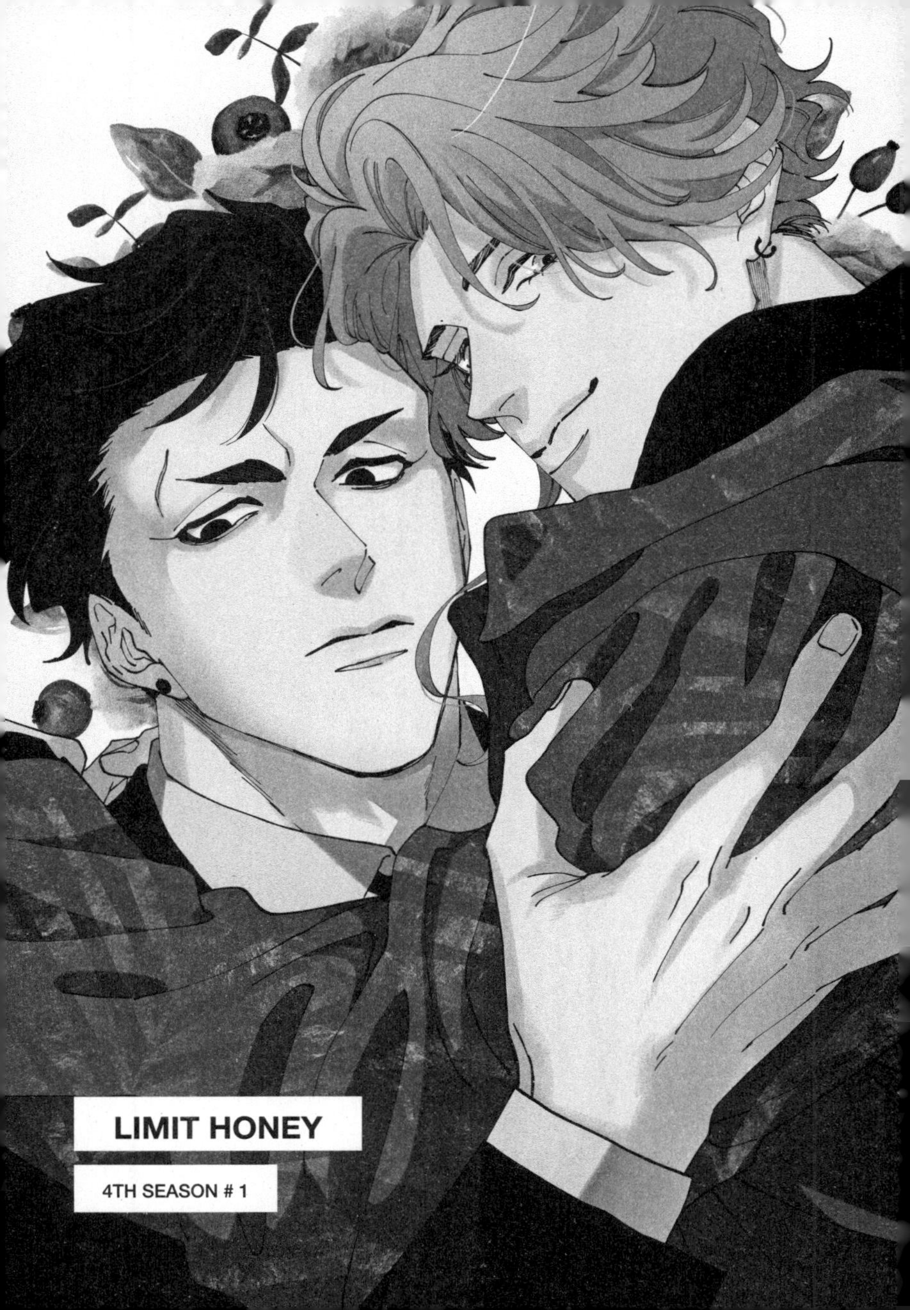
LIMIT HONEY
4TH SEASON # 1

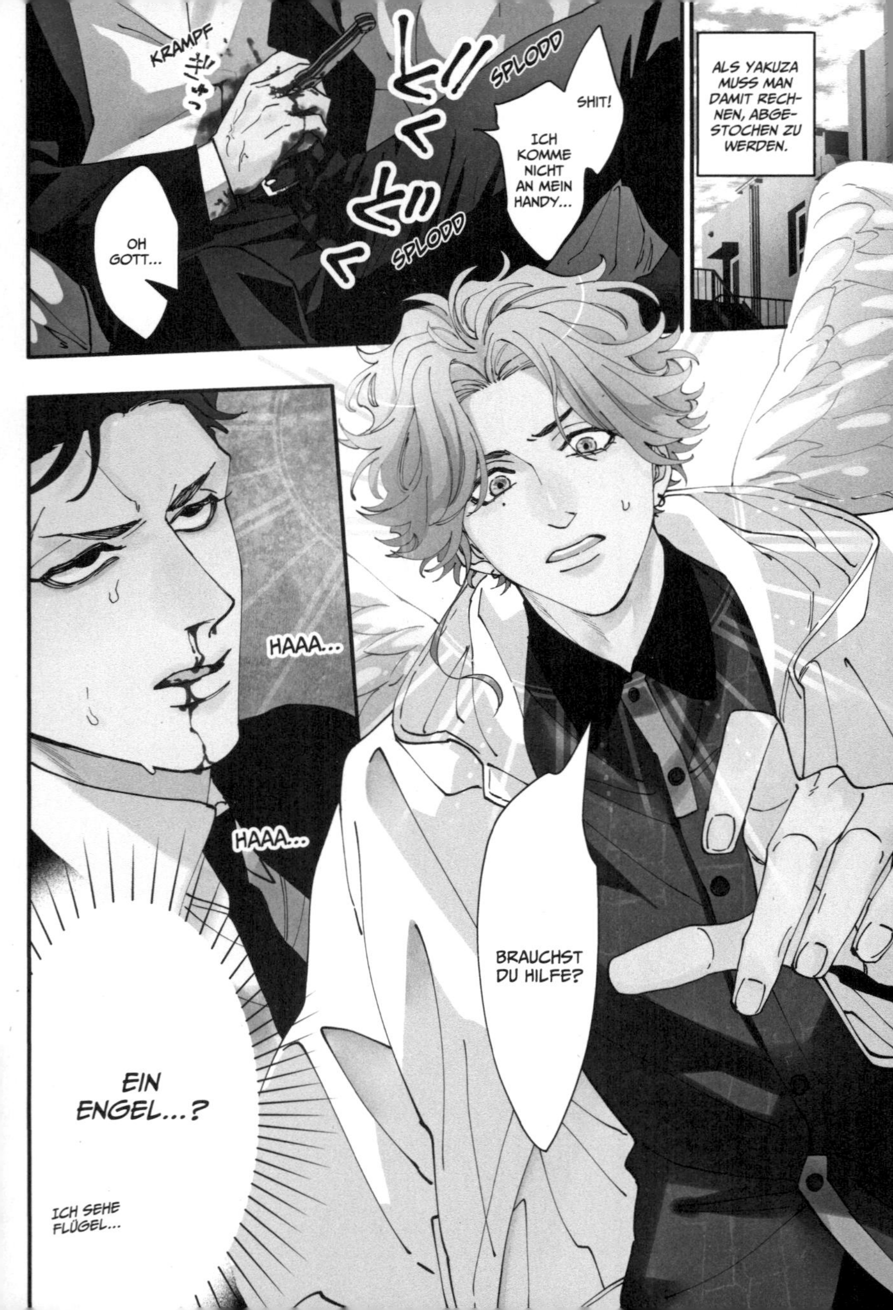
ALS YAKUZA MUSS MAN DAMIT RECHNEN, ABGESTOCHEN ZU WERDEN.
SHIT!
ICH KOMME NICHT AN MEIN HANDY...
SPLODD
SPLODD
KRAMPF
OH GOTT...
BRAUCHST DU HILFE?
HAAA...
HAAA...
EIN ENGEL...?
ICH SEHE FLÜGEL...

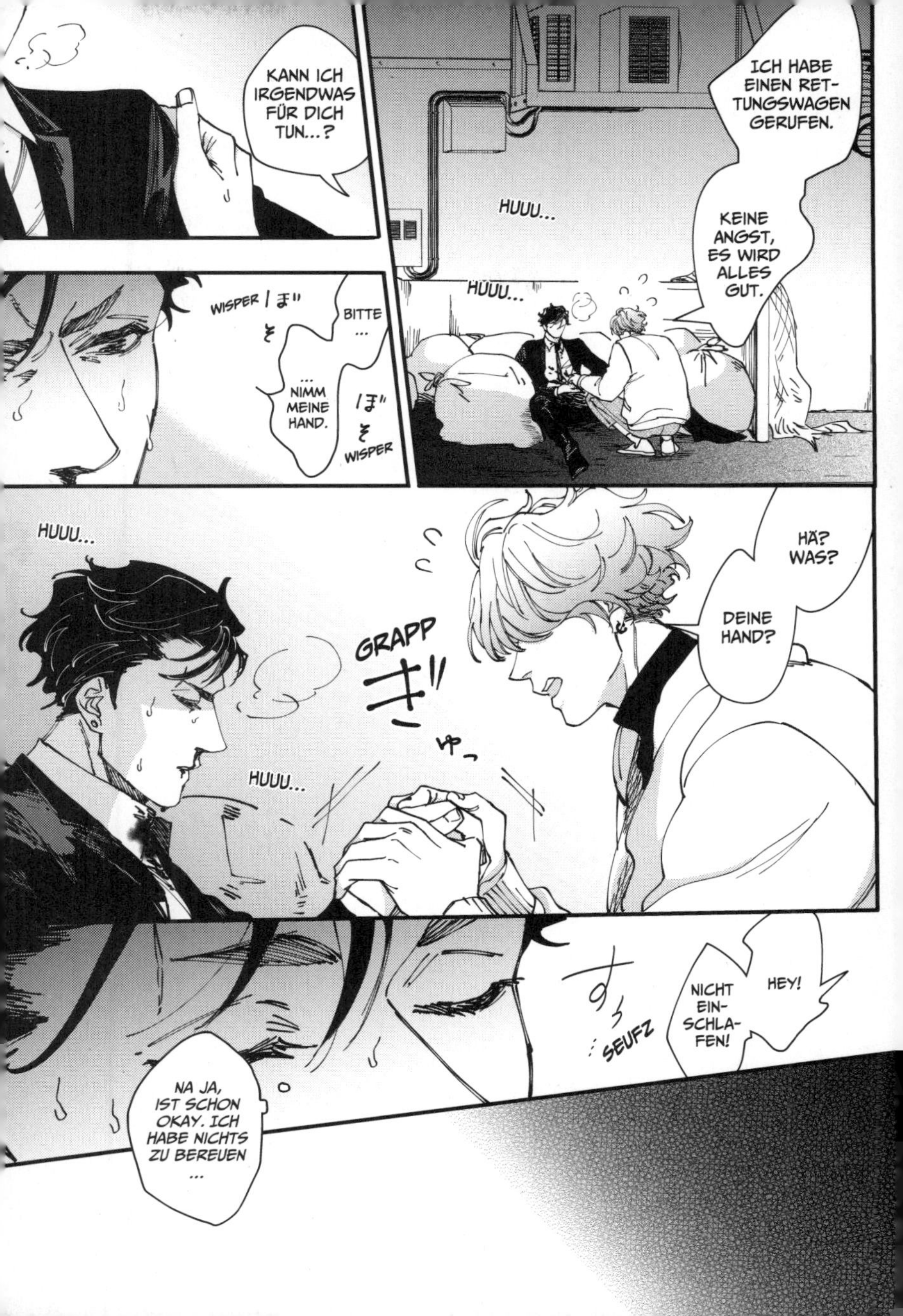

ICH HABE EINEN RETTUNGSWAGEN GERUFEN.
HUUU...
KANN ICH IRGENDWAS FÜR DICH TUN...?
KEINE ANGST, ES WIRD ALLES GUT.
HUUU...
BITTE ...
WISPER
... NIMM MEINE HAND.
WISPER
HUUU...
HÄ? WAS?
DEINE HAND?
GRAPP
HUUU...
HEY!
NICHT EIN-SCHLA-FEN!
SEUFZ
NA JA, IST SCHON OKAY. ICH HABE NICHTS ZU BEREUEN ...

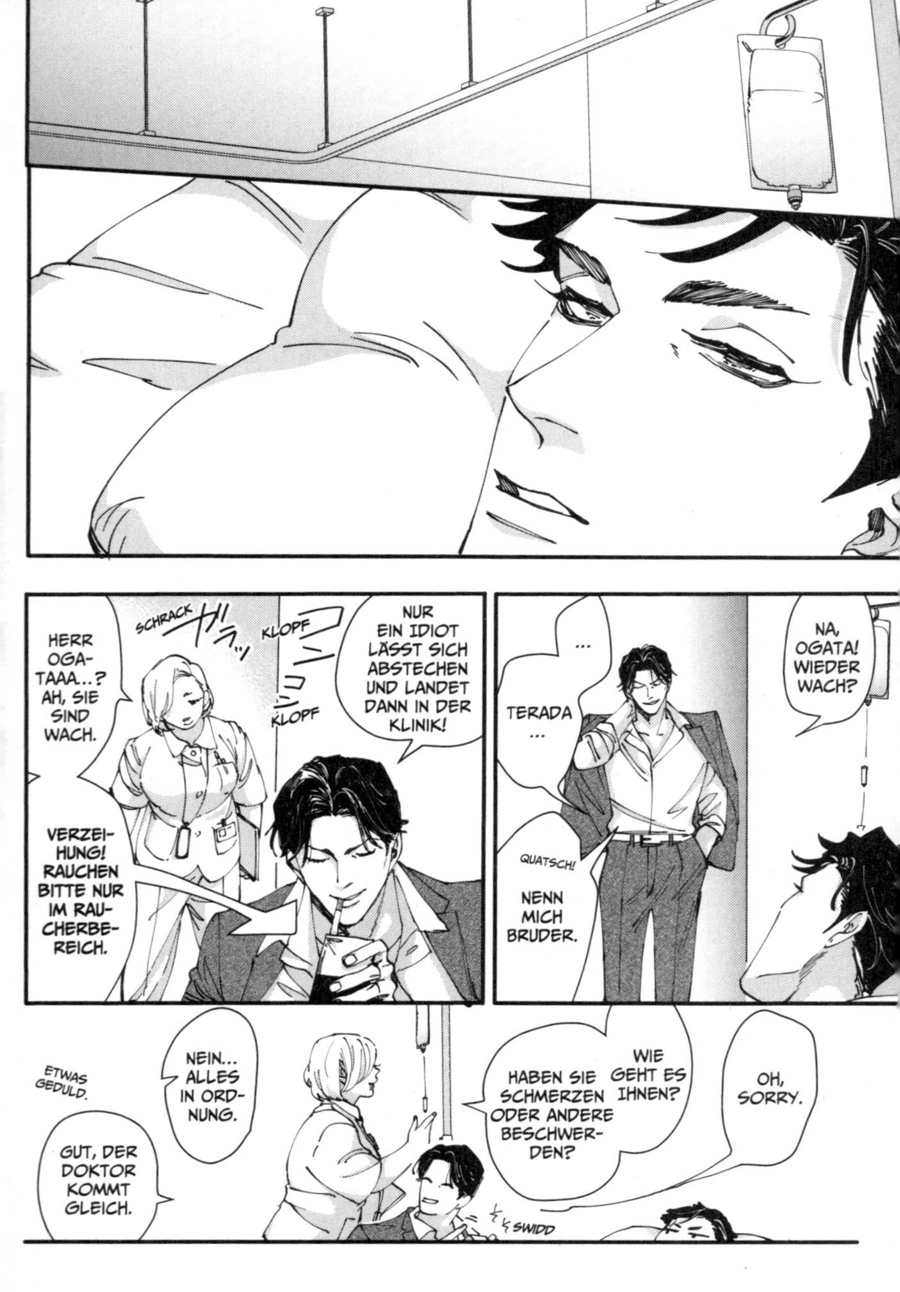
NA, OGATA! WIEDER WACH?
...
TERADA ...
QUATSCH!
NENN MICH BRUDER.
SCHRACK
KLOPF
KLOPF
NUR EIN IDIOT LÄSST SICH ABSTECHEN UND LANDET DANN IN DER KLINIK!
HERR OGATAAA...? AH, SIE SIND WACH.
VERZEIHUNG! RAUCHEN BITTE NUR IM RAUCHERBEREICH.
OH, SORRY.
WIE GEHT ES IHNEN?
HABEN SIE SCHMERZEN ODER ANDERE BESCHWERDEN?
SWIDD
NEIN... ALLES IN ORDNUNG.
GUT, DER DOKTOR KOMMT GLEICH.
ETWAS GEDULD.

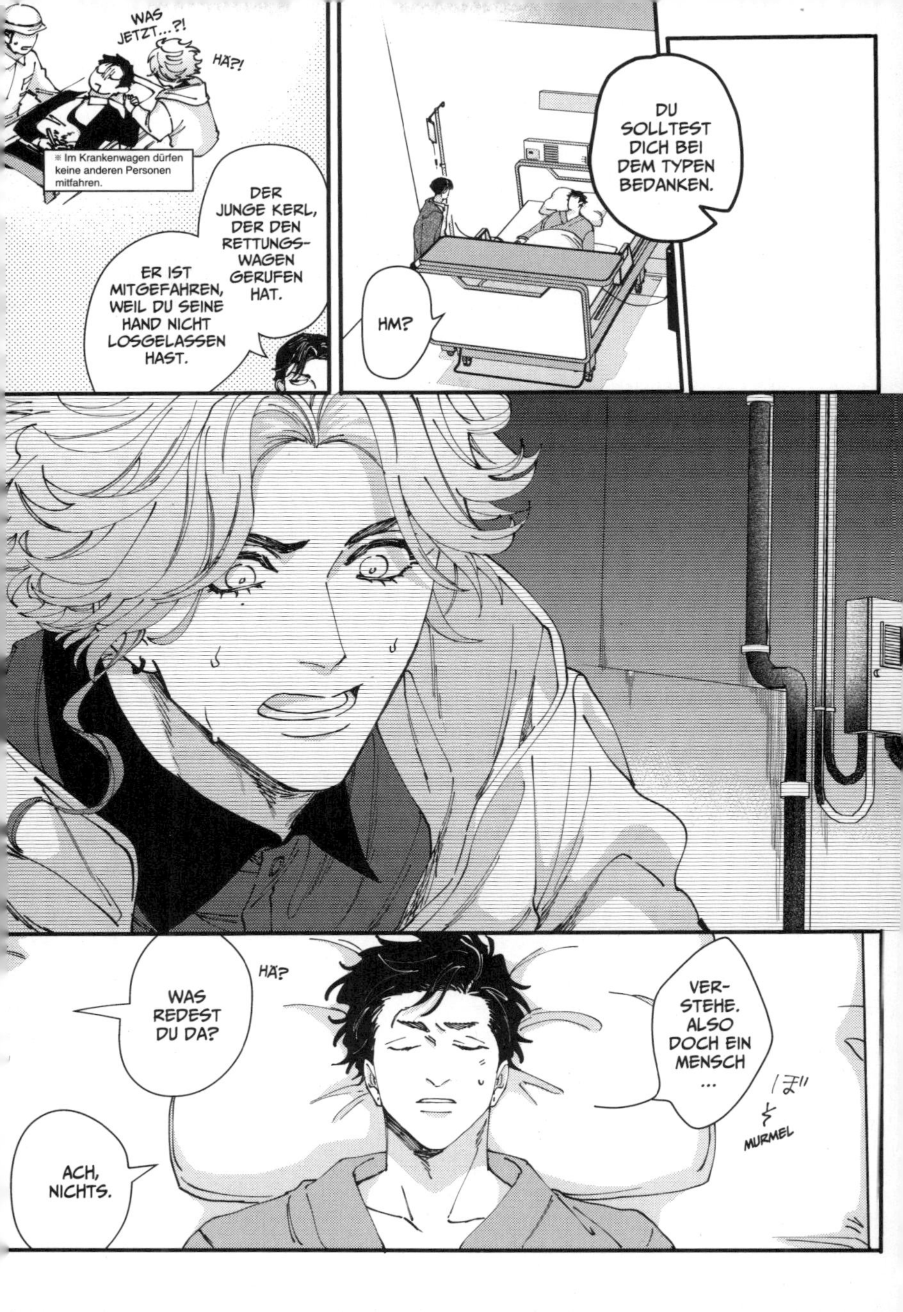
DU SOLLTEST DICH BEI DEM TYPEN BEDANKEN.
HM?
WAS JETZT...?!
HÄ?!
※ Im Krankenwagen dürfen keine anderen Personen mitfahren.
DER JUNGE KERL, DER DEN RETTUNGS-WAGEN GERUFEN HAT.
ER IST MITGEFAHREN, WEIL DU SEINE HAND NICHT LOSGELASSEN HAST.
VER-STEHE. ALSO DOCH EIN MENSCH ...
ぼそ
MURMEL
HÄ?
WAS REDEST DU DA?
ACH, NICHTS.

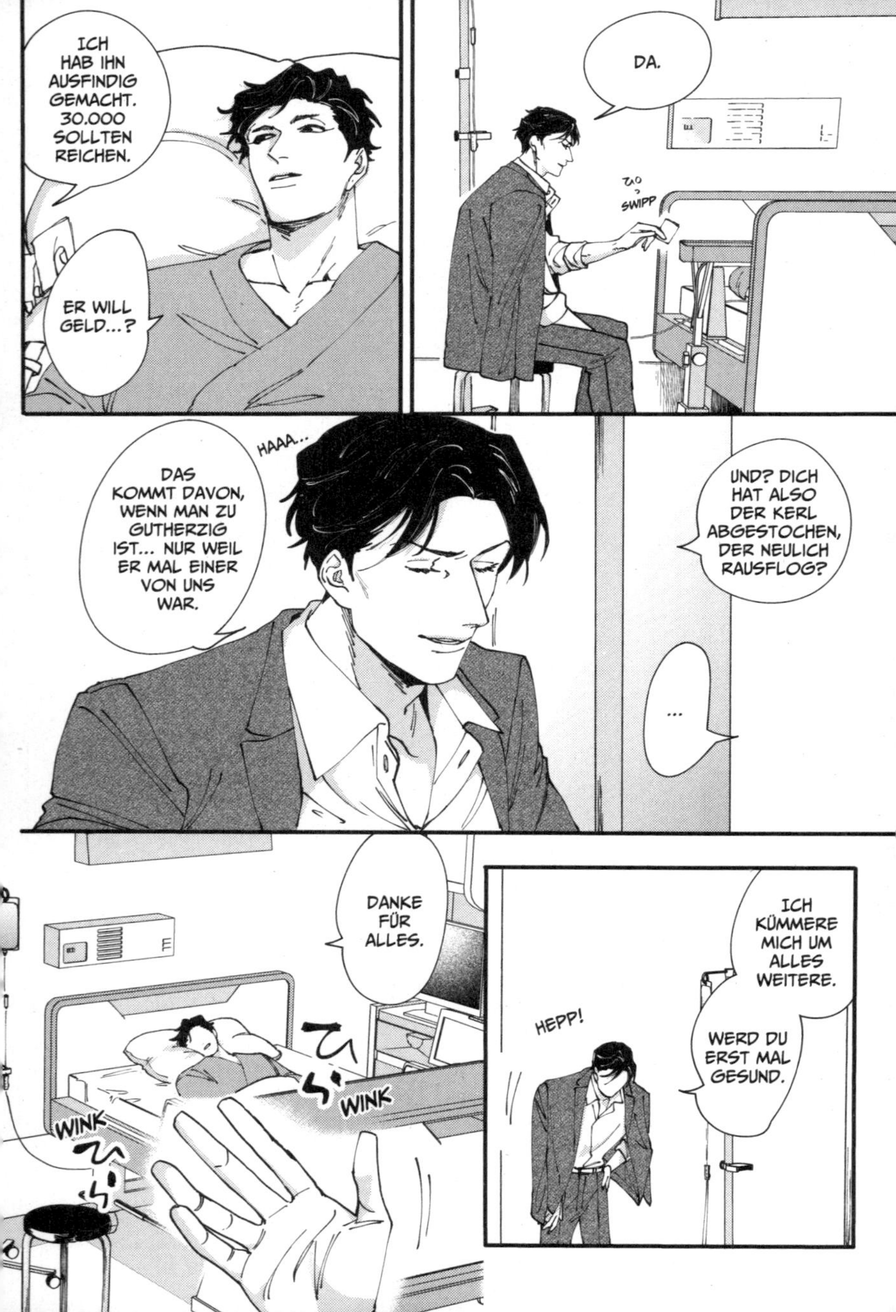
DA.
SWIPP
ICH HAB IHN AUSFINDIG GEMACHT. 30.000 SOLLTEN REICHEN.
ER WILL GELD...?
UND? DICH HAT ALSO DER KERL ABGESTOCHEN, DER NEULICH RAUSFLOG?
...
HAAA...
DAS KOMMT DAVON, WENN MAN ZU GUTHERZIG IST... NUR WEIL ER MAL EINER VON UNS WAR.
ICH KÜMMERE MICH UM ALLES WEITERE.
WERD DU ERST MAL GESUND.
HEPP!
DANKE FÜR ALLES.
WINK
WINK

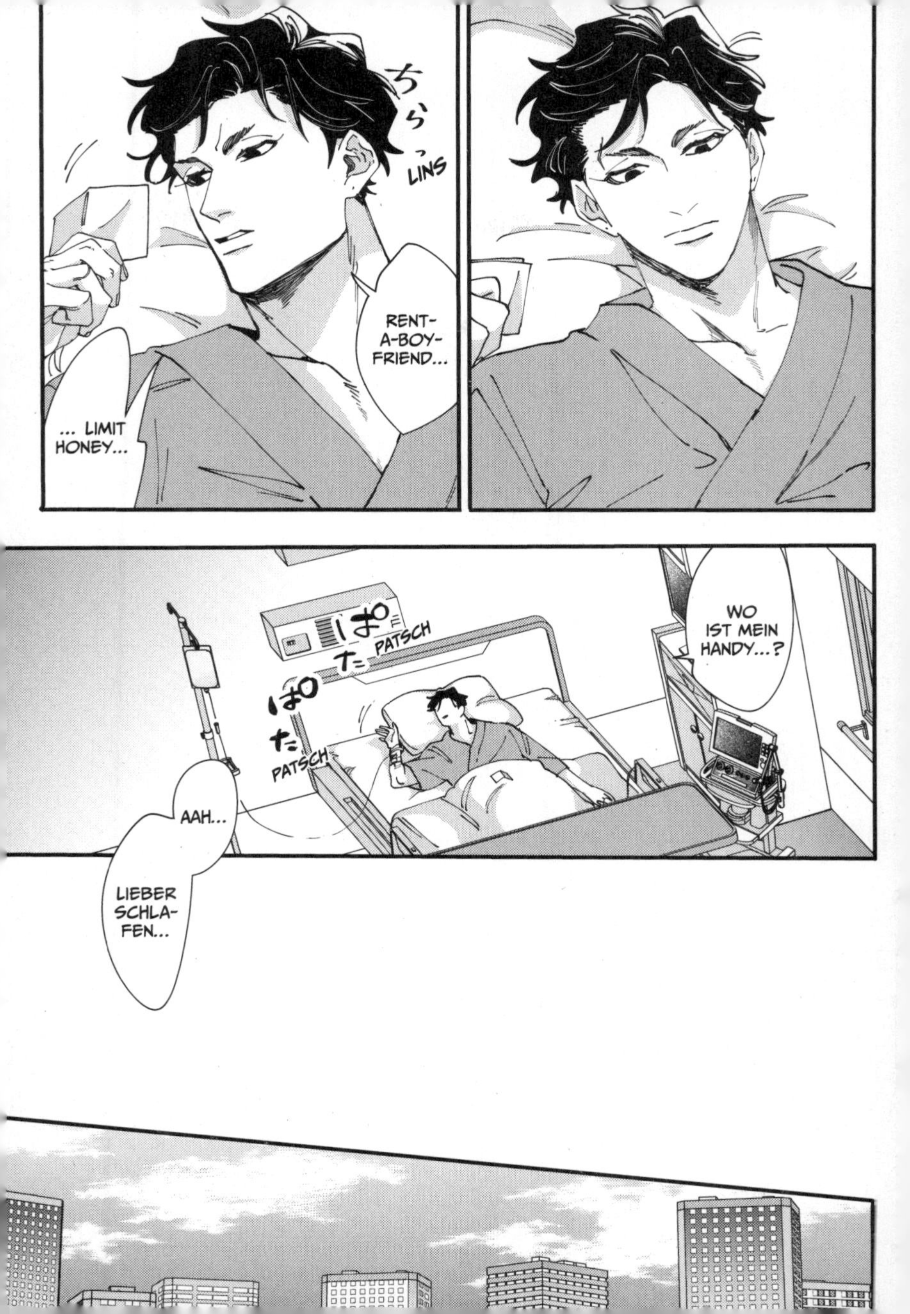

ちらっ LINS

RENT-A-BOY-FRIEND...

... LIMIT HONEY...

WO IST MEIN HANDY...?

ぱた PATSCH

ぱた PATSCH

AAH...

LIEBER SCHLA-FEN...

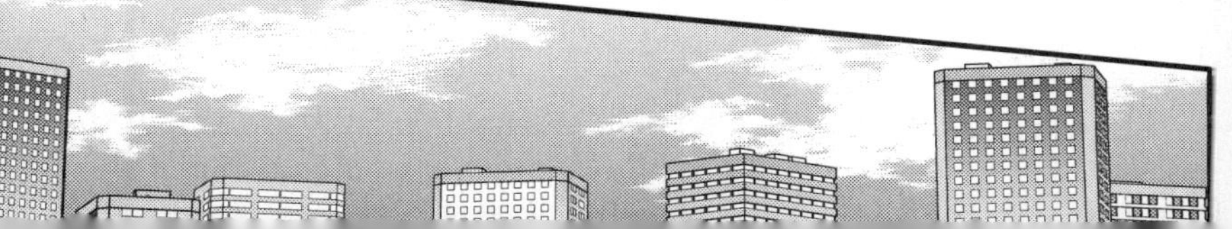

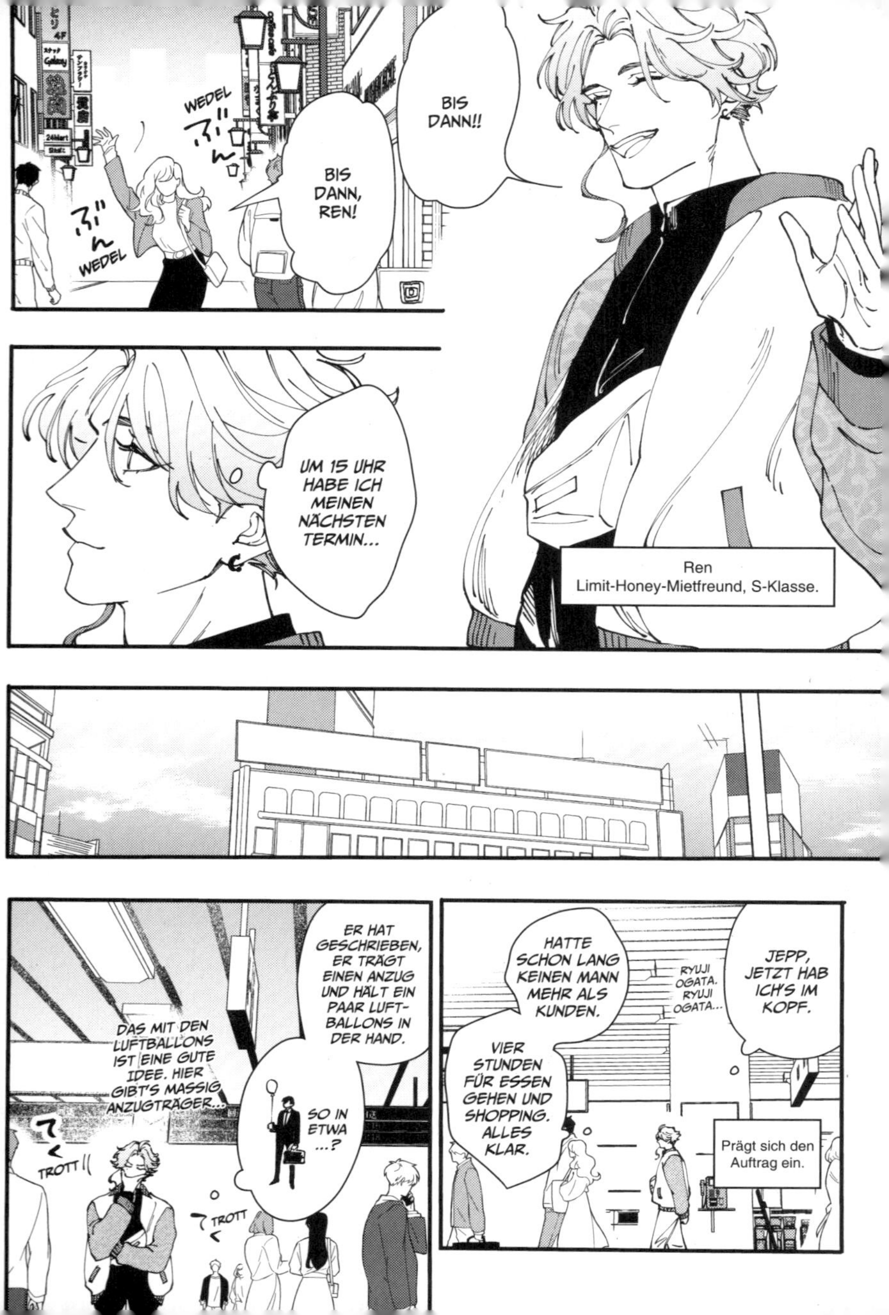

BIS DANN!!
BIS DANN, REN!
WEDEL ぶん
ぶん WEDEL

UM 15 UHR HABE ICH MEINEN NÄCHSTEN TERMIN...

Ren
Limit-Honey-Mietfreund, S-Klasse.

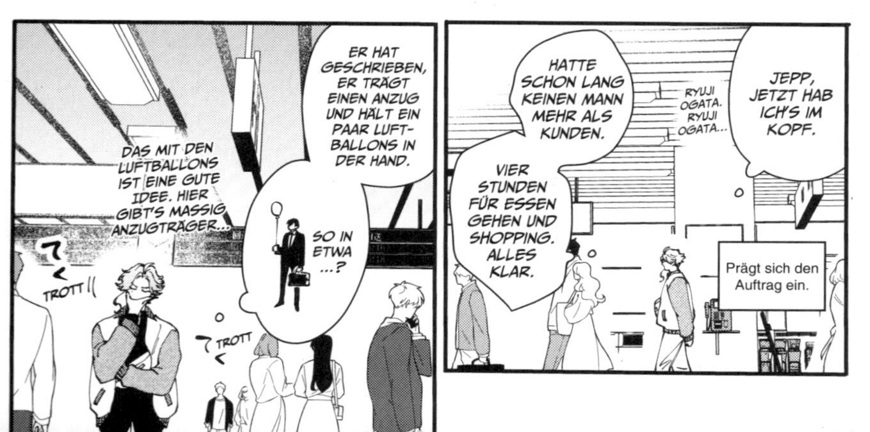

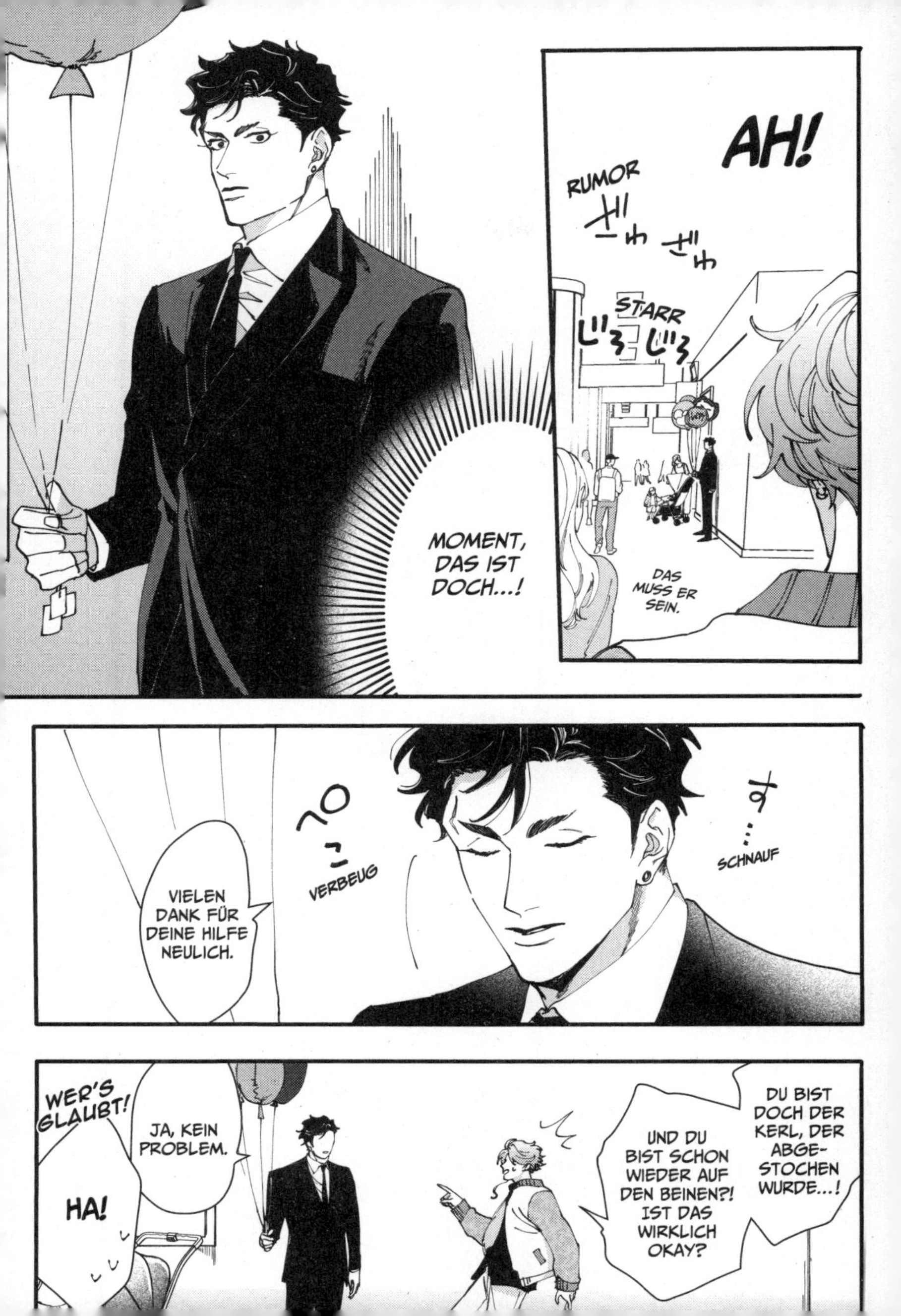

AH!
RUMOR
STARR
DAS MUSS ER SEIN.
MOMENT, DAS IST DOCH...!

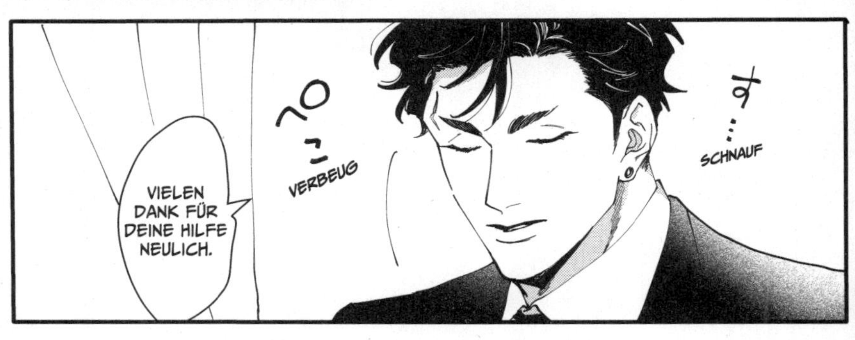

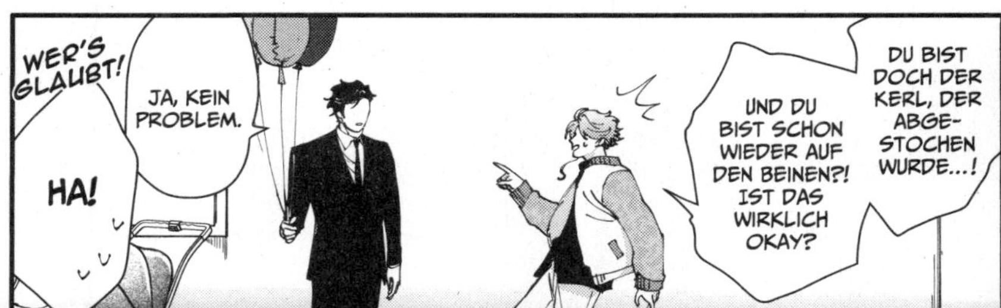

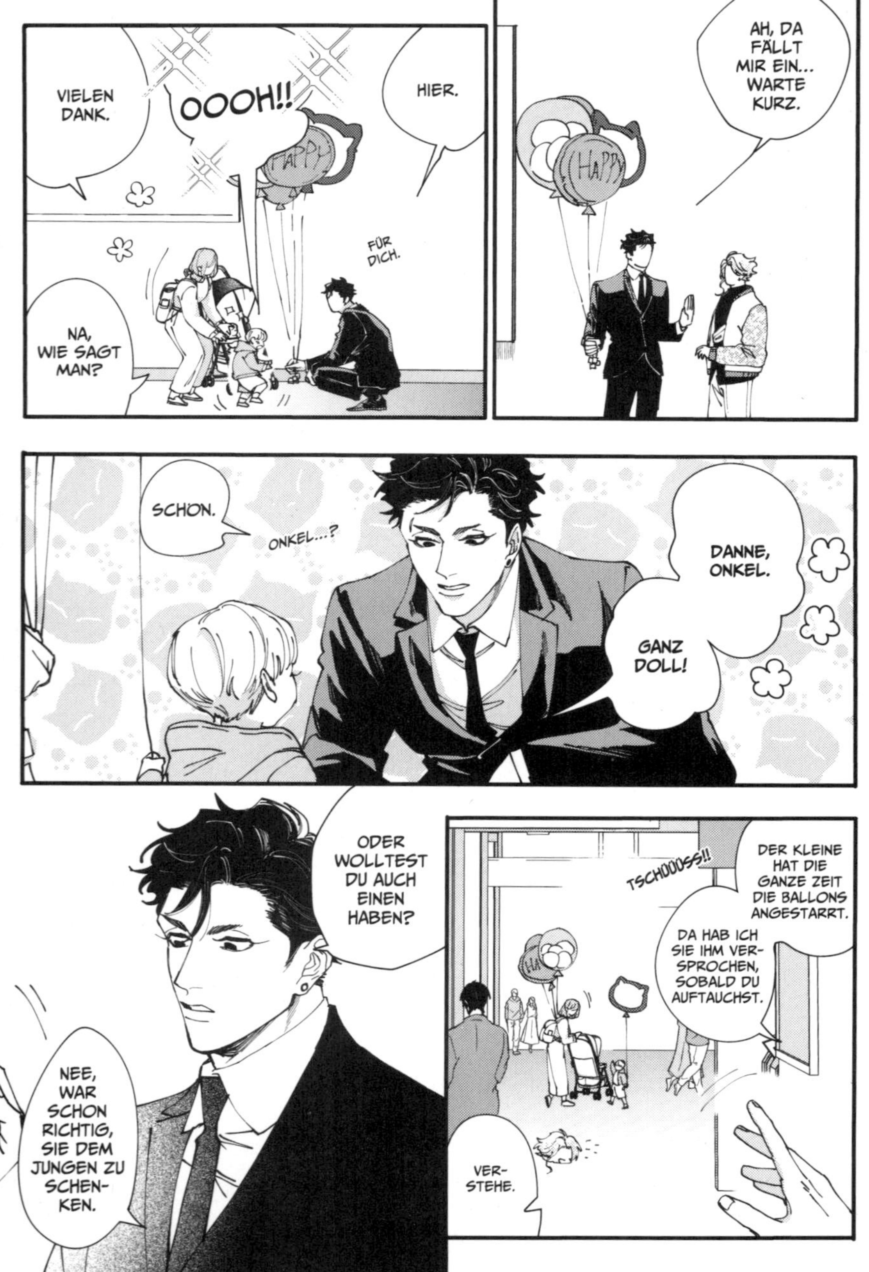
AH, DA FÄLLT MIR EIN... WARTE KURZ.
HIER.
FÜR DICH.
OOOH!!
NA, WIE SAGT MAN?
VIELEN DANK.
DANNE, ONKEL.
GANZ DOLL!
ONKEL...?
SCHON.
TSCHÜÜÜSS!!
DER KLEINE HAT DIE GANZE ZEIT DIE BALLONS ANGESTARRT.
DA HAB ICH SIE IHM VERSPROCHEN, SOBALD DU AUFTAUCHST.
VERSTEHE.
ODER WOLLTEST DU AUCH EINEN HABEN?
NEE, WAR SCHON RICHTIG, SIE DEM JUNGEN ZU SCHENKEN.

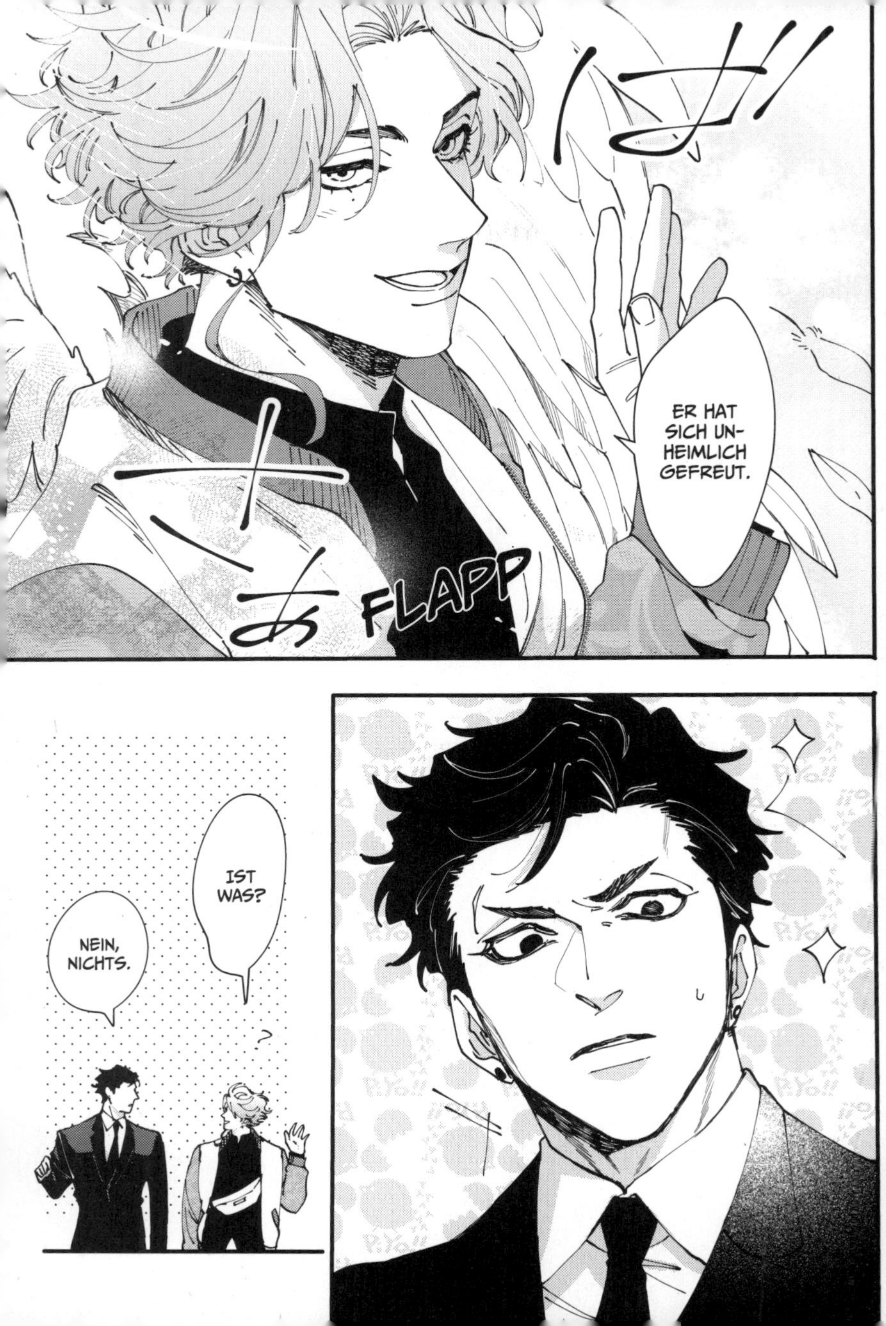

ER HAT SICH UN-HEIMLICH GEFREUT.

FLAPP

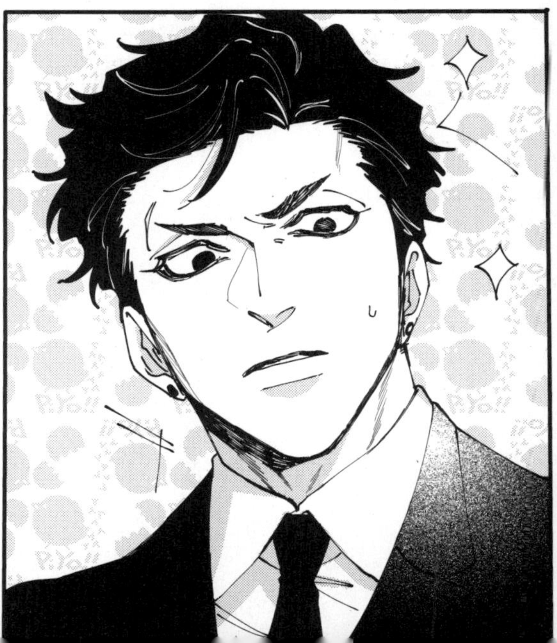

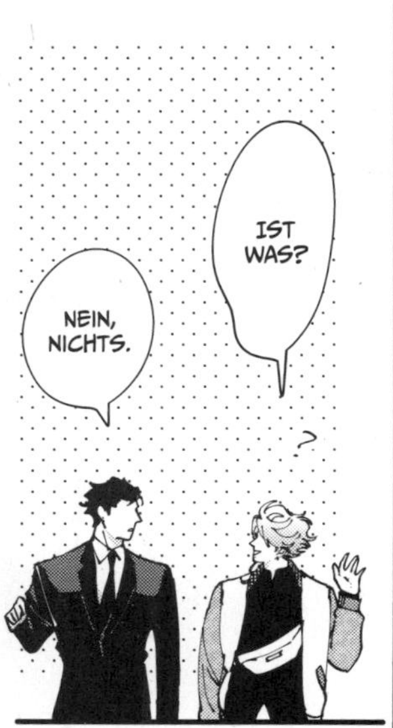

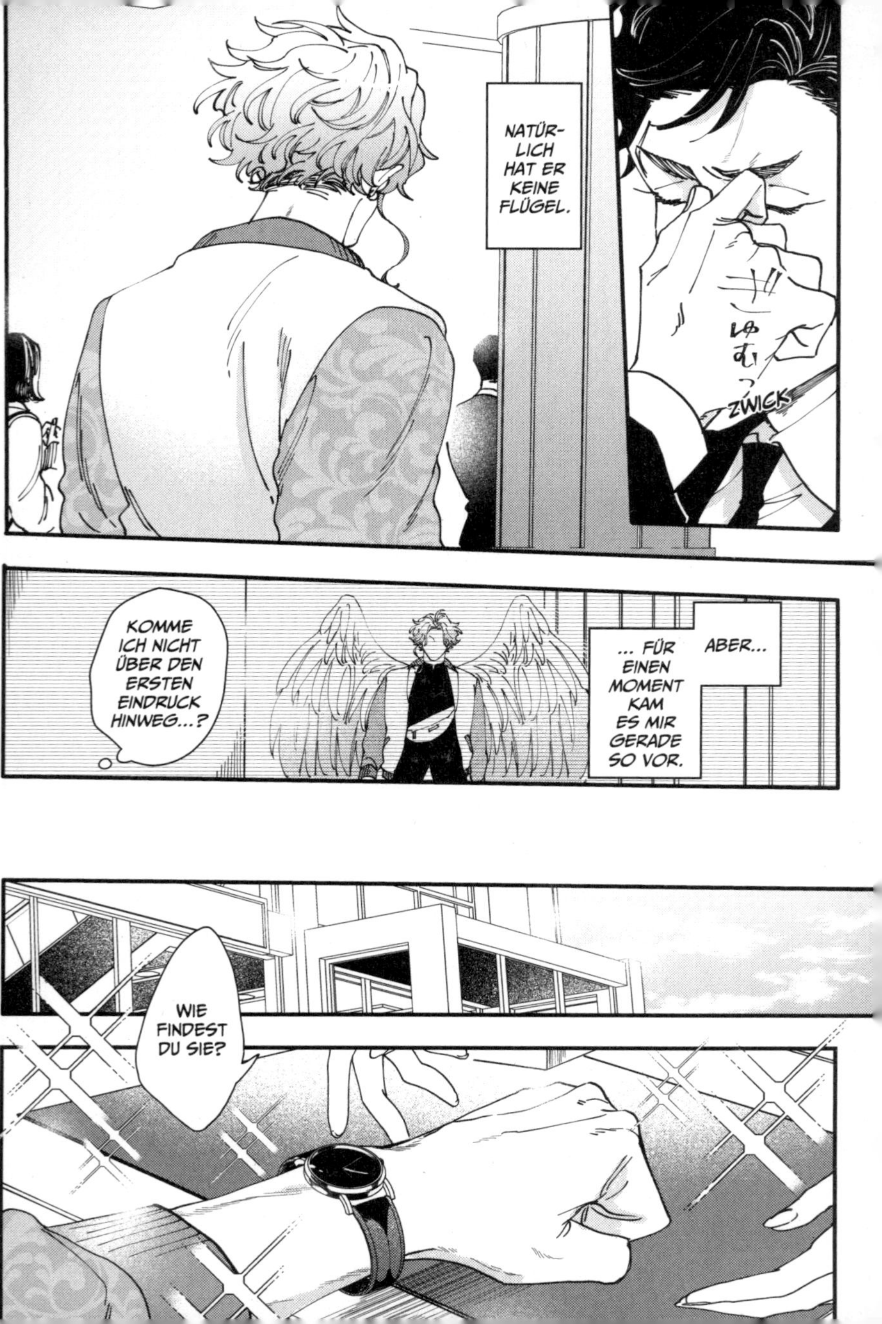

NATÜRLICH HAT ER KEINE FLÜGEL.

ZWICK

ABER...

... FÜR EINEN MOMENT KAM ES MIR GERADE SO VOR.

KOMME ICH NICHT ÜBER DEN ERSTEN EINDRUCK HINWEG...?

WIE FINDEST DU SIE?

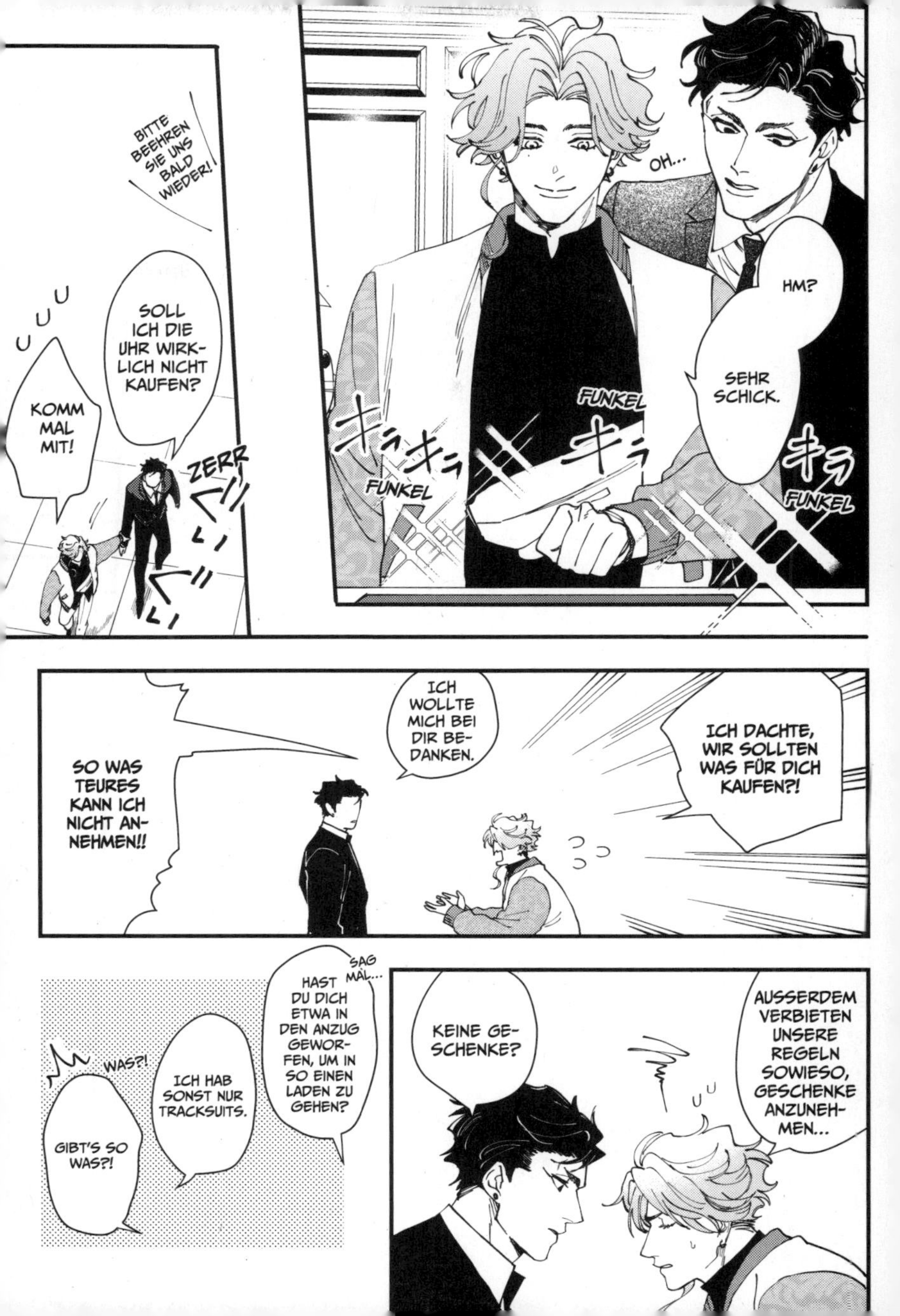

OH...
HM?
SEHR SCHICK.
FUNKEL
FUNKEL
FUNKEL
BITTE BEEHREN SIE UNS BALD WIEDER!
SOLL ICH DIE UHR WIRKLICH NICHT KAUFEN?
KOMM MAL MIT!
ZERR
ICH DACHTE, WIR SOLLTEN WAS FÜR DICH KAUFEN?!
ICH WOLLTE MICH BEI DIR BEDANKEN.
SO WAS TEURES KANN ICH NICHT ANNEHMEN!!

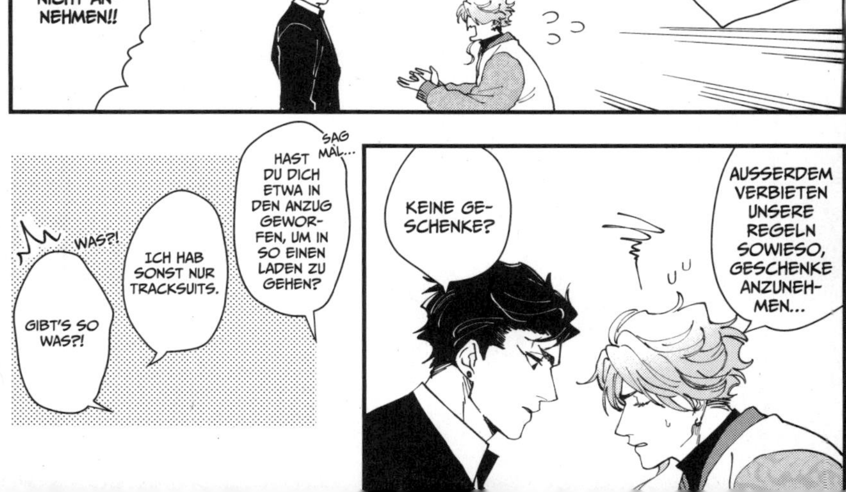

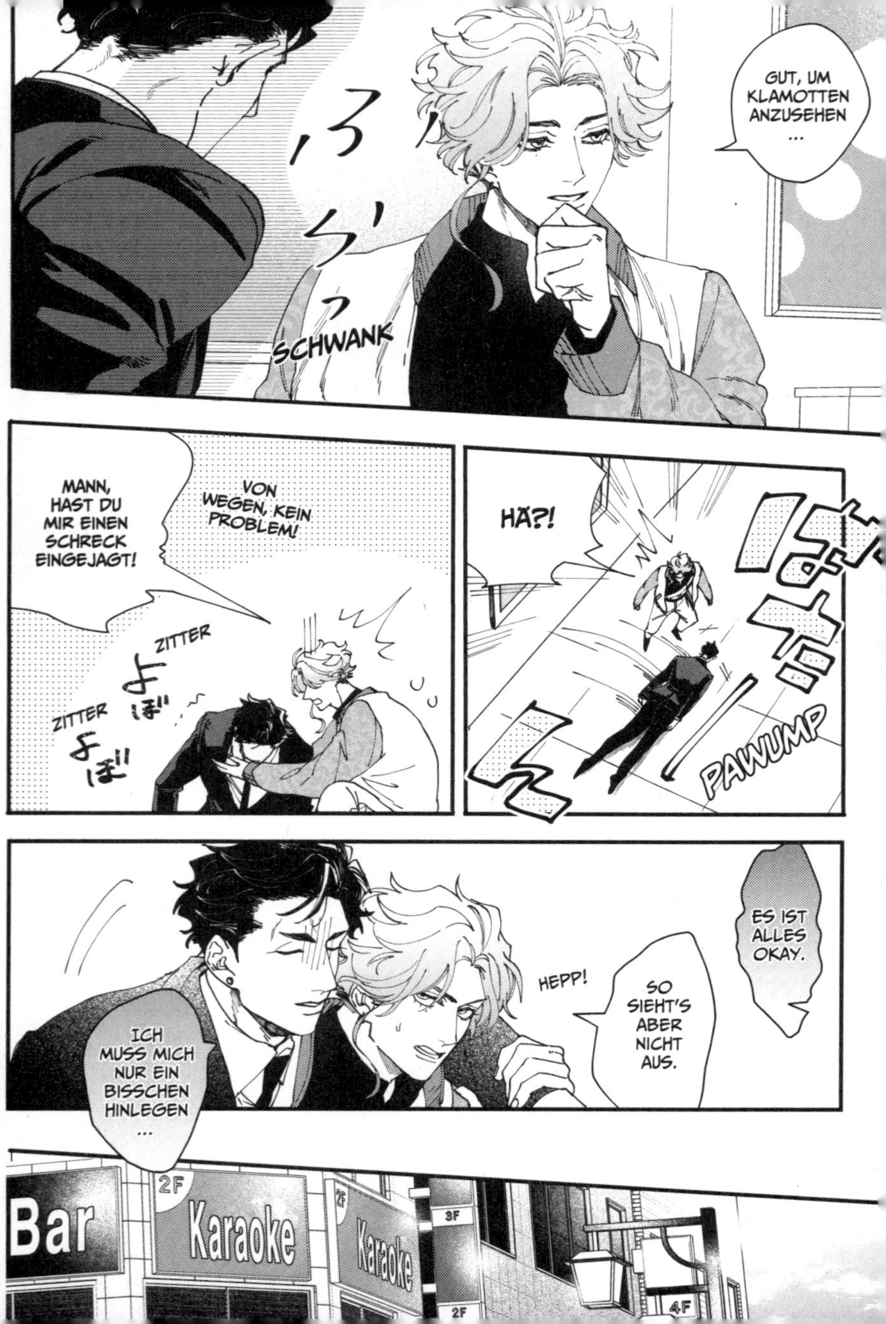

GUT, UM KLAMOTTEN ANZUSEHEN ...
SCHWANK

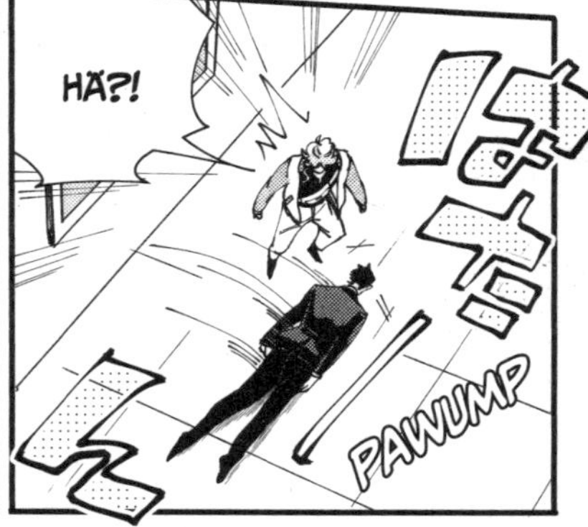

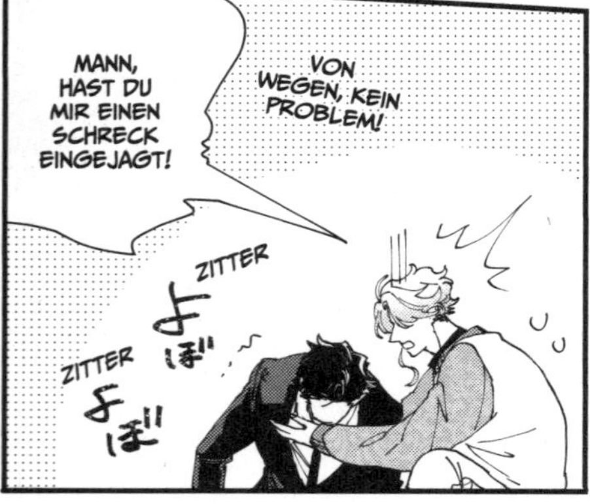

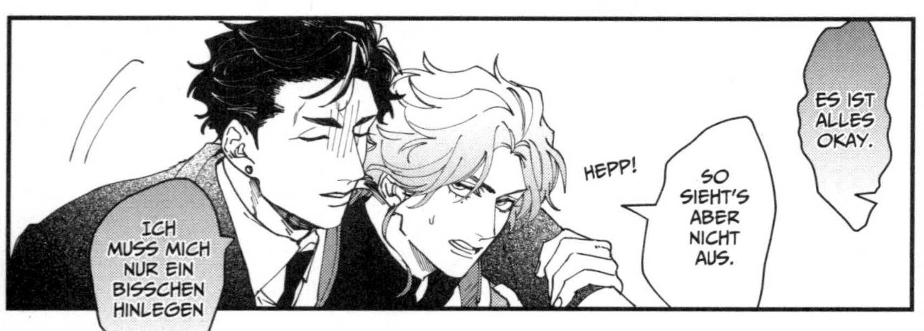

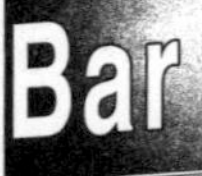

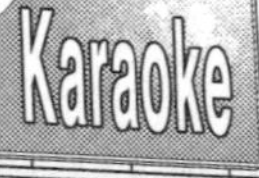

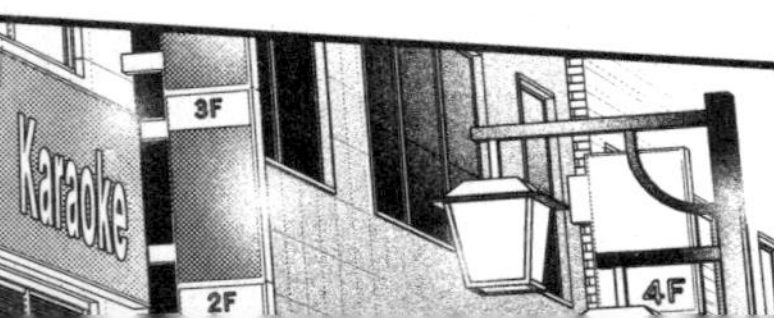

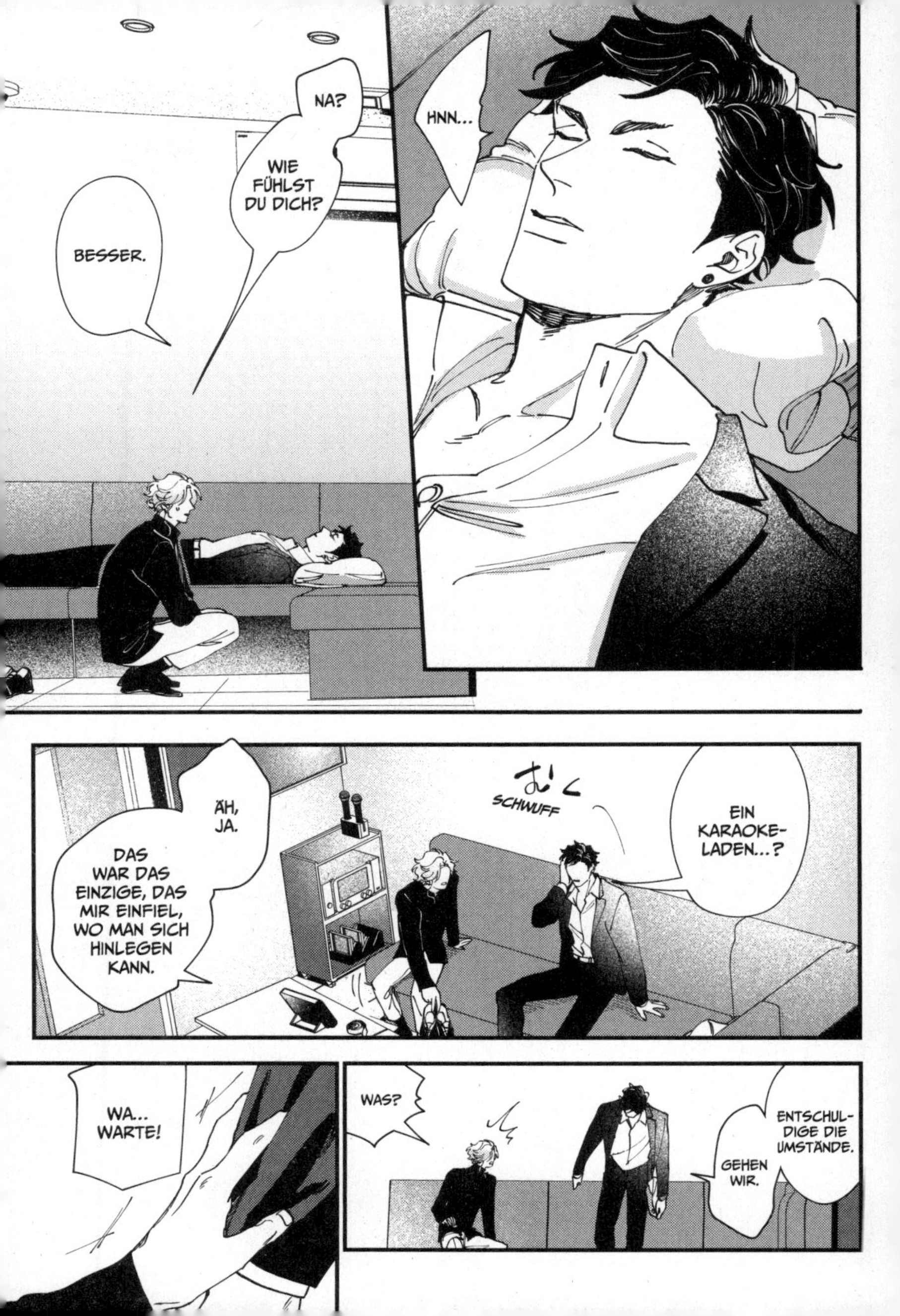

HNN...
NA?
WIE FÜHLST DU DICH?
BESSER.

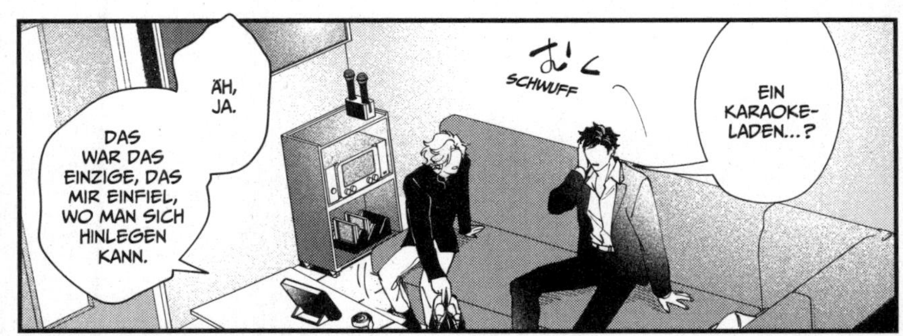

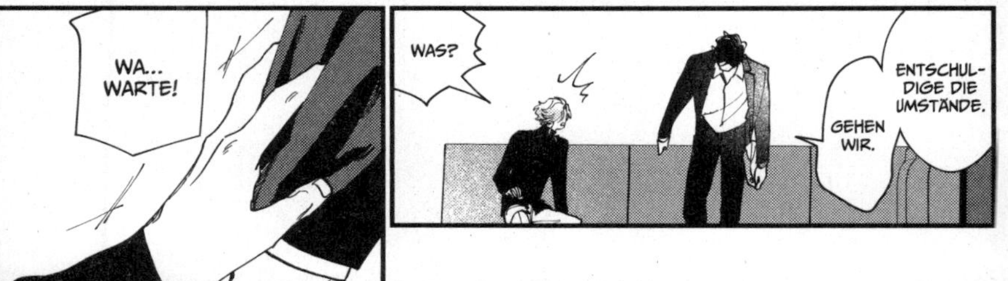

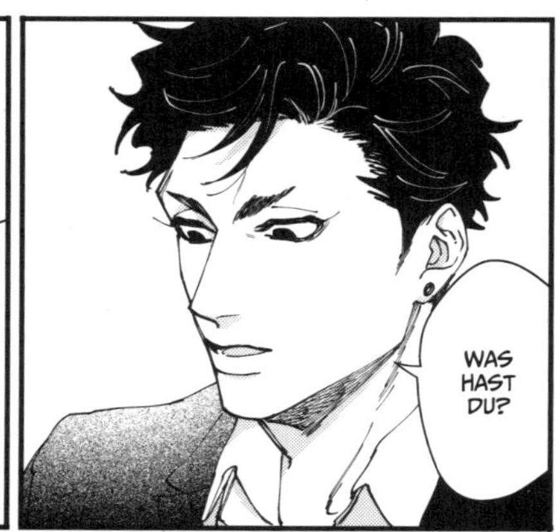
WAS HAST DU?

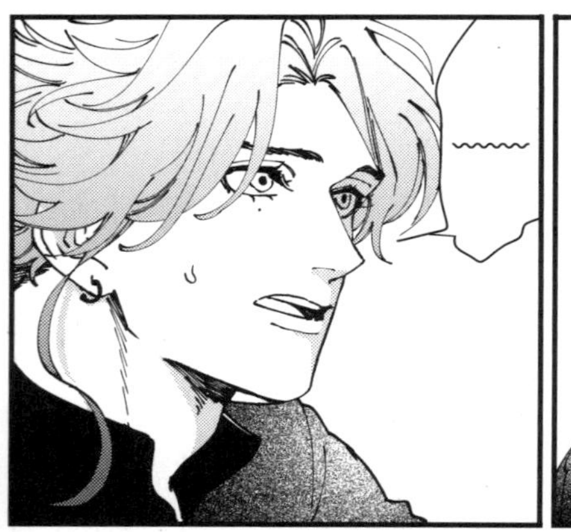

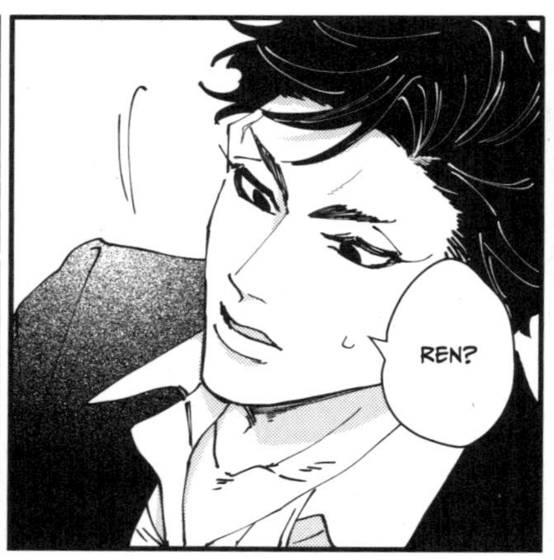
REN?

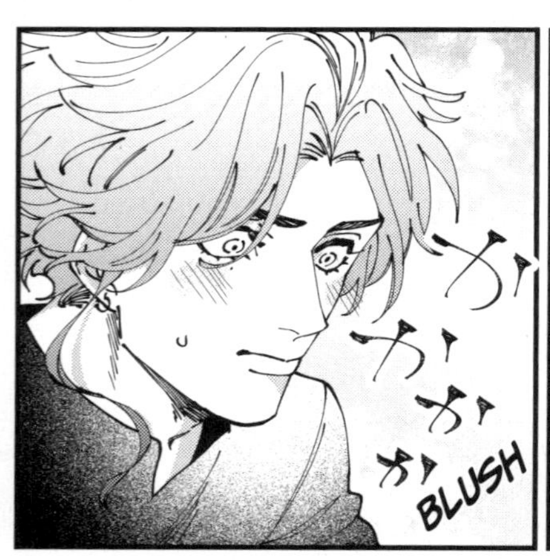
BLUSH

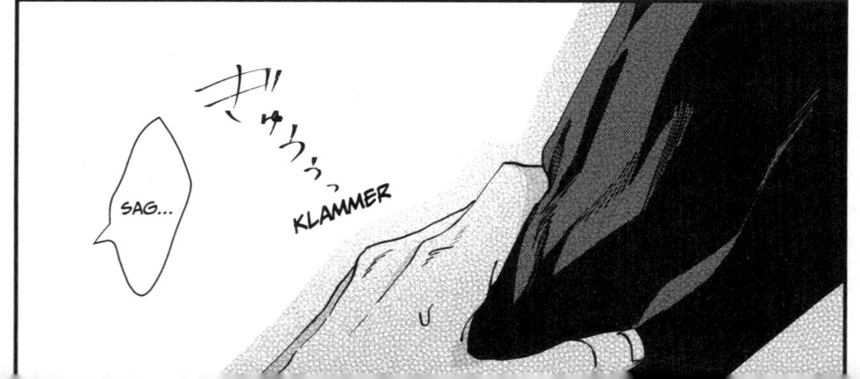
KLAMMER
SAG...

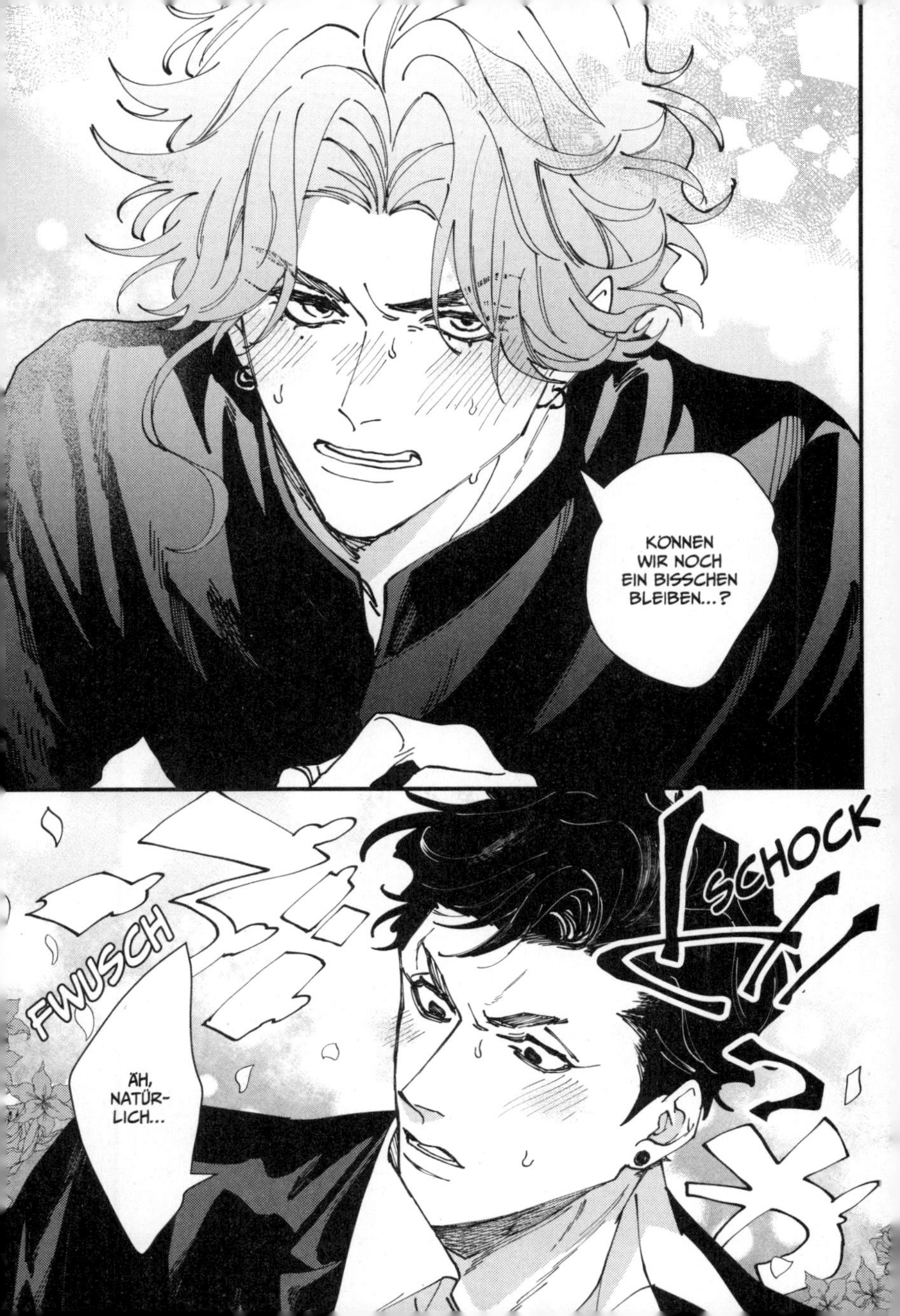
KÖNNEN WIR NOCH EIN BISSCHEN BLEIBEN...?
SCHOCK
FWUSCH
ÄH, NATÜR-LICH...

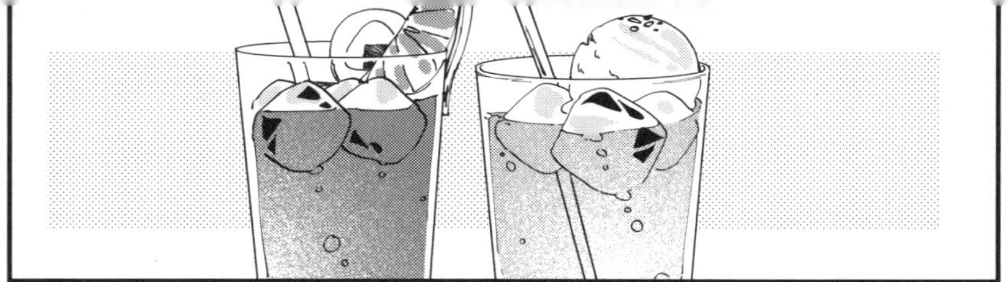

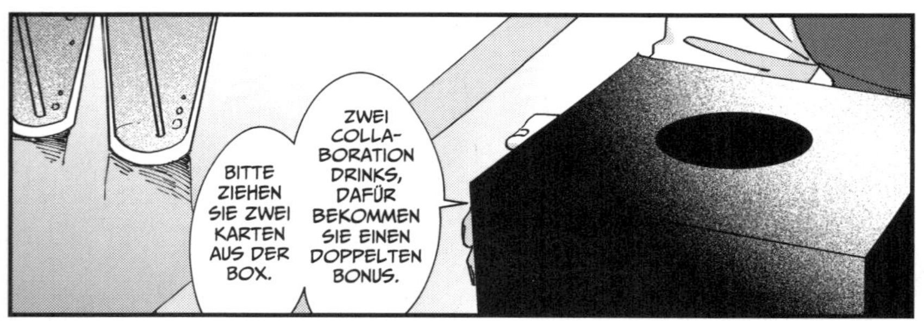
ZWEI COLLA-BORATION DRINKS, DAFÜR BEKOMMEN SIE EINEN DOPPELTEN BONUS.
BITTE ZIEHEN SIE ZWEI KARTEN AUS DER BOX.

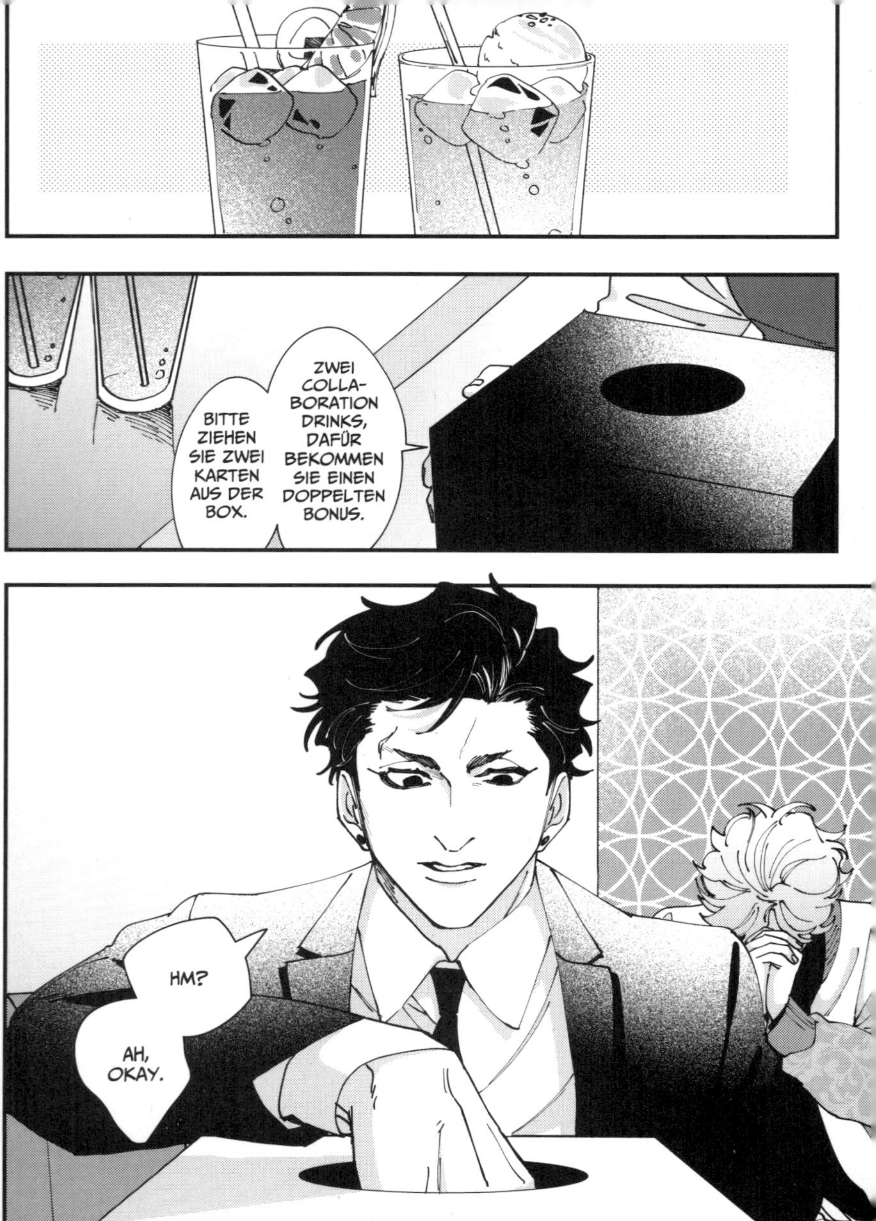

HM?

AH, OKAY.

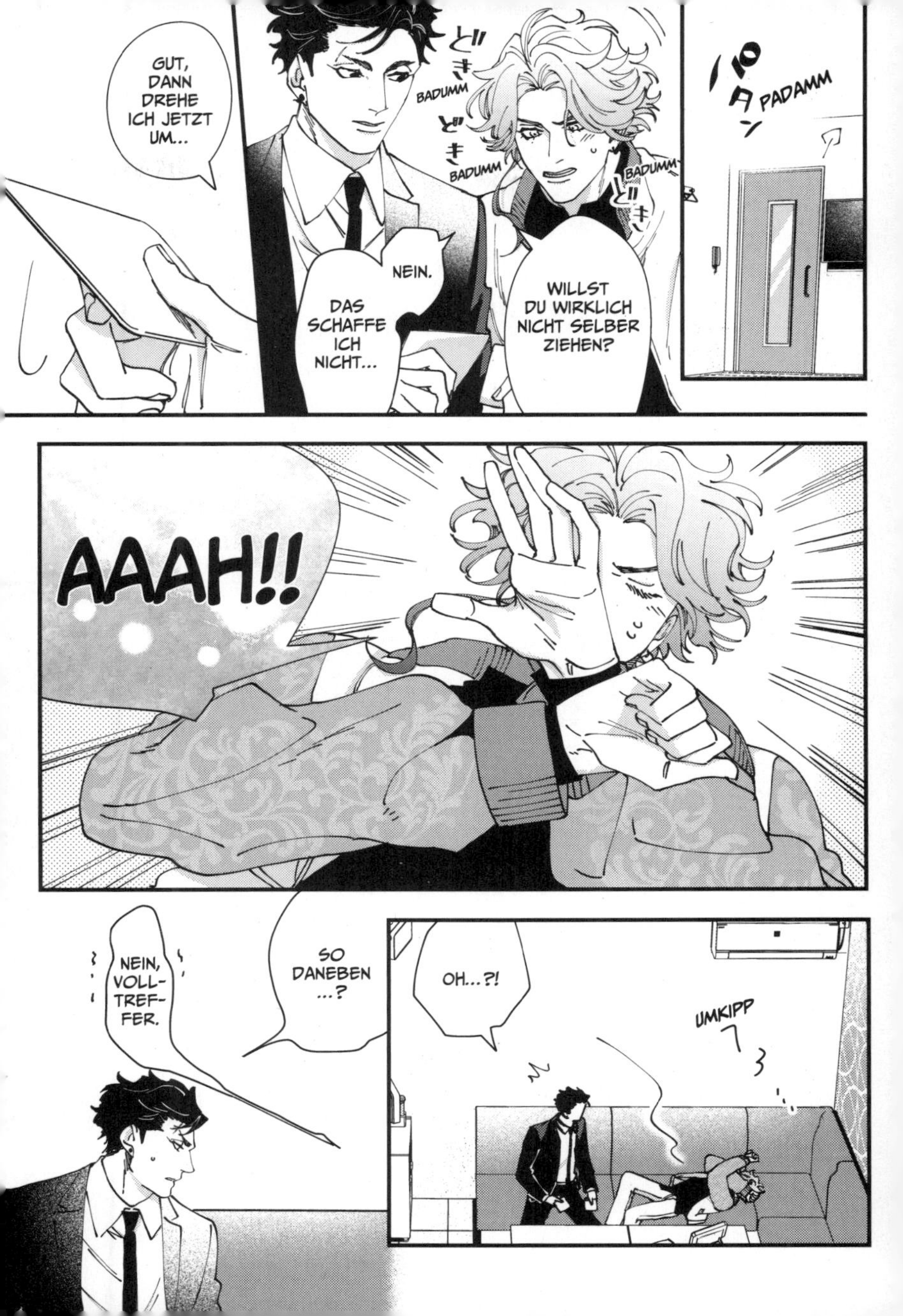

PADAMM

BADUMM
BADUMM
BADUMM

WILLST DU WIRKLICH NICHT SELBER ZIEHEN?

NEIN.

DAS SCHAFFE ICH NICHT...

GUT, DANN DREHE ICH JETZT UM...

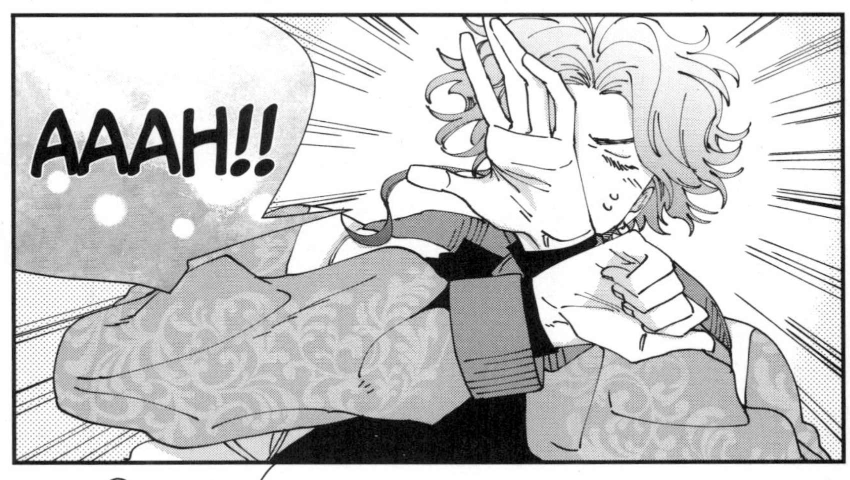

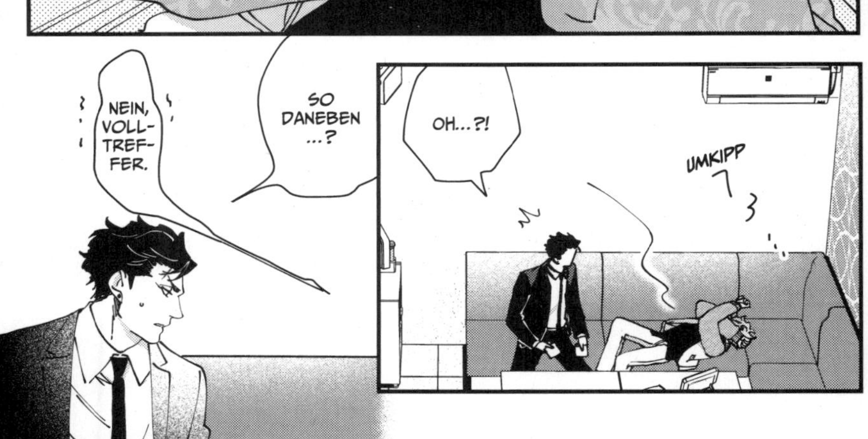

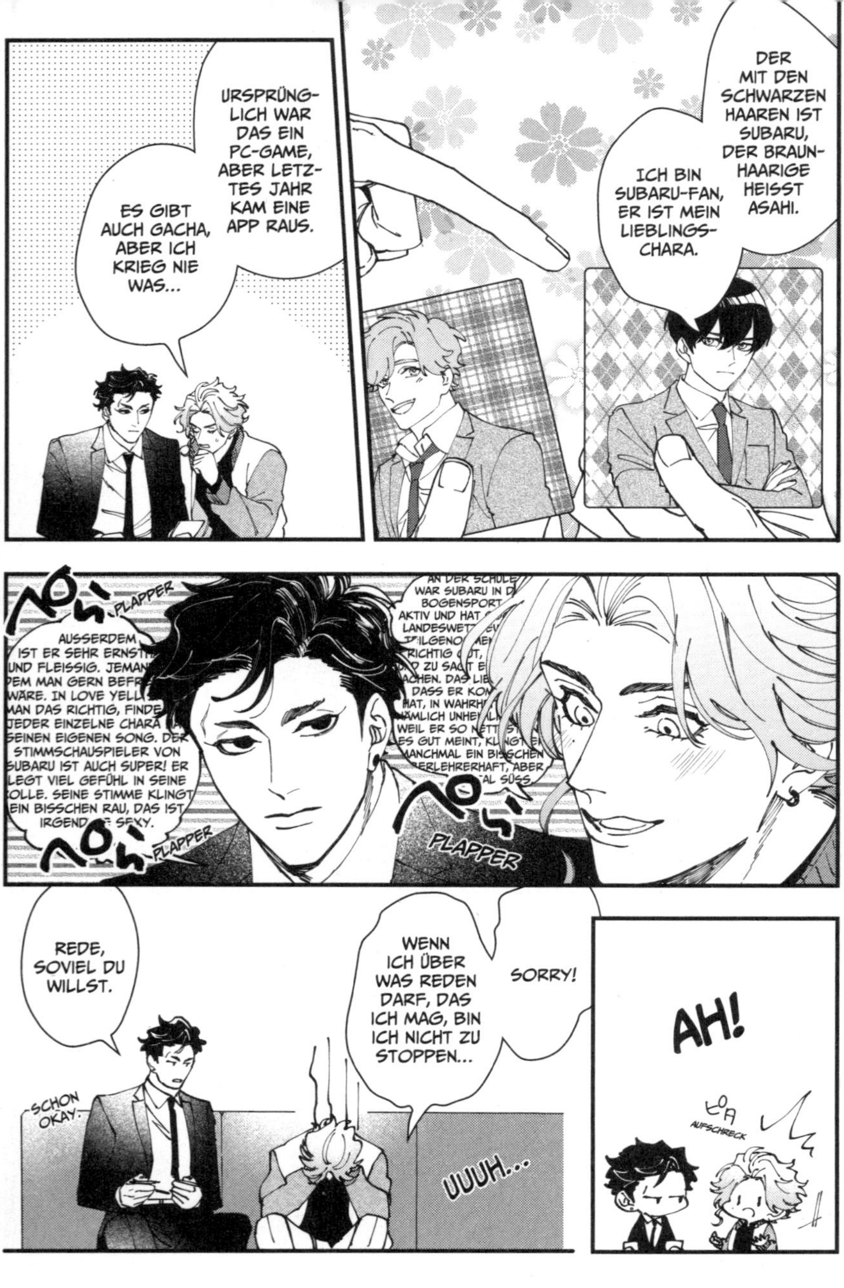

DER MIT DEN SCHWARZEN HAAREN IST SUBARU, DER BRAUNHAARIGE HEISST ASAHI.
ICH BIN SUBARU-FAN, ER IST MEIN LIEBLINGSCHARA.
URSPRÜNGLICH WAR DAS EIN PC-GAME, ABER LETZTES JAHR KAM EINE APP RAUS.
ES GIBT AUCH GACHA, ABER ICH KRIEG NIE WAS...

AN DER SCHULE WAR SUBARU IN D BOGENSPORT AKTIV UND HAT LANDESWETT TEILGENOMMEN RICHTIG GUT, ZU SAGT E ACHEN. DAS LIE DASS ER KOM HAT, IN WAHRH NÄMLICH UNHE WEIL ER SO NETT ES GUT MEINT, KLINGT ER MANCHMAL EIN BISSCHEN ERLEHRERHAFT, ABER AL SÜSS
PLAPPER
AUSSERDEM IST ER SEHR ERNST UND FLEISSIG. JEMAN DEM MAN GERN BEFR WÄRE. IN LOVE YELL MAN DAS RICHTIG, FINDE JEDER EINZELNE CHARA SEINEN EIGENEN SONG. DER STIMMSCHAUSPIELER VON SUBARU IST AUCH SUPER! ER LEGT VIEL GEFÜHL IN SEINE ROLLE. SEINE STIMME KLINGT EIN BISSCHEN RAU, DAS IST IRGEND SEXY.
PLAPPER
PLAPPER

AH!
AUFSCHRECK
SORRY!
WENN ICH ÜBER WAS REDEN DARF, DAS ICH MAG, BIN ICH NICHT ZU STOPPEN...
UUUH...
REDE, SOVIEL DU WILLST.
SCHON OKAY.

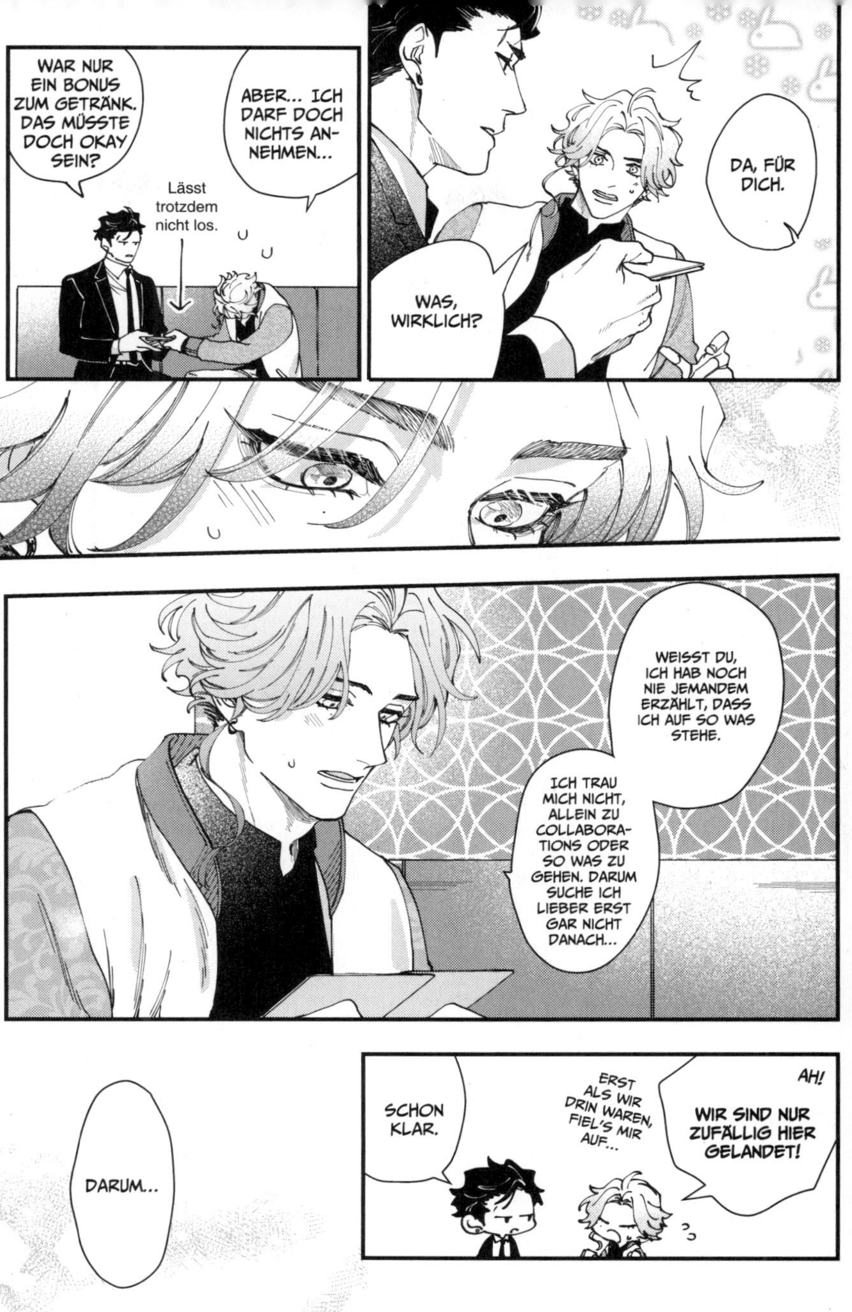

DA, FÜR DICH.
WAS, WIRKLICH?
ABER... ICH DARF DOCH NICHTS ANNEHMEN...
WAR NUR EIN BONUS ZUM GETRÄNK. DAS MÜSSTE DOCH OKAY SEIN?
Lässt trotzdem nicht los.

WEISST DU, ICH HAB NOCH NIE JEMANDEM ERZÄHLT, DASS ICH AUF SO WAS STEHE.
ICH TRAU MICH NICHT, ALLEIN ZU COLLABORATIONS ODER SO WAS ZU GEHEN. DARUM SUCHE ICH LIEBER ERST GAR NICHT DANACH...

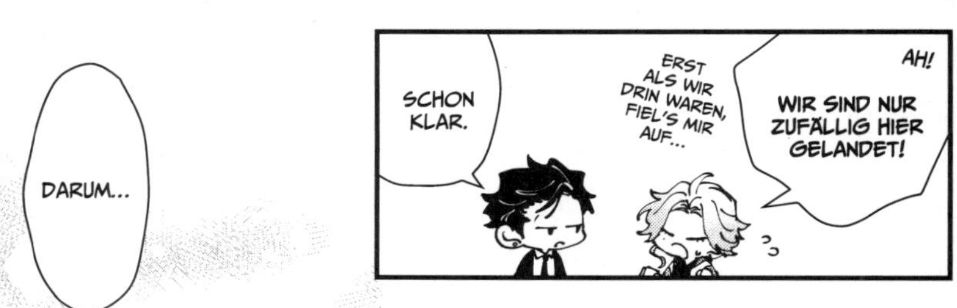

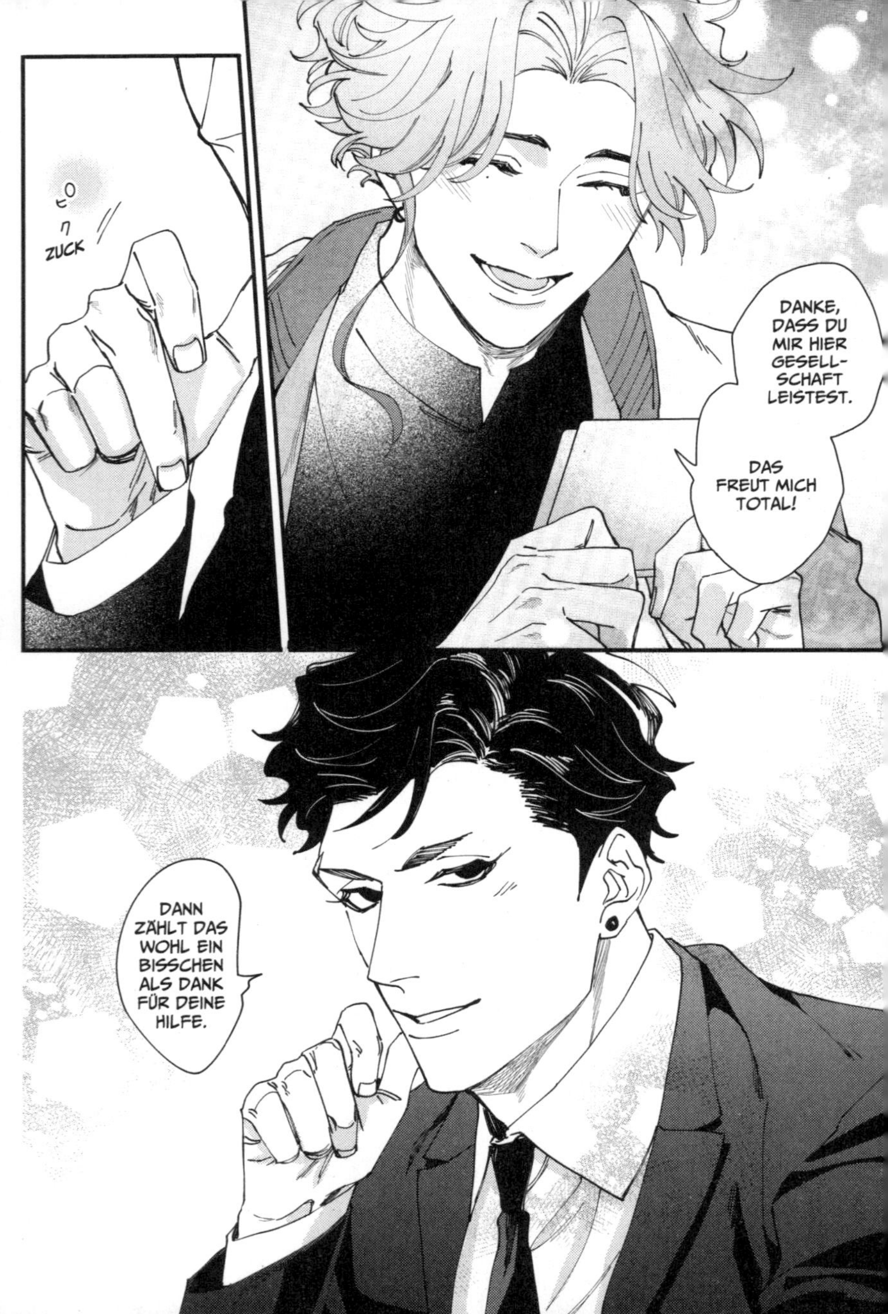
DANKE, DASS DU MIR HIER GESELL-SCHAFT LEISTEST.
DAS FREUT MICH TOTAL!
ZUCK
DANN ZÄHLT DAS WOHL EIN BISSCHEN ALS DANK FÜR DEINE HILFE.

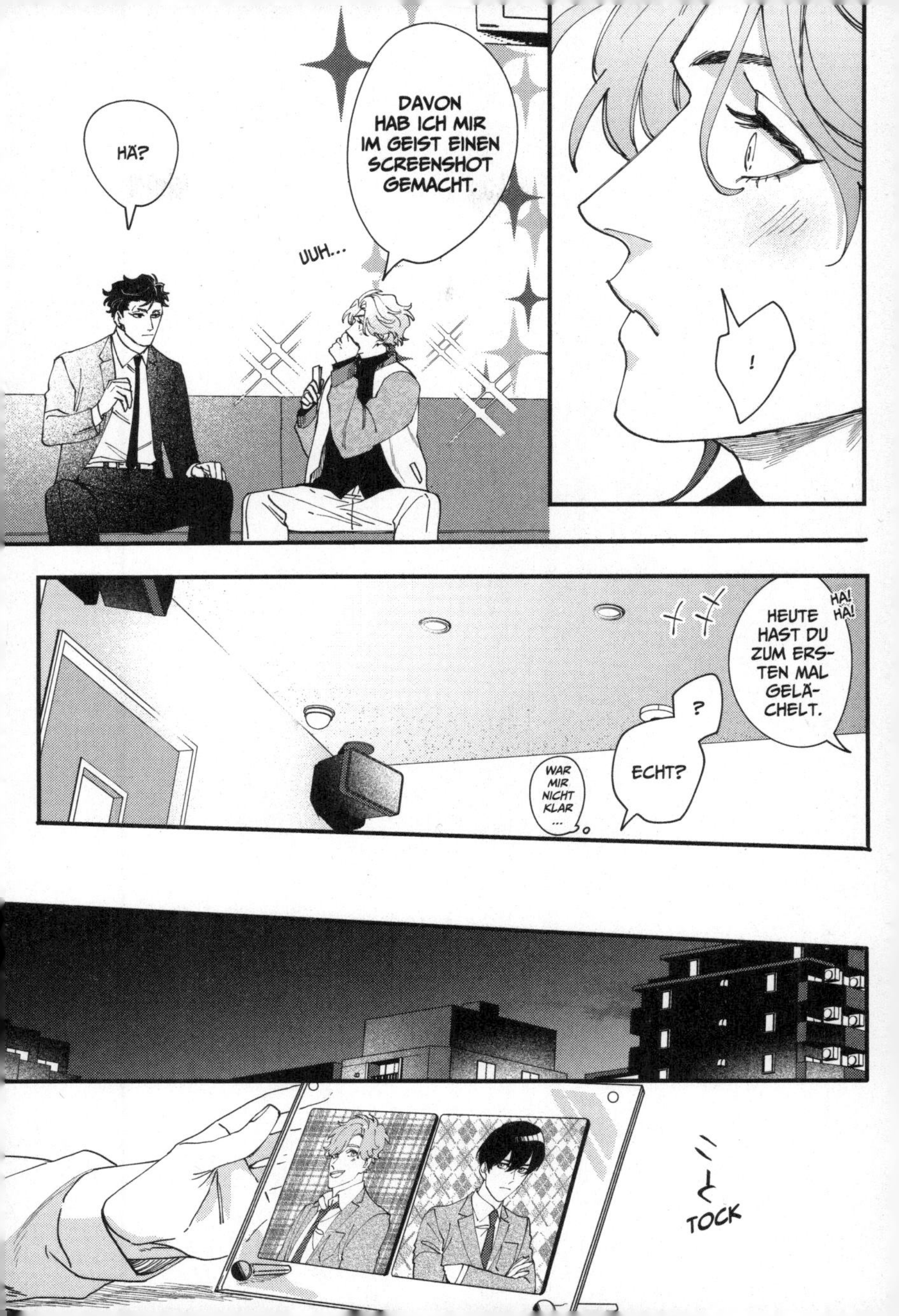

!
DAVON HAB ICH MIR IM GEIST EINEN SCREENSHOT GEMACHT.
UUH...
HÄ?

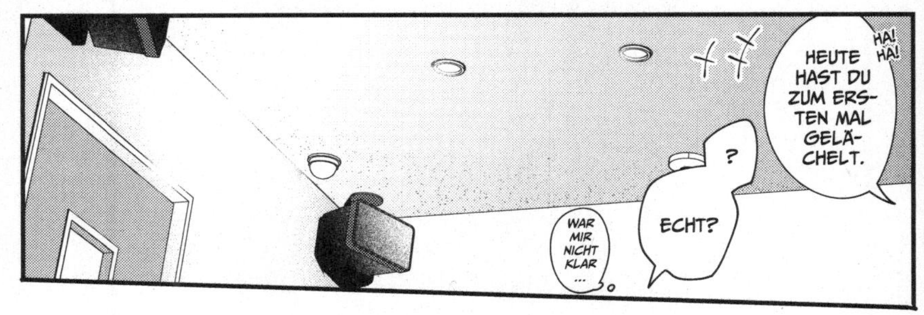

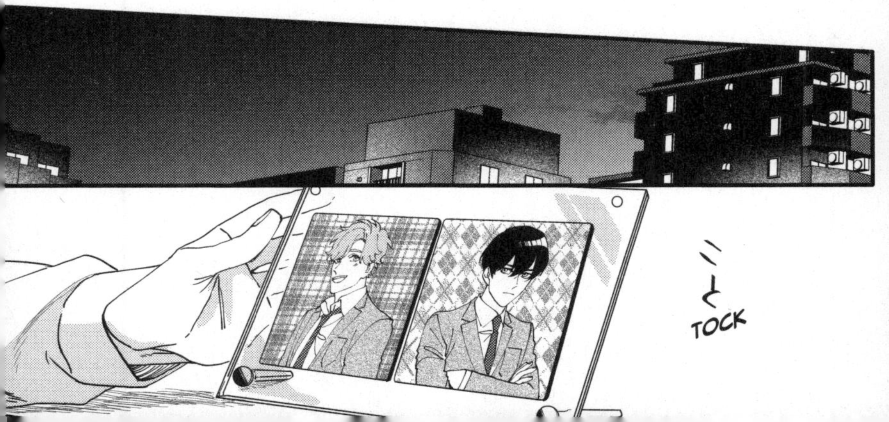

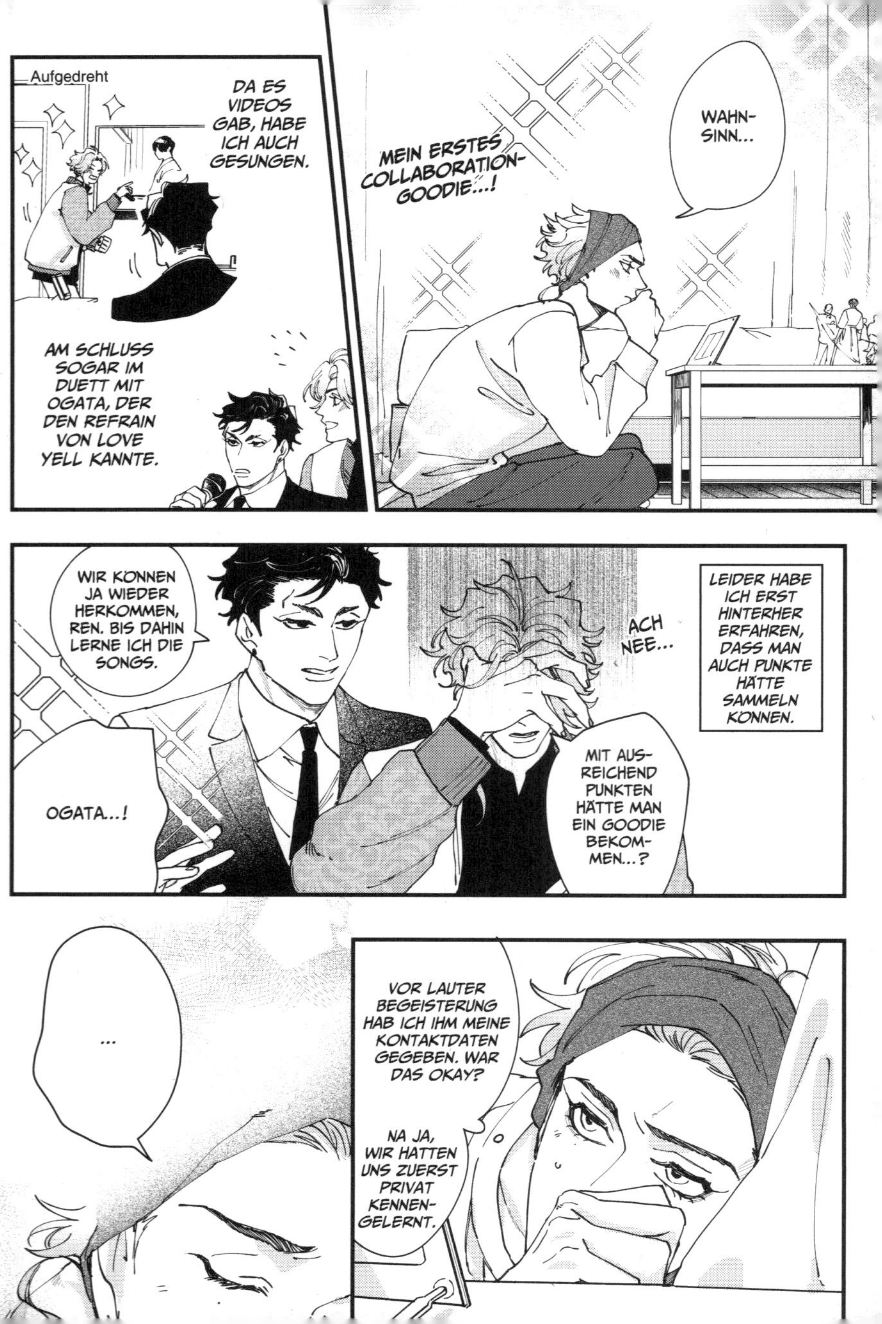

WAHN-SINN...

MEIN ERSTES COLLABORATION-GOODIE...!

Aufgedreht

DA ES VIDEOS GAB, HABE ICH AUCH GESUNGEN.

AM SCHLUSS SOGAR IM DUETT MIT OGATA, DER DEN REFRAIN VON LOVE YELL KANNTE.

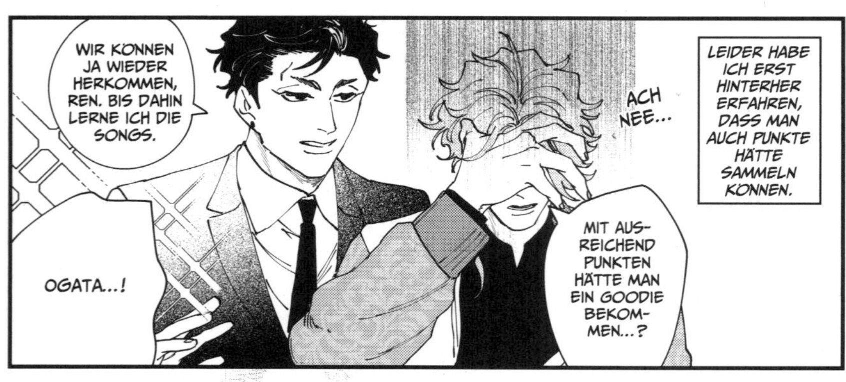

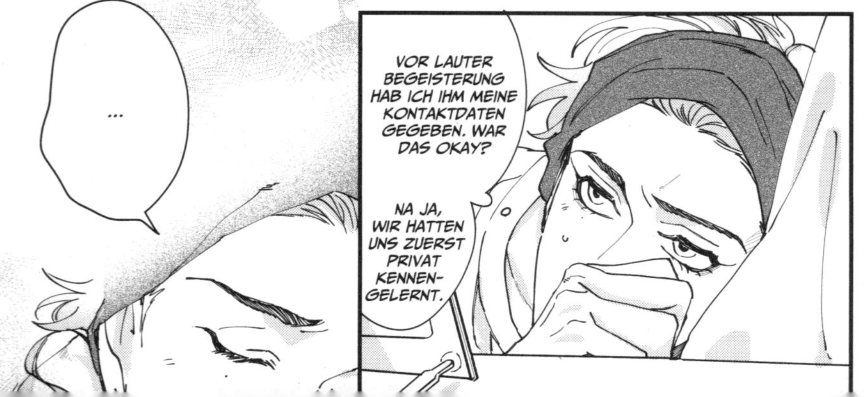

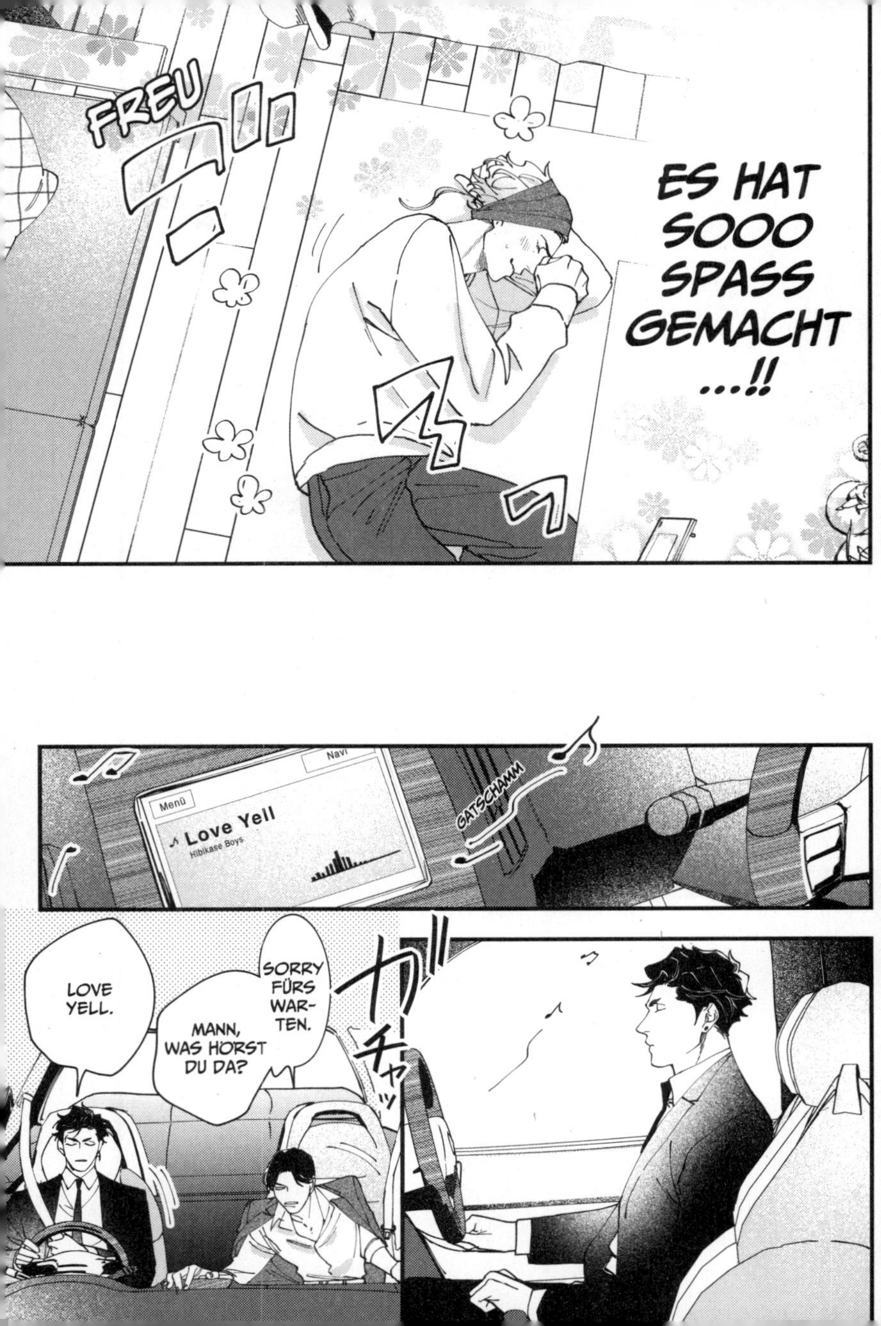

ES HAT SOOO SPASS GEMACHT ...!!

FREU

Navi

Menü

Love Yell

Hibikase Boys

GATSCHAMM

ガチャッ

SORRY FÜRS WAR-TEN.

MANN, WAS HÖRST DU DA?

LOVE YELL.

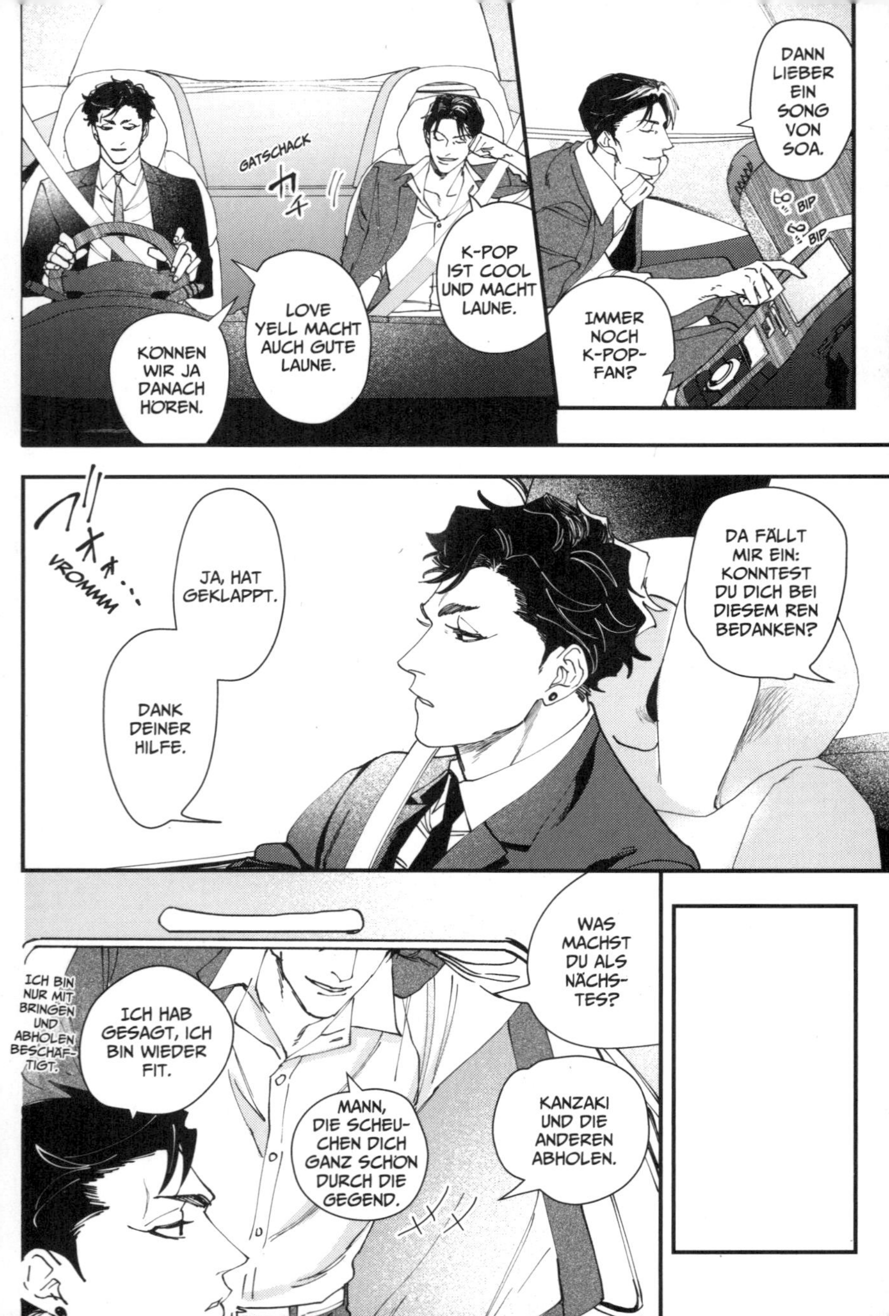
DANN LIEBER EIN SONG VON SOA.
BIP
BIP
IMMER NOCH K-POP-FAN?
K-POP IST COOL UND MACHT LAUNE.
GATSCHACK
LOVE YELL MACHT AUCH GUTE LAUNE.
KÖNNEN WIR JA DANACH HÖREN.
DA FÄLLT MIR EIN: KONNTEST DU DICH BEI DIESEM REN BEDANKEN?
JA, HAT GEKLAPPT.
DANK DEINER HILFE.
VROMMM
WAS MACHST DU ALS NÄCHS-TES?
KANZAKI UND DIE ANDEREN ABHOLEN.
MANN, DIE SCHEU-CHEN DICH GANZ SCHÖN DURCH DIE GEGEND.
ICH HAB GESAGT, ICH BIN WIEDER FIT.
ICH BIN NUR MIT BRINGEN UND ABHOLEN BESCHÄF-TIGT.

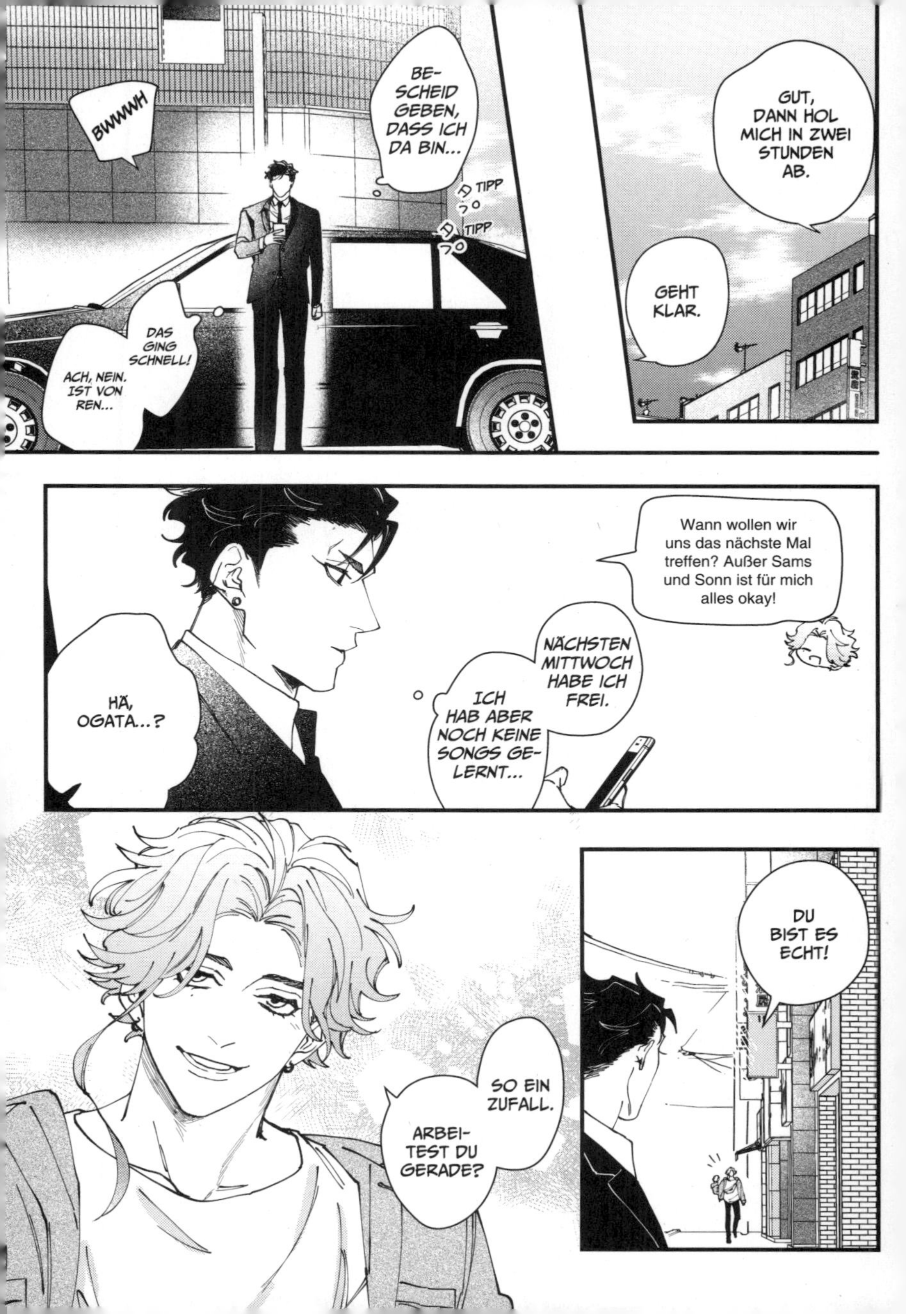

GUT, DANN HOL MICH IN ZWEI STUNDEN AB.

GEHT KLAR.

BWWWH

BESCHEID GEBEN, DASS ICH DA BIN...

TIPP

TIPP

DAS GING SCHNELL!

ACH, NEIN. IST VON REN...

Wann wollen wir uns das nächste Mal treffen? Außer Sams und Sonn ist für mich alles okay!

NÄCHSTEN MITTWOCH HABE ICH FREI.

ICH HAB ABER NOCH KEINE SONGS GELERNT...

HÄ, OGATA...?

DU BIST ES ECHT!

SO EIN ZUFALL.

ARBEITEST DU GERADE?

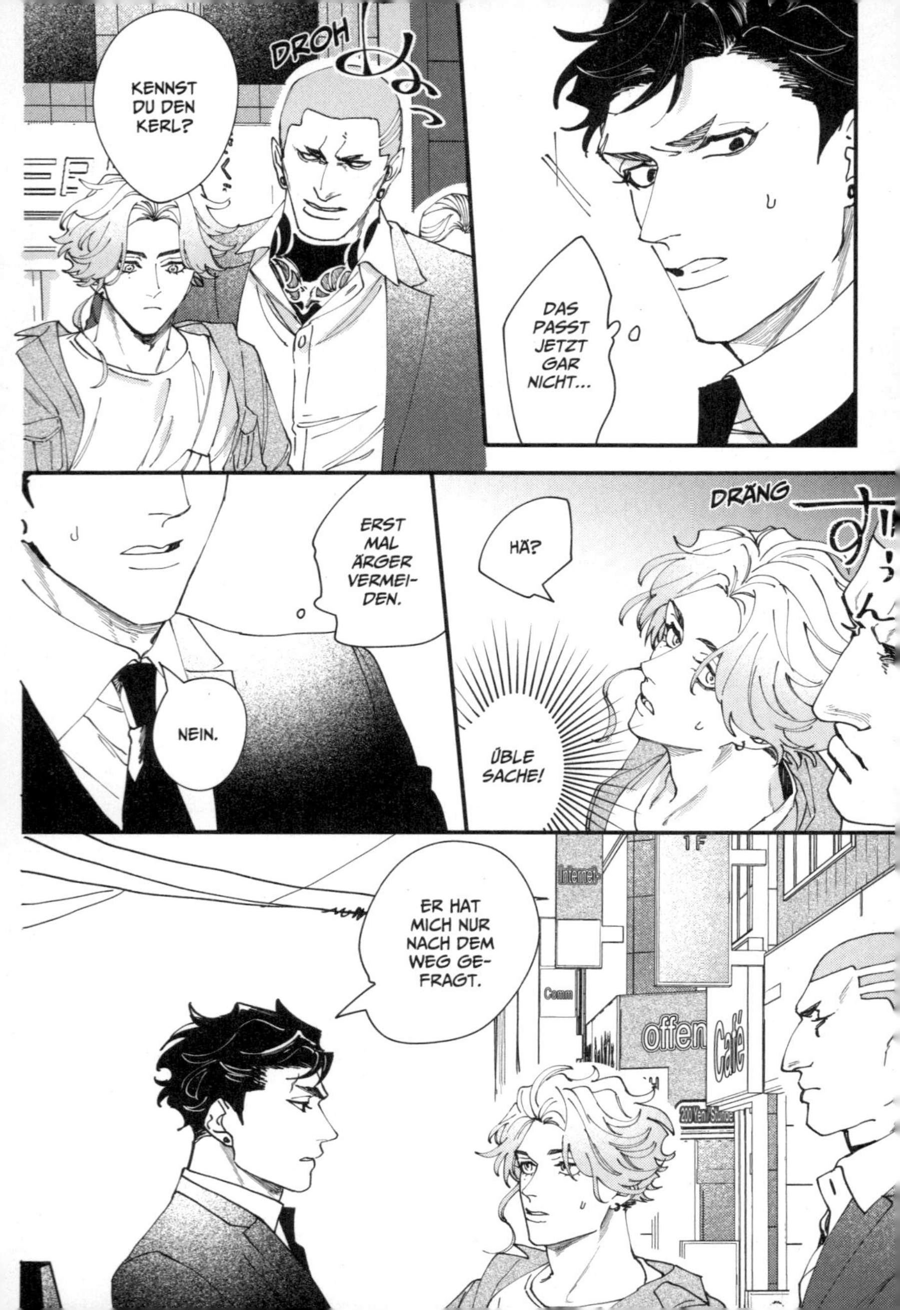
DROH
KENNST DU DEN KERL?
DAS PASST JETZT GAR NICHT...
ERST MAL ÄRGER VERMEI-DEN.
NEIN.
DRÄNG
HÄ?
ÜBLE SACHE!
ER HAT MICH NUR NACH DEM WEG GE-FRAGT.
1 F
Internet-
Comm
offen
Café
200 Yen / Stunde

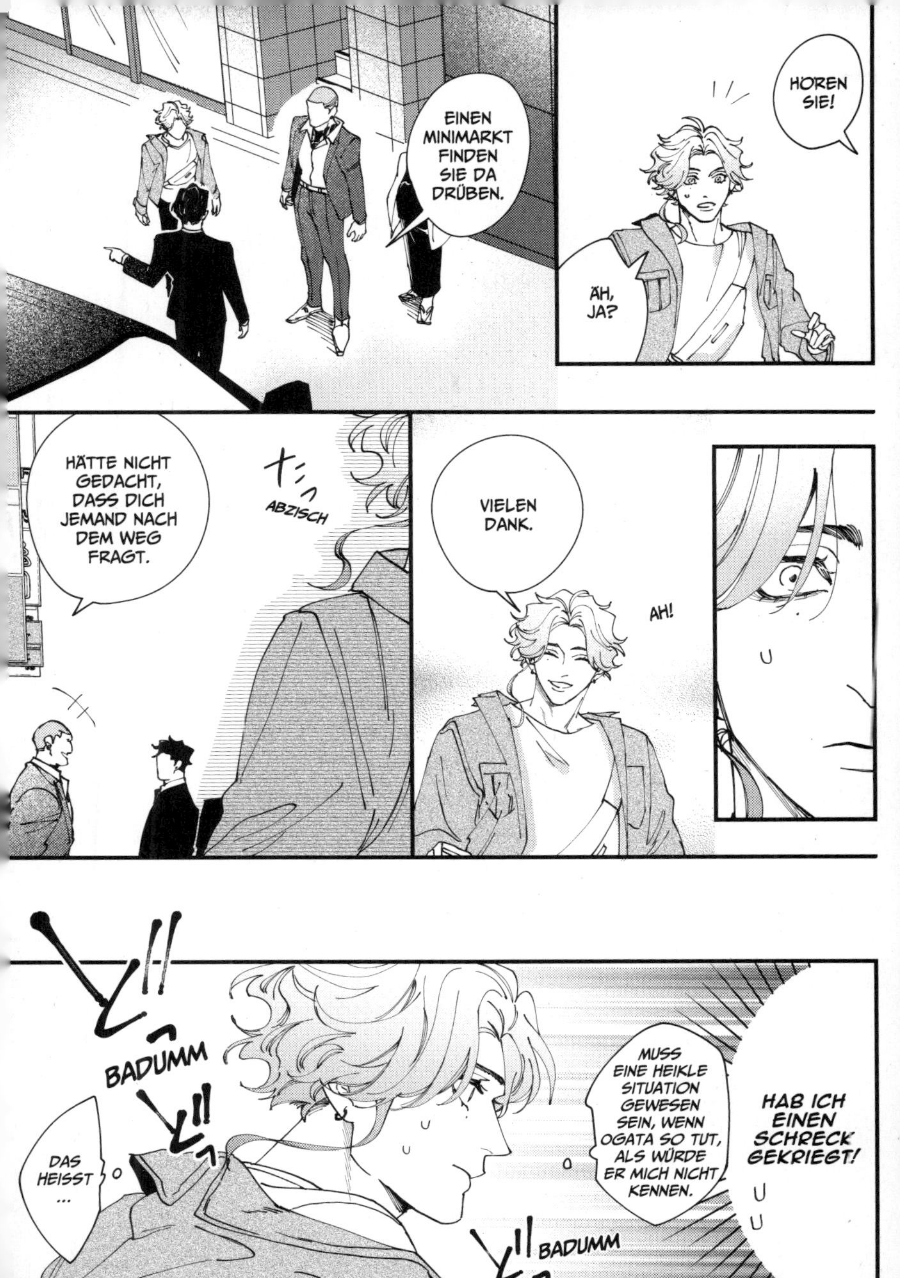
HÖREN SIE!
ÄH, JA?
EINEN MINIMARKT FINDEN SIE DA DRÜBEN.
AH!
VIELEN DANK.
ABZISCH
HÄTTE NICHT GEDACHT, DASS DICH JEMAND NACH DEM WEG FRAGT.
HAB ICH EINEN SCHRECK GEKRIEGT!
MUSS EINE HEIKLE SITUATION GEWESEN SEIN, WENN OGATA SO TUT, ALS WÜRDE ER MICH NICHT KENNEN.
BADUMM
BADUMM
DAS HEISST ...

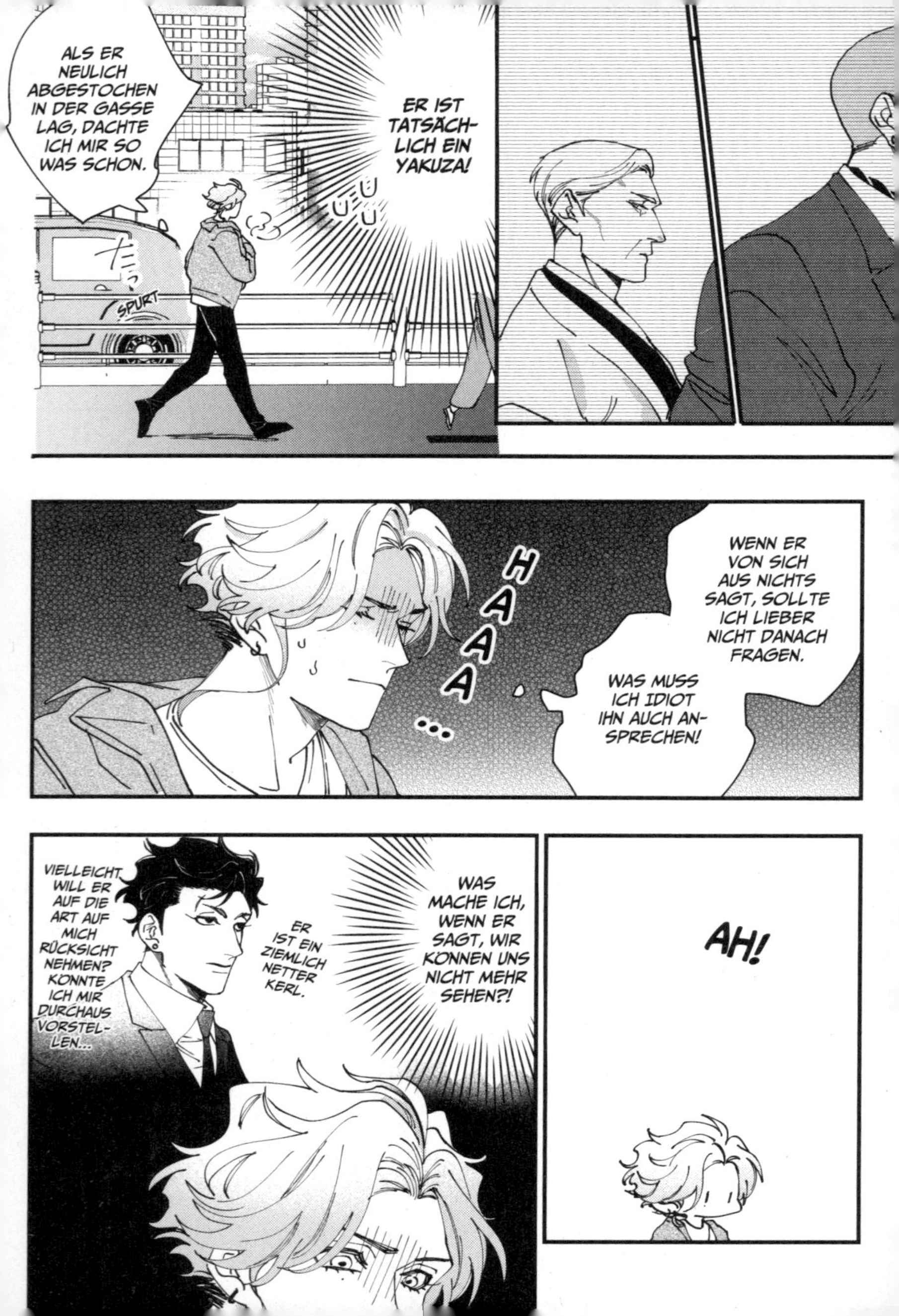

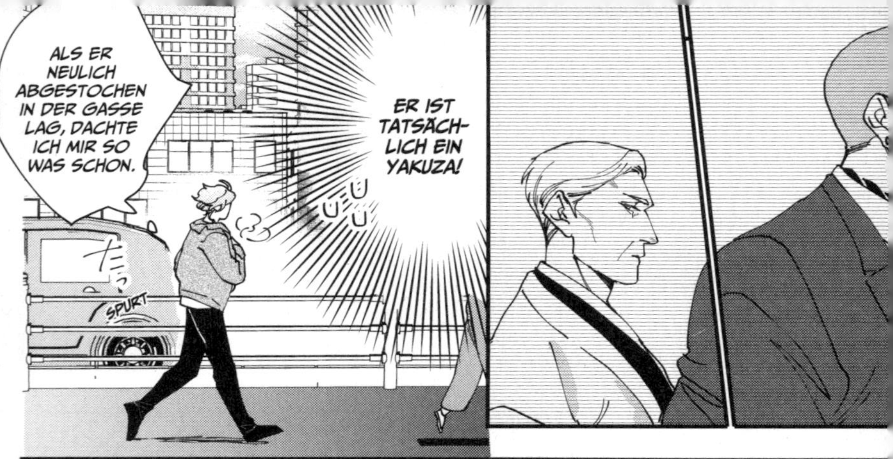

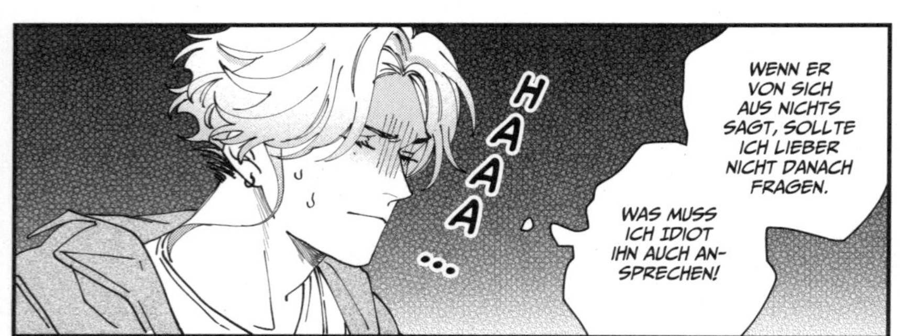

AH!

WAS MACHE ICH, WENN ER SAGT, WIR KÖNNEN UNS NICHT MEHR SEHEN?!

ER IST EIN ZIEMLICH NETTER KERL.

VIELLEICHT WILL ER AUF DIE ART AUF MICH RÜCKSICHT NEHMEN? KÖNNTE ICH MIR DURCHAUS VORSTELLEN...

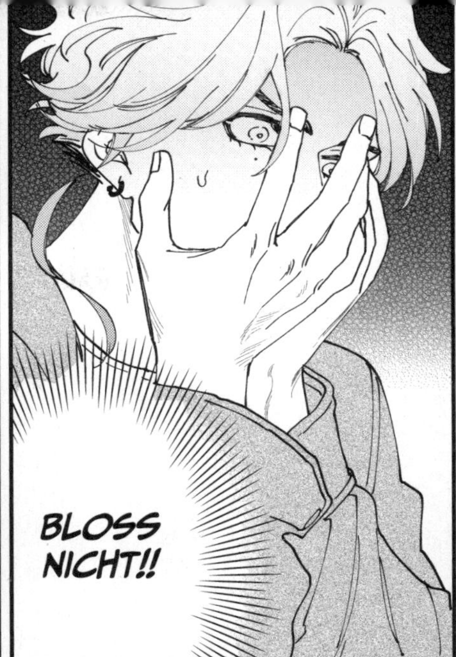
BLOSS NICHT!!

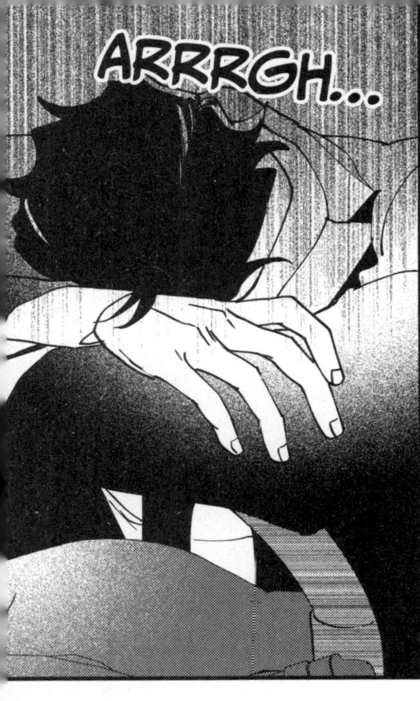
ARRRGH...

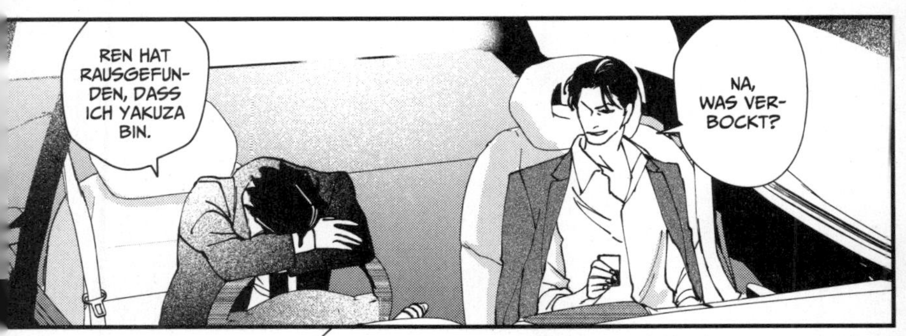
NA, WAS VERBOCKT?
REN HAT RAUSGEFUNDEN, DASS ICH YAKUZA BIN.

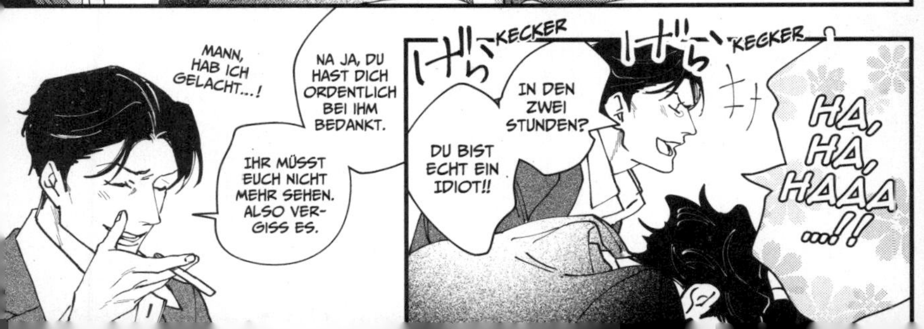
HA, HA, HAAA ...!!
KECKER
KECKER
IN DEN ZWEI STUNDEN?
DU BIST ECHT EIN IDIOT!!
NA JA, DU HAST DICH ORDENTLICH BEI IHM BEDANKT.
MANN, HAB ICH GELACHT...!
IHR MÜSST EUCH NICHT MEHR SEHEN. ALSO VERGISS ES.

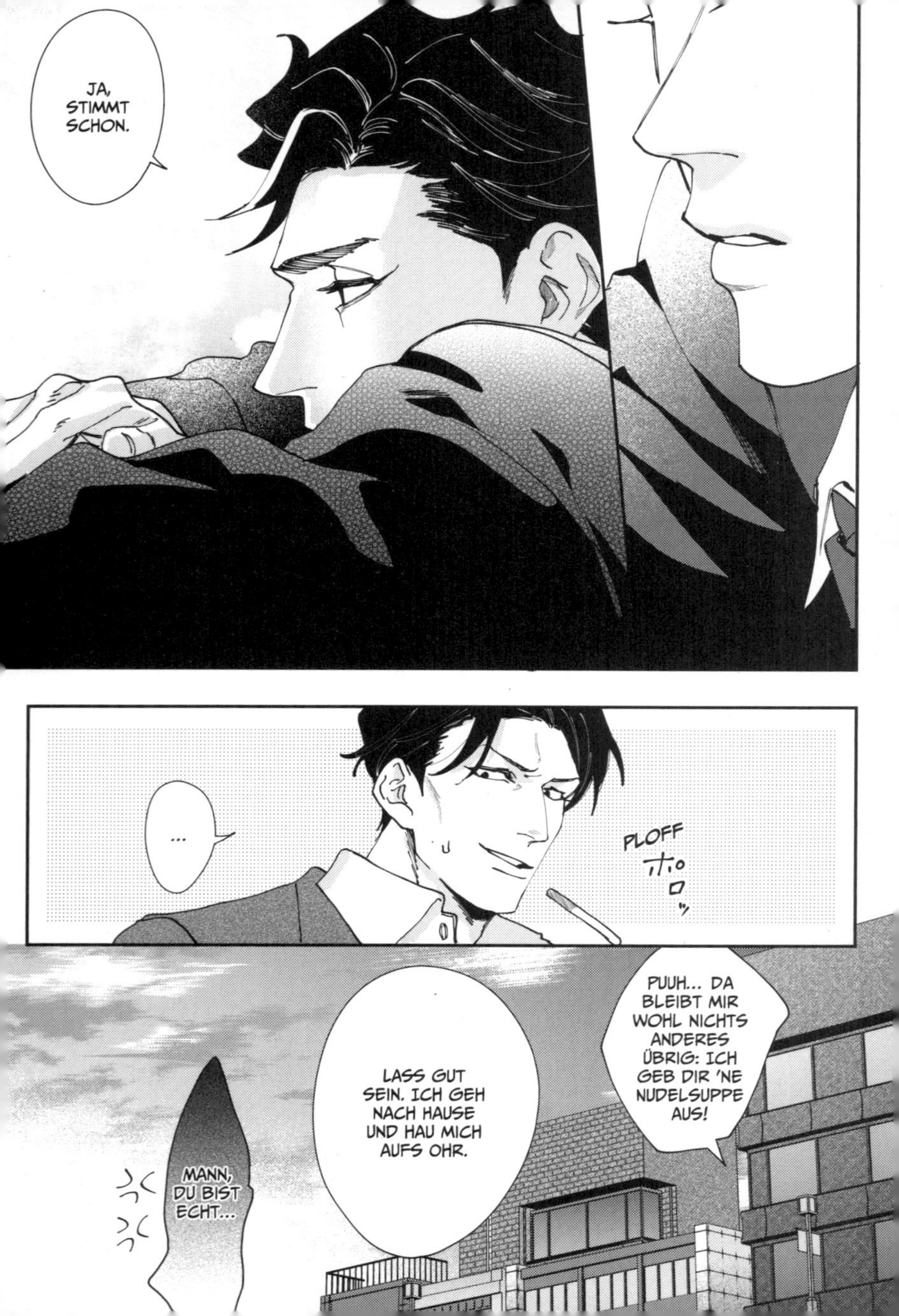

JA, STIMMT SCHON.
...
PLOFF
PUUH... DA BLEIBT MIR WOHL NICHTS ANDERES ÜBRIG: ICH GEB DIR 'NE NUDELSUPPE AUS!
LASS GUT SEIN. ICH GEH NACH HAUSE UND HAU MICH AUFS OHR.
MANN, DU BIST ECHT...

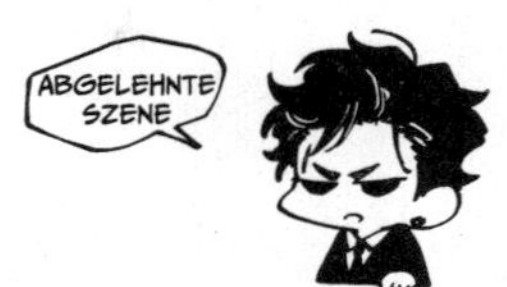

BONUS

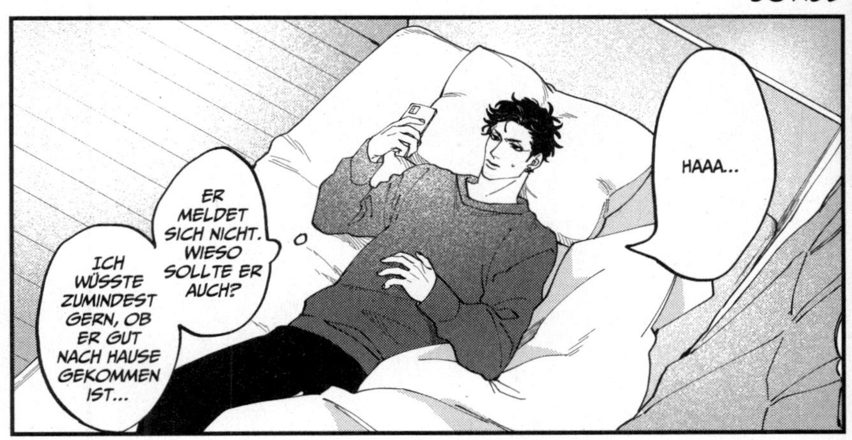

Hat drei Stunden lang gegrübelt, ob er antworten soll.

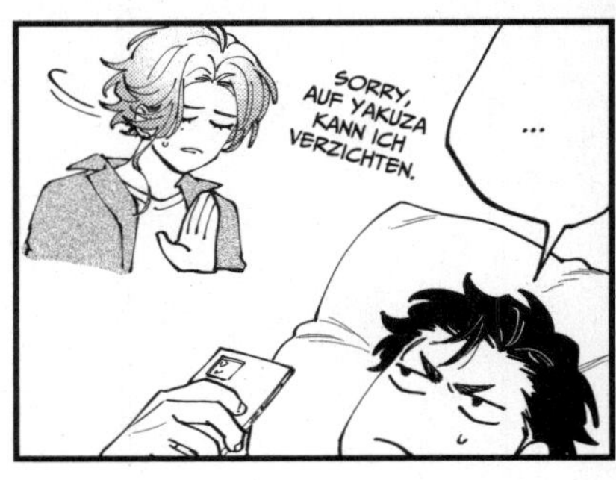

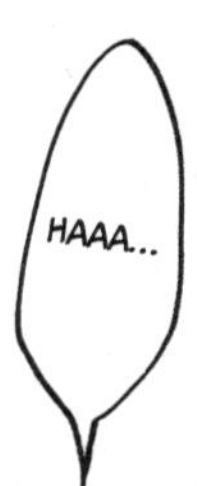

LIMIT HONEY

PRESENTED BY NANASE

vol.4

LIMIT HONEY
presented by
Nanase

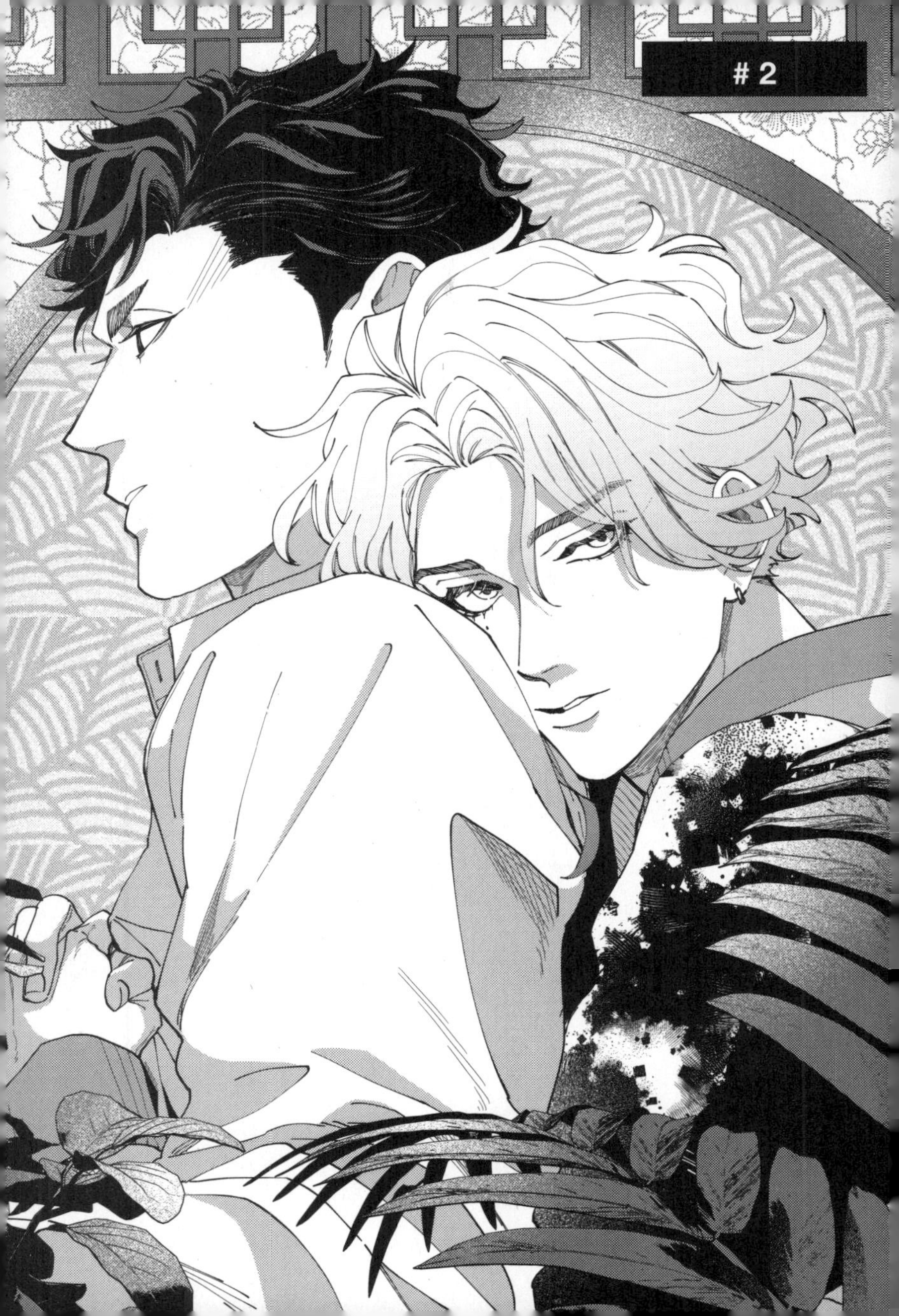
2

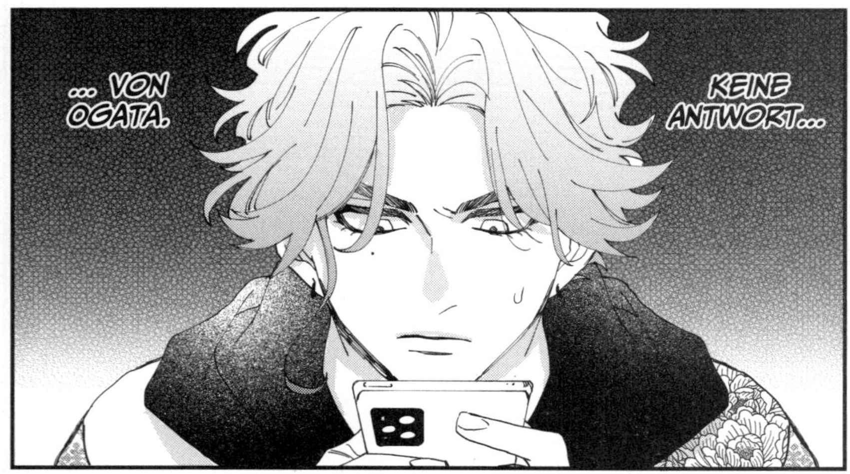
KEINE ANTWORT...
... VON OGATA.

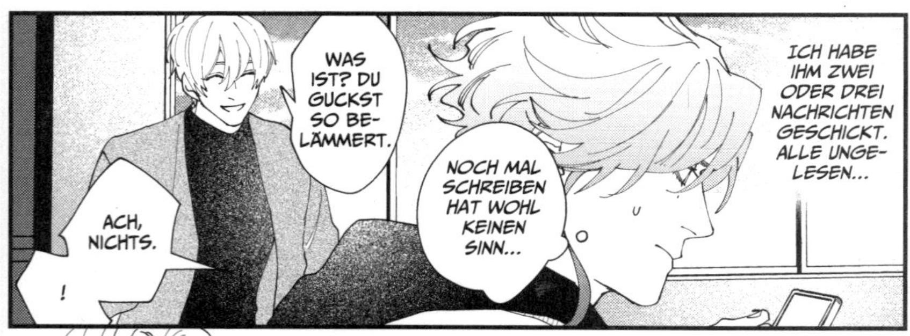
ICH HABE IHM ZWEI ODER DREI NACHRICHTEN GESCHICKT. ALLE UNGELESEN...
NOCH MAL SCHREIBEN HAT WOHL KEINEN SINN...
WAS IST? DU GUCKST SO BELÄMMERT.
ACH, NICHTS.
!

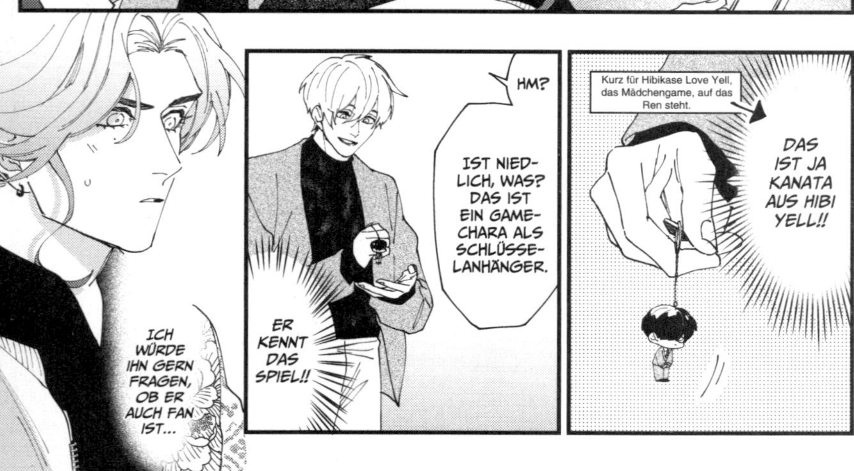
Kurz für Hibikase Love Yell, das Mädchengame, auf das Ren steht.
DAS IST JA KANATA AUS HIBI YELL!!
HM?
IST NIEDLICH, WAS? DAS IST EIN GAMECHARA ALS SCHLÜSSELANHÄNGER.
ER KENNT DAS SPIEL!!
ICH WÜRDE IHN GERN FRAGEN, OB ER AUCH FAN IST...

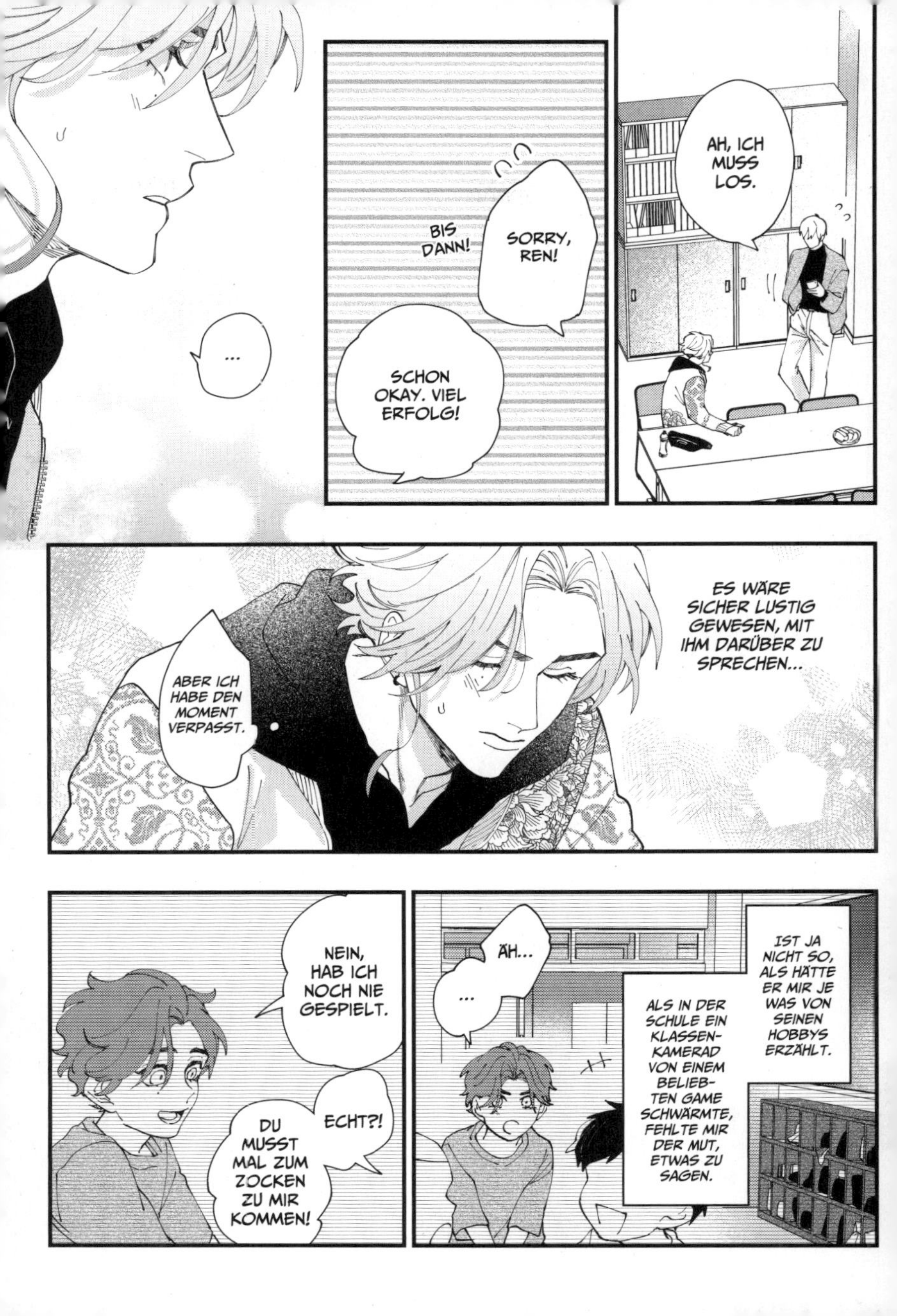

AH, ICH MUSS LOS.

SORRY, REN!

BIS DANN!

SCHON OKAY. VIEL ERFOLG!

...

ES WÄRE SICHER LUSTIG GEWESEN, MIT IHM DARÜBER ZU SPRECHEN...

ABER ICH HABE DEN MOMENT VERPASST.

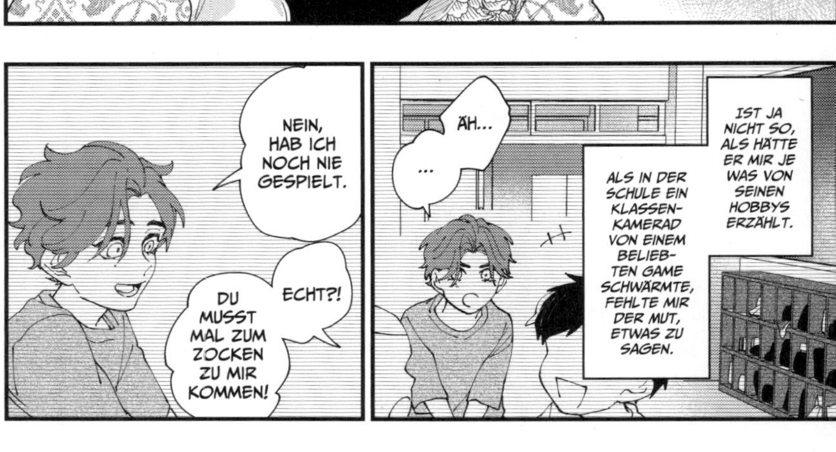

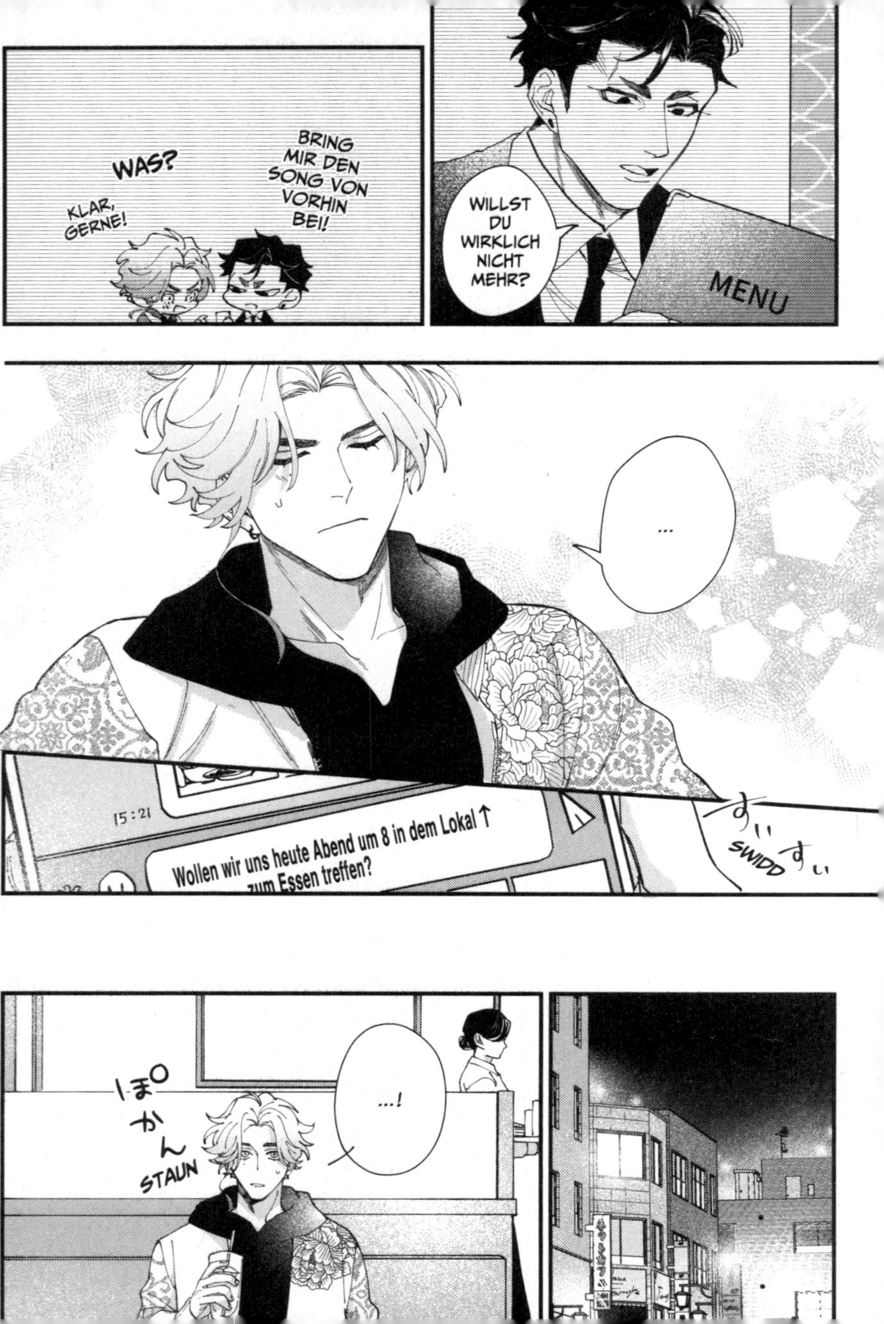

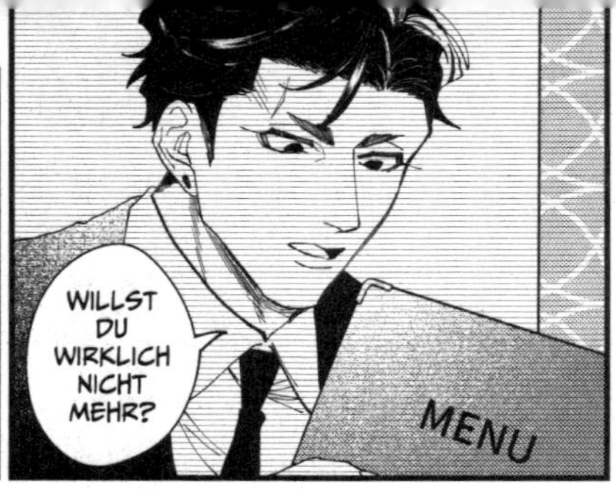

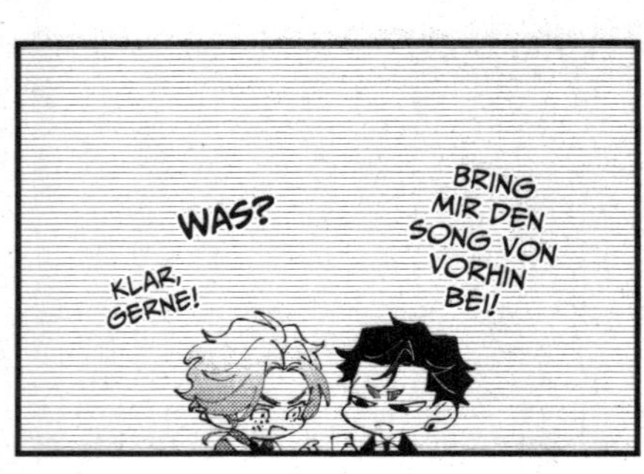

...

15:21

Wollen wir uns heute Abend um 8 in dem Lokal ↑ zum Essen treffen?

すいすい
SWIDD

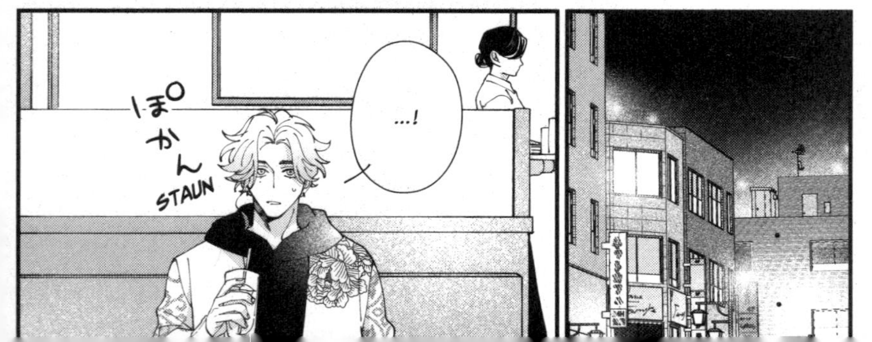

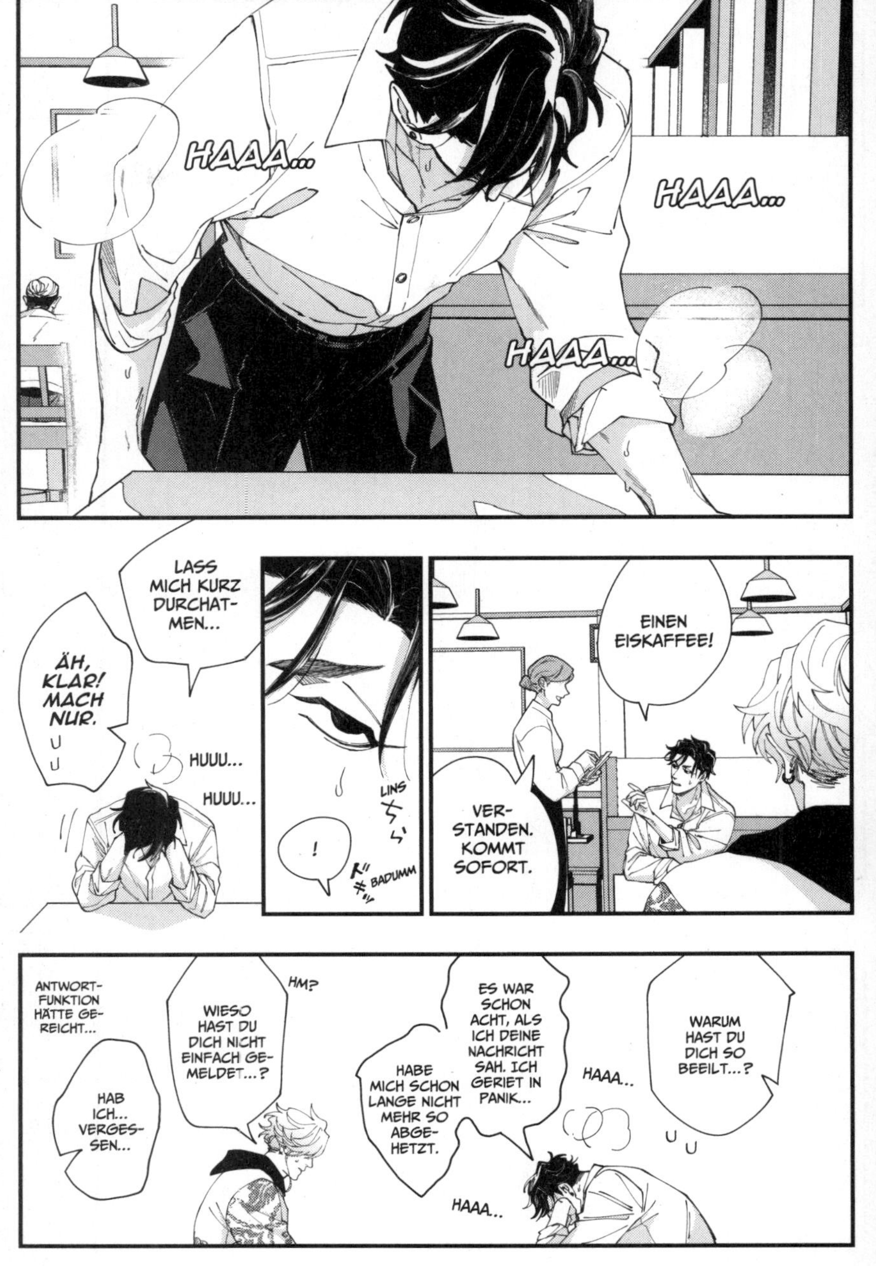
HAAA...
HAAA...
HAAA...
EINEN EISKAFFEE!
VERSTANDEN. KOMMT SOFORT.
!
LINS
BADUMM
LASS MICH KURZ DURCHATMEN...
ÄH, KLAR! MACH NUR.
HUUU...
HUUU...
WARUM HAST DU DICH SO BEEILT...?
HAAA..
ES WAR SCHON ACHT, ALS ICH DEINE NACHRICHT SAH. ICH GERIET IN PANIK...
HABE MICH SCHON LANGE NICHT MEHR SO ABGEHETZT.
HAAA..
HM?
WIESO HAST DU DICH NICHT EINFACH GEMELDET...?
ANTWORTFUNKTION HÄTTE GEREICHT...
HAB ICH... VERGESSEN...

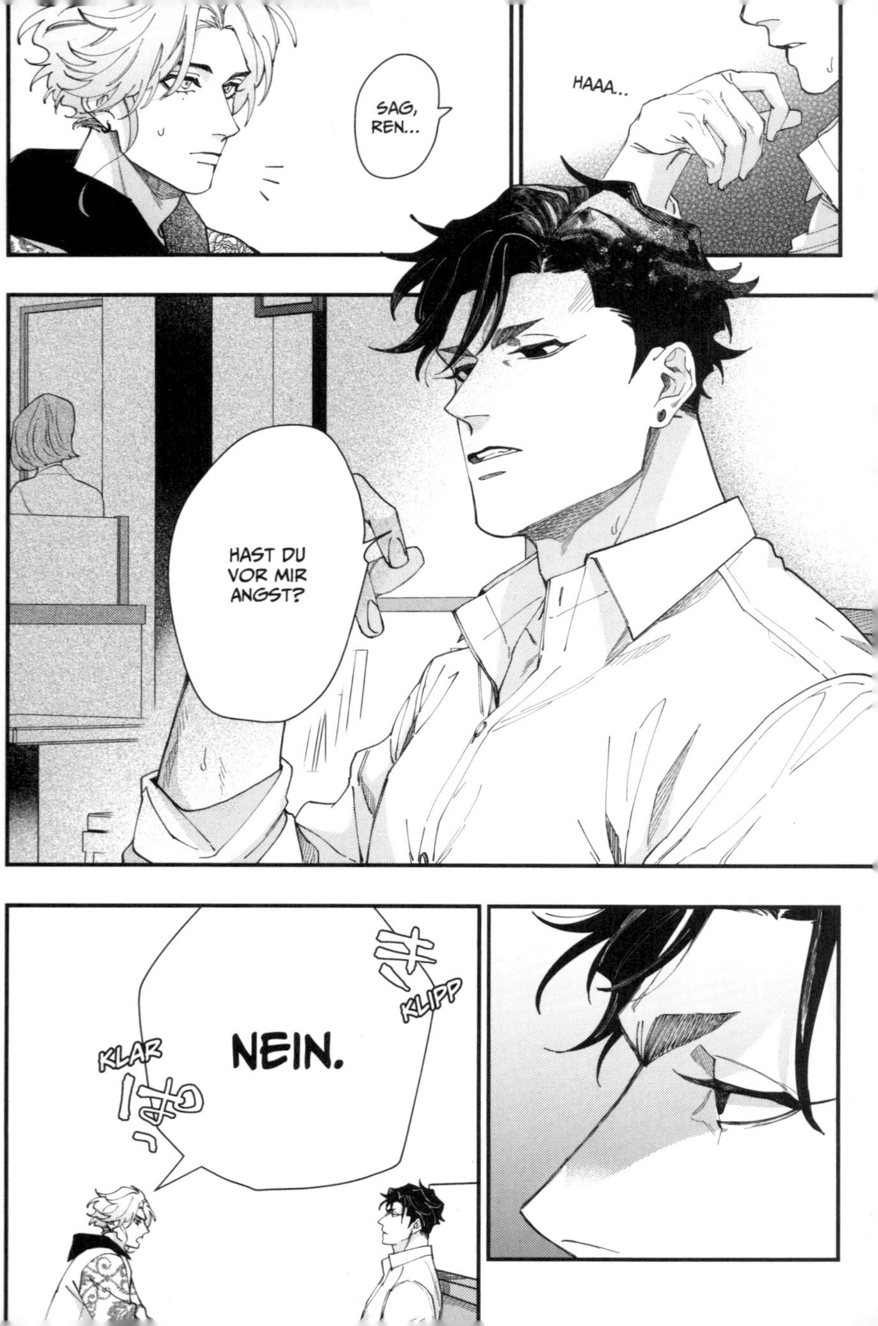

HAAA...

SAG, REN...

HAST DU VOR MIR ANGST?

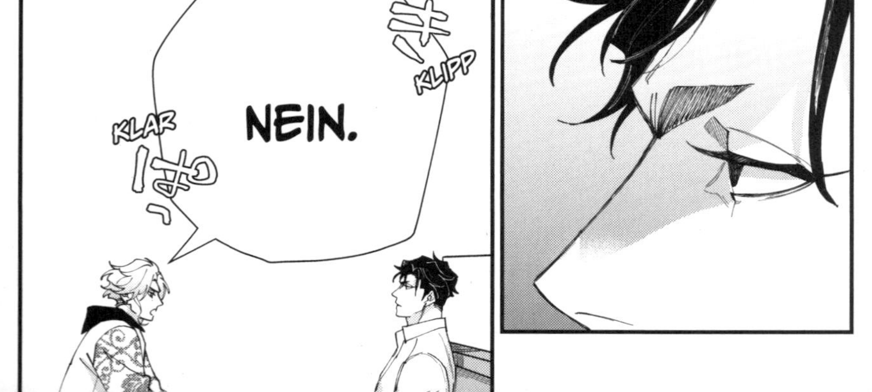

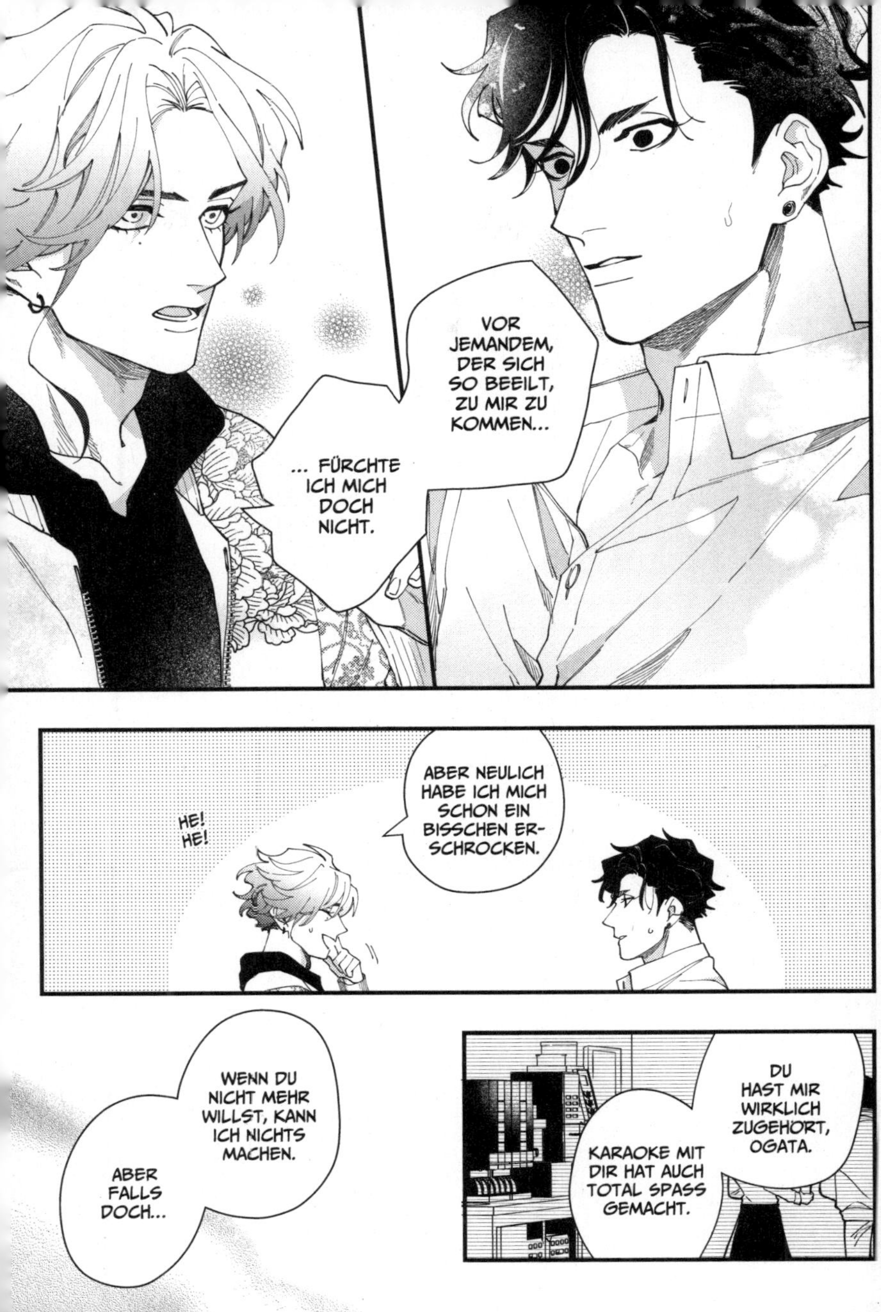

VOR JEMANDEM, DER SICH SO BEEILT, ZU MIR ZU KOMMEN...

... FÜRCHTE ICH MICH DOCH NICHT.

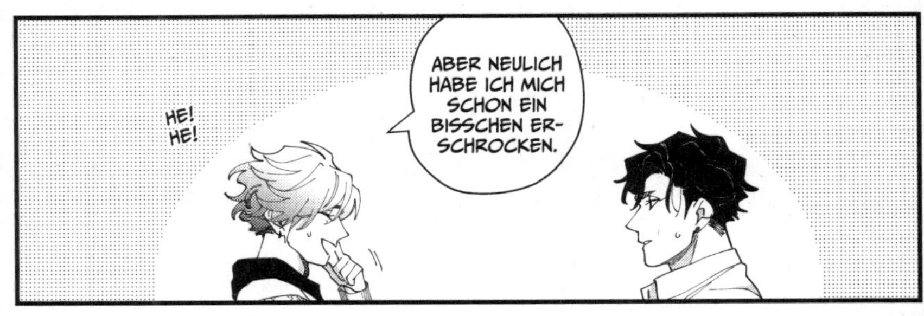

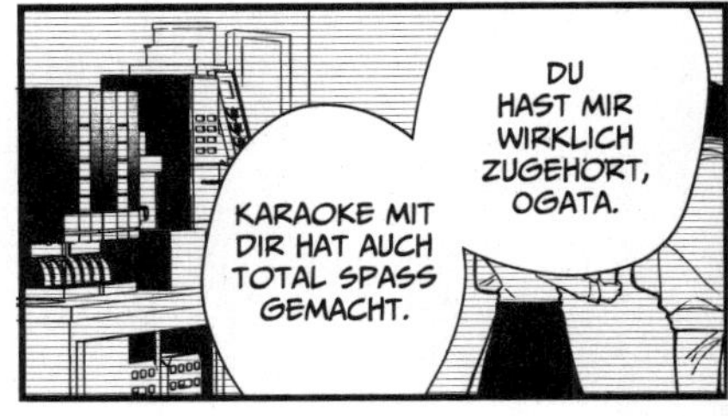

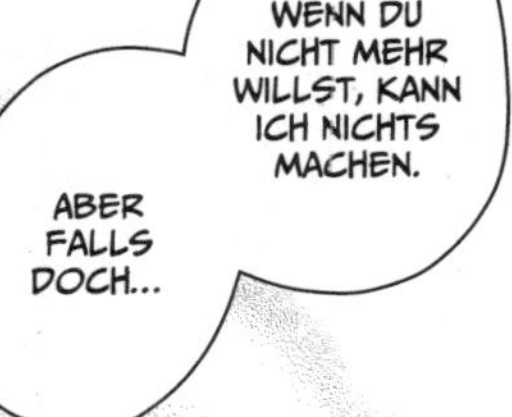

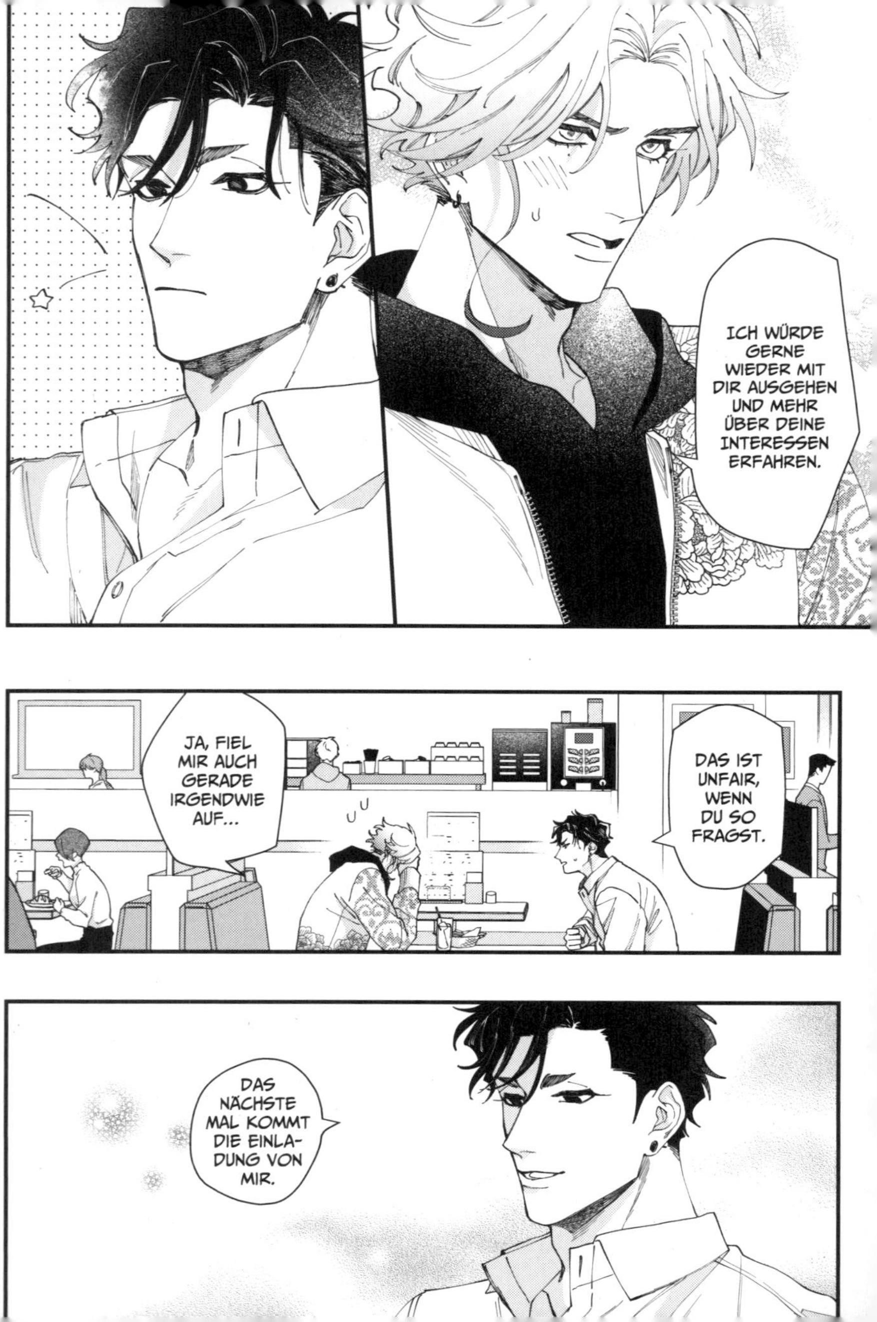

ICH WÜRDE GERNE WIEDER MIT DIR AUSGEHEN UND MEHR ÜBER DEINE INTERESSEN ERFAHREN.

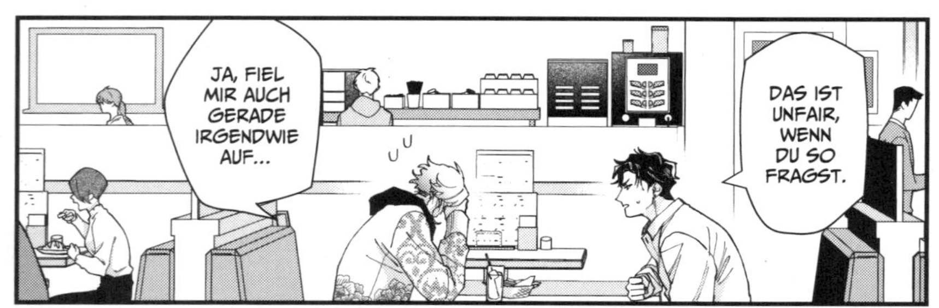
DAS IST UNFAIR, WENN DU SO FRAGST.
JA, FIEL MIR AUCH GERADE IRGENDWIE AUF...

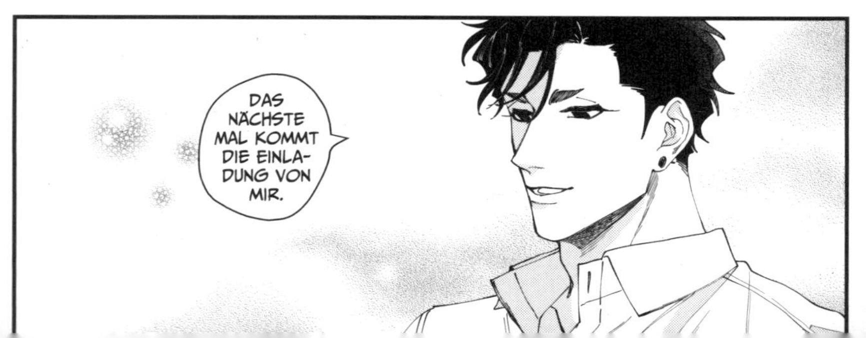
DAS NÄCHSTE MAL KOMMT DIE EINLADUNG VON MIR.

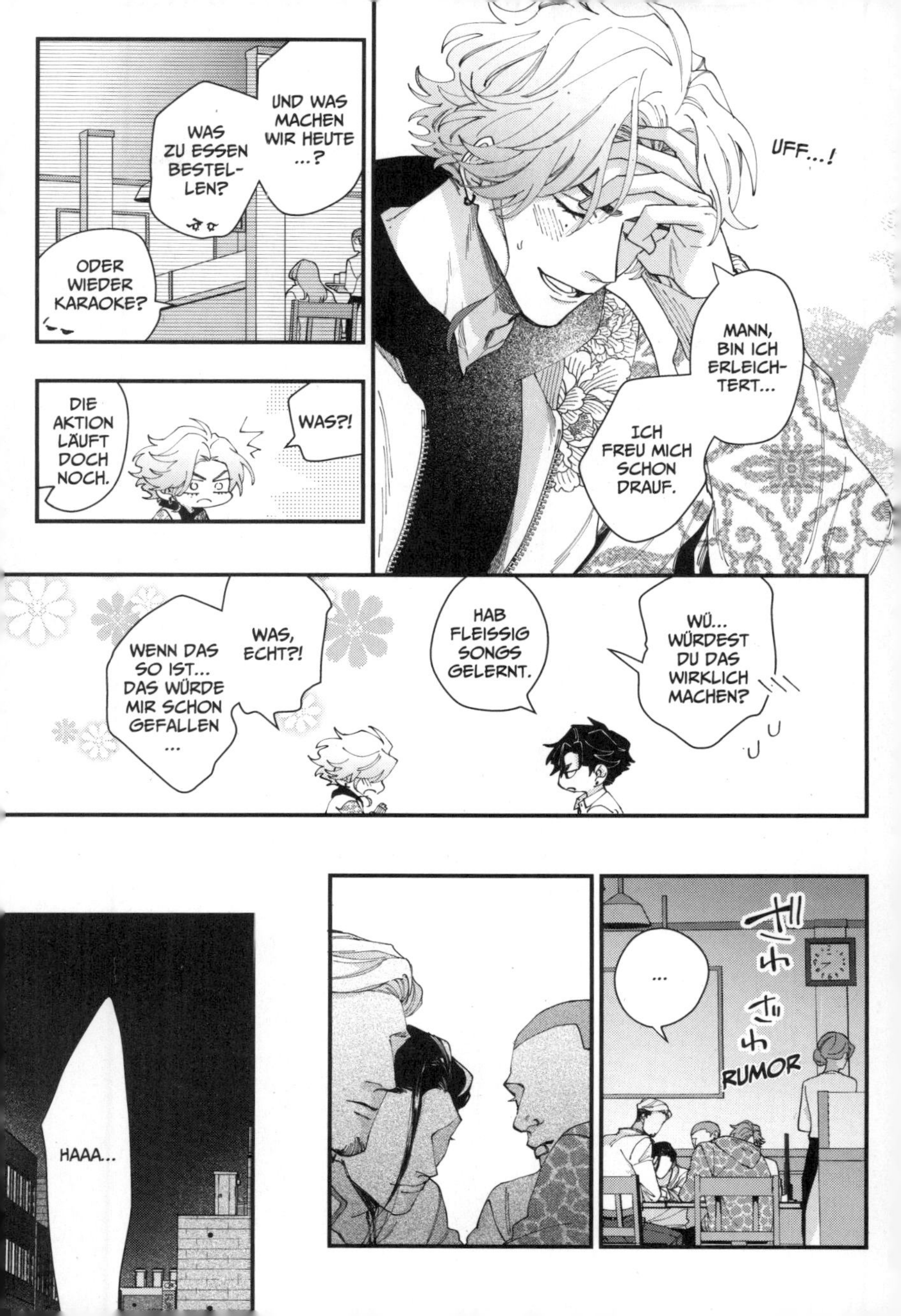

UFF...!
MANN, BIN ICH ERLEICH-TERT...
ICH FREU MICH SCHON DRAUF.

UND WAS MACHEN WIR HEUTE ...?
WAS ZU ESSEN BESTEL-LEN?
ODER WIEDER KARAOKE?

WAS?!
DIE AKTION LÄUFT DOCH NOCH.

WÜ... WÜRDEST DU DAS WIRKLICH MACHEN?
HAB FLEISSIG SONGS GELERNT.
WAS, ECHT?!
WENN DAS SO IST... DAS WÜRDE MIR SCHON GEFALLEN ...

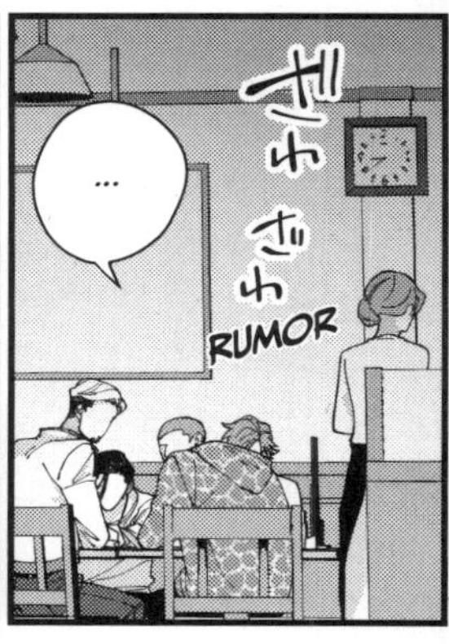

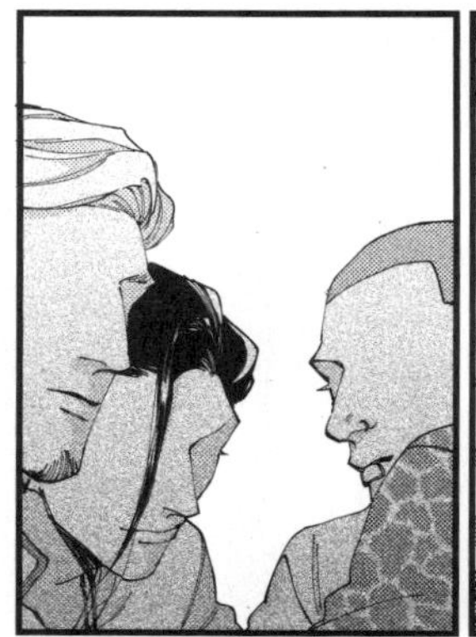

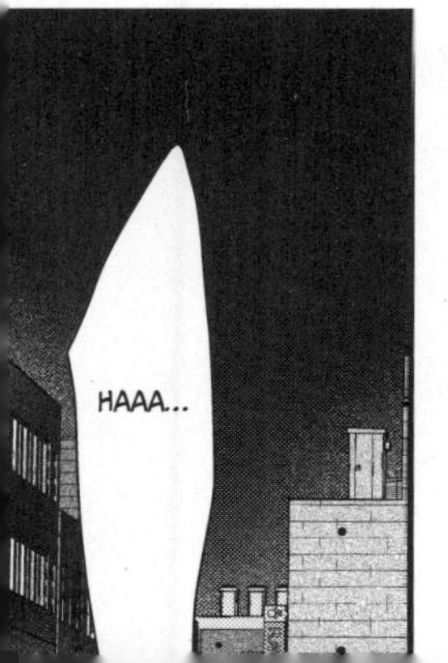

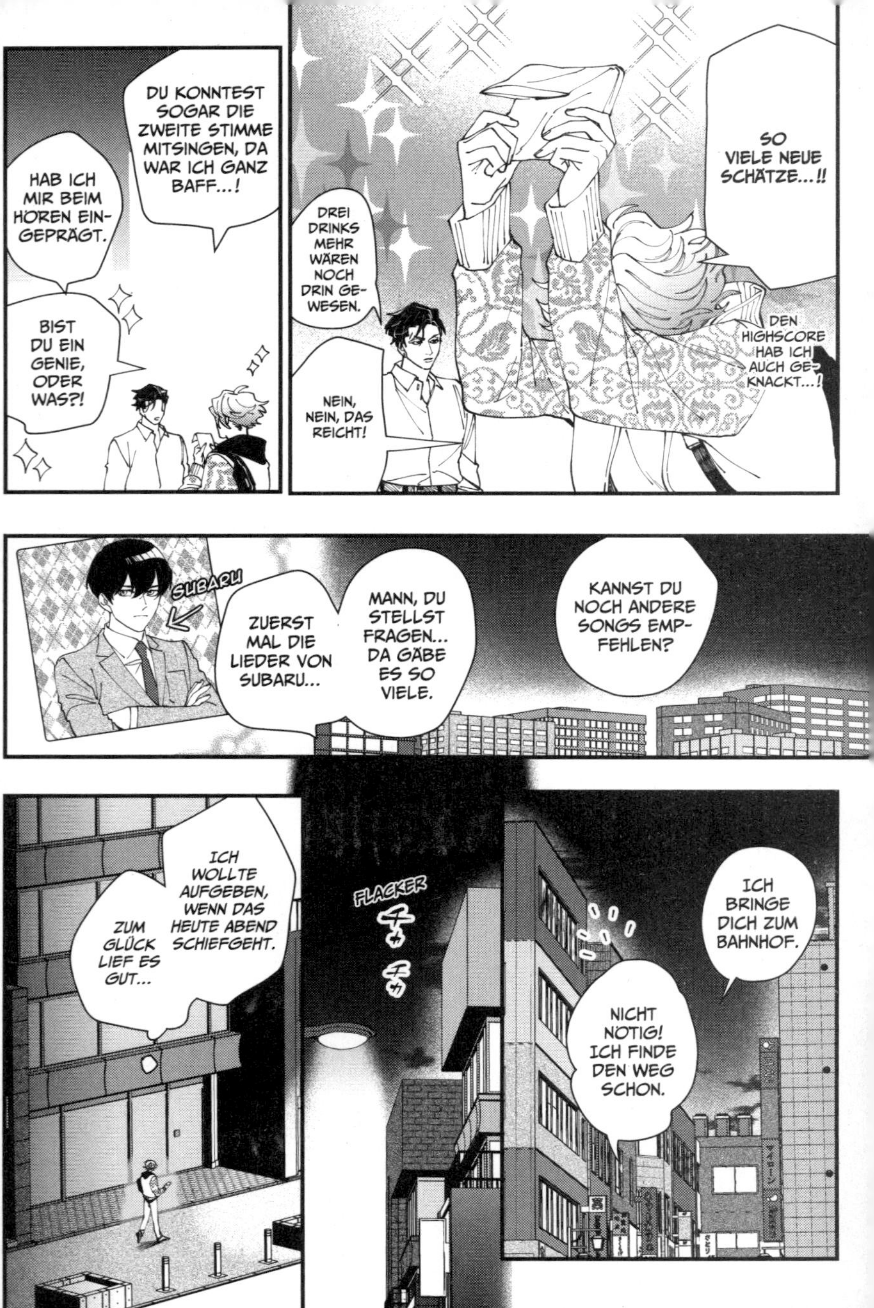

SO VIELE NEUE SCHÄTZE...!!
DEN HIGHSCORE HAB ICH AUCH GEKNACKT...!
DREI DRINKS MEHR WÄREN NOCH DRIN GEWESEN.
NEIN, NEIN, DAS REICHT!
DU KONNTEST SOGAR DIE ZWEITE STIMME MITSINGEN, DA WAR ICH GANZ BAFF...!
HAB ICH MIR BEIM HÖREN EINGEPRÄGT.
BIST DU EIN GENIE, ODER WAS?!

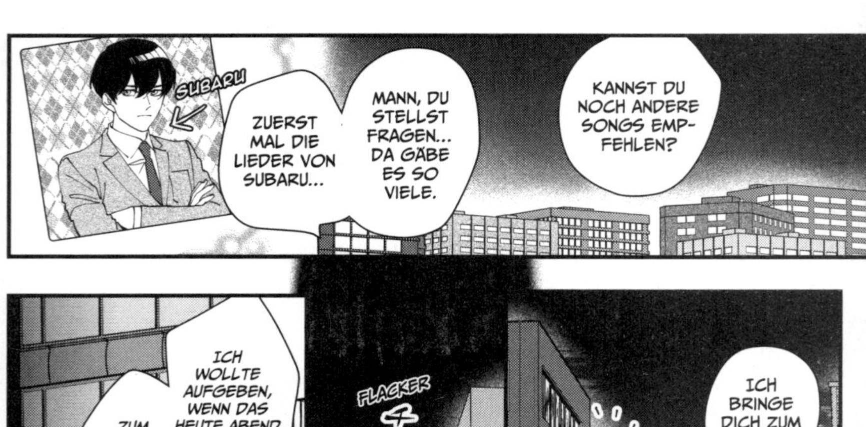

ICH BRINGE DICH ZUM BAHNHOF.
NICHT NÖTIG! ICH FINDE DEN WEG SCHON.
FLACKER
ICH WOLLTE AUFGEBEN, WENN DAS HEUTE ABEND SCHIEFGEHT.
ZUM GLÜCK LIEF ES GUT...

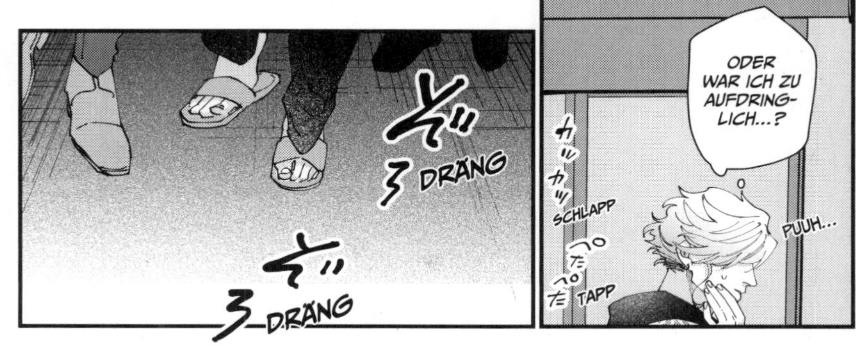
ODER WAR ICH ZU AUFDRING-LICH...?
SCHLAPP
TAPP
PUUH...
DRÄNG
DRÄNG

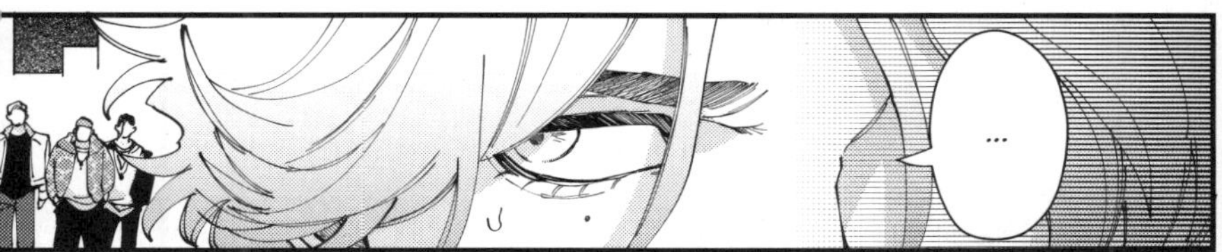
...

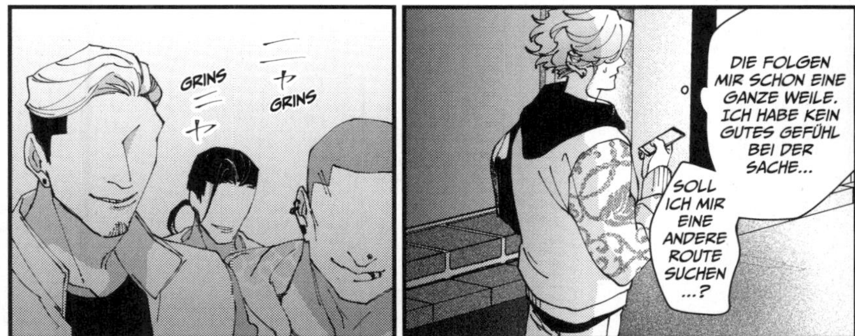
DIE FOLGEN MIR SCHON EINE GANZE WEILE. ICH HABE KEIN GUTES GEFÜHL BEI DER SACHE...
SOLL ICH MIR EINE ANDERE ROUTE SUCHEN ...?
GRINS
GRINS

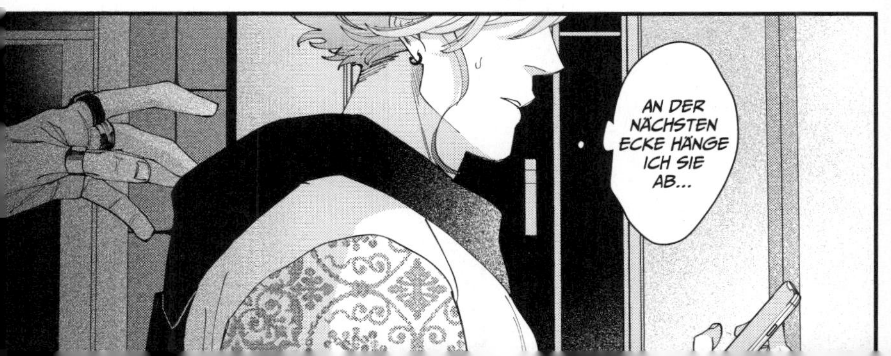
AN DER NÄCHSTEN ECKE HÄNGE ICH SIE AB...

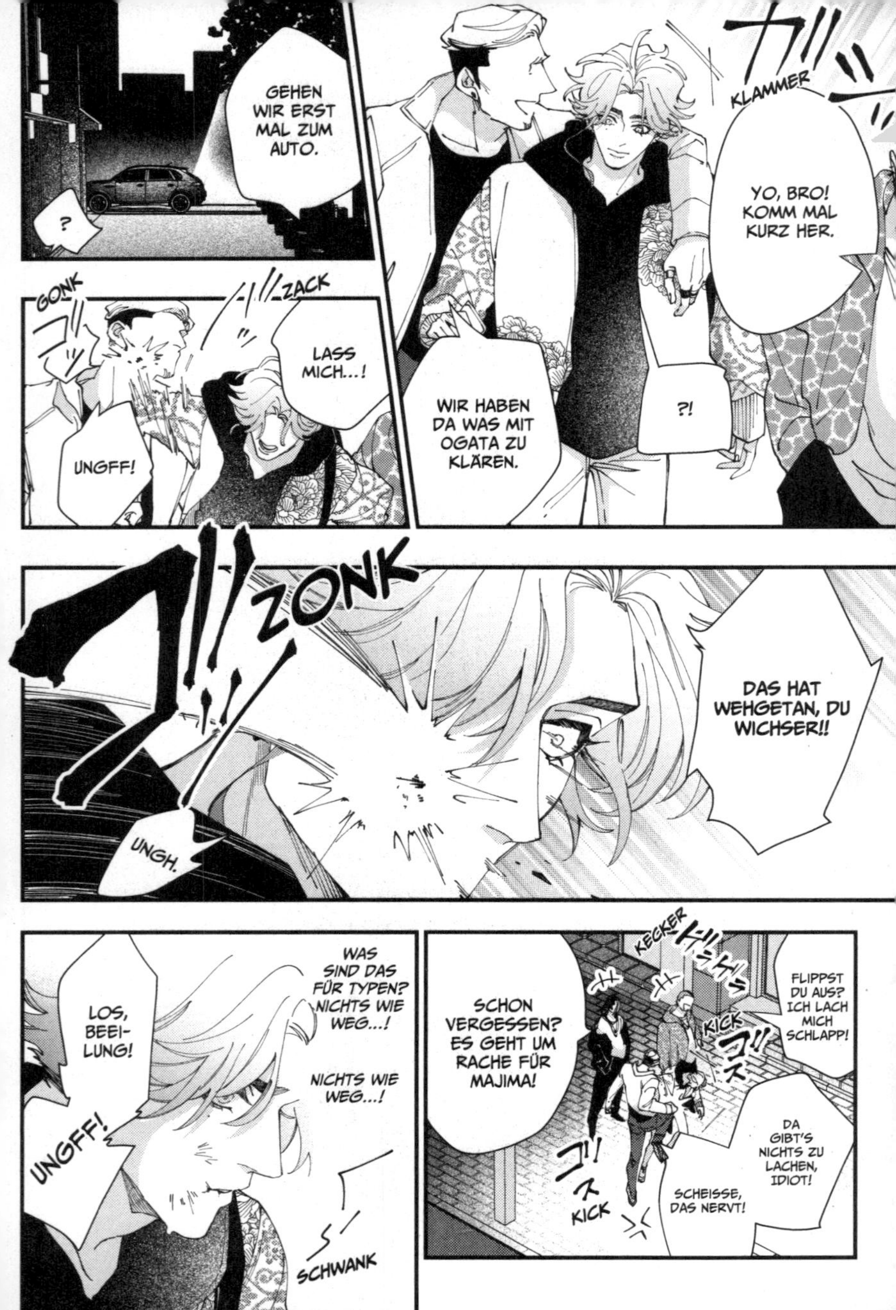
KLAMMER
YO, BRO! KOMM MAL KURZ HER.
?!
WIR HABEN DA WAS MIT OGATA ZU KLÄREN.
GEHEN WIR ERST MAL ZUM AUTO.
?
ZACK
LASS MICH...!
GONK
UNGFF!
ZONK
DAS HAT WEHGETAN, DU WICHSER!!
UNGH.
FLIPPST DU AUS? ICH LACH MICH SCHLAPP!
KECKER
SCHON VERGESSEN? ES GEHT UM RACHE FÜR MAJIMA!
KICK
DA GIBT'S NICHTS ZU LACHEN, IDIOT!
SCHEISSE, DAS NERVT!
KICK
WAS SIND DAS FÜR TYPEN? NICHTS WIE WEG...!
NICHTS WIE WEG...!
LOS, BEEI-LUNG!
UNGFF!
SCHWANK

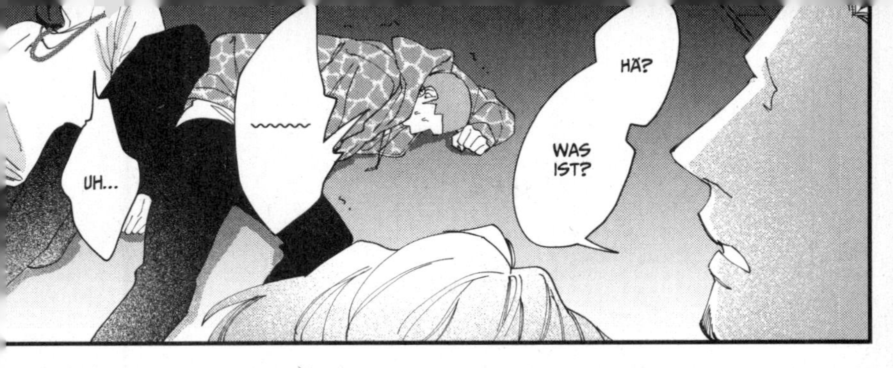

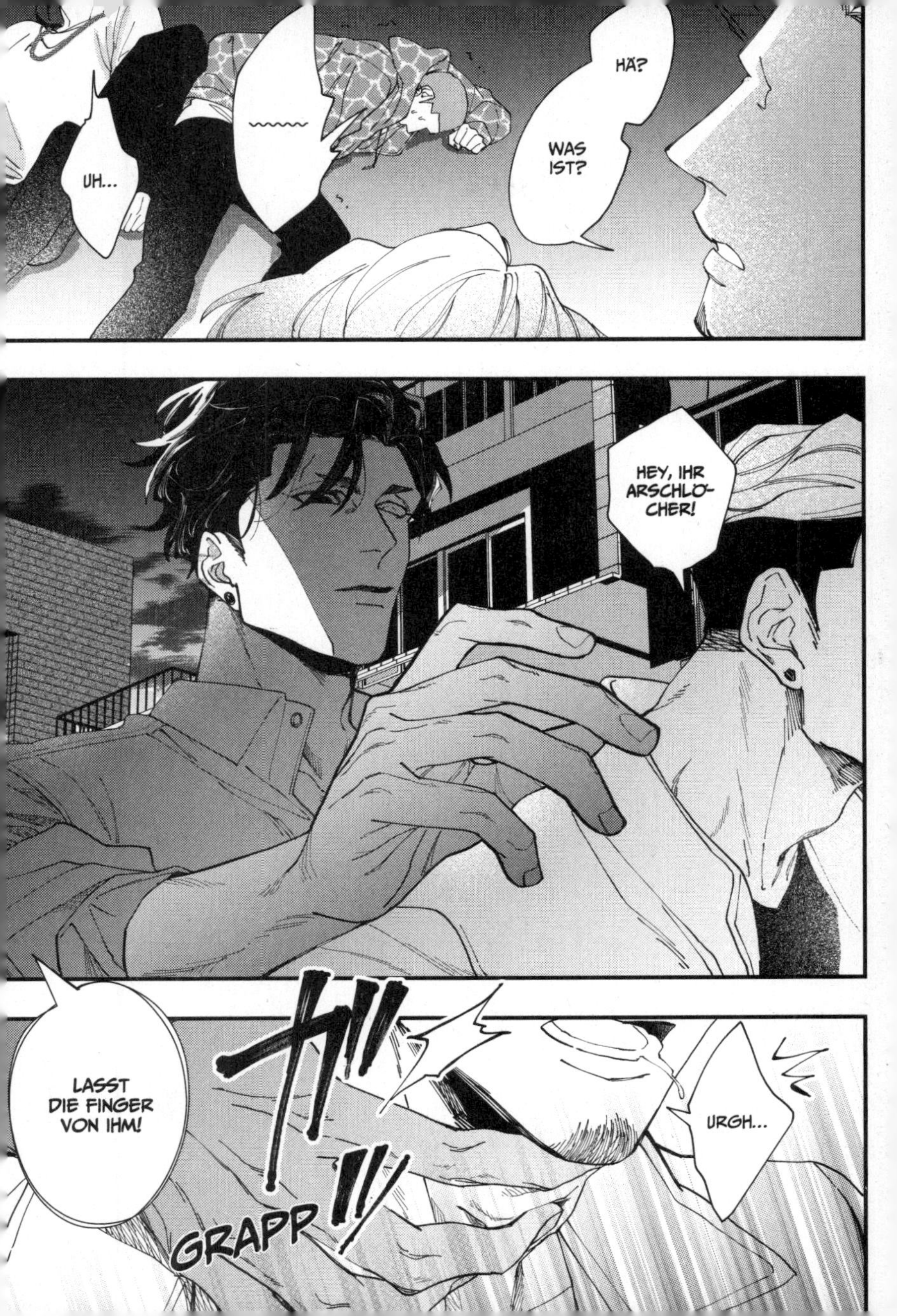

HEY, IHR ARSCHLÖCHER!

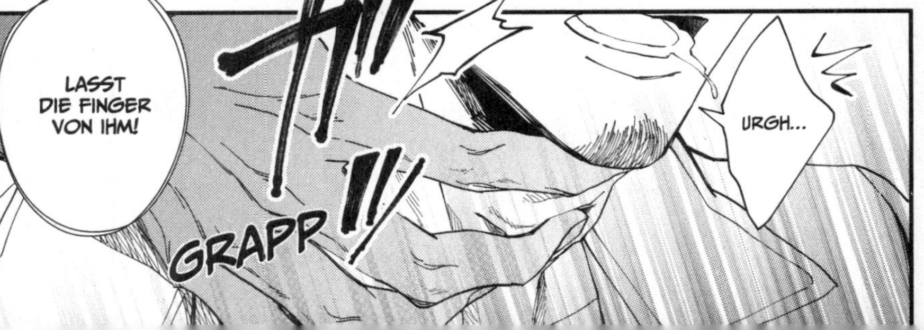

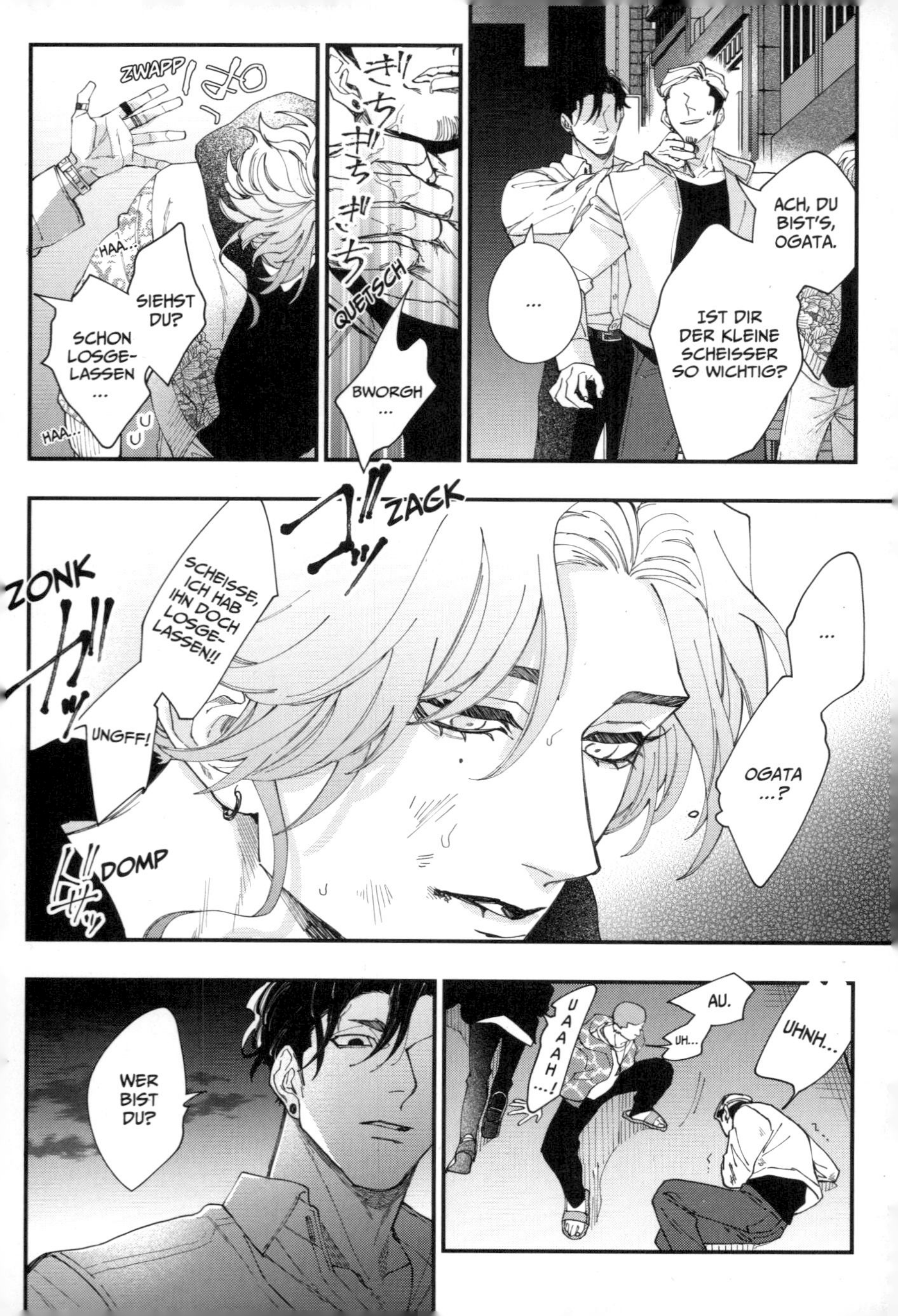

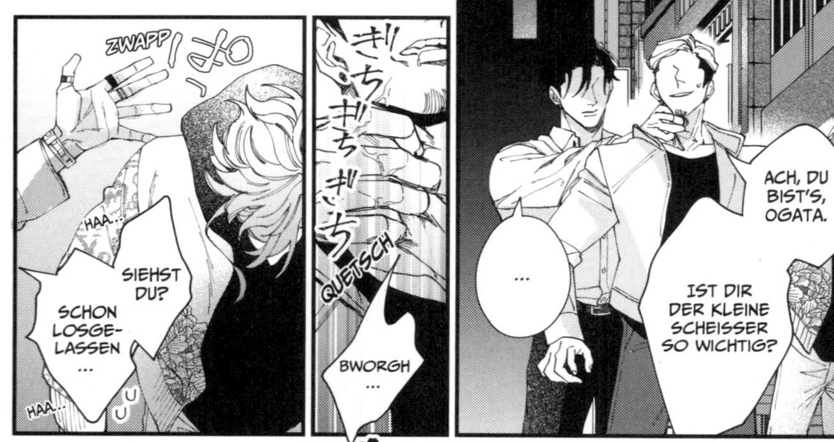

...
OGATA ...?
ZACK
SCHEISSE, ICH HAB IHN DOCH LOSGE-LASSEN!!
ZONK
UNGFF!
DOMP

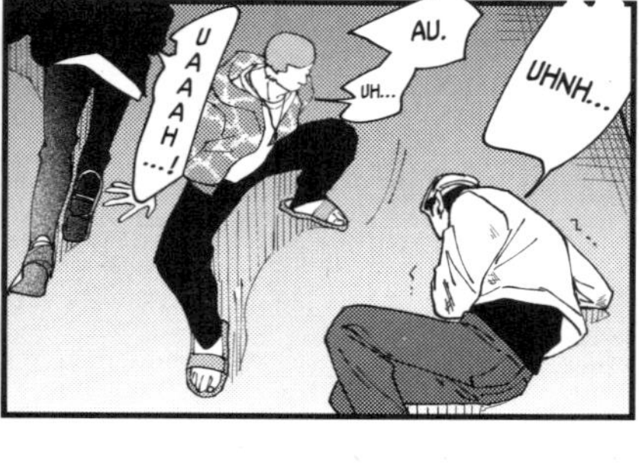

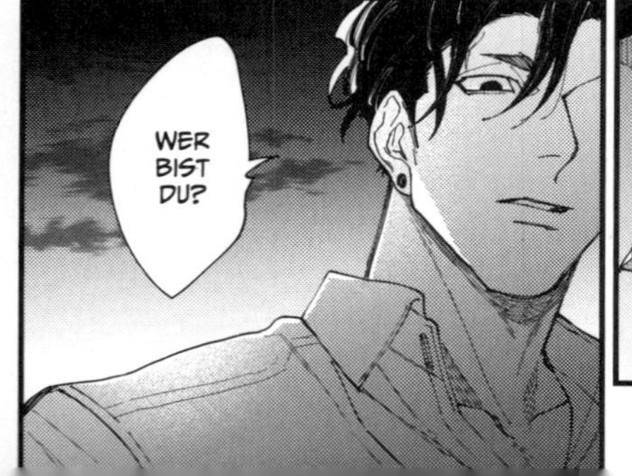

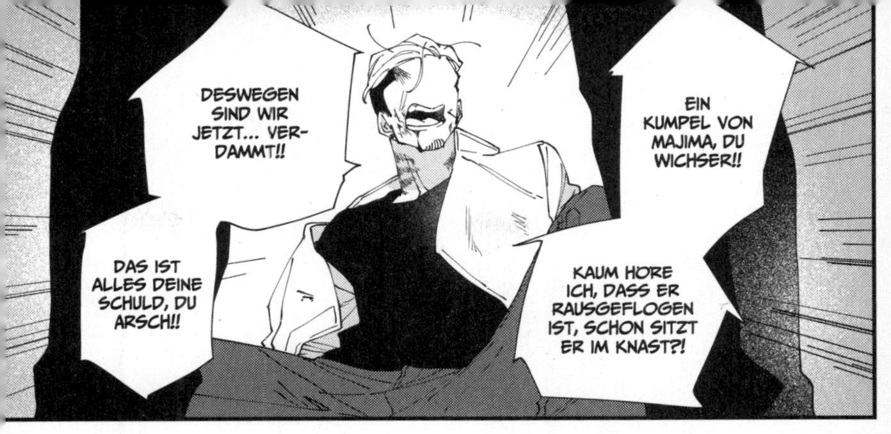
EIN KUMPEL VON MAJIMA, DU WICHSER!!
DESWEGEN SIND WIR JETZT... VERDAMMT!!
KAUM HÖRE ICH, DASS ER RAUSGEFLOGEN IST, SCHON SITZT ER IM KNAST?!
DAS IST ALLES DEINE SCHULD, DU ARSCH!!

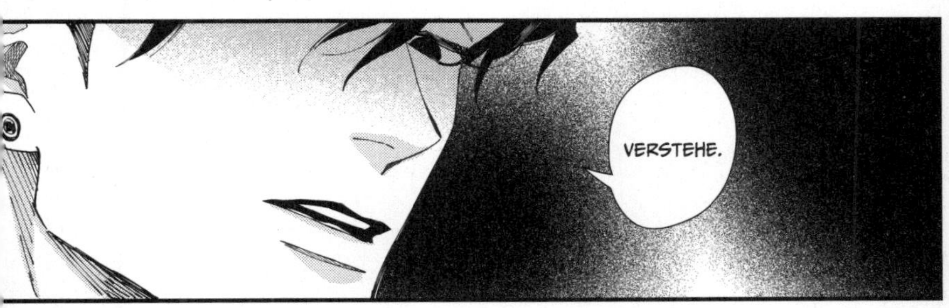
VERSTEHE.

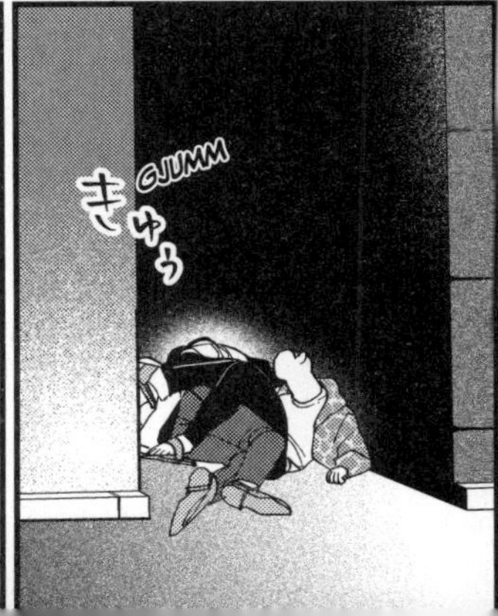
きゅう
GJUMM

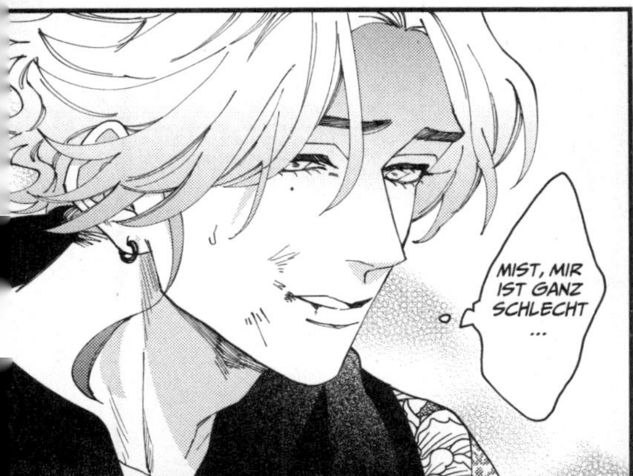
MIST, MIR IST GANZ SCHLECHT ...

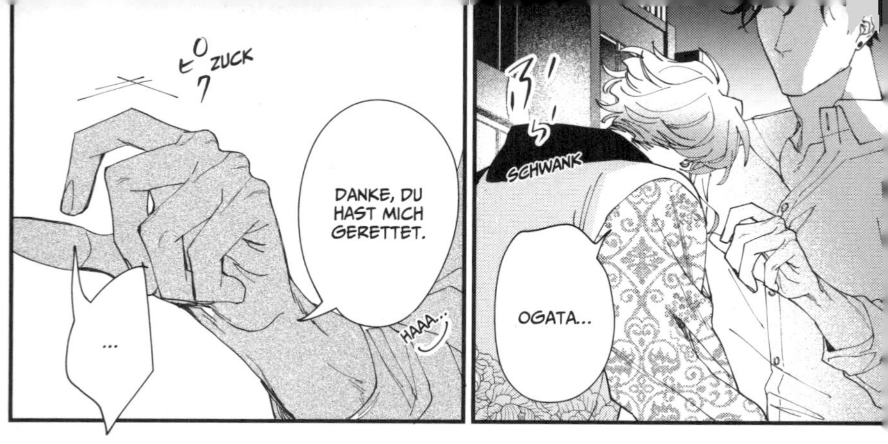
SCHWANK
OGATA...
ZUCK
DANKE, DU HAST MICH GERETTET.
HAAA...
...

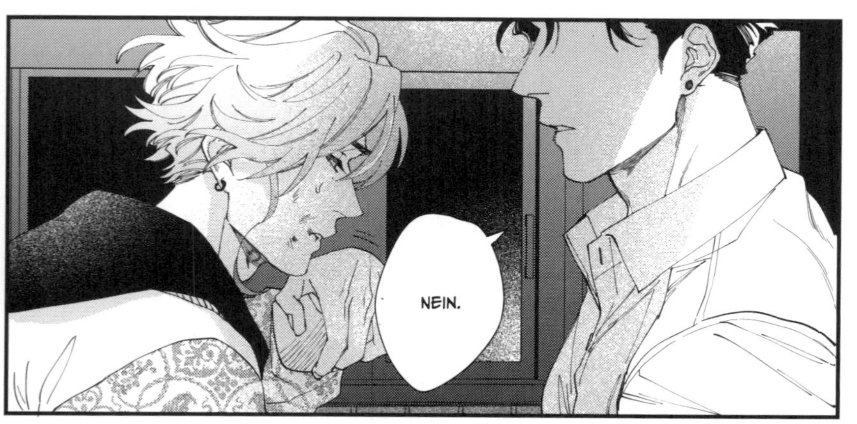
NEIN.

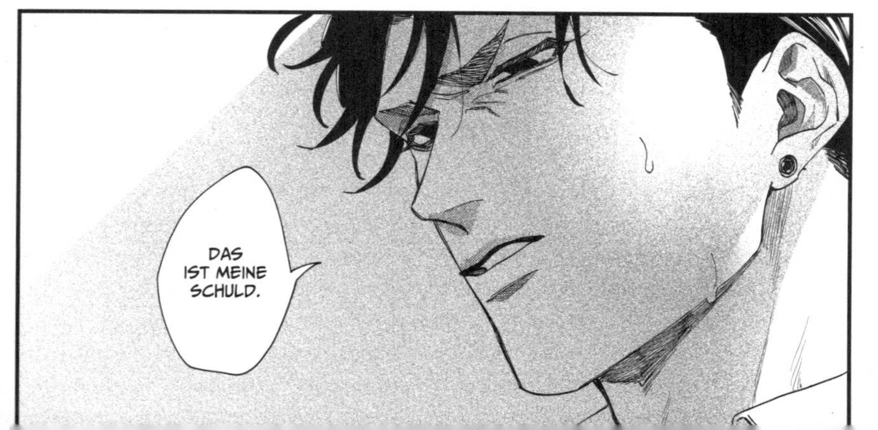
DAS IST MEINE SCHULD.

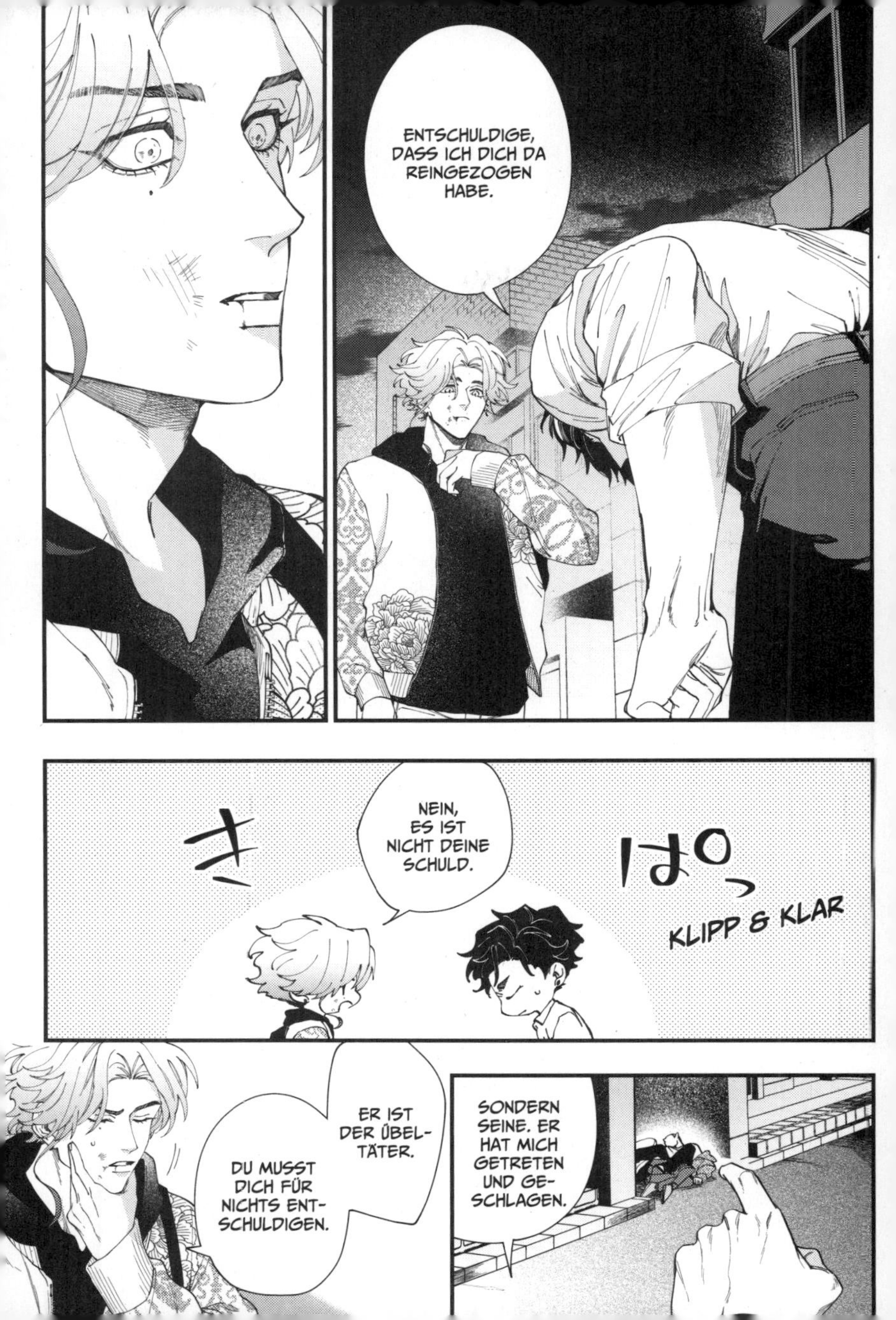

ENTSCHULDIGE, DASS ICH DICH DA REINGEZOGEN HABE.

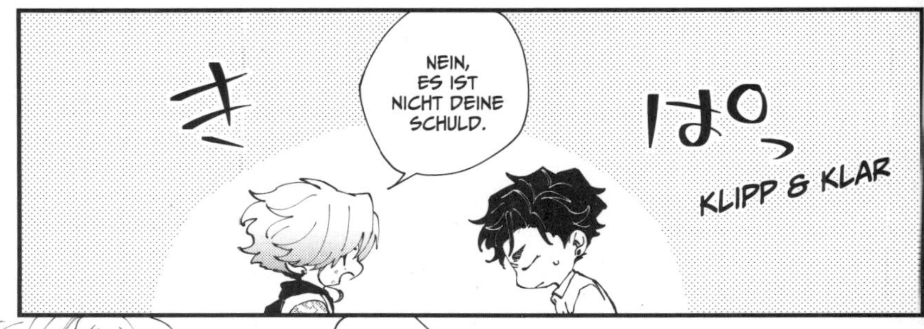

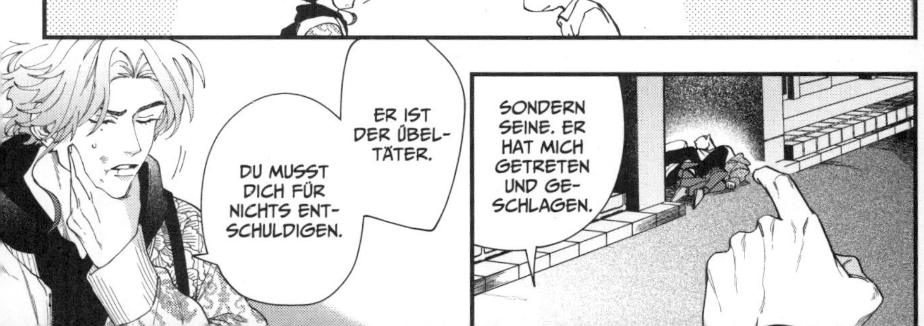

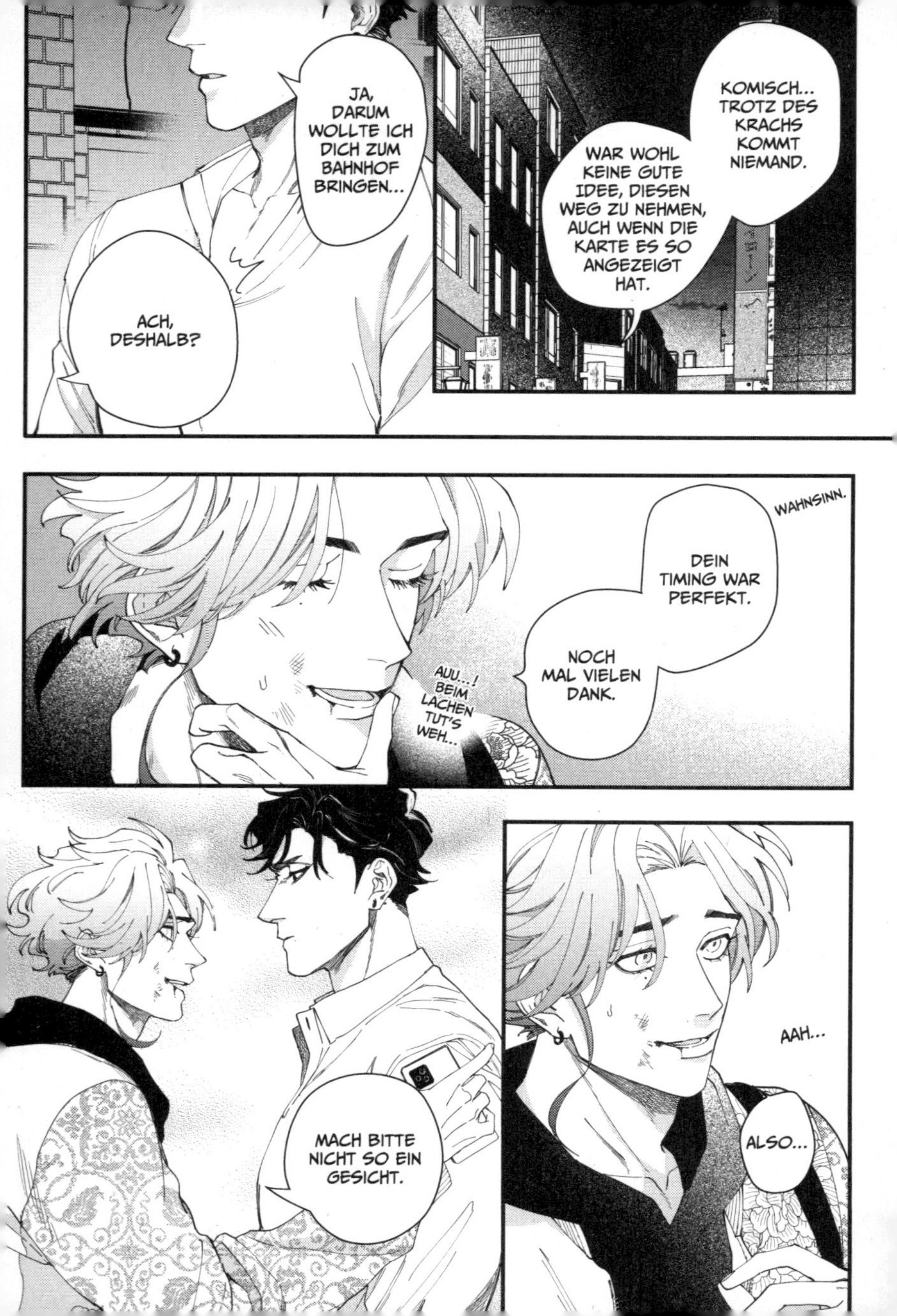

KOMISCH... TROTZ DES KRACHS KOMMT NIEMAND.

WAR WOHL KEINE GUTE IDEE, DIESEN WEG ZU NEHMEN, AUCH WENN DIE KARTE ES SO ANGEZEIGT HAT.

JA, DARUM WOLLTE ICH DICH ZUM BAHNHOF BRINGEN...

ACH, DESHALB?

WAHNSINN.

DEIN TIMING WAR PERFEKT.

NOCH MAL VIELEN DANK.

AUU...! BEIM LACHEN TUT'S WEH...

AAH...

ALSO...

MACH BITTE NICHT SO EIN GESICHT.

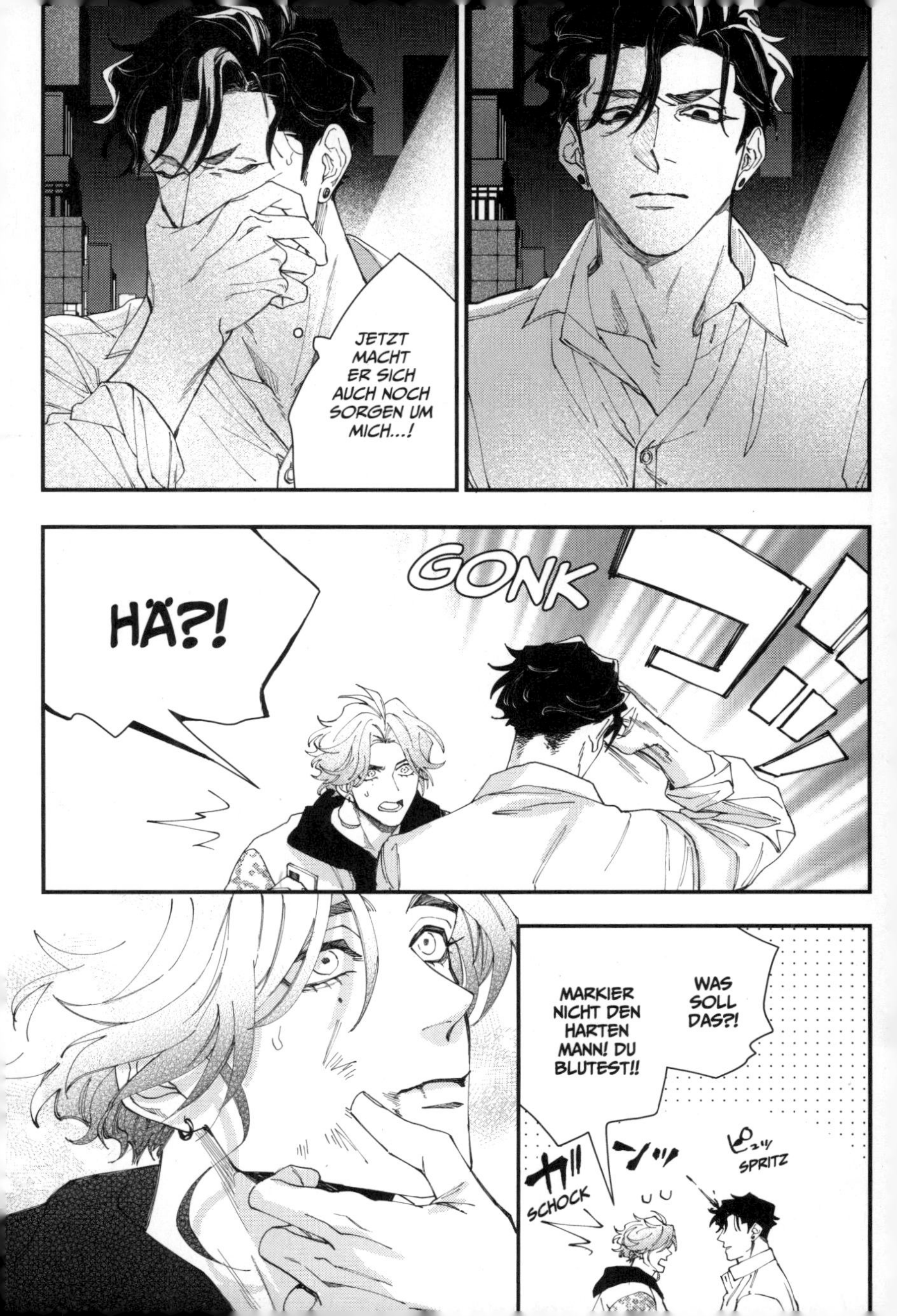

JETZT MACHT ER SICH AUCH NOCH SORGEN UM MICH...!

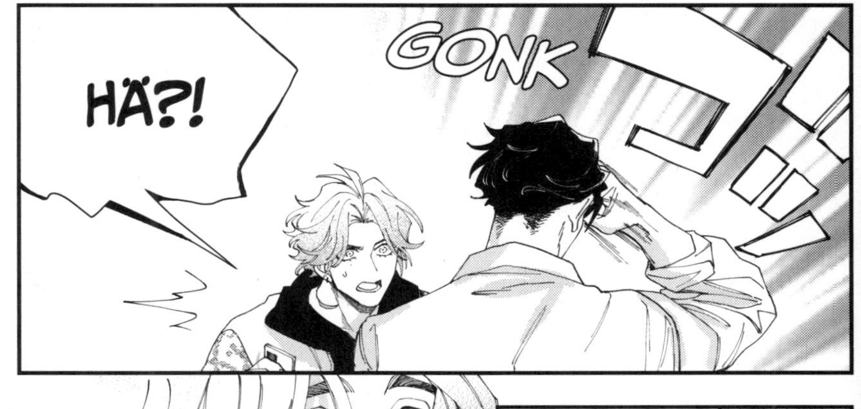

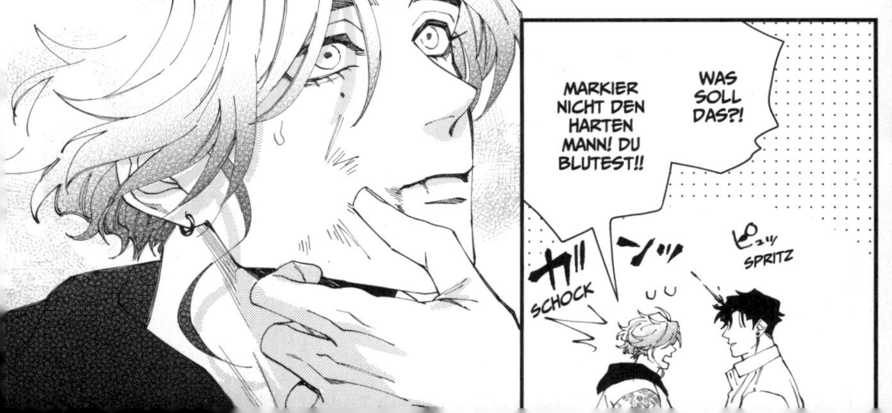

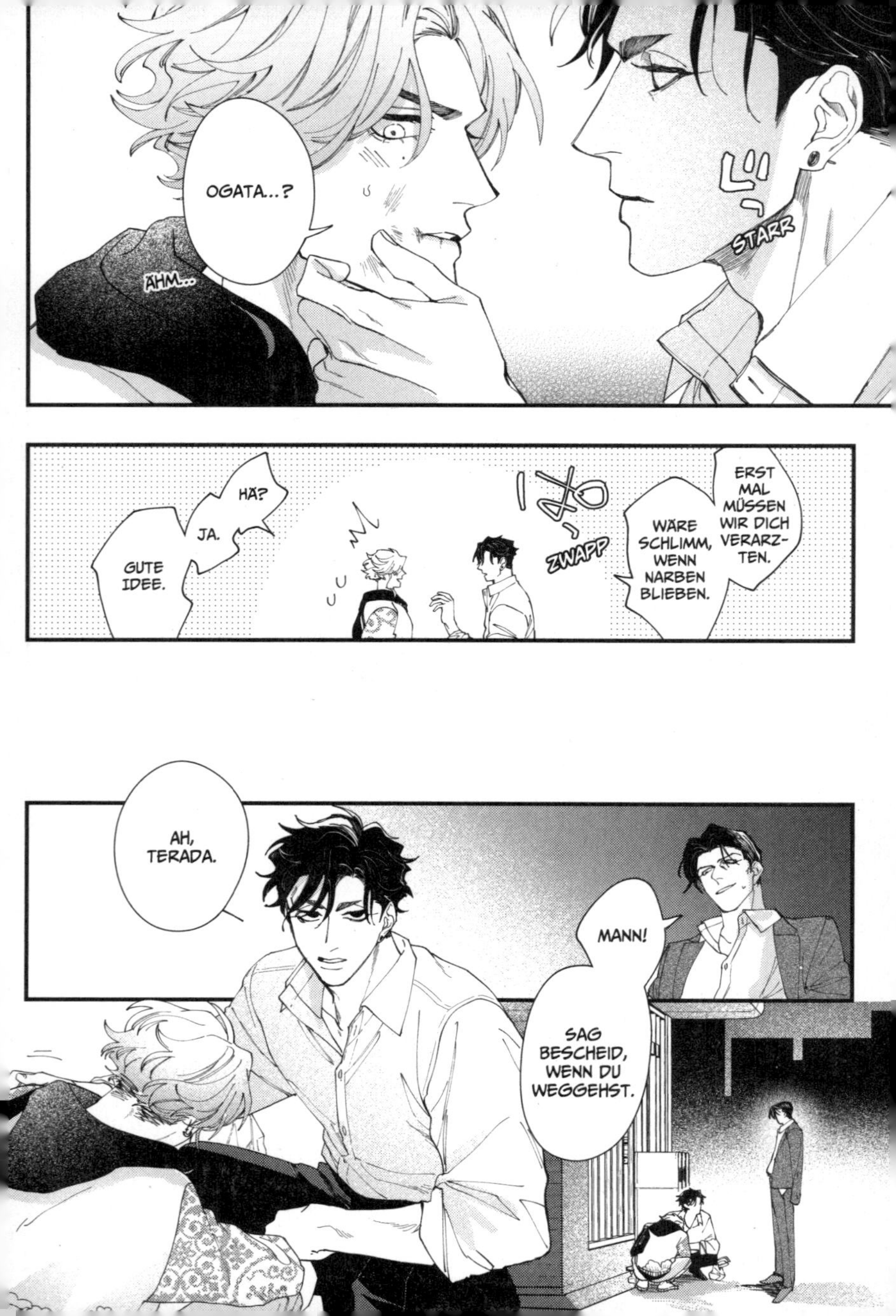

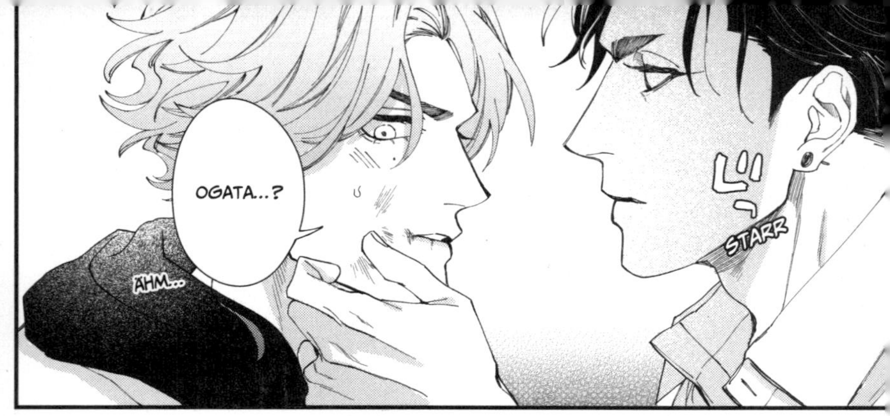
STARR
OGATA...?
ÄHM..

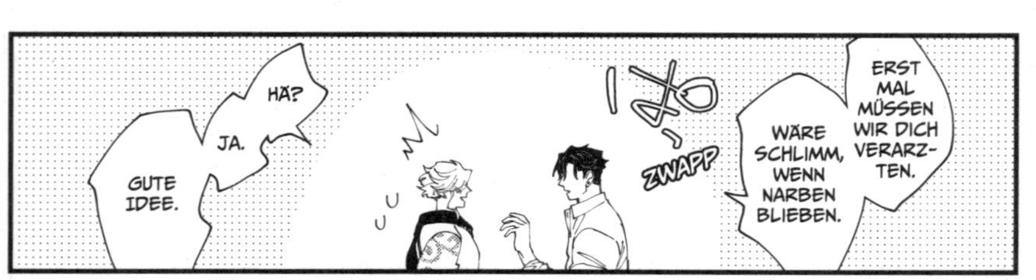
ERST MAL MÜSSEN WIR DICH VERARZTEN.
WÄRE SCHLIMM, WENN NARBEN BLIEBEN.
ZWAPP
HÄ?
JA.
GUTE IDEE.

AH, TERADA.
MANN!
SAG BESCHEID, WENN DU WEGGEHST.

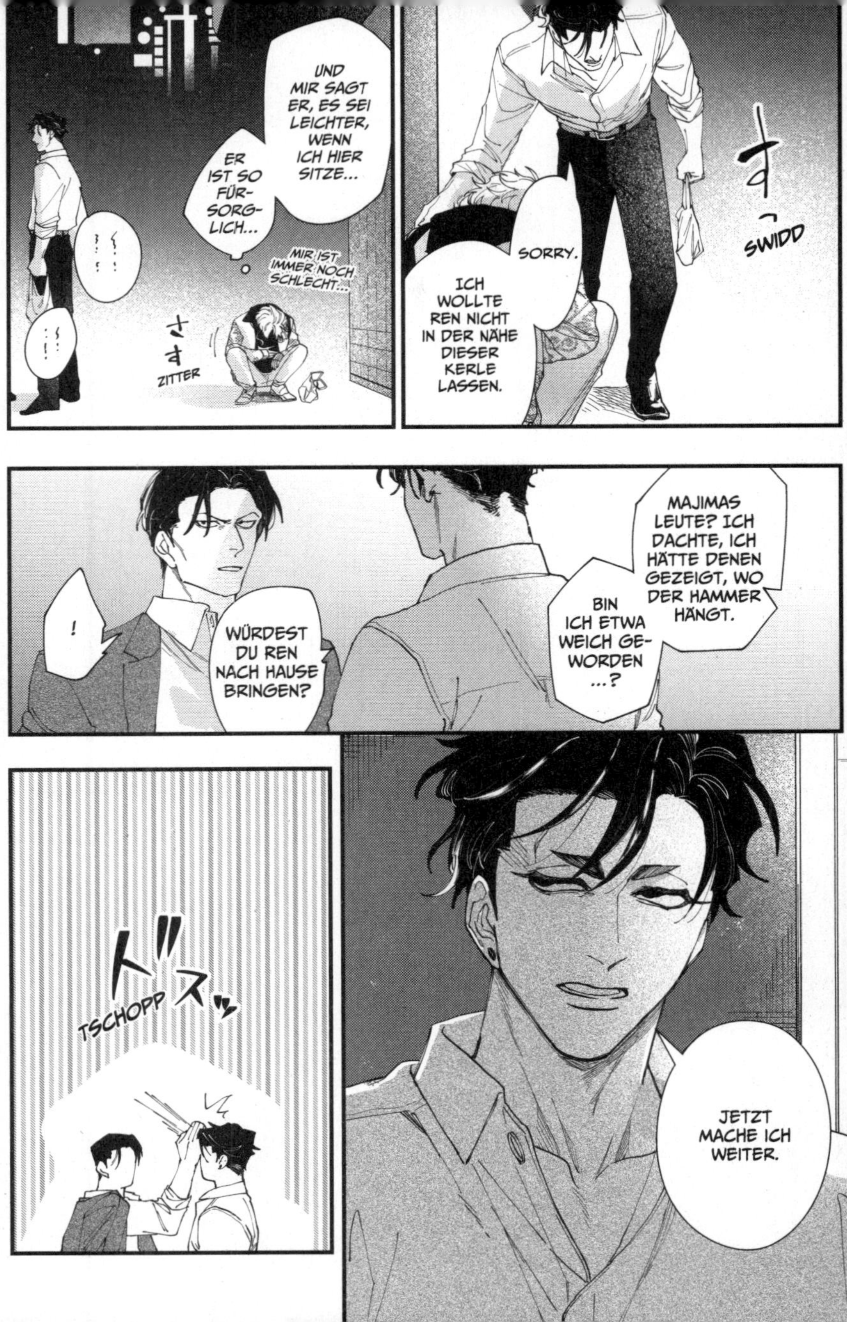

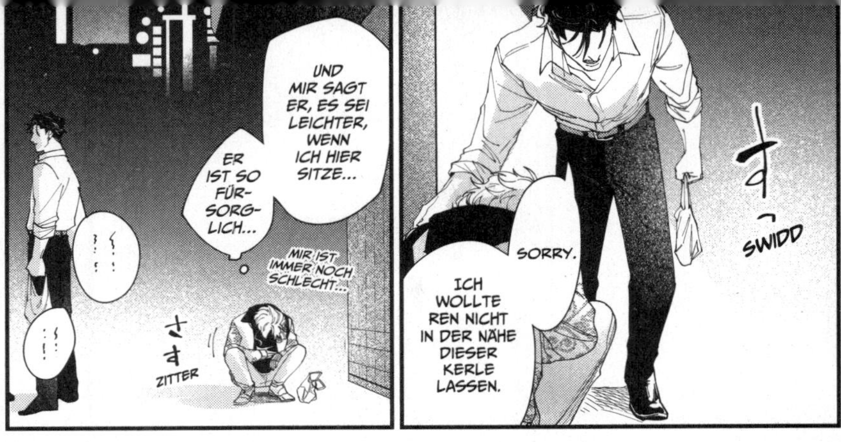

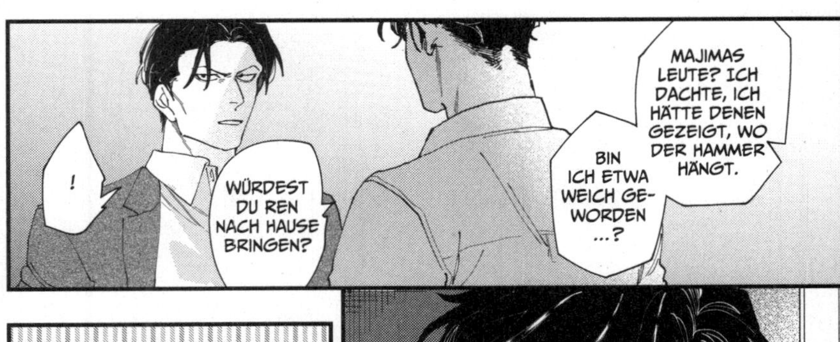

JETZT MACHE ICH WEITER.

TSCHOPP

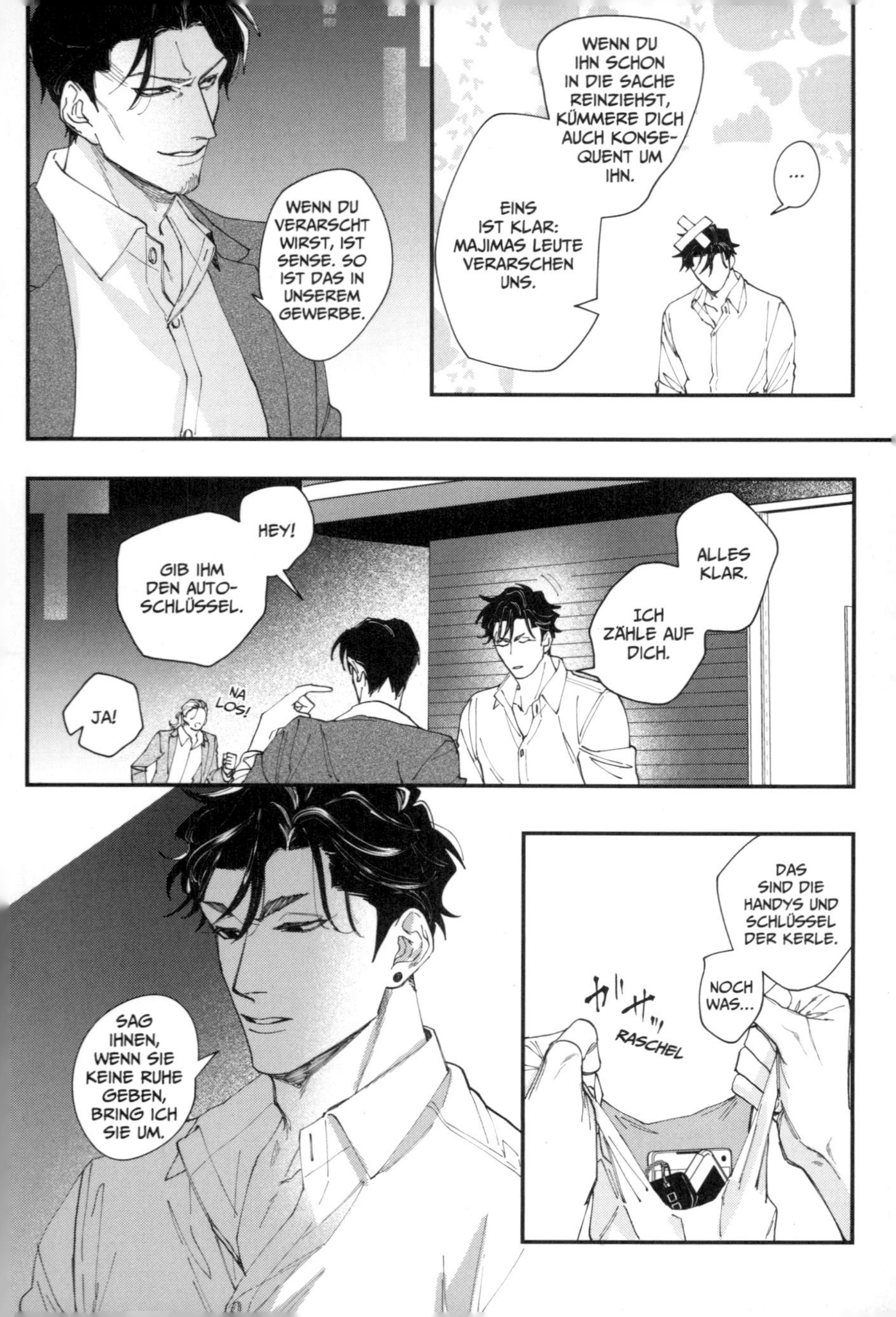

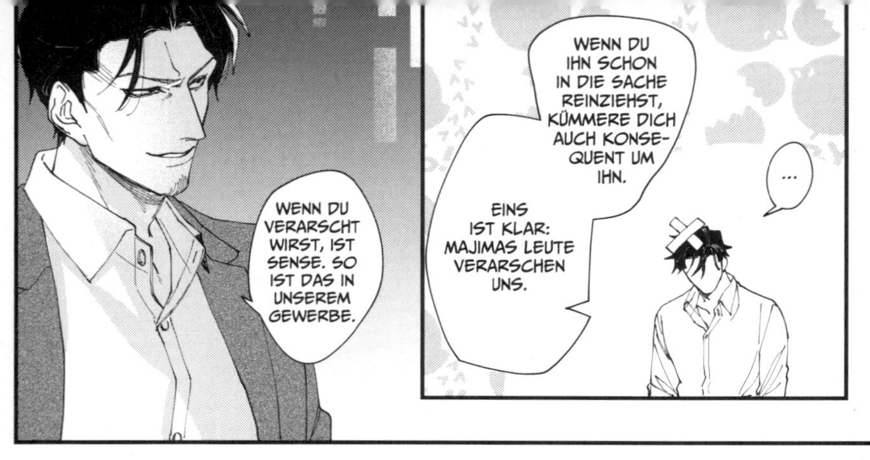

ALLES KLAR.

ICH ZÄHLE AUF DICH.

HEY!

GIB IHM DEN AUTOSCHLÜSSEL.

NA LOS!

JA!

DAS SIND DIE HANDYS UND SCHLÜSSEL DER KERLE.

NOCH WAS...

RASCHEL

SAG IHNEN, WENN SIE KEINE RUHE GEBEN, BRING ICH SIE UM.

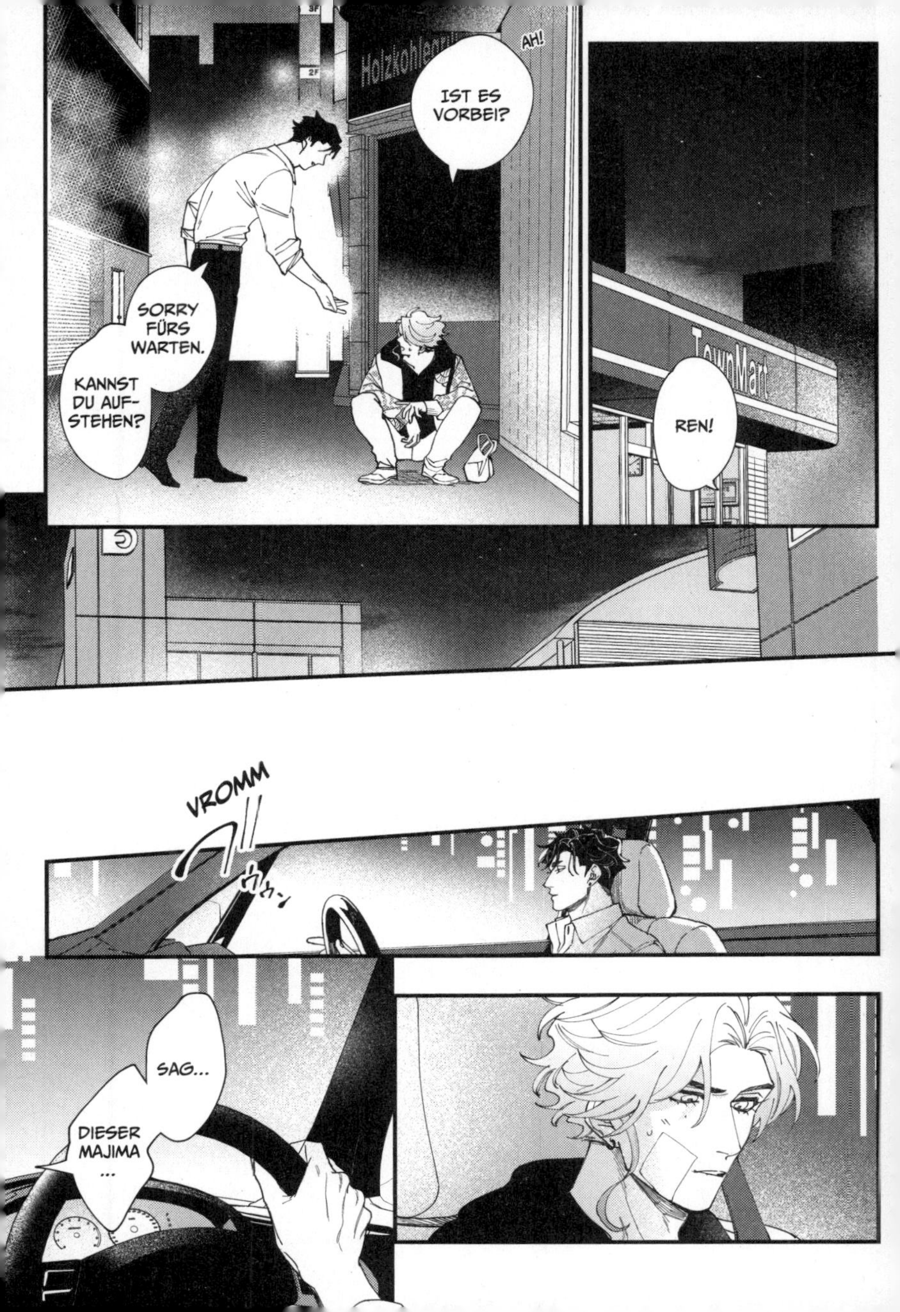

REN!

AH!

IST ES VORBEI?

SORRY FÜRS WARTEN.

KANNST DU AUF-STEHEN?

VROMM

SAG...

DIESER MAJIMA ...

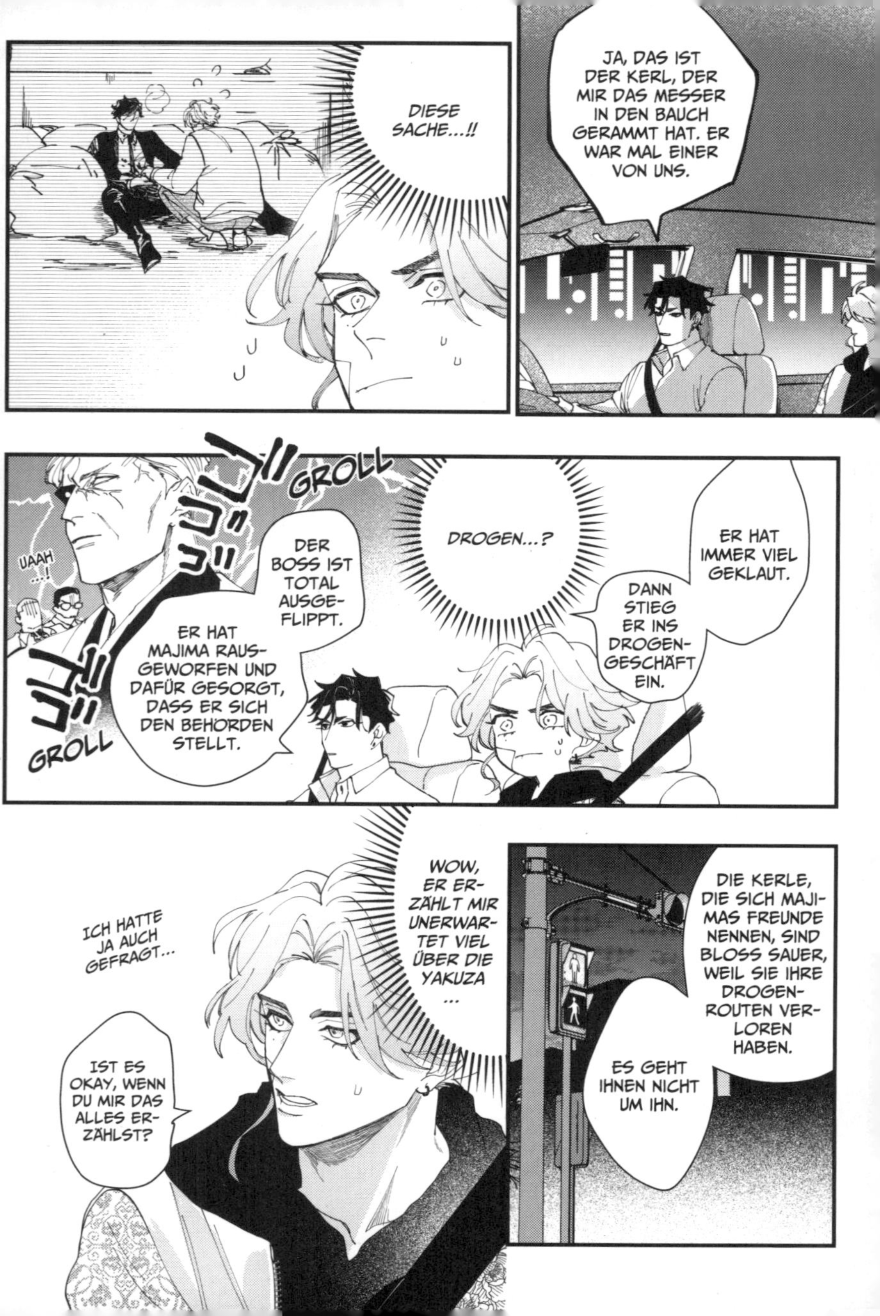

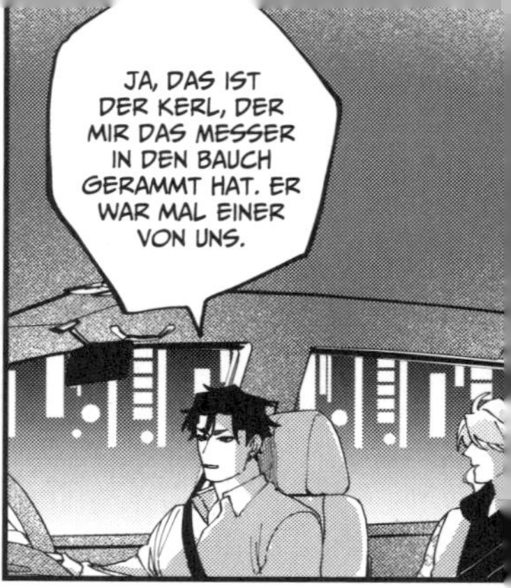

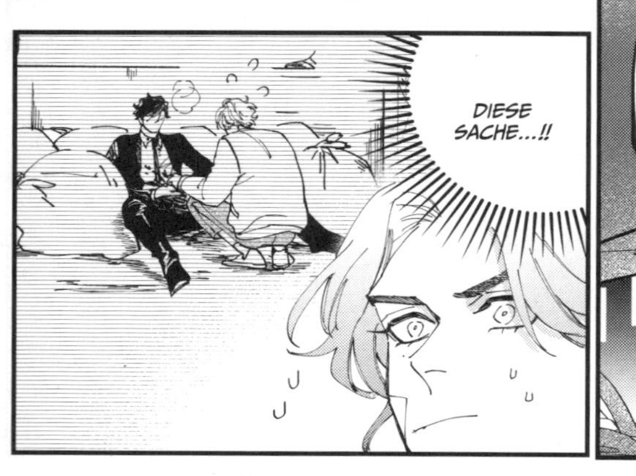

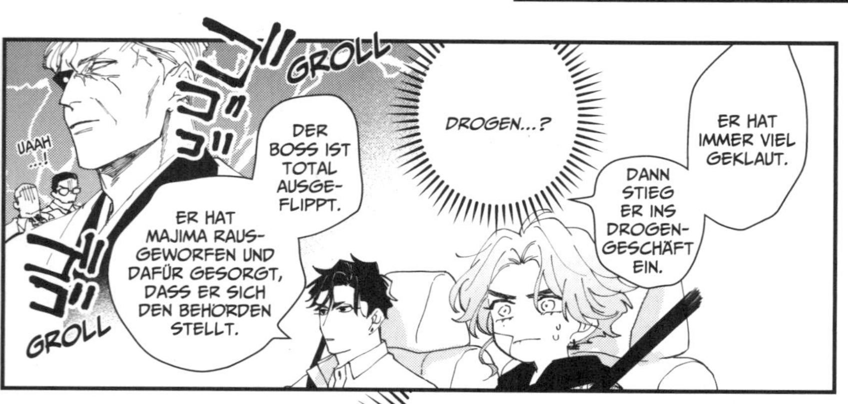

DIE KERLE, DIE SICH MAJIMAS FREUNDE NENNEN, SIND BLOSS SAUER, WEIL SIE IHRE DROGENROUTEN VERLOREN HABEN.

ES GEHT IHNEN NICHT UM IHN.

WOW, ER ERZÄHLT MIR UNERWARTET VIEL ÜBER DIE YAKUZA ...

ICH HATTE JA AUCH GEFRAGT...

IST ES OKAY, WENN DU MIR DAS ALLES ERZÄHLST?

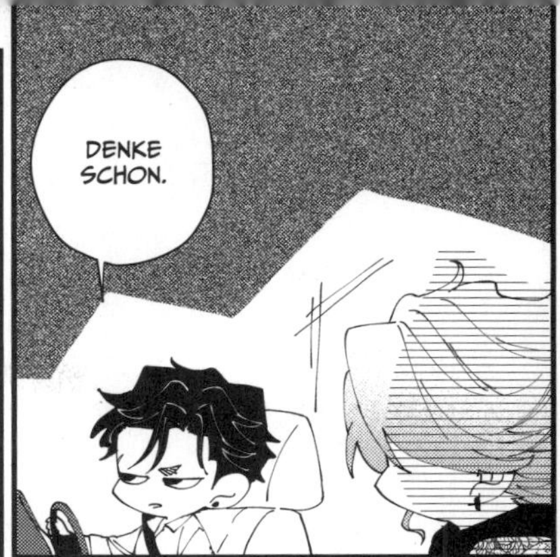
DENKE SCHON.

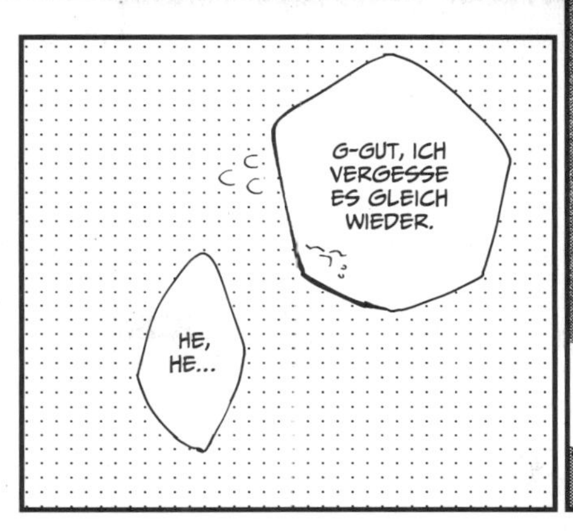
G-GUT, ICH VERGESSE ES GLEICH WIEDER.
HE, HE...

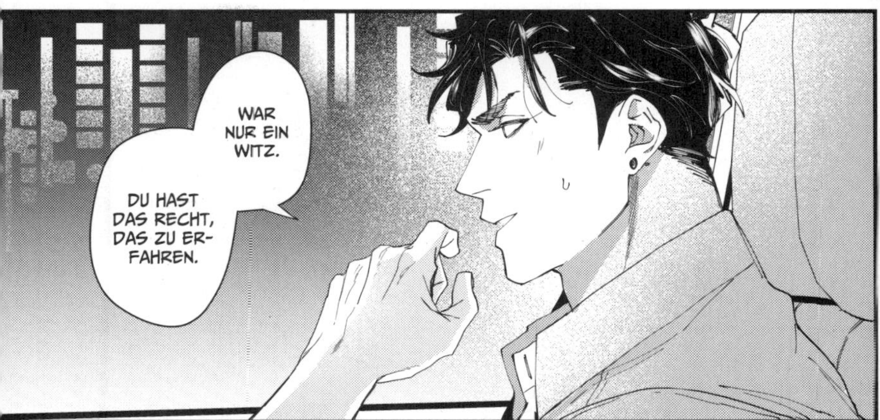
WAR NUR EIN WITZ.
DU HAST DAS RECHT, DAS ZU ERFAHREN.

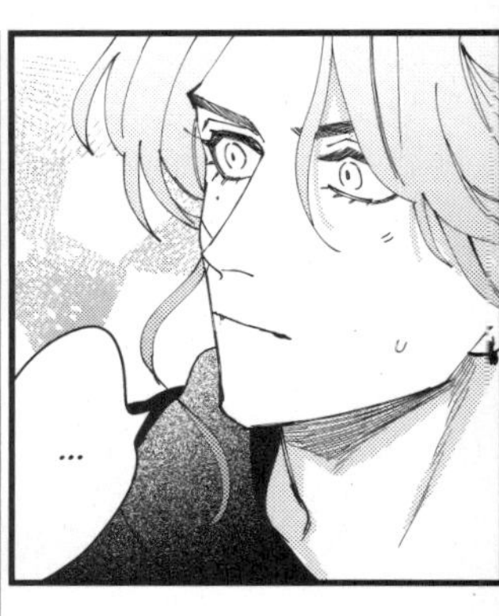
...

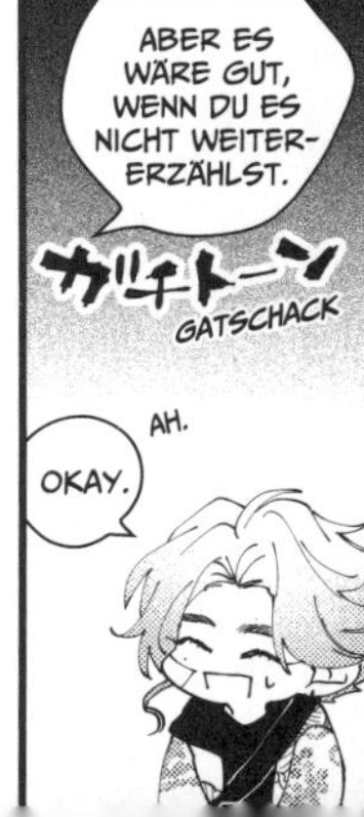
ABER ES WÄRE GUT, WENN DU ES NICHT WEITERERZÄHLST.
GATSCHACK
AH.
OKAY.

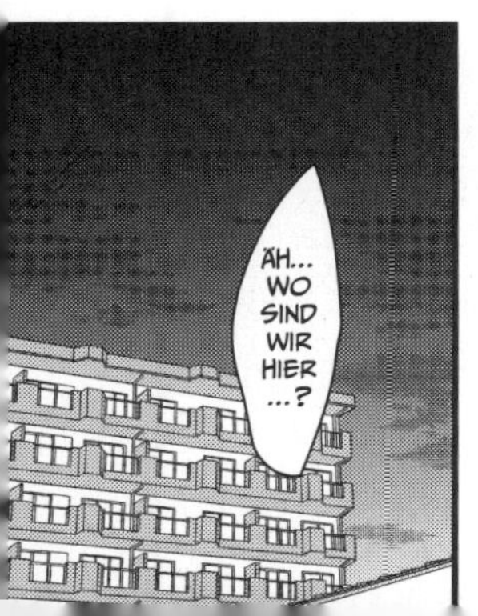
ÄH... WO SIND WIR HIER ...?

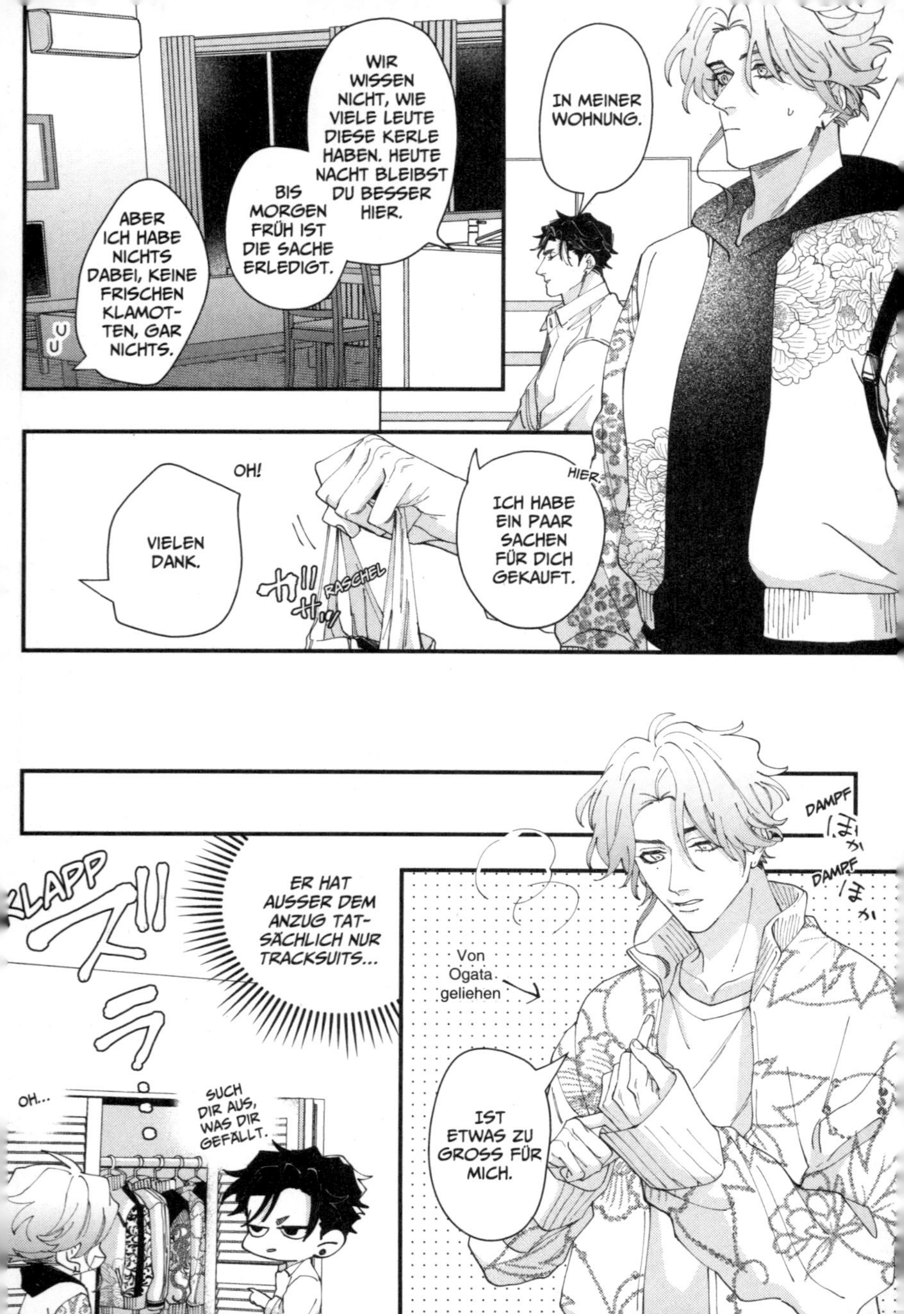
IN MEINER WOHNUNG.
WIR WISSEN NICHT, WIE VIELE LEUTE DIESE KERLE HABEN. HEUTE NACHT BLEIBST DU BESSER HIER.
BIS MORGEN FRÜH IST DIE SACHE ERLEDIGT.
ABER ICH HABE NICHTS DABEI, KEINE FRISCHEN KLAMOT-TEN, GAR NICHTS.
HIER.
ICH HABE EIN PAAR SACHEN FÜR DICH GEKAUFT.
RASCHEL
OH!
VIELEN DANK.
DAMPF
DAMPF
Von Ogata geliehen
IST ETWAS ZU GROSS FÜR MICH.
ER HAT AUSSER DEM ANZUG TAT-SÄCHLICH NUR TRACKSUITS...
KLAPP
SUCH DIR AUS, WAS DIR GEFÄLLT.
OH...

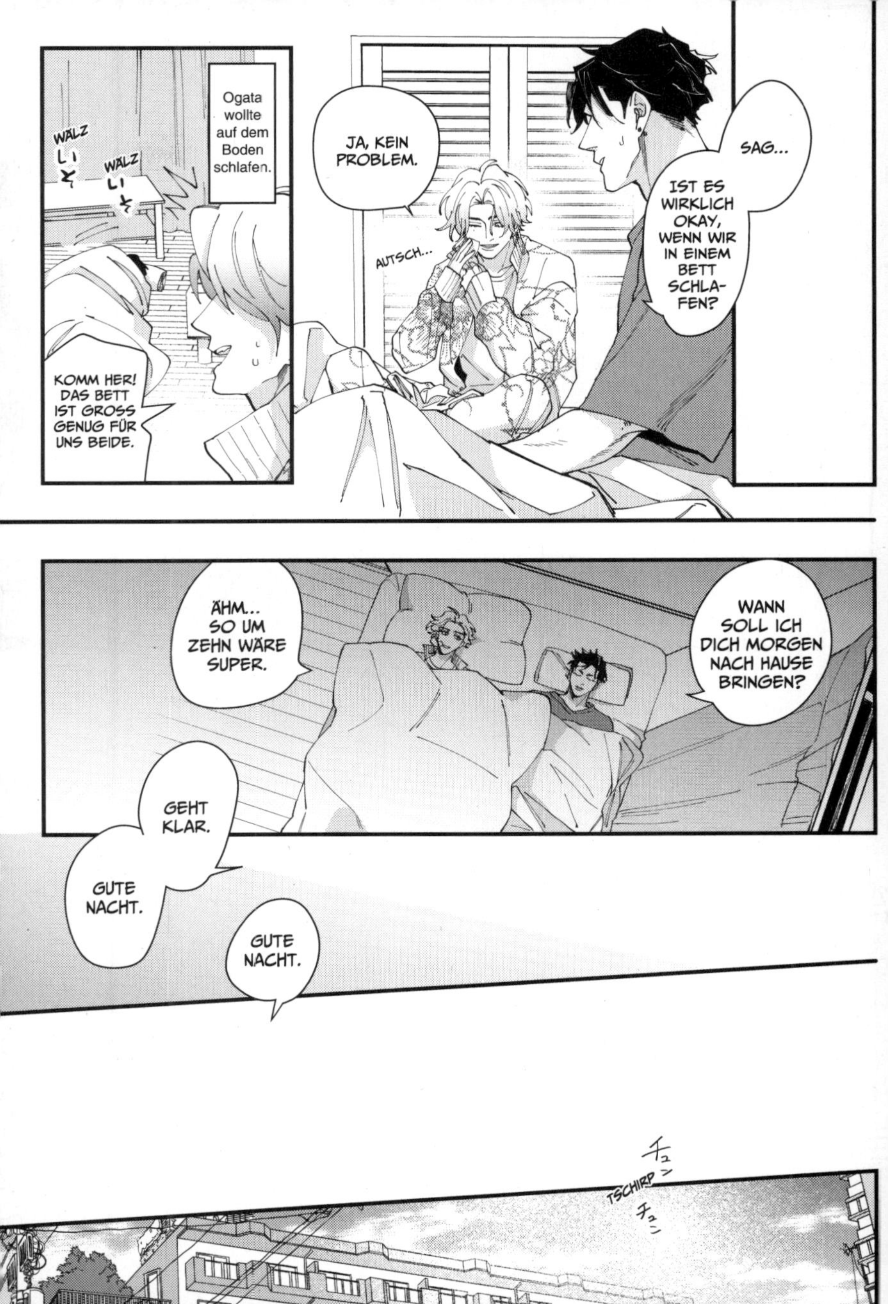
SAG...
IST ES WIRKLICH OKAY, WENN WIR IN EINEM BETT SCHLA-FEN?
JA, KEIN PROBLEM.
AUTSCH...
Ogata wollte auf dem Boden schlafen.
WÄLZ
WÄLZ
KOMM HER! DAS BETT IST GROSS GENUG FÜR UNS BEIDE.
WANN SOLL ICH DICH MORGEN NACH HAUSE BRINGEN?
ÄHM... SO UM ZEHN WÄRE SUPER.
GEHT KLAR.
GUTE NACHT.
GUTE NACHT.
TSCHIRP

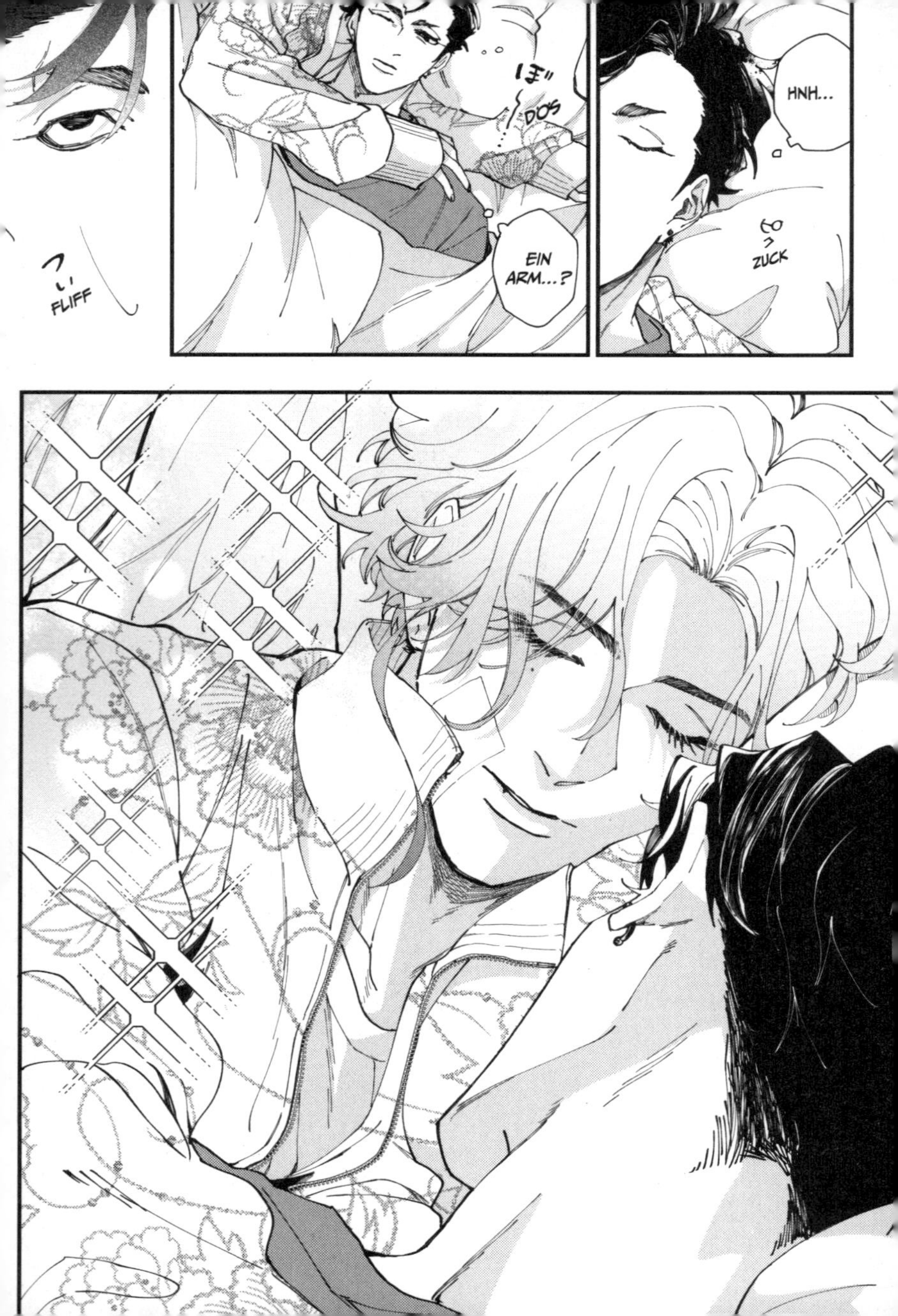
HNH...
ZUCK
ぼ
DÖS
EIN ARM...?
つい
FLIFF

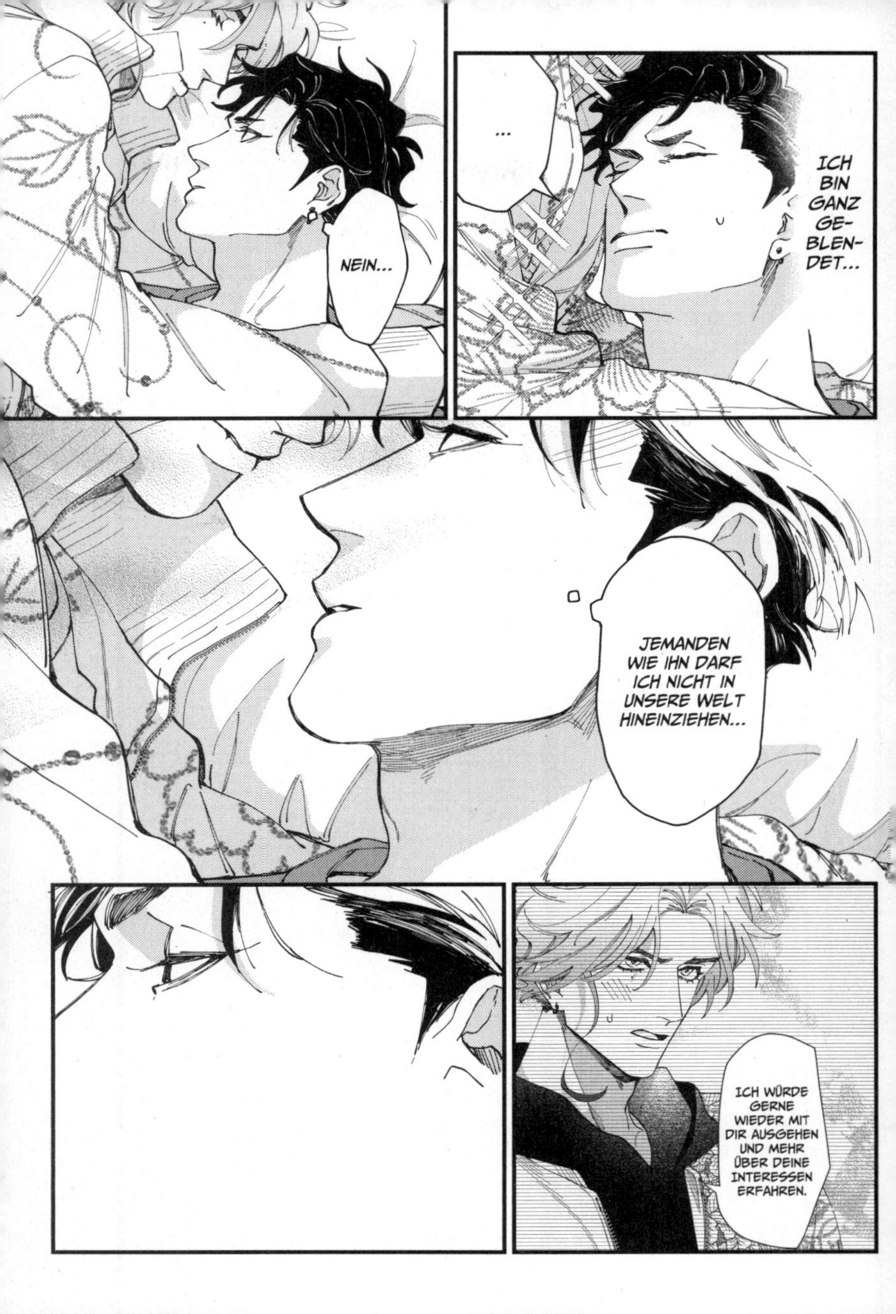
ICH BIN GANZ GE-BLEN-DET...
...
NEIN...
JEMANDEN WIE IHN DARF ICH NICHT IN UNSERE WELT HINEINZIEHEN...
ICH WÜRDE GERNE WIEDER MIT DIR AUSGEHEN UND MEHR ÜBER DEINE INTERESSEN ERFAHREN.

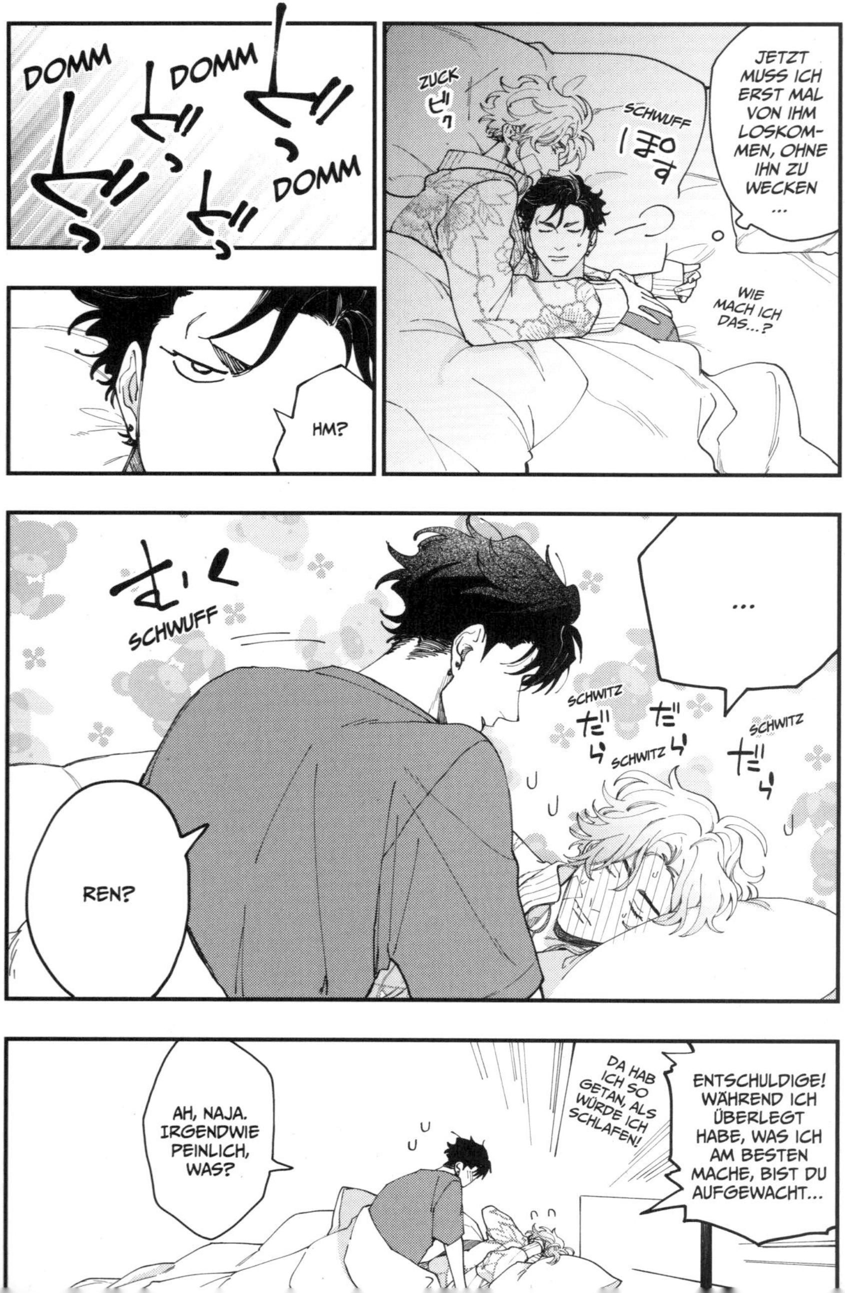

ZUCK
SCHWUFF
JETZT MUSS ICH ERST MAL VON IHM LOSKOMMEN, OHNE IHN ZU WECKEN ...
WIE MACH ICH DAS...?
DOMM
DOMM
DOMM
HM?
...
SCHWITZ
SCHWITZ
SCHWITZ
SCHWUFF
REN?

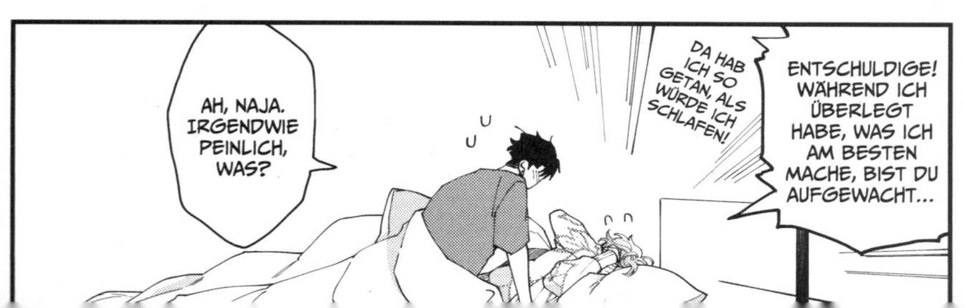

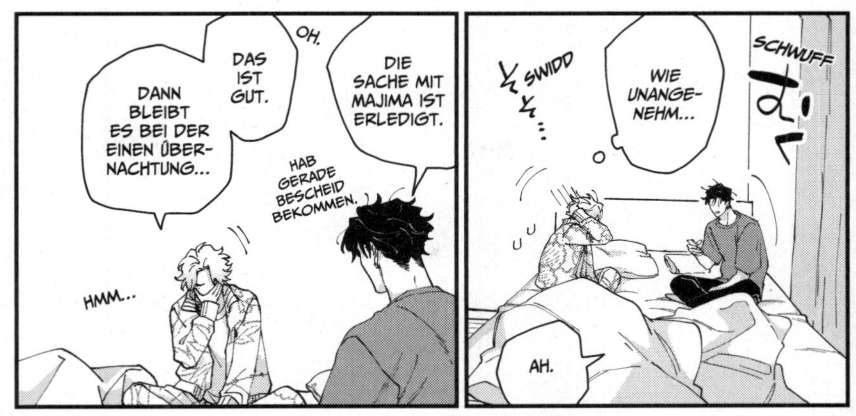
SCHWUFF
WIE UNANGE-NEHM...
SWIDD
AH.
OH.
DIE SACHE MIT MAJIMA IST ERLEDIGT.
HAB GERADE BESCHEID BEKOMMEN.
DAS IST GUT.
DANN BLEIBT ES BEI DER EINEN ÜBER-NACHTUNG...
HMM...

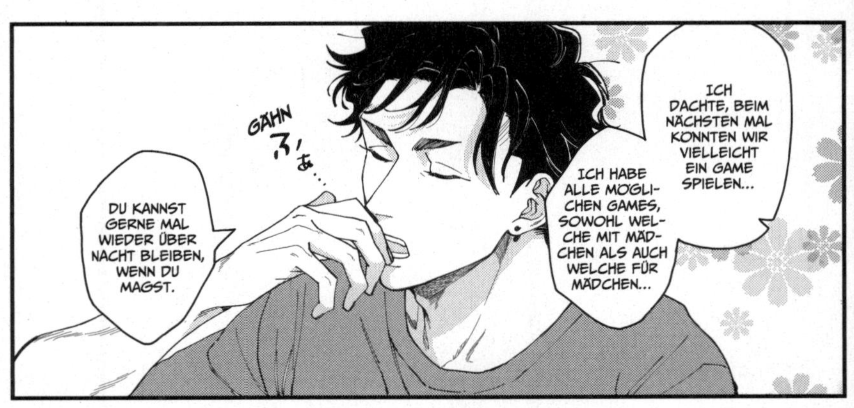
ICH DACHTE, BEIM NÄCHSTEN MAL KÖNNTEN WIR VIELLEICHT EIN GAME SPIELEN...
ICH HABE ALLE MÖGLI-CHEN GAMES, SOWOHL WEL-CHE MIT MÄD-CHEN ALS AUCH WELCHE FÜR MÄDCHEN...
GÄHN
DU KANNST GERNE MAL WIEDER ÜBER NACHT BLEIBEN, WENN DU MAGST.

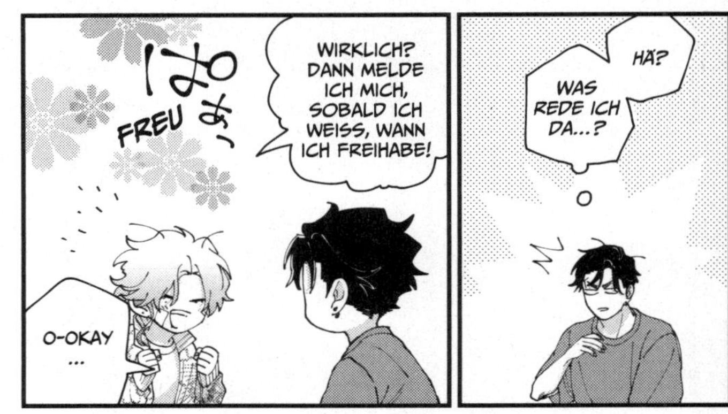
WIRKLICH? DANN MELDE ICH MICH, SOBALD ICH WEISS, WANN ICH FREIHABE!
FREU
O-OKAY ...
HÄ?
WAS REDE ICH DA...?

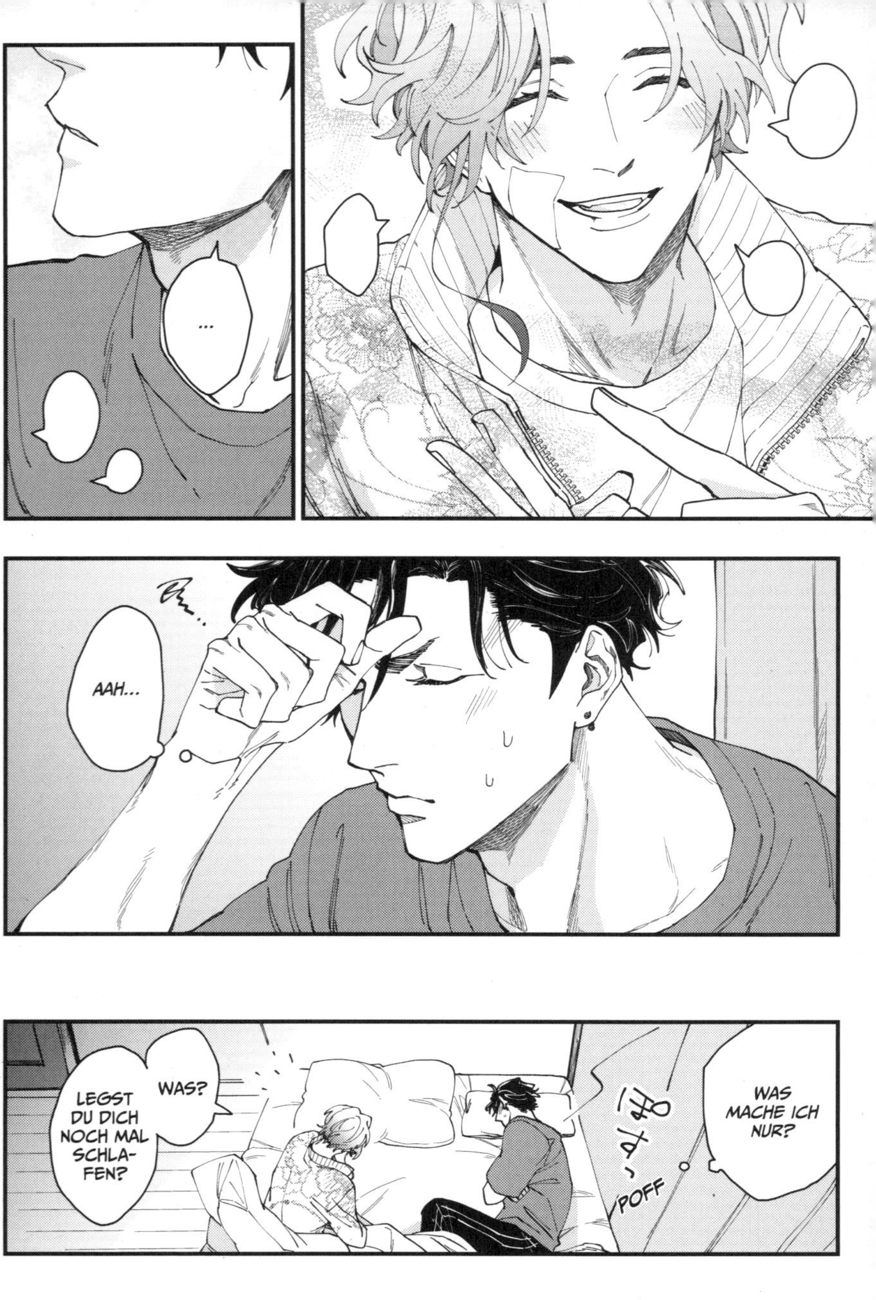

…

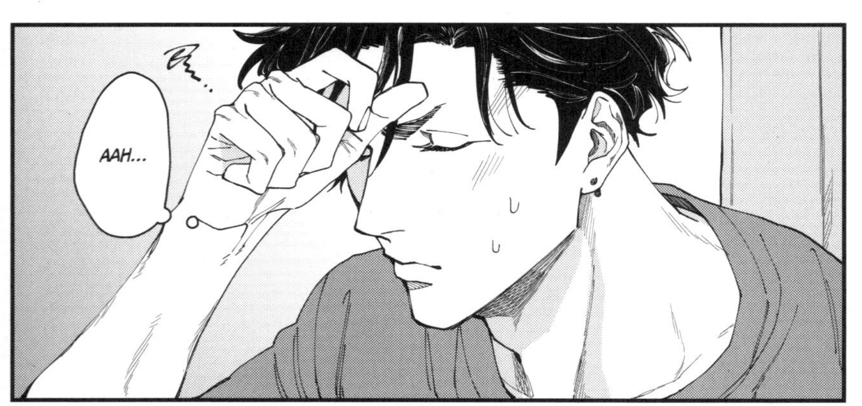
AAH…

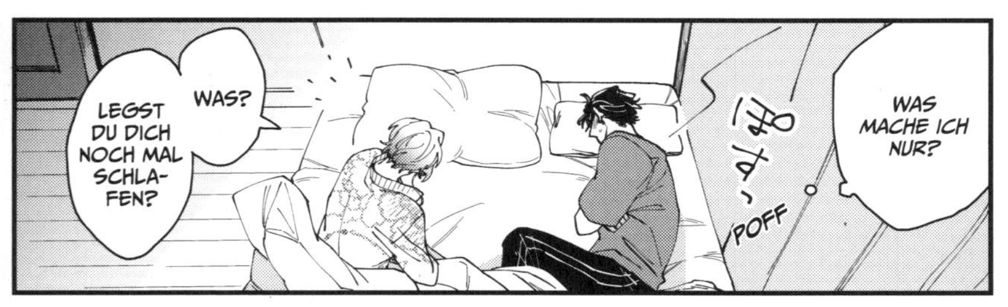
WAS MACHE ICH NUR?
POFF
WAS?
LEGST DU DICH NOCH MAL SCHLA-FEN?

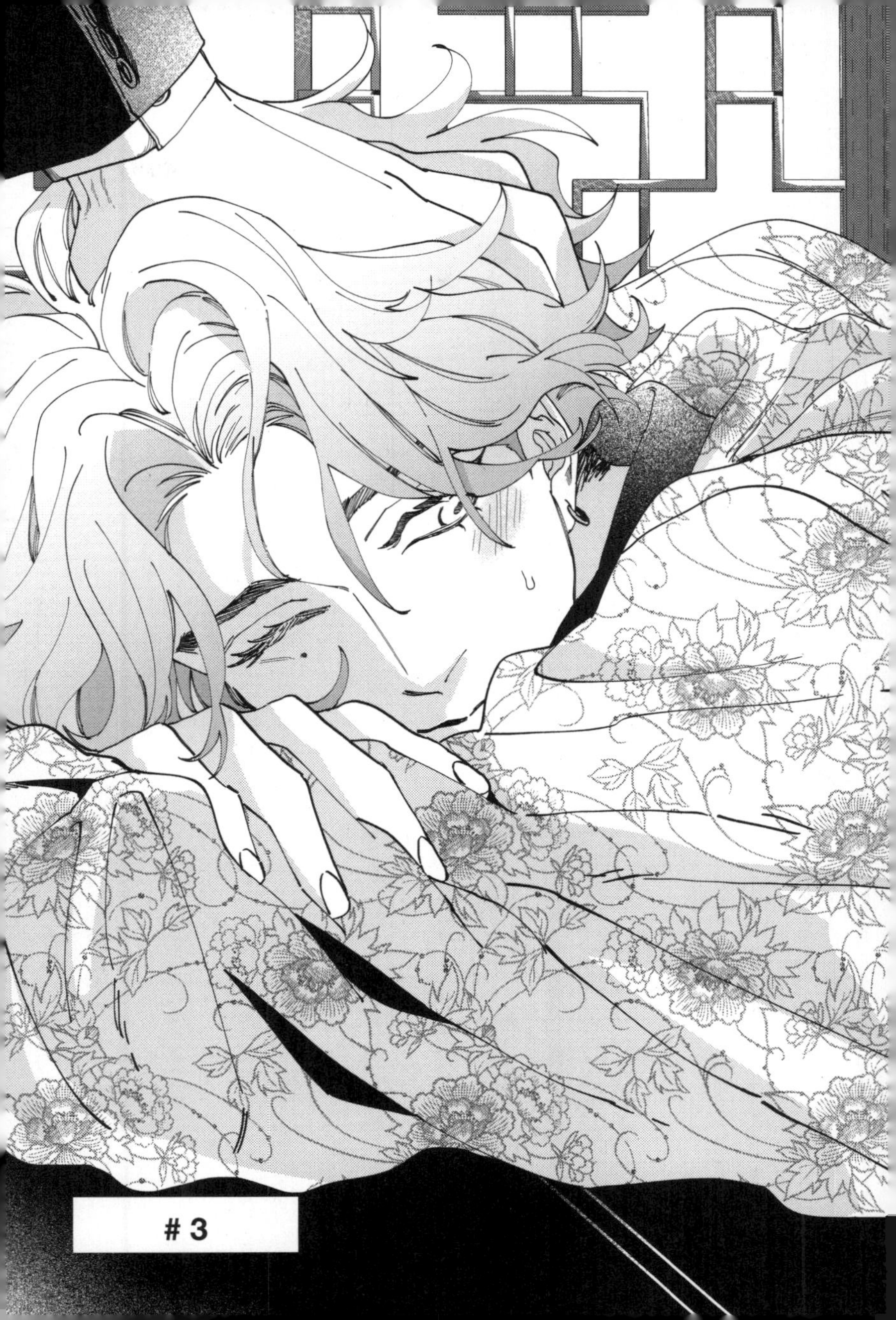

3

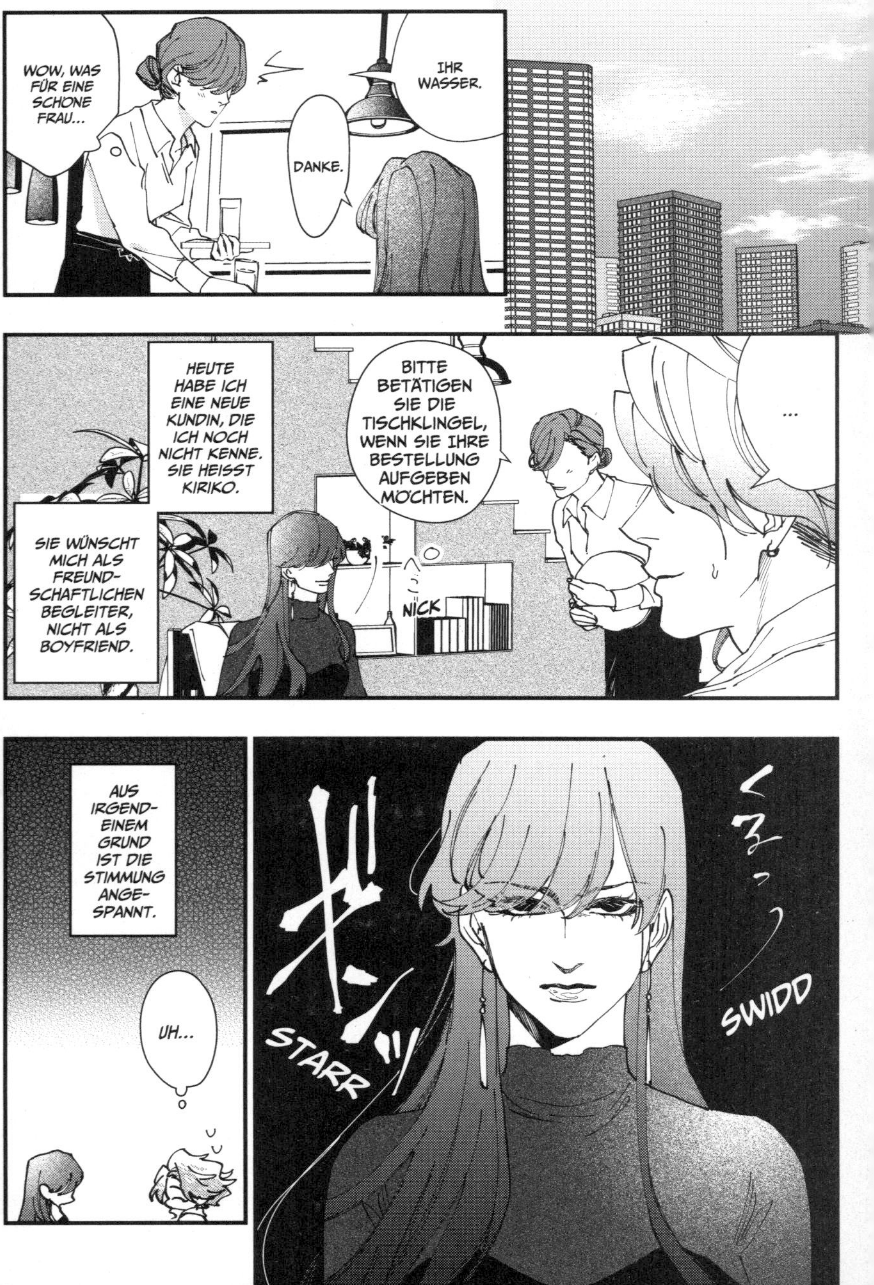

IHR WASSER.

DANKE.

WOW, WAS FÜR EINE SCHÖNE FRAU...

...

BITTE BETÄTIGEN SIE DIE TISCHKLINGEL, WENN SIE IHRE BESTELLUNG AUFGEBEN MÖCHTEN.

NICK

HEUTE HABE ICH EINE NEUE KUNDIN, DIE ICH NOCH NICHT KENNE. SIE HEISST KIRIKO.

SIE WÜNSCHT MICH ALS FREUNDSCHAFTLICHEN BEGLEITER, NICHT ALS BOYFRIEND.

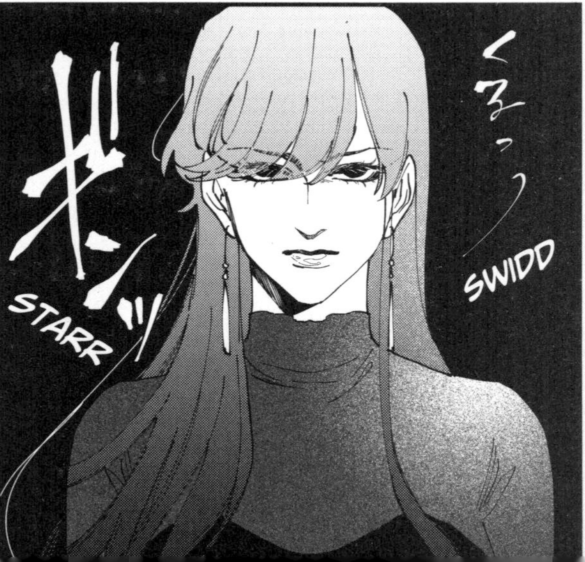

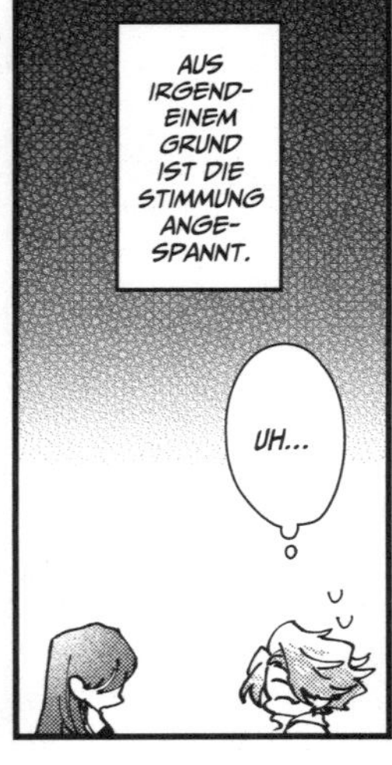

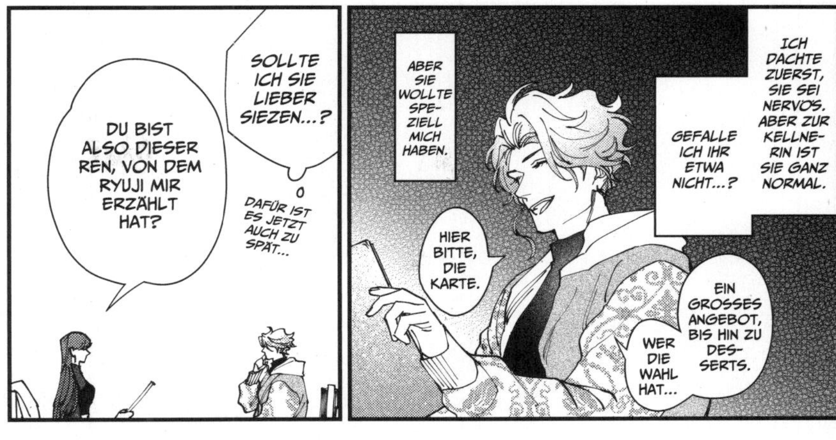
ICH DACHTE ZUERST, SIE SEI NERVÖS. ABER ZUR KELLNERIN IST SIE GANZ NORMAL.
GEFALLE ICH IHR ETWA NICHT...?
ABER SIE WOLLTE SPEZIELL MICH HABEN.
HIER BITTE, DIE KARTE.
EIN GROSSES ANGEBOT, BIS HIN ZU DESSERTS.
WER DIE WAHL HAT...
SOLLTE ICH SIE LIEBER SIEZEN...?
DAFÜR IST ES JETZT AUCH ZU SPÄT...
DU BIST ALSO DIESER REN, VON DEM RYUJI MIR ERZÄHLT HAT?

HÄ?
RYUJI...?
RYUJI OGATA.
SWIDD
OGATA ...?!

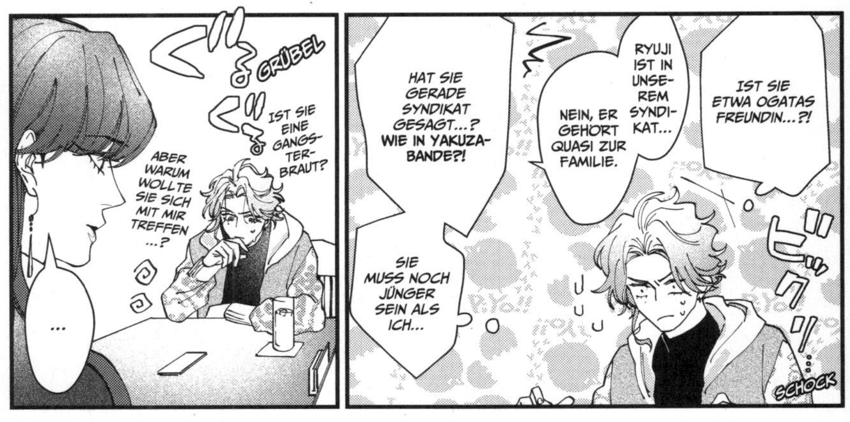
IST SIE ETWA OGATAS FREUNDIN...?!
RYUJI IST IN UNSEREM SYNDIKAT...
NEIN, ER GEHÖRT QUASI ZUR FAMILIE.
HAT SIE GERADE SYNDIKAT GESAGT...? WIE IN YAKUZA-BANDE?!
SIE MUSS NOCH JÜNGER SEIN ALS ICH...
SCHOCK
GRÜBEL
IST SIE EINE GANGSTERBRAUT?
ABER WARUM WOLLTE SIE SICH MIT MIR TREFFEN...?
...

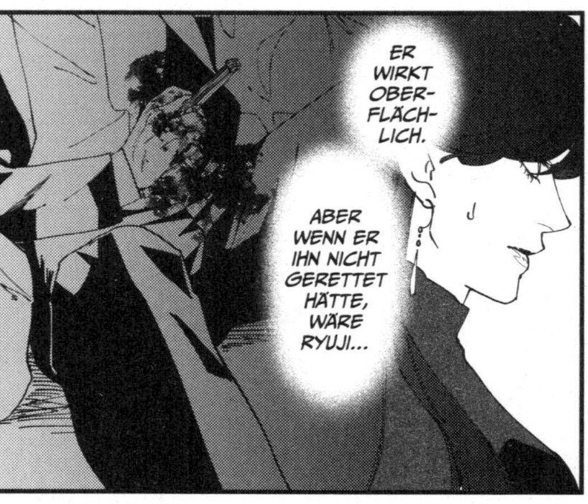
ER WIRKT OBER-FLÄCH-LICH.
ABER WENN ER IHN NICHT GERETTET HÄTTE, WÄRE RYUJI…

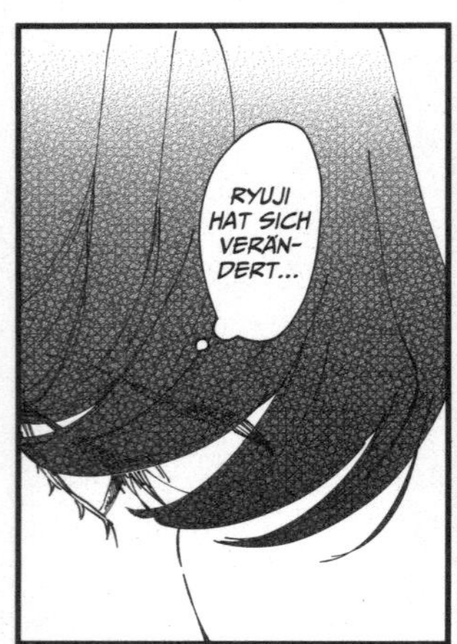
RYUJI HAT SICH VERÄN-DERT…

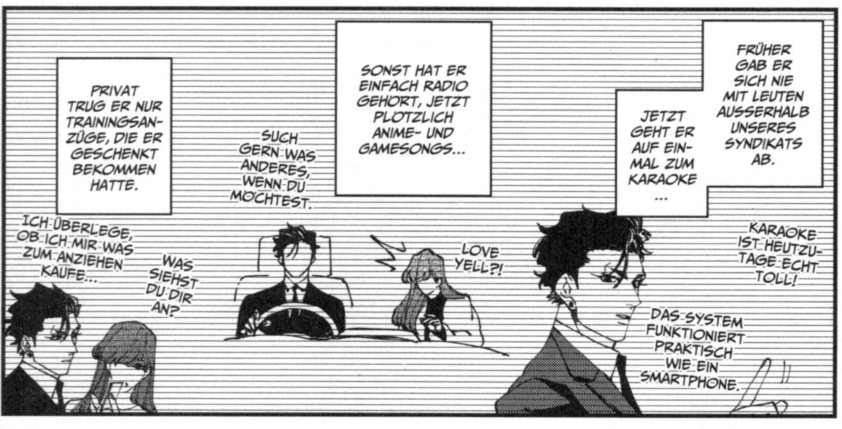
FRÜHER GAB ER SICH NIE MIT LEUTEN AUSSERHALB UNSERES SYNDIKATS AB.
JETZT GEHT ER AUF EIN-MAL ZUM KARAOKE …
KARAOKE IST HEUTZU-TAGE ECHT TOLL!
DAS SYSTEM FUNKTIONIERT PRAKTISCH WIE EIN SMARTPHONE.
SONST HAT ER EINFACH RADIO GEHÖRT, JETZT PLÖTZLICH ANIME- UND GAMESONGS…
LOVE YELL?!
SUCH GERN WAS ANDERES, WENN DU MÖCHTEST.
PRIVAT TRUG ER NUR TRAININGSAN-ZÜGE, DIE ER GESCHENKT BEKOMMEN HATTE.
WAS SIEHST DU DIR AN?
ICH ÜBERLEGE, OB ICH MIR WAS ZUM ANZIEHEN KAUFE…

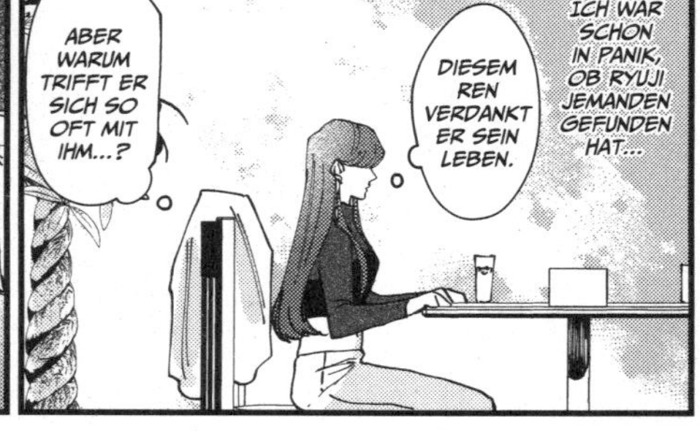
ICH WAR SCHON IN PANIK, OB RYUJI JEMANDEN GEFUNDEN HAT…
DIESEM REN VERDANKT ER SEIN LEBEN.
ABER WARUM TRIFFT ER SICH SO OFT MIT IHM…?

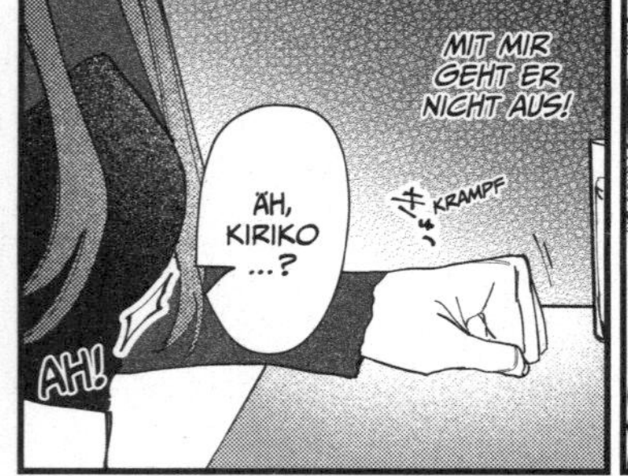
MIT MIR GEHT ER NICHT AUS!
KRAMPF
ÄH, KIRIKO …?
AH!

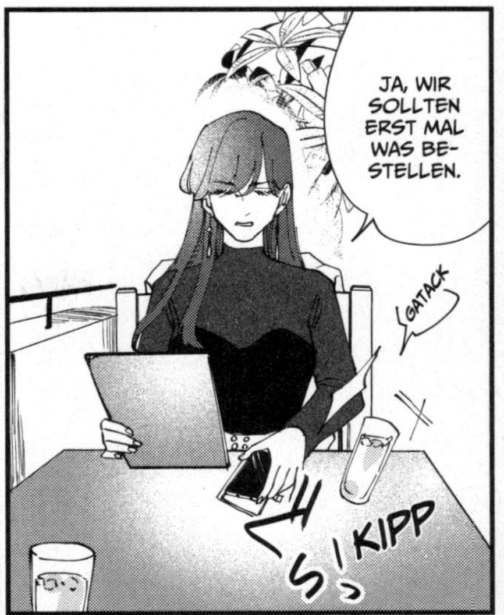
JA, WIR SOLLTEN ERST MAL WAS BE-STELLEN.
GATACK
KIPP

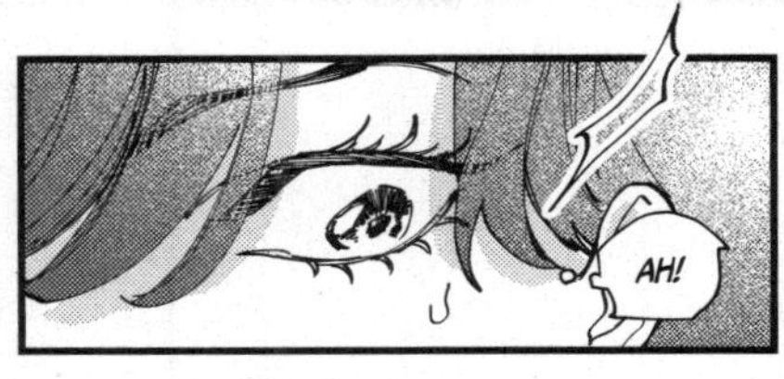
AH!

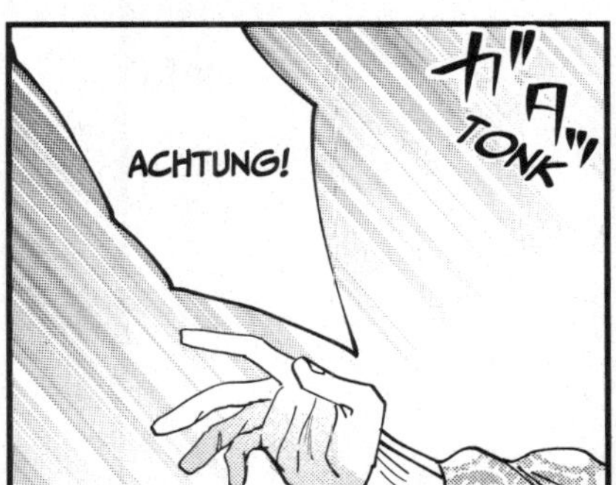
TONK
ACHTUNG!

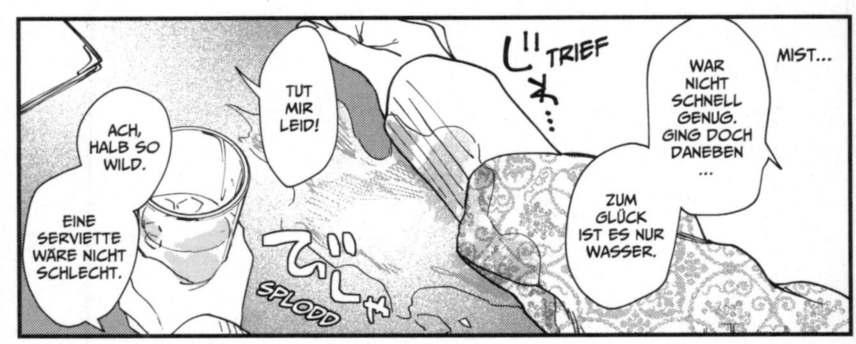
MIST...
WAR NICHT SCHNELL GENUG. GING DOCH DANEBEN ...
TRIEF
TUT MIR LEID!
ZUM GLÜCK IST ES NUR WASSER.
ACH, HALB SO WILD.
EINE SERVIETTE WÄRE NICHT SCHLECHT.
SPLODD

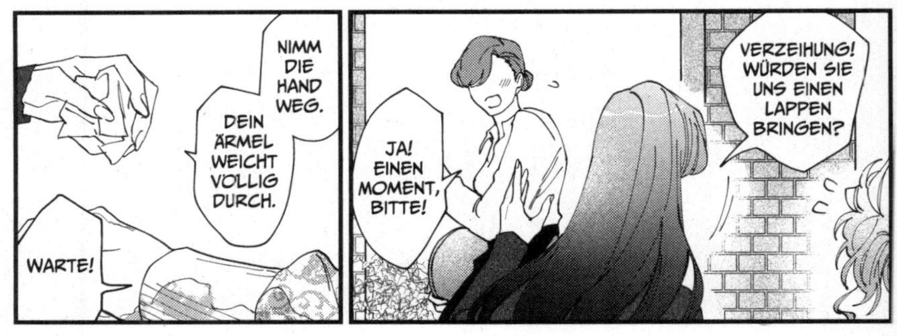
VERZEIHUNG! WÜRDEN SIE UNS EINEN LAPPEN BRINGEN?
JA! EINEN MOMENT, BITTE!
NIMM DIE HAND WEG.
DEIN ÄRMEL WEICHT VÖLLIG DURCH.
WARTE!

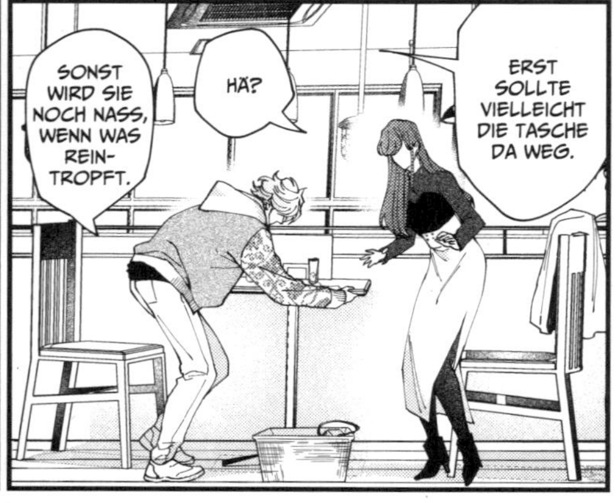
ERST SOLLTE VIELLEICHT DIE TASCHE DA WEG.
HÄ?
SONST WIRD SIE NOCH NASS, WENN WAS REIN-TROPFT.

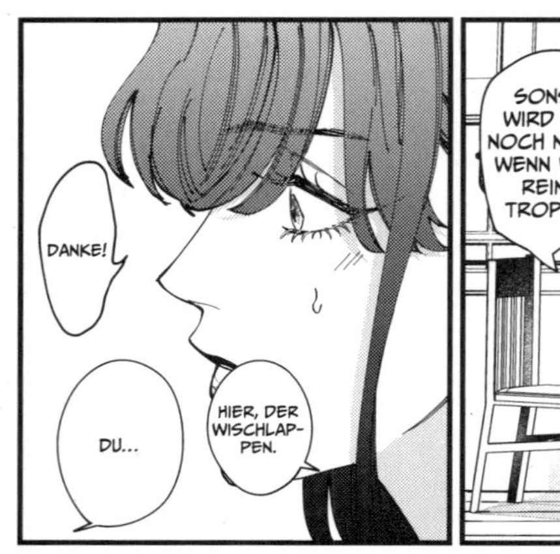
DANKE!
HIER, DER WISCHLAP-PEN.
DU...

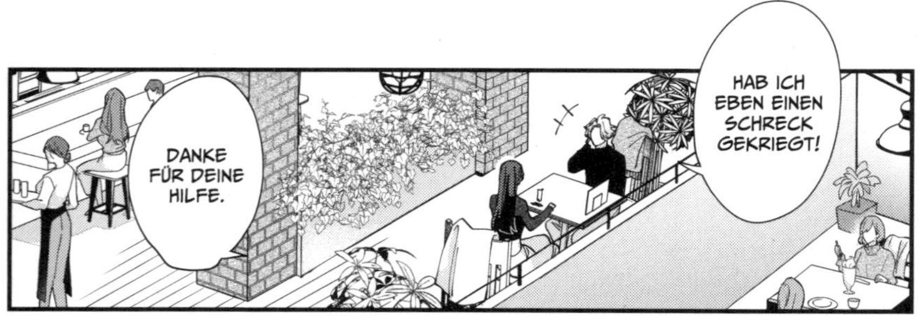
HAB ICH EBEN EINEN SCHRECK GEKRIEGT!
DANKE FÜR DEINE HILFE.

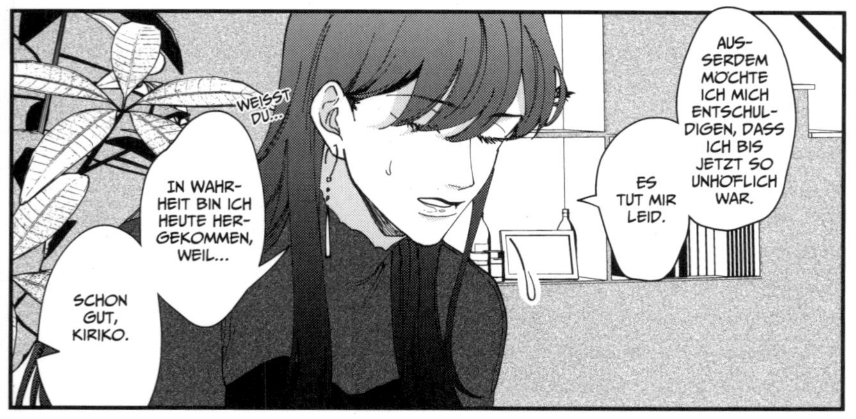
AUS-SERDEM MÖCHTE ICH MICH ENTSCHUL-DIGEN, DASS ICH BIS JETZT SO UNHÖFLICH WAR.
ES TUT MIR LEID.
WEISST DU...
IN WAHR-HEIT BIN ICH HEUTE HER-GEKOMMEN, WEIL...
SCHON GUT, KIRIKO.

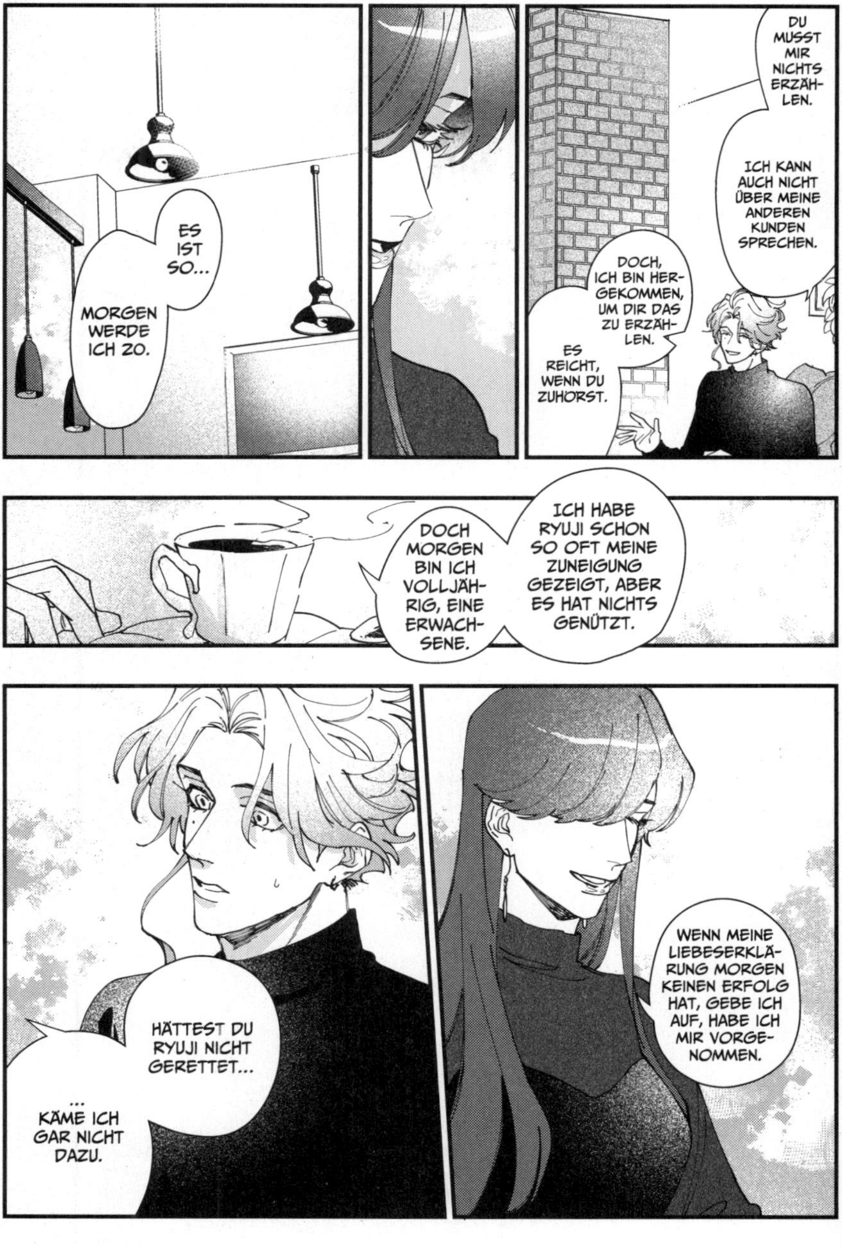

DU MUSST MIR NICHTS ERZÄHLEN.

ICH KANN AUCH NICHT ÜBER MEINE ANDEREN KUNDEN SPRECHEN.

DOCH, ICH BIN HERGEKOMMEN, UM DIR DAS ZU ERZÄHLEN.

ES REICHT, WENN DU ZUHÖRST.

ES IST SO...

MORGEN WERDE ICH 20.

ICH HABE RYUJI SCHON SO OFT MEINE ZUNEIGUNG GEZEIGT, ABER ES HAT NICHTS GENÜTZT.

DOCH MORGEN BIN ICH VOLLJÄHRIG, EINE ERWACHSENE.

WENN MEINE LIEBESERKLÄRUNG MORGEN KEINEN ERFOLG HAT, GEBE ICH AUF, HABE ICH MIR VORGENOMMEN.

HÄTTEST DU RYUJI NICHT GERETTET...

... KÄME ICH GAR NICHT DAZU.

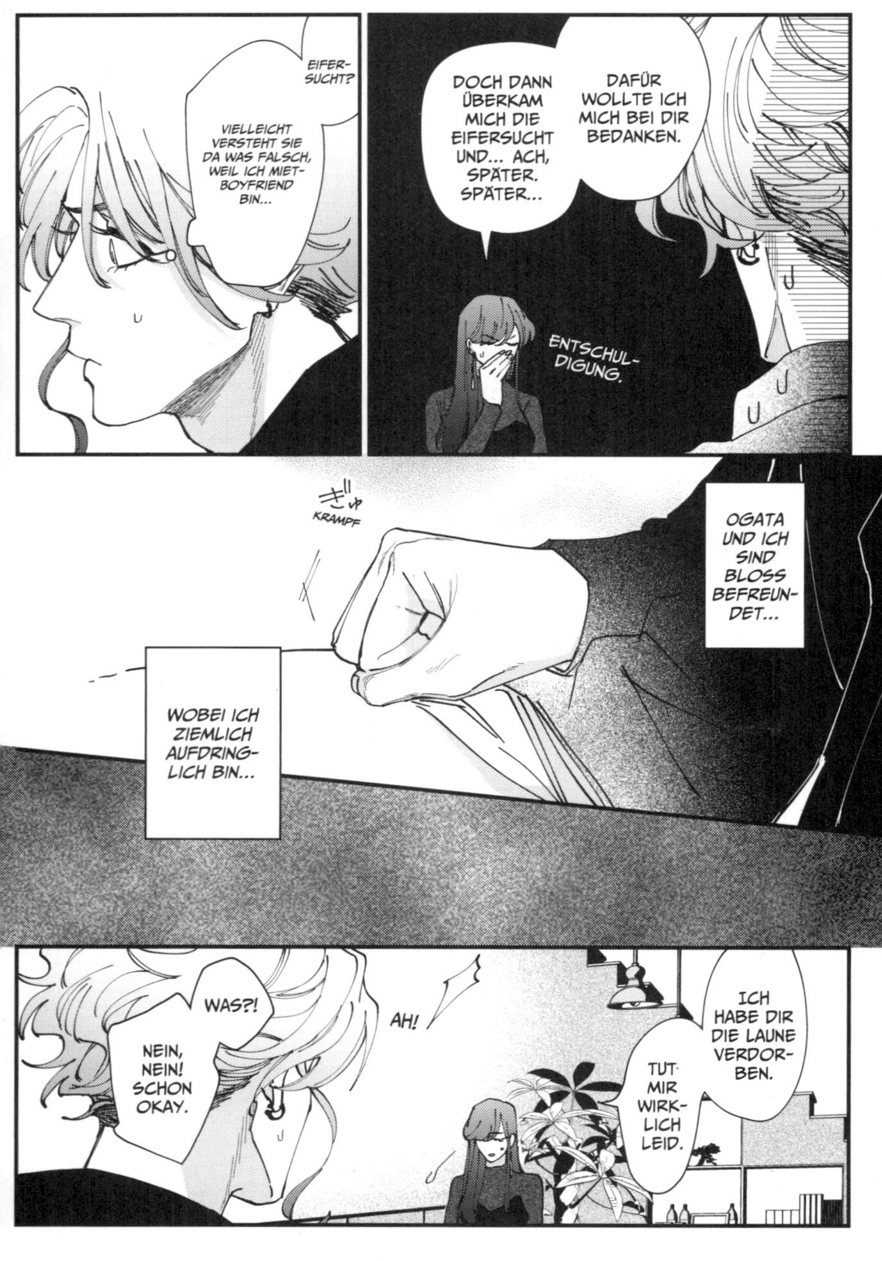
DAFÜR WOLLTE ICH MICH BEI DIR BEDANKEN.
DOCH DANN ÜBERKAM MICH DIE EIFERSUCHT UND... ACH, SPÄTER. SPÄTER...
ENTSCHULDIGUNG.
EIFERSUCHT?
VIELLEICHT VERSTEHT SIE DA WAS FALSCH, WEIL ICH MIET-BOYFRIEND BIN...
OGATA UND ICH SIND BLOSS BEFREUNDET...
KRAMPF
WOBEI ICH ZIEMLICH AUFDRINGLICH BIN...
ICH HABE DIR DIE LAUNE VERDORBEN.
TUT MIR WIRKLICH LEID.
AH!
WAS?!
NEIN, NEIN! SCHON OKAY.

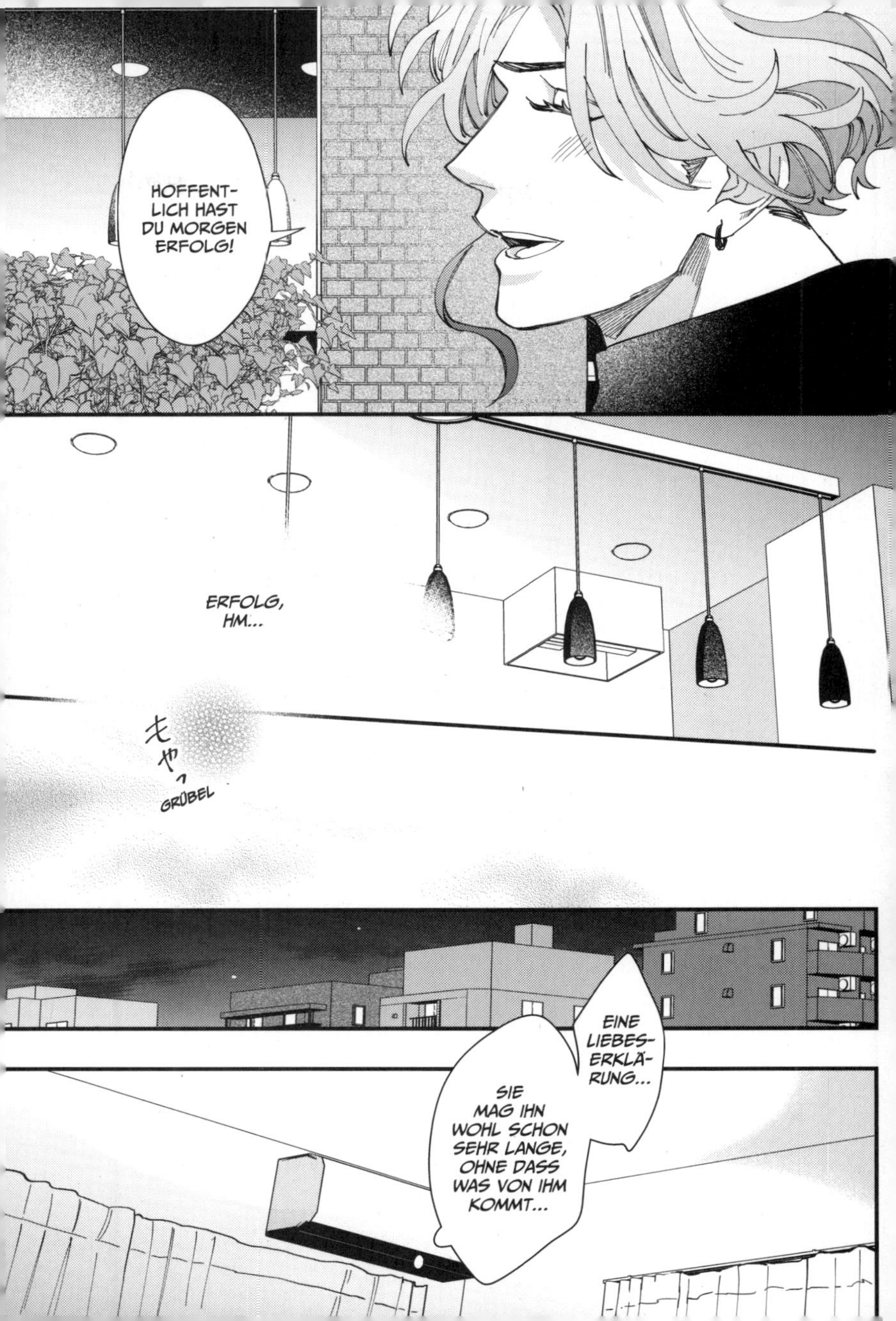
HOFFENT-
LICH HAST
DU MORGEN
ERFOLG!
ERFOLG,
HM...
もや
GRÜBEL
EINE
LIEBES-
ERKLÄ-
RUNG...
SIE
MAG IHN
WOHL SCHON
SEHR LANGE,
OHNE DASS
WAS VON IHM
KOMMT...

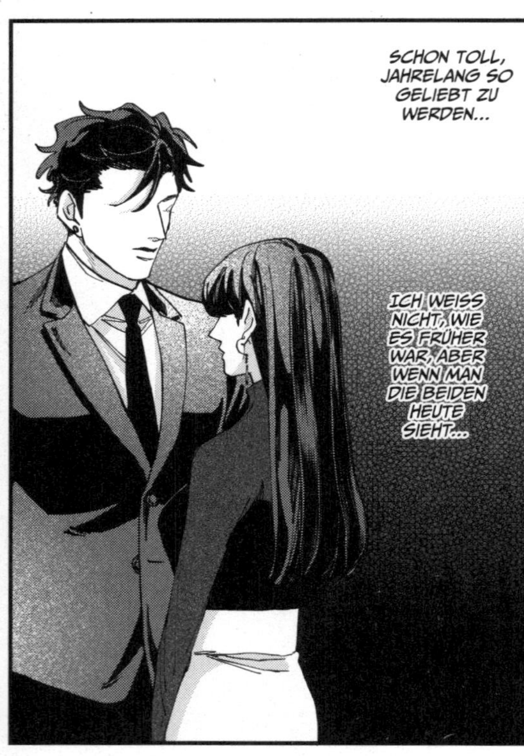
SCHON TOLL, JAHRELANG SO GELIEBT ZU WERDEN...
ICH WEISS NICHT, WIE ES FRÜHER WAR, ABER WENN MAN DIE BEIDEN HEUTE SIEHT...
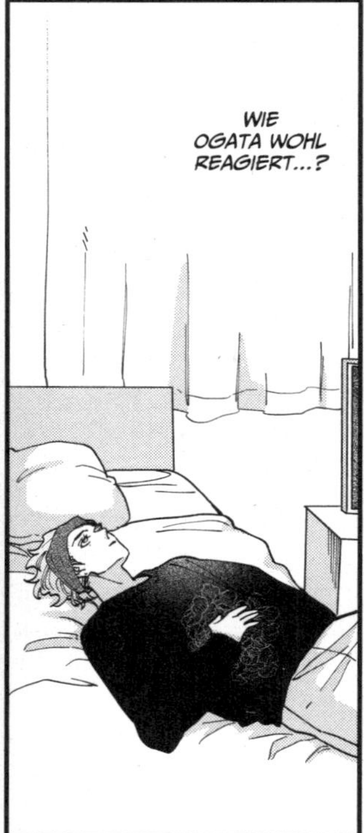
WIE OGATA WOHL REAGIERT...?
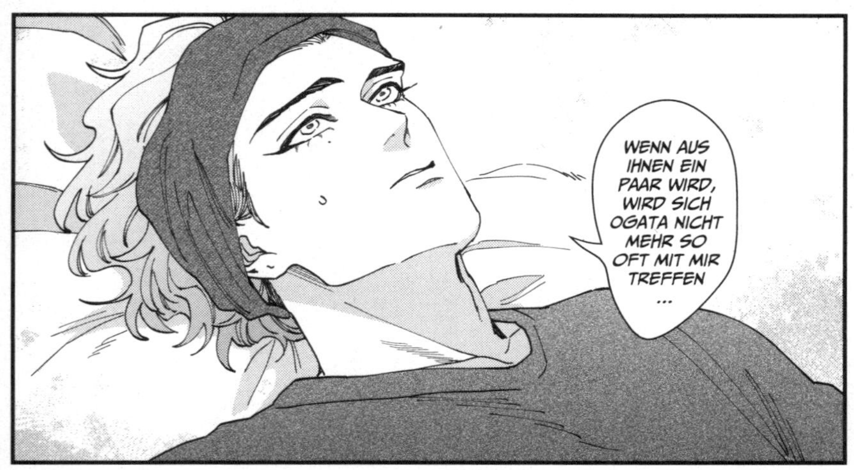
WENN AUS IHNEN EIN PAAR WIRD, WIRD SICH OGATA NICHT MEHR SO OFT MIT MIR TREFFEN ...

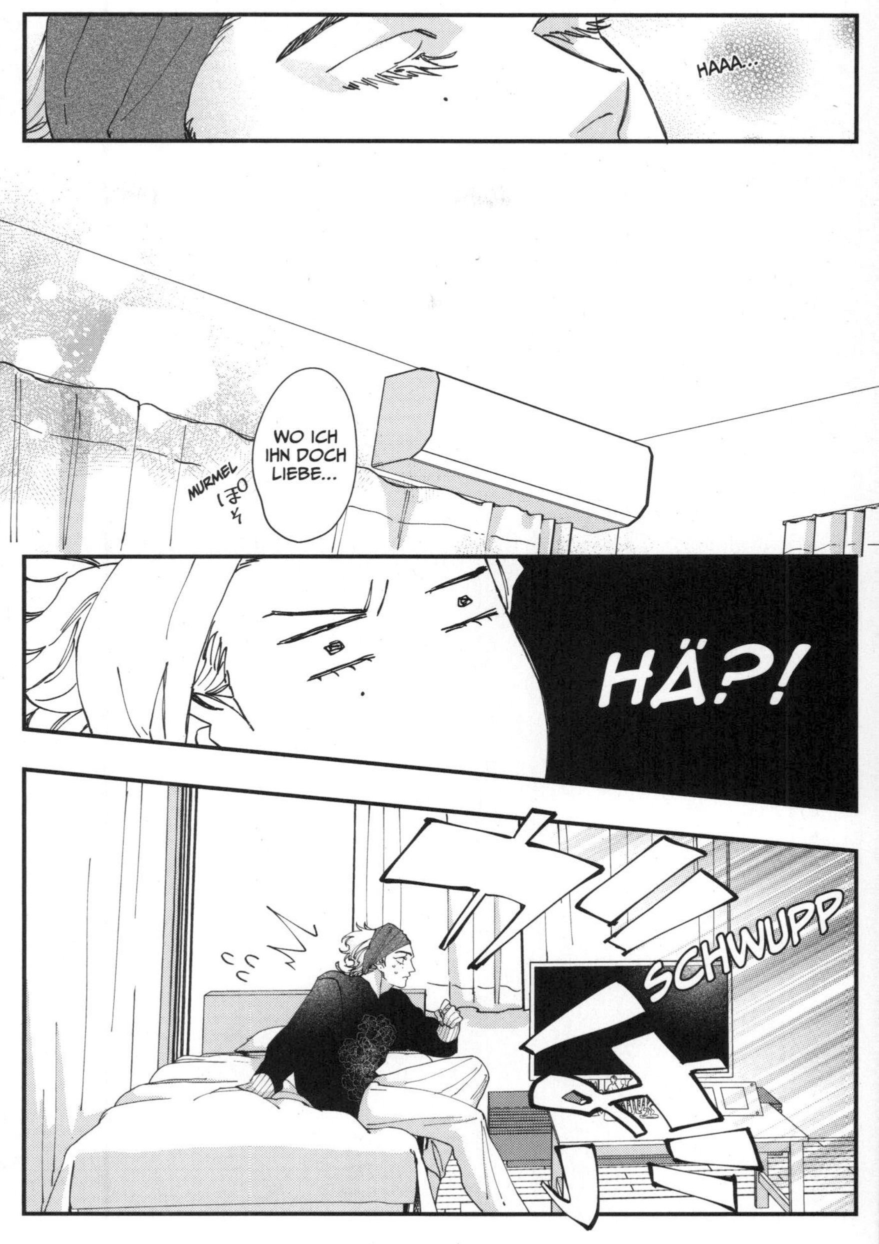
HAAA...
WO ICH IHN DOCH LIEBE...
MURMEL
ぼそ
HÄ?!
SCHWUPP

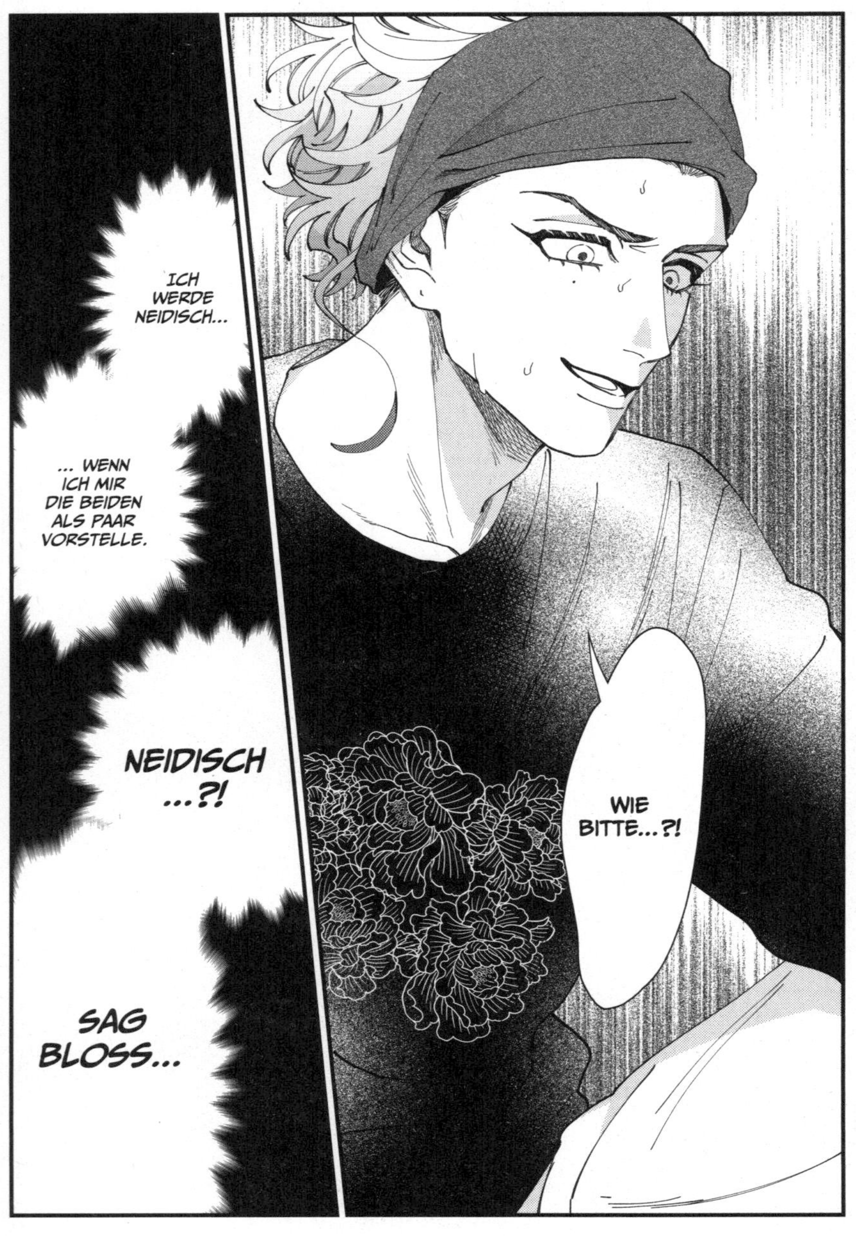
WIE BITTE...?!
ICH WERDE NEIDISCH...
... WENN ICH MIR DIE BEIDEN ALS PAAR VORSTELLE.
NEIDISCH ...?!
SAG BLOSS...

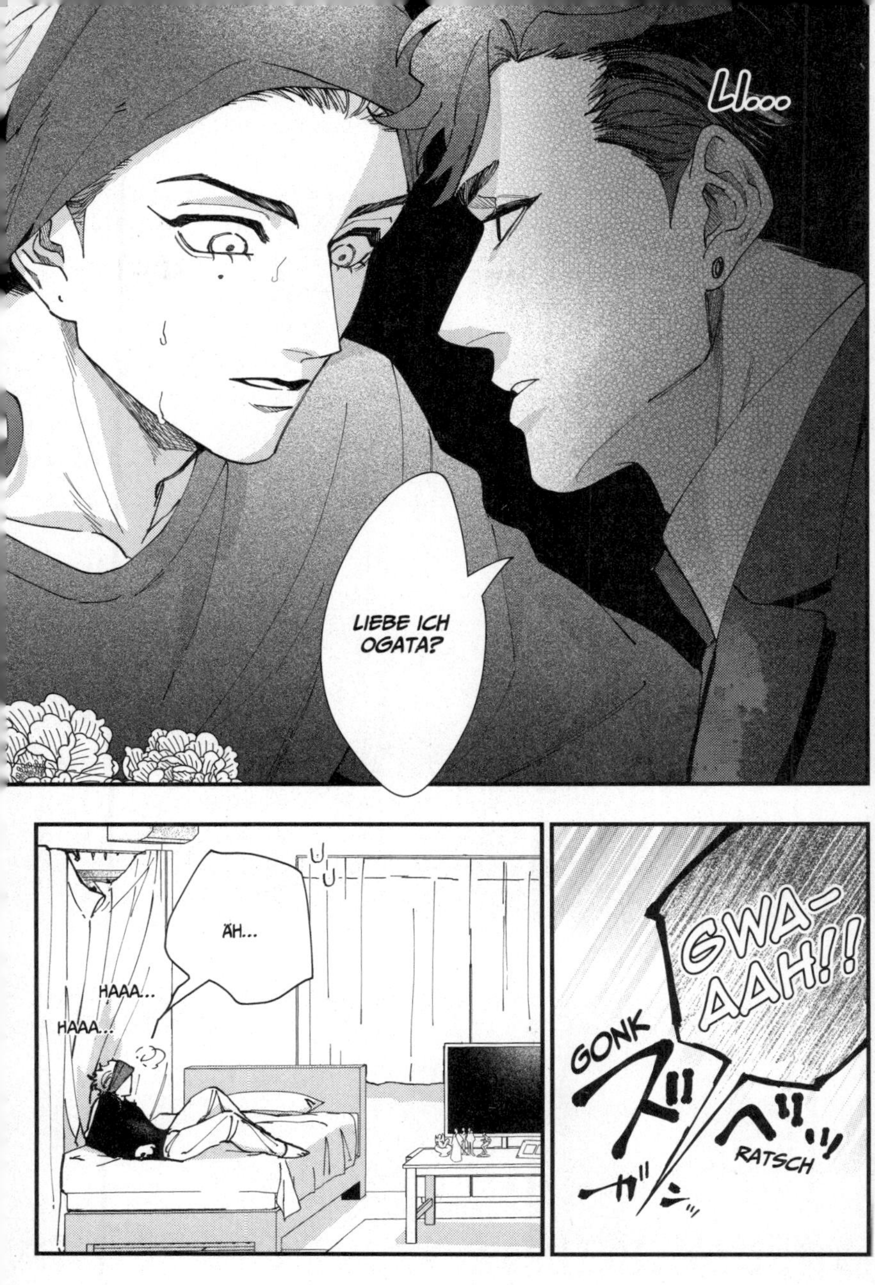

LI...

LIEBE ICH OGATA?

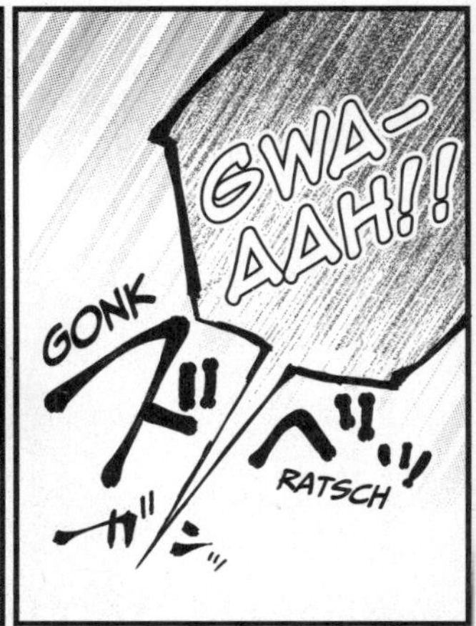

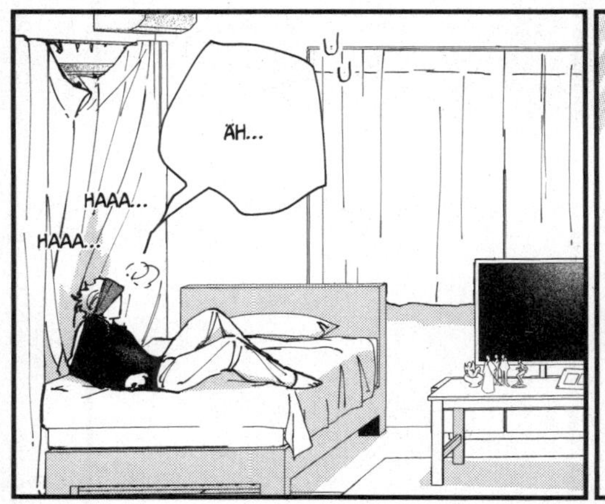

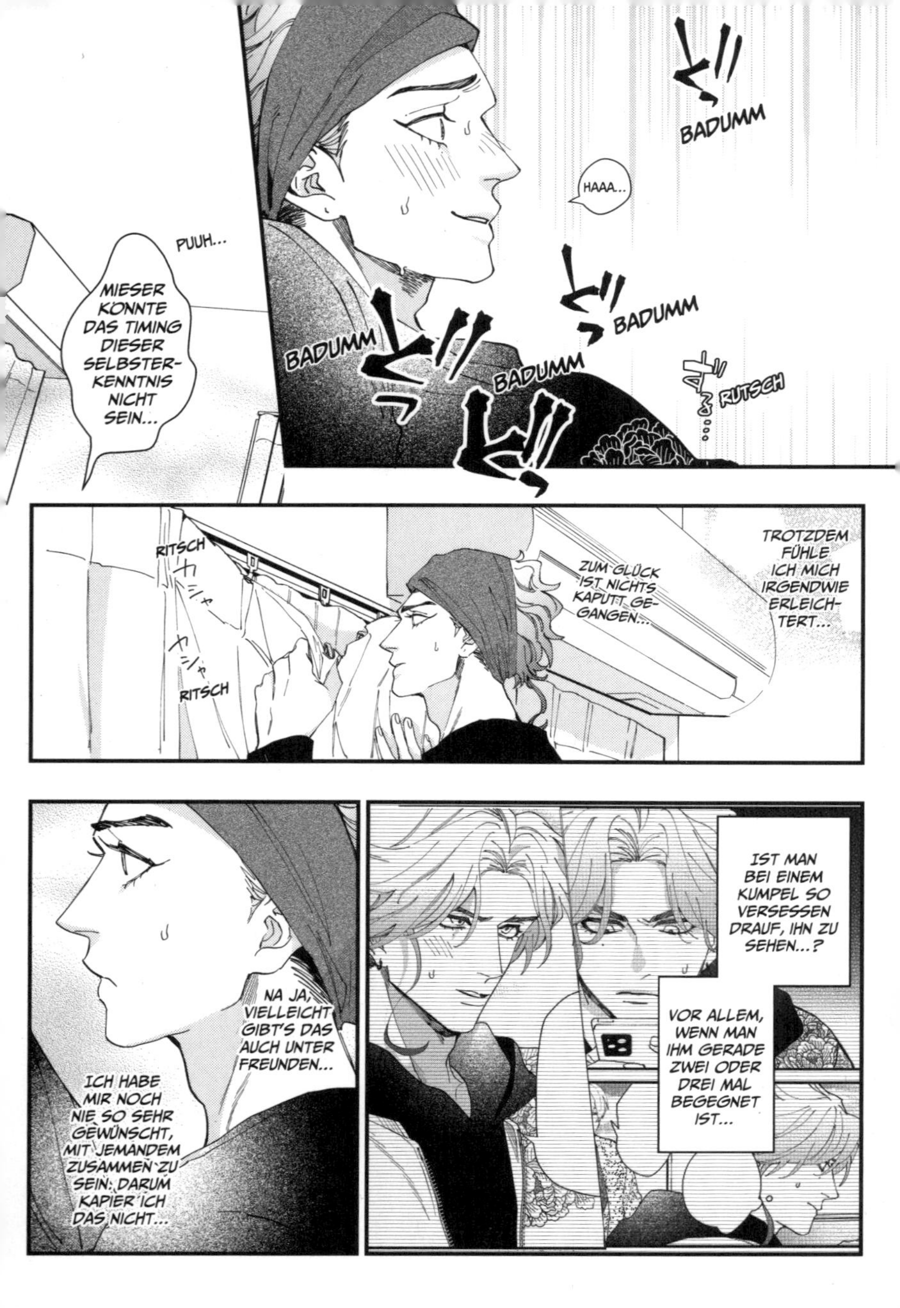

BADUMM

HAAA...

BADUMM

BADUMM

BADUMM

RUTSCH

PUUH...

MIESER KÖNNTE DAS TIMING DIESER SELBSTERKENNTNIS NICHT SEIN...

TROTZDEM FÜHLE ICH MICH IRGENDWIE ERLEICHTERT...

ZUM GLÜCK IST NICHTS KAPUTT GEGANGEN...

RITSCH

RITSCH

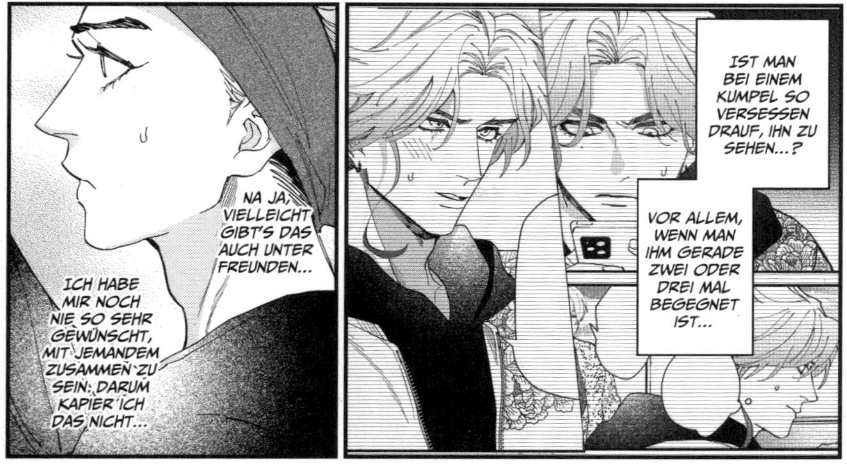

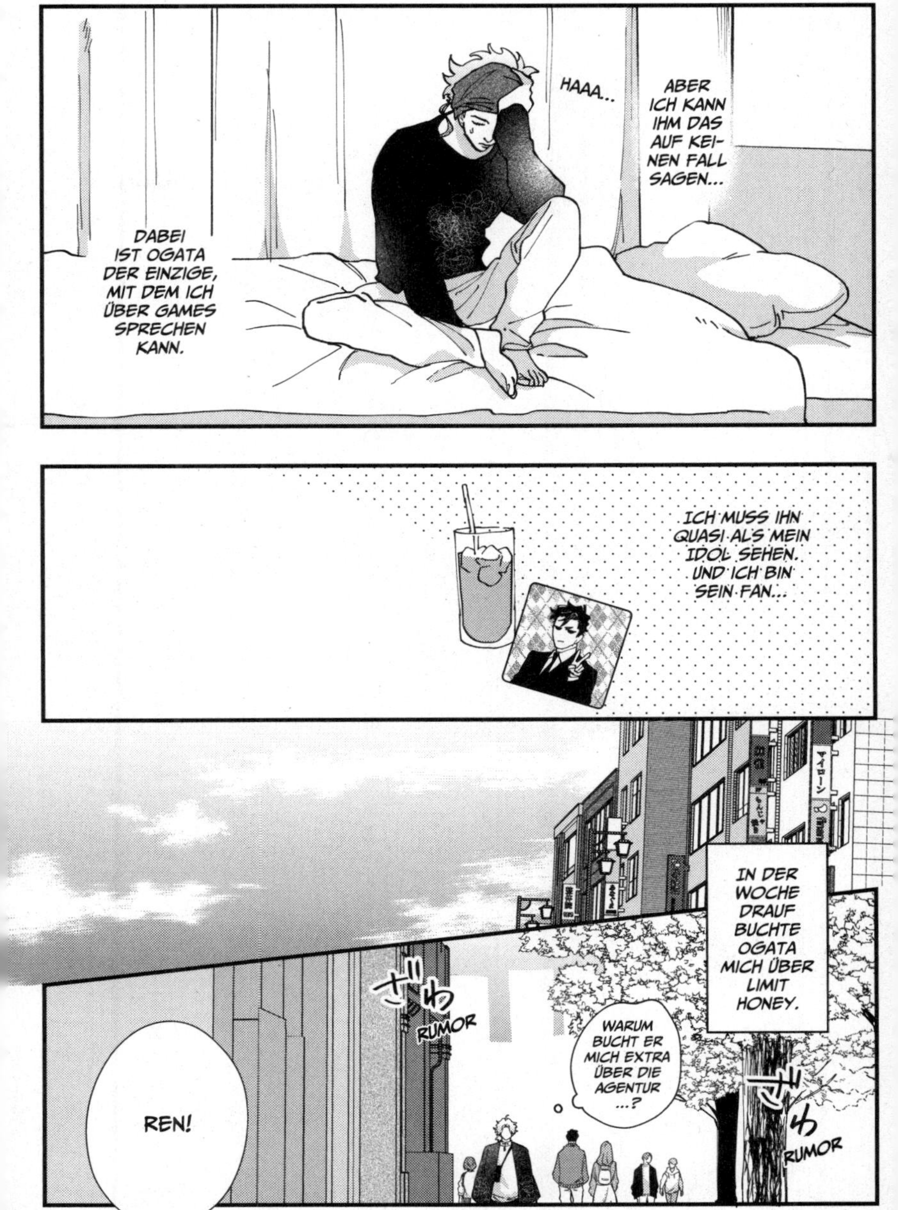

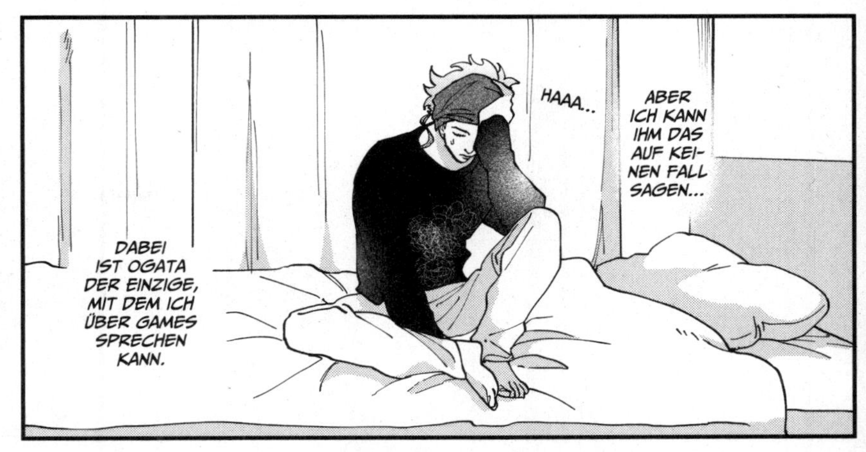

ICH MUSS IHN QUASI ALS MEIN IDOL SEHEN. UND ICH BIN SEIN FAN...

IN DER WOCHE DRAUF BUCHTE OGATA MICH ÜBER LIMIT HONEY.

RUMOR

WARUM BUCHT ER MICH EXTRA ÜBER DIE AGENTUR ...?

RUMOR

REN!

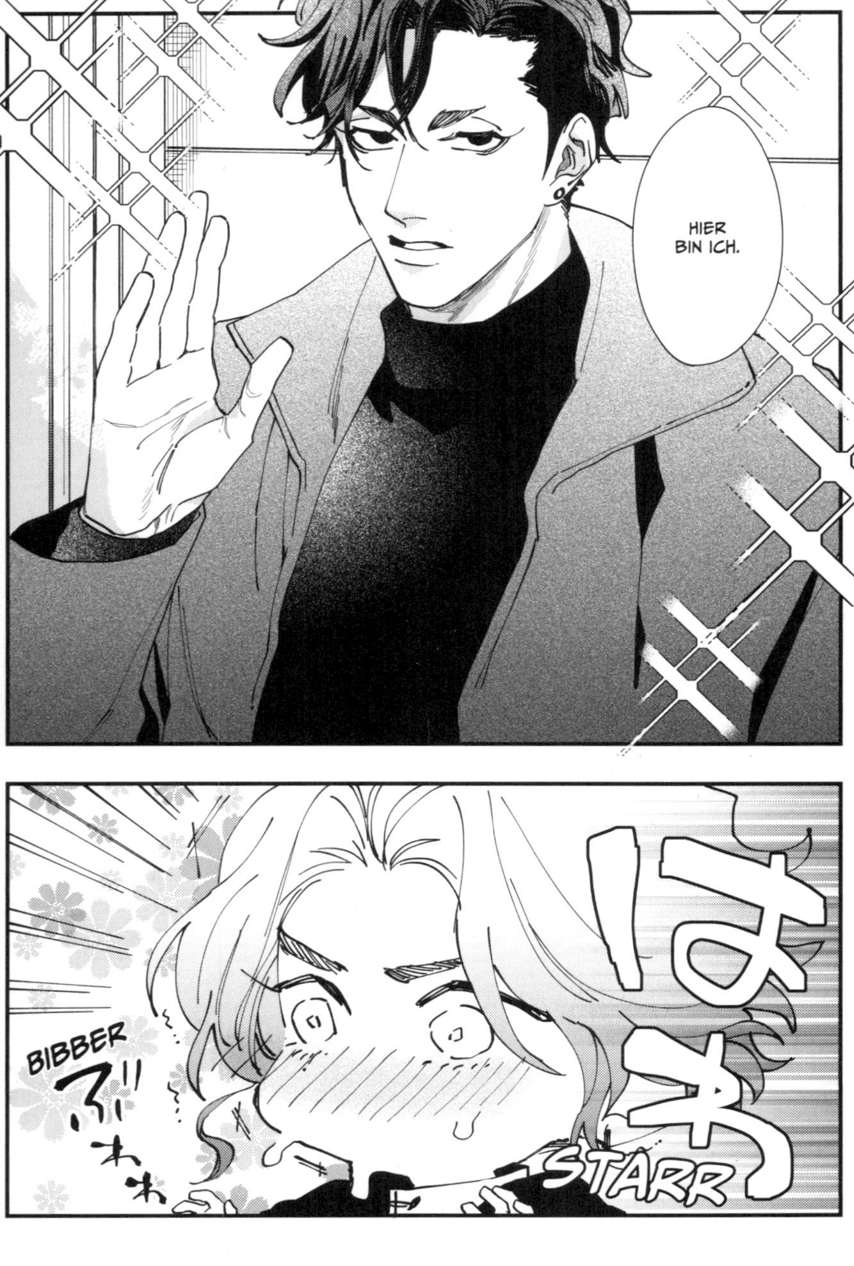

HIER
BIN ICH.

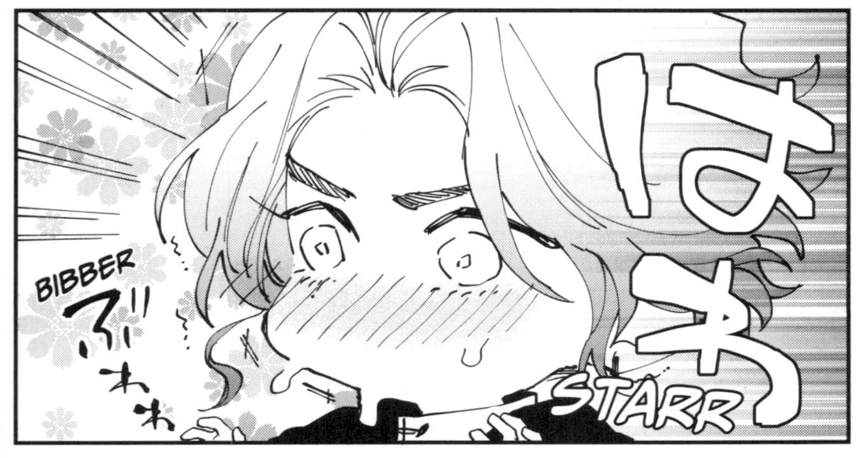

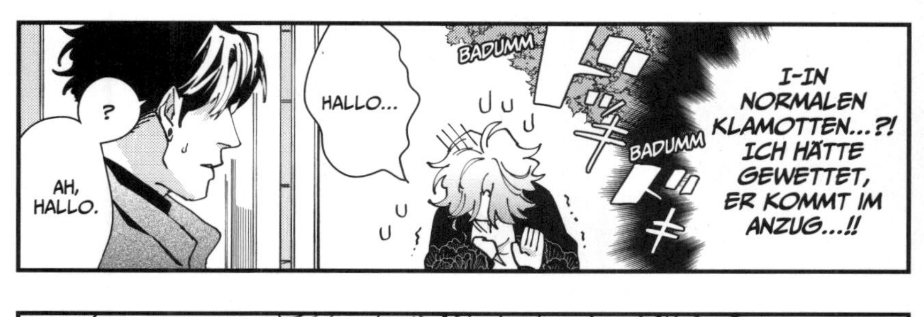

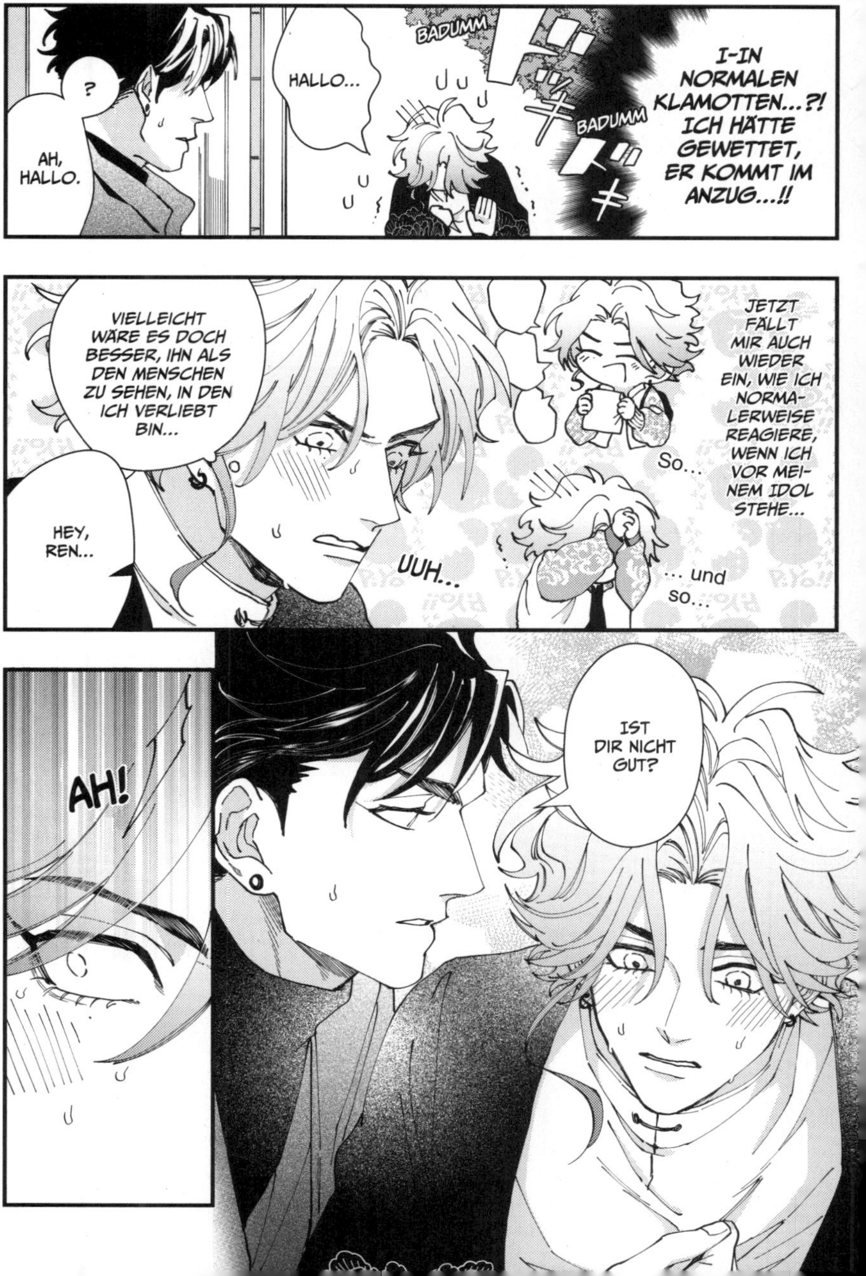

JETZT FÄLLT MIR AUCH WIEDER EIN, WIE ICH NORMALERWEISE REAGIERE, WENN ICH VOR MEINEM IDOL STEHE...

So...

... und so...

UUH...

VIELLEICHT WÄRE ES DOCH BESSER, IHN ALS DEN MENSCHEN ZU SEHEN, IN DEN ICH VERLIEBT BIN...

HEY, REN...

IST DIR NICHT GUT?

AH!

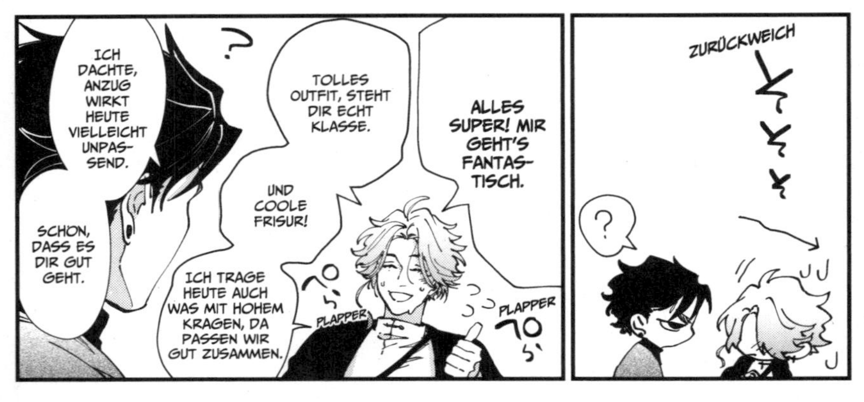
ZURÜCKWEICH
?
ALLES SUPER! MIR GEHT'S FANTASTISCH.
TOLLES OUTFIT, STEHT DIR ECHT KLASSE.
UND COOLE FRISUR!
ICH TRAGE HEUTE AUCH WAS MIT HOHEM KRAGEN, DA PASSEN WIR GUT ZUSAMMEN.
PLAPPER
PLAPPER
?
ICH DACHTE, ANZUG WIRKT HEUTE VIELLEICHT UNPASSEND.
SCHÖN, DASS ES DIR GUT GEHT.

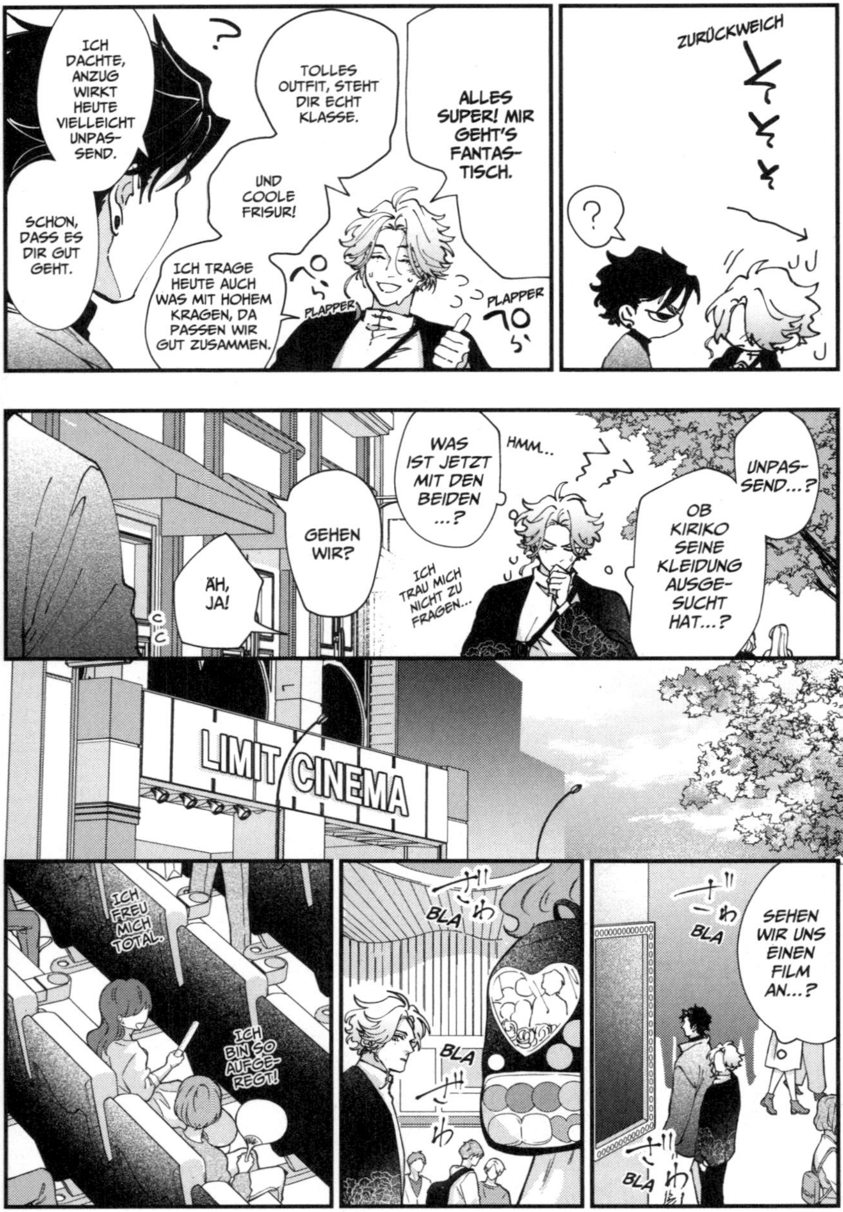

UNPASSEND...?
OB KIRIKO SEINE KLEIDUNG AUSGESUCHT HAT...?
HMM..
WAS IST JETZT MIT DEN BEIDEN...?
ICH TRAU MICH NICHT ZU FRAGEN...
GEHEN WIR?
ÄH, JA!
LIMIT CINEMA
SEHEN WIR UNS EINEN FILM AN...?
BLA
BLA
BLA
BLA
ICH FREU MICH TOTAL.
ICH BIN SO AUFGEREGT!

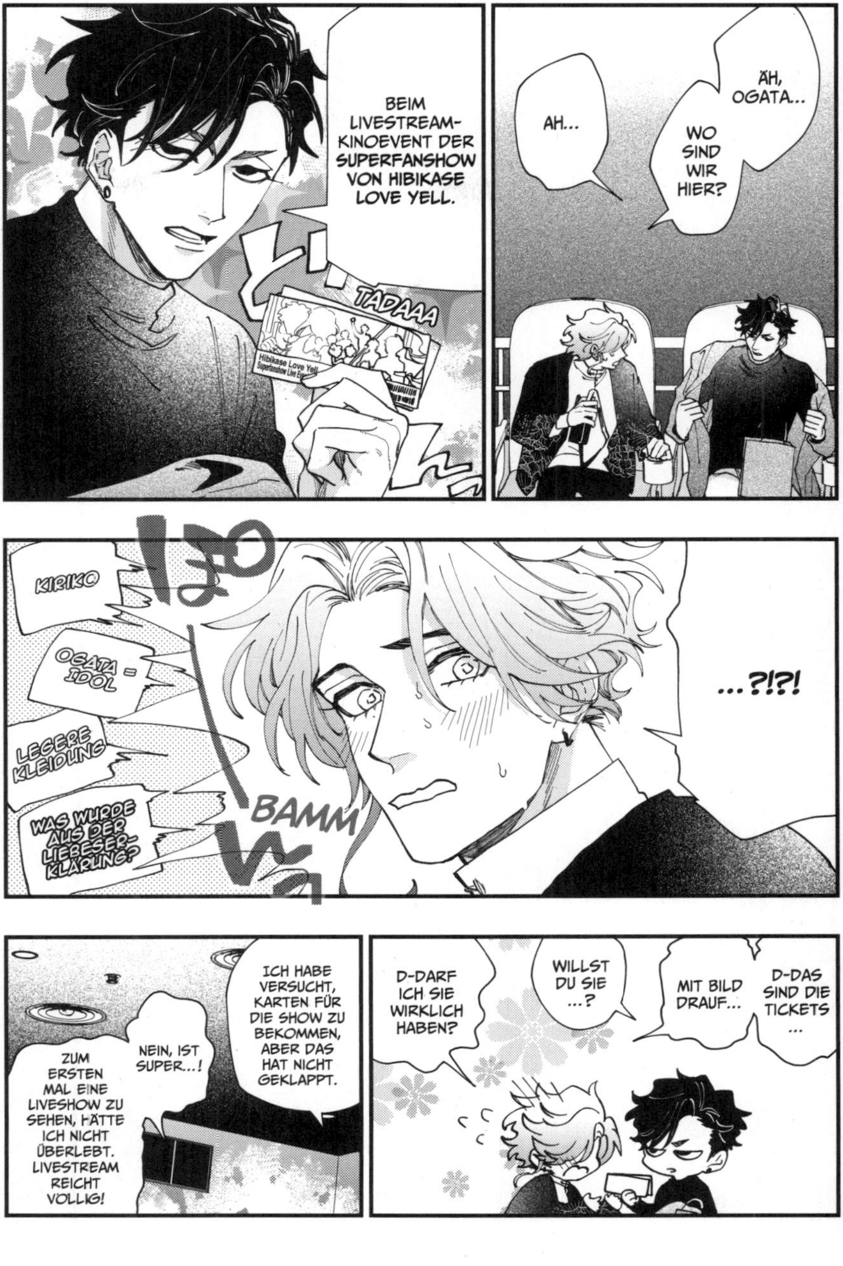

ÄH, OGATA...
WO SIND WIR HIER?
AH...
BEIM LIVESTREAM-KINOEVENT DER SUPERFANSHOW VON HIBIKASE LOVE YELL.
TADAAA

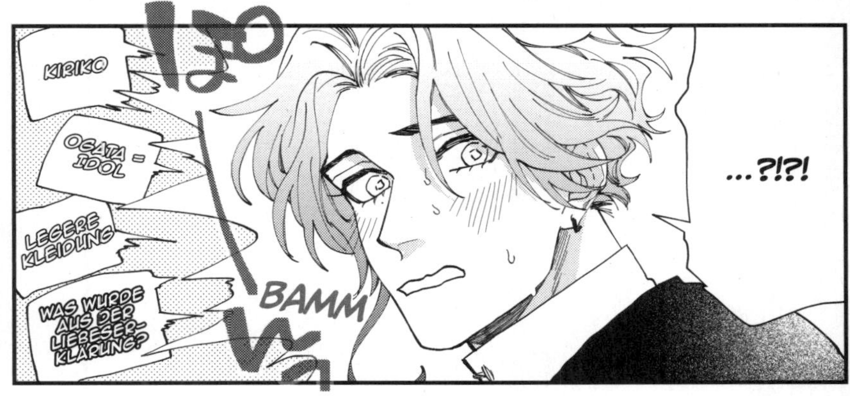

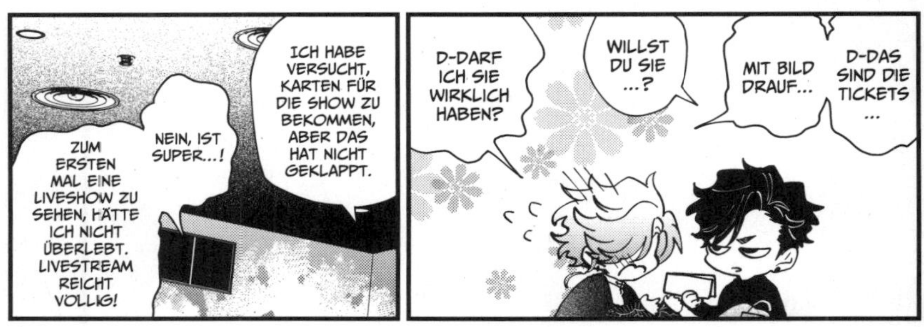

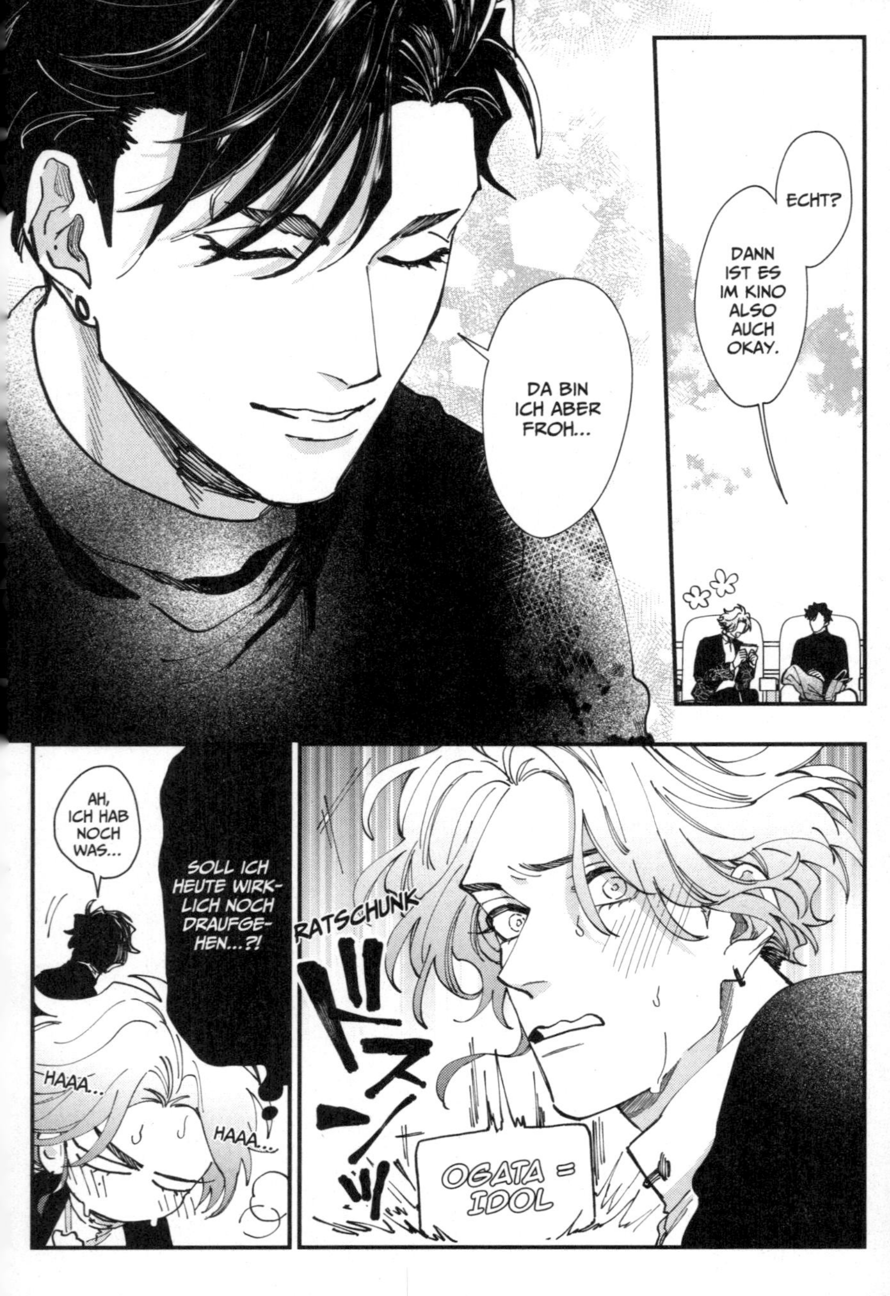
ECHT?
DANN IST ES IM KINO ALSO AUCH OKAY.
DA BIN ICH ABER FROH...
RATSCHUNK
OGATA = IDOL
AH, ICH HAB NOCH WAS...
SOLL ICH HEUTE WIRKLICH NOCH DRAUFGEHEN...?!
HAAA...
HAAA...

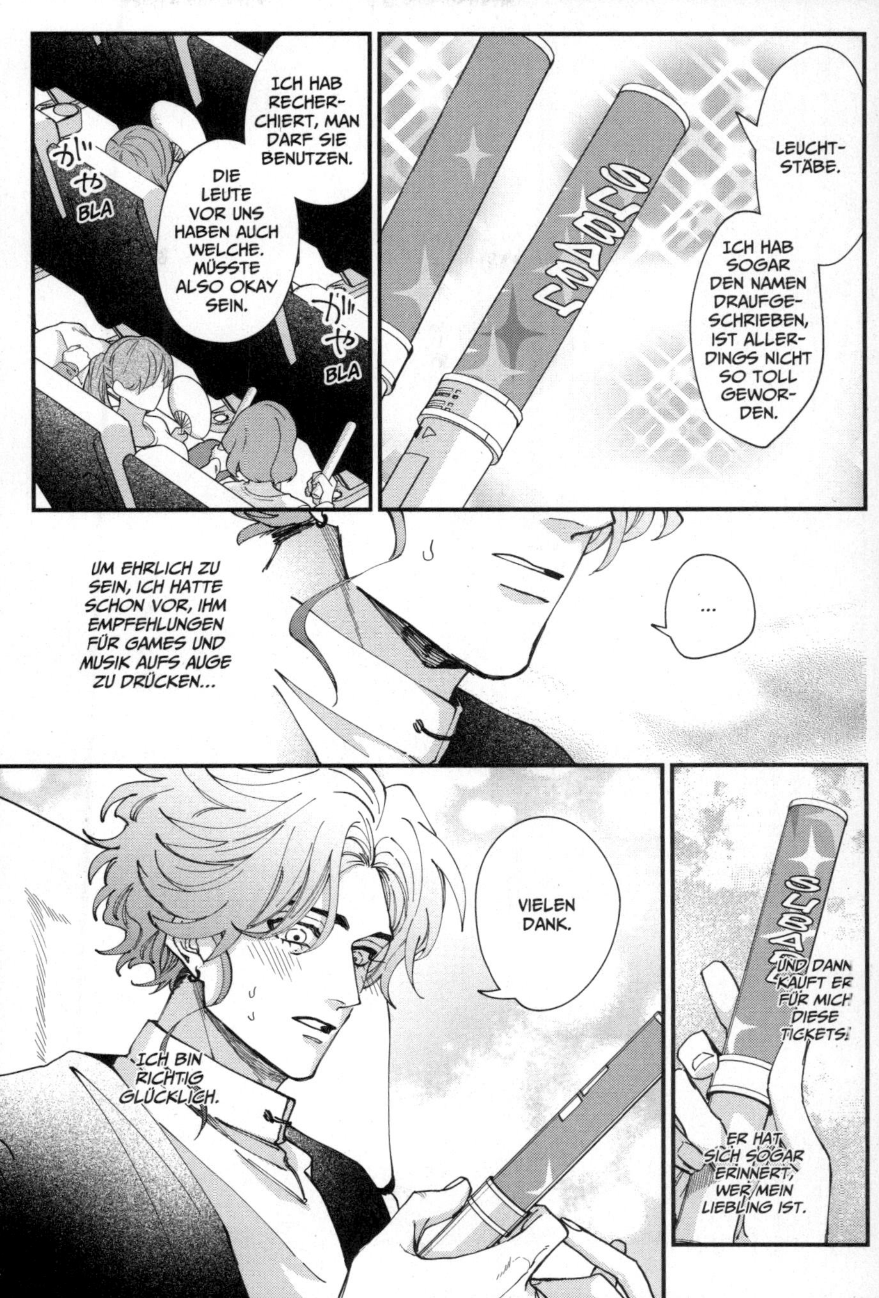
LEUCHT-STÄBE.
ICH HAB SOGAR DEN NAMEN DRAUFGE-SCHRIEBEN, IST ALLER-DINGS NICHT SO TOLL GEWOR-DEN.
ICH HAB RECHER-CHIERT, MAN DARF SIE BENUTZEN.
DIE LEUTE VOR UNS HABEN AUCH WELCHE. MÜSSTE ALSO OKAY SEIN.
がや BLA
がや BLA
...
UM EHRLICH ZU SEIN, ICH HATTE SCHON VOR, IHM EMPFEHLUNGEN FÜR GAMES UND MUSIK AUFS AUGE ZU DRÜCKEN...
UND DANN KAUFT ER FÜR MICH DIESE TICKETS!
ER HAT SICH SOGAR ERINNERT, WER MEIN LIEBLING IST.
VIELEN DANK.
ICH BIN RICHTIG GLÜCKLICH.

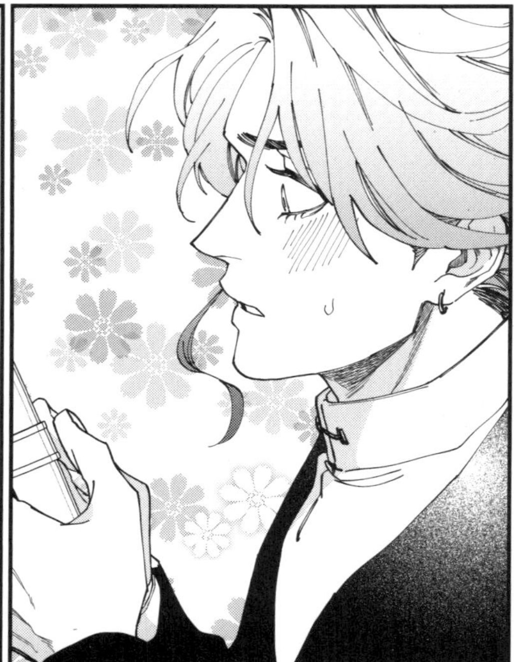

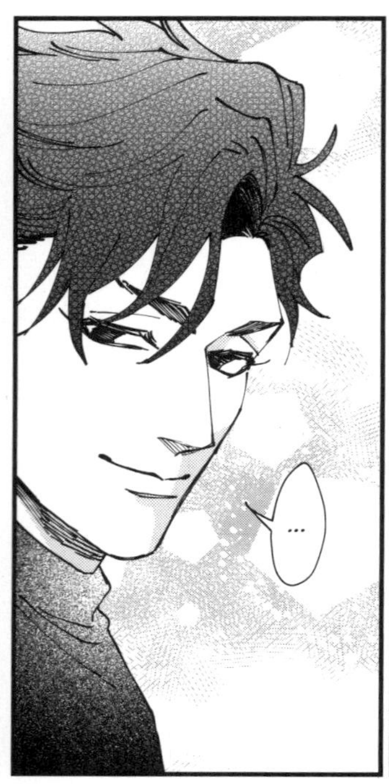
...

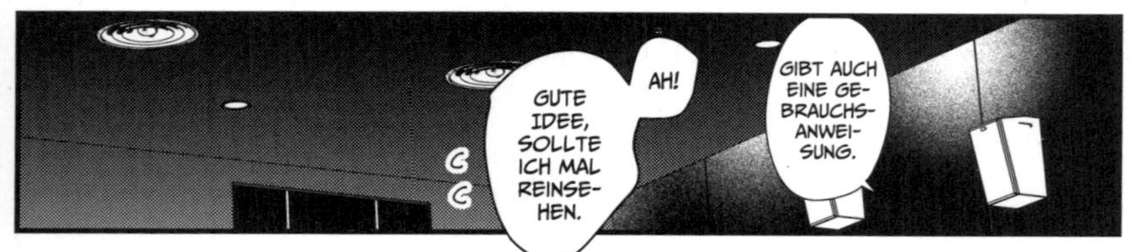
GIBT AUCH EINE GE-BRAUCHS-ANWEI-SUNG.
AH!
GUTE IDEE, SOLLTE ICH MAL REINSE-HEN.

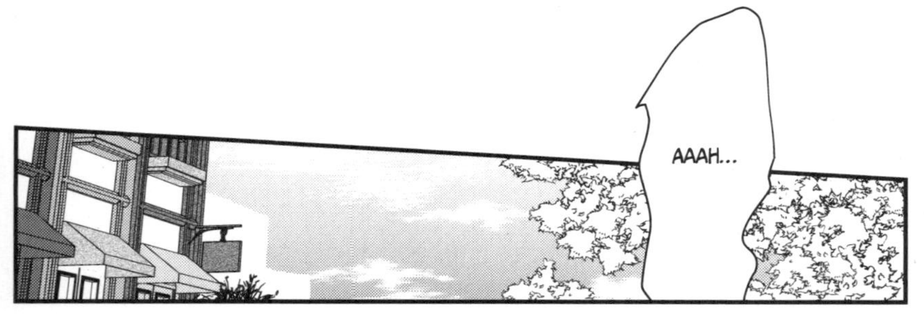
AAAH...

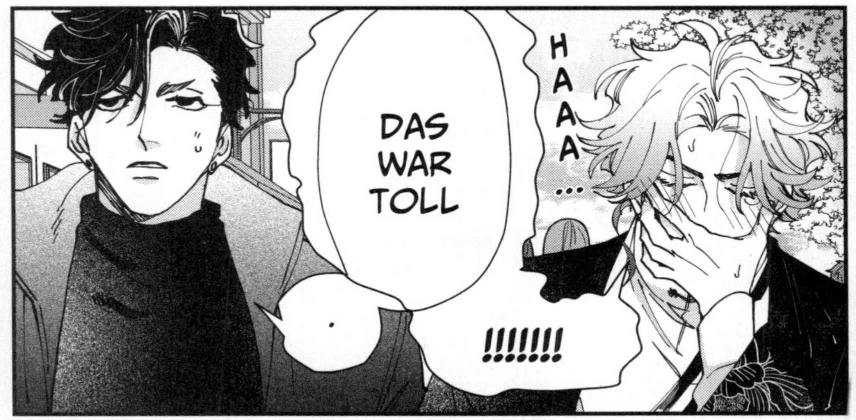
HAAAA…
DAS WAR TOLL
.
!!!!!!!
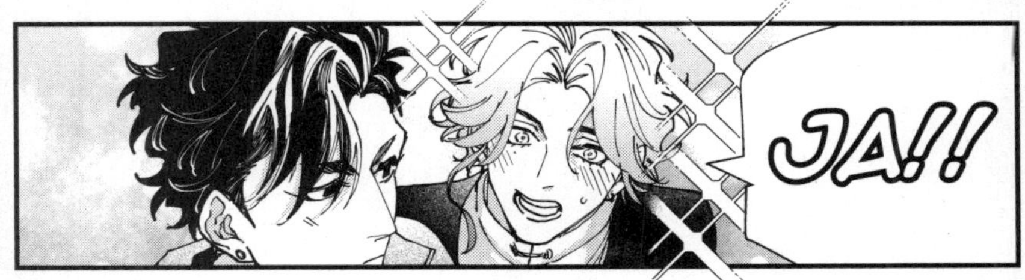
JA!!
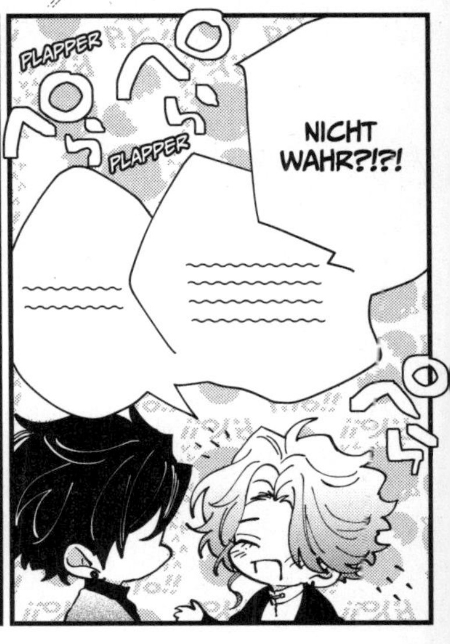
PLAPPER
PLAPPER
NICHT WAHR?!?!
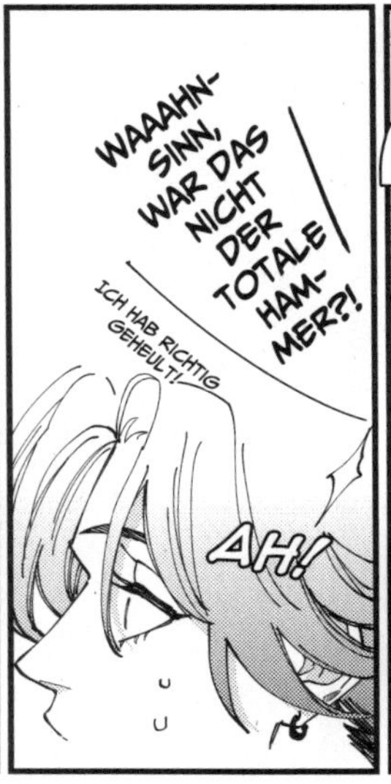
WAAAHNSINN, WAR DAS NICHT DER TOTALE HAMMER?!
ICH HAB RICHTIG GEHEULT!
AH!
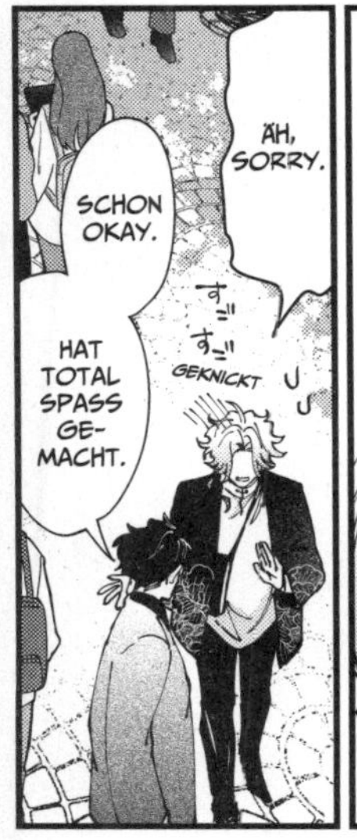
ÄH, SORRY.
SCHON OKAY.
HAT TOTAL SPASS GEMACHT.
GEKNICKT

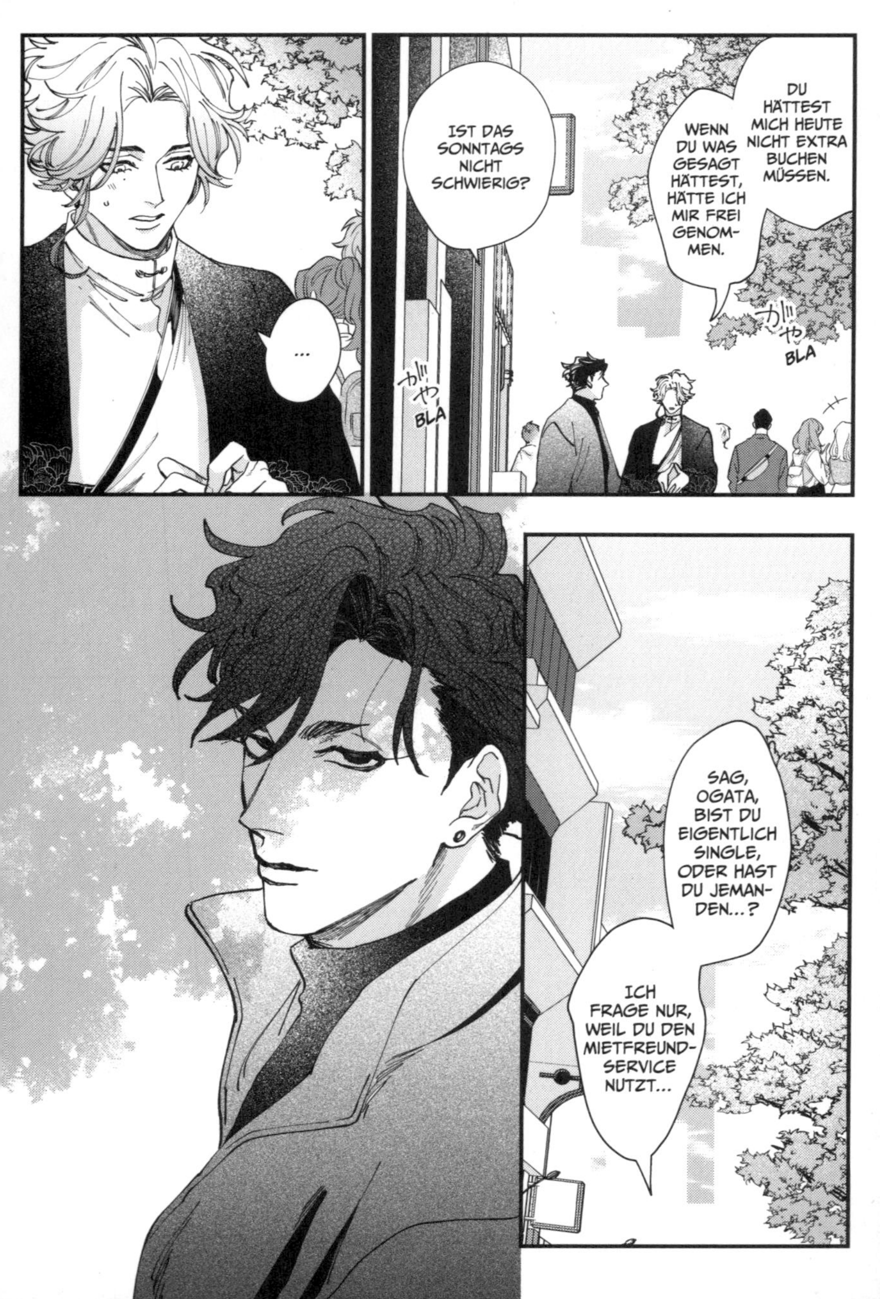
DU HÄTTEST MICH HEUTE NICHT EXTRA BUCHEN MÜSSEN.
WENN DU WAS GESAGT HÄTTEST, HÄTTE ICH MIR FREI GENOM-MEN.
BLA
IST DAS SONNTAGS NICHT SCHWIERIG?
BLA
...
SAG, OGATA, BIST DU EIGENTLICH SINGLE, ODER HAST DU JEMAN-DEN...?
ICH FRAGE NUR, WEIL DU DEN MIETFREUND-SERVICE NUTZT...

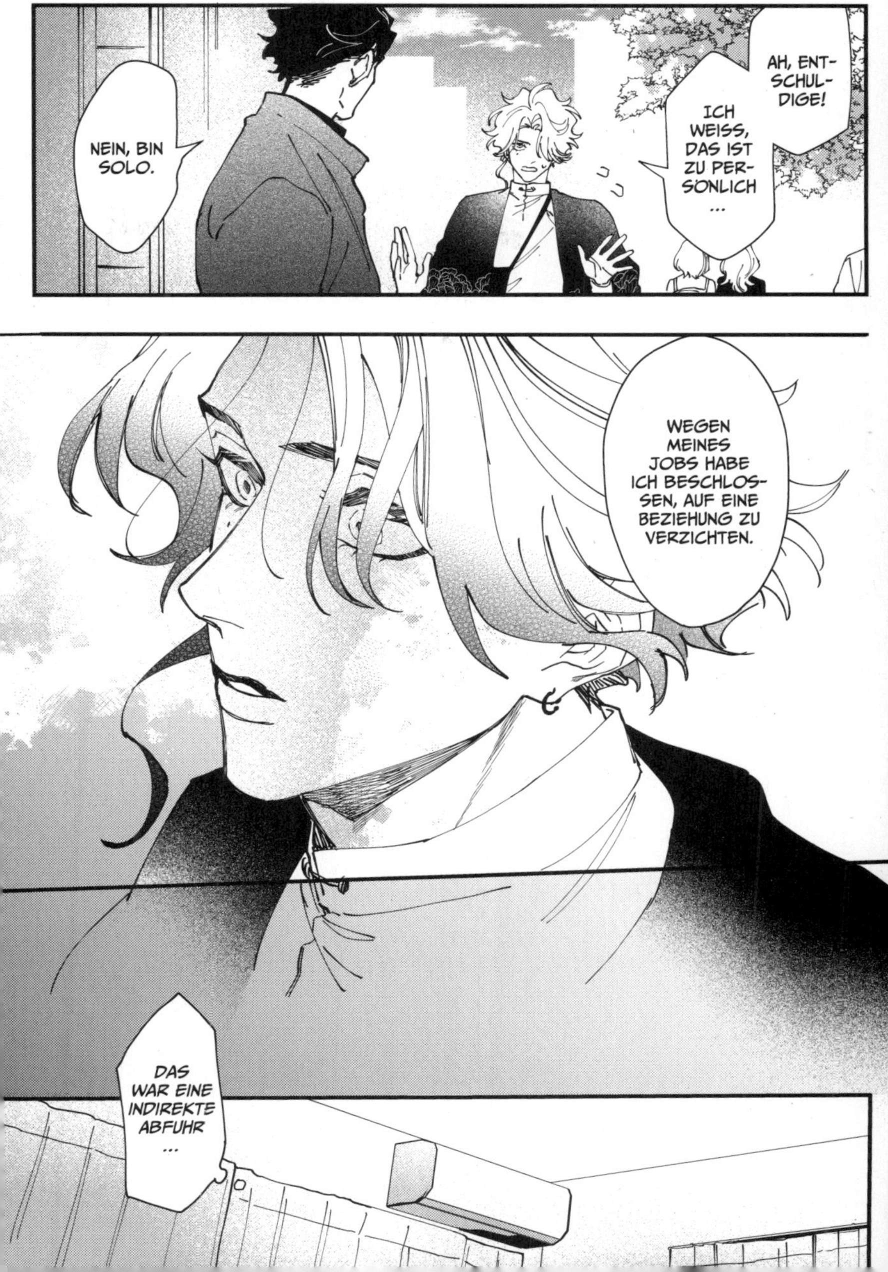

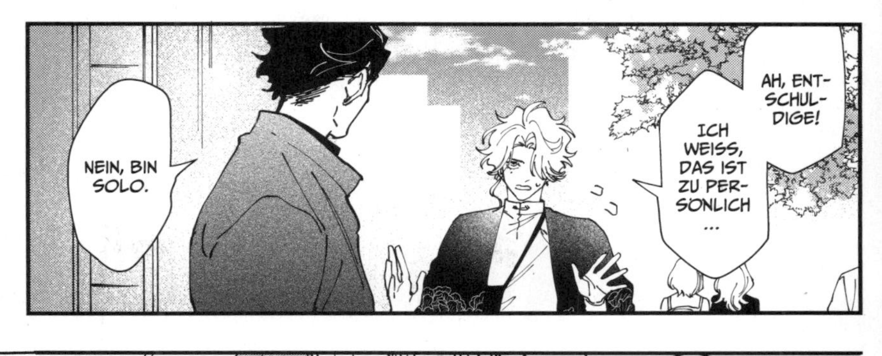

WEGEN MEINES JOBS HABE ICH BESCHLOS-SEN, AUF EINE BEZIEHUNG ZU VERZICHTEN.

DAS WAR EINE INDIREKTE ABFUHR ...

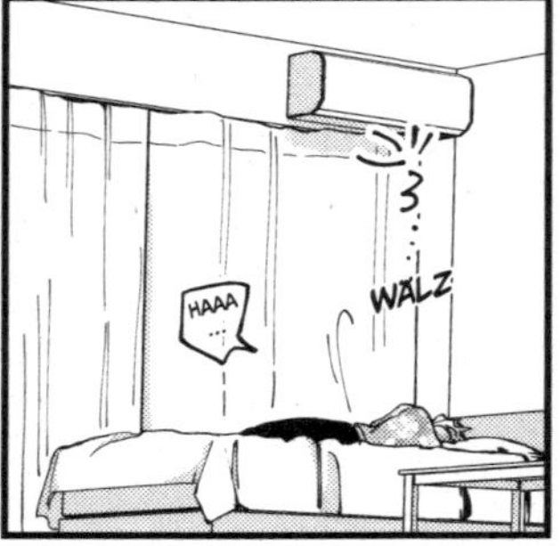
WÄLZ
HAAA ...

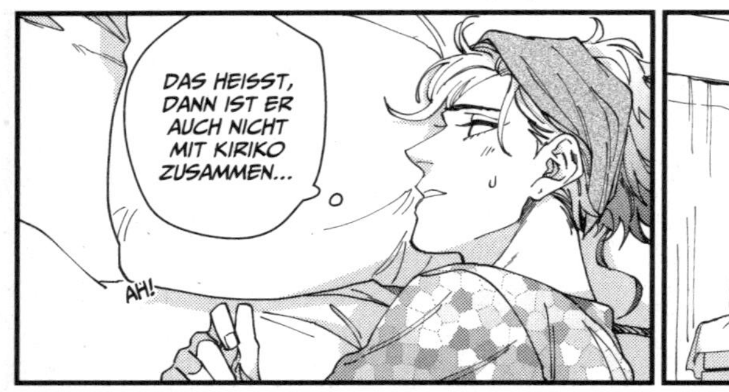
AH!
DAS HEISST, DANN IST ER AUCH NICHT MIT KIRIKO ZUSAMMEN...

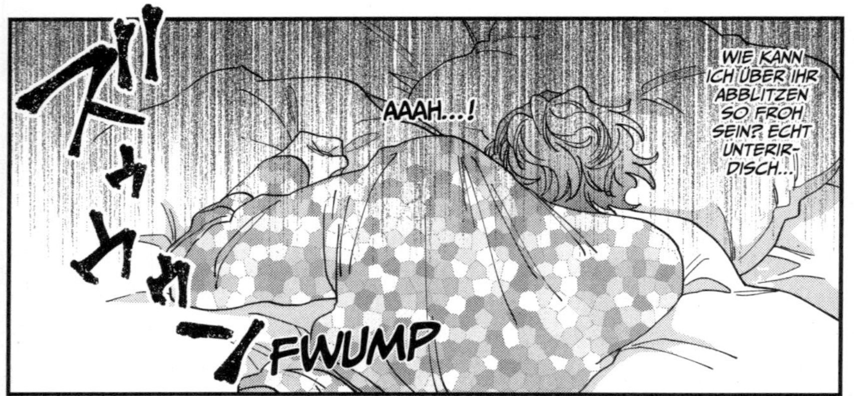
WIE KANN ICH ÜBER IHR ABBLITZEN SO FROH SEIN? ECHT UNTERIR-DISCH...
AAAH...!
FWUMP

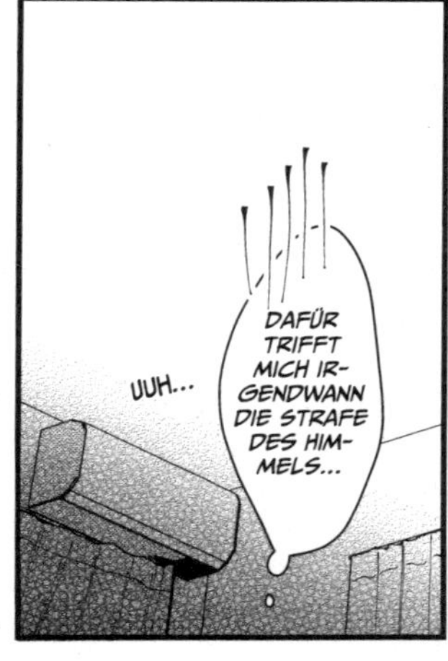
DAFÜR TRIFFT MICH IR-GENDWANN DIE STRAFE DES HIM-MELS...
UUH...

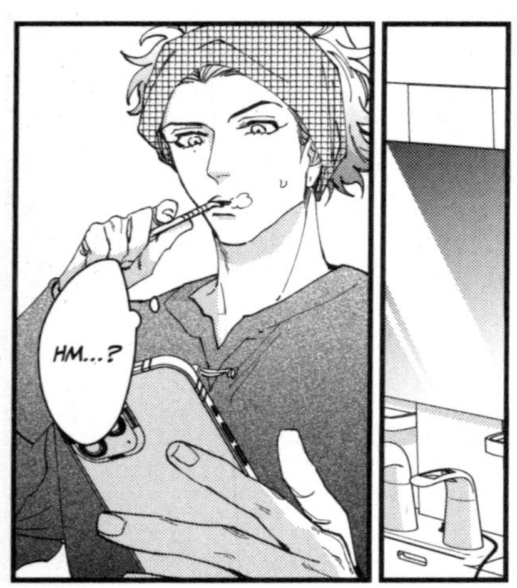
HM...?

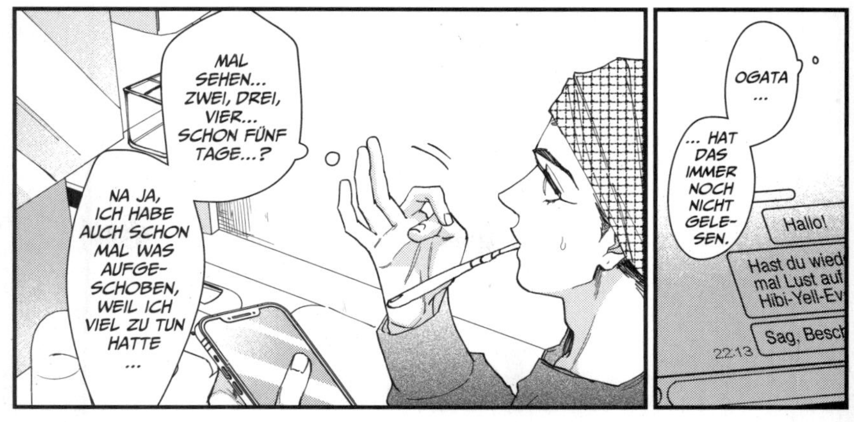
OGATA ...
... HAT DAS IMMER NOCH NICHT GELESEN.
Hallo!
22:13
MAL SEHEN... ZWEI, DREI, VIER... SCHON FÜNF TAGE...?
NA JA, ICH HABE AUCH SCHON MAL WAS AUFGESCHOBEN, WEIL ICH VIEL ZU TUN HATTE ...

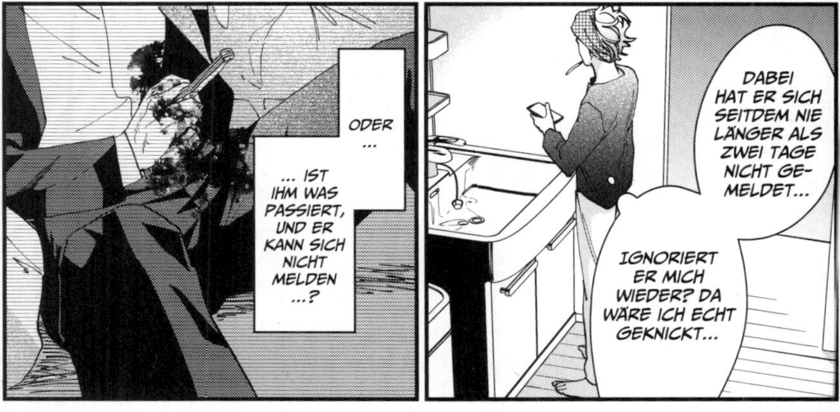
DABEI HAT ER SICH SEITDEM NIE LÄNGER ALS ZWEI TAGE NICHT GEMELDET...
IGNORIERT ER MICH WIEDER? DA WÄRE ICH ECHT GEKNICKT...
ODER ...
... IST IHM WAS PASSIERT, UND ER KANN SICH NICHT MELDEN ...?

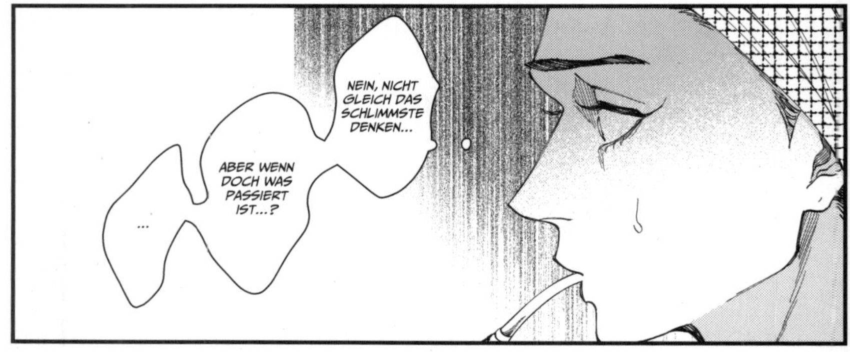
NEIN, NICHT GLEICH DAS SCHLIMMSTE DENKEN...
ABER WENN DOCH WAS PASSIERT IST...?
...

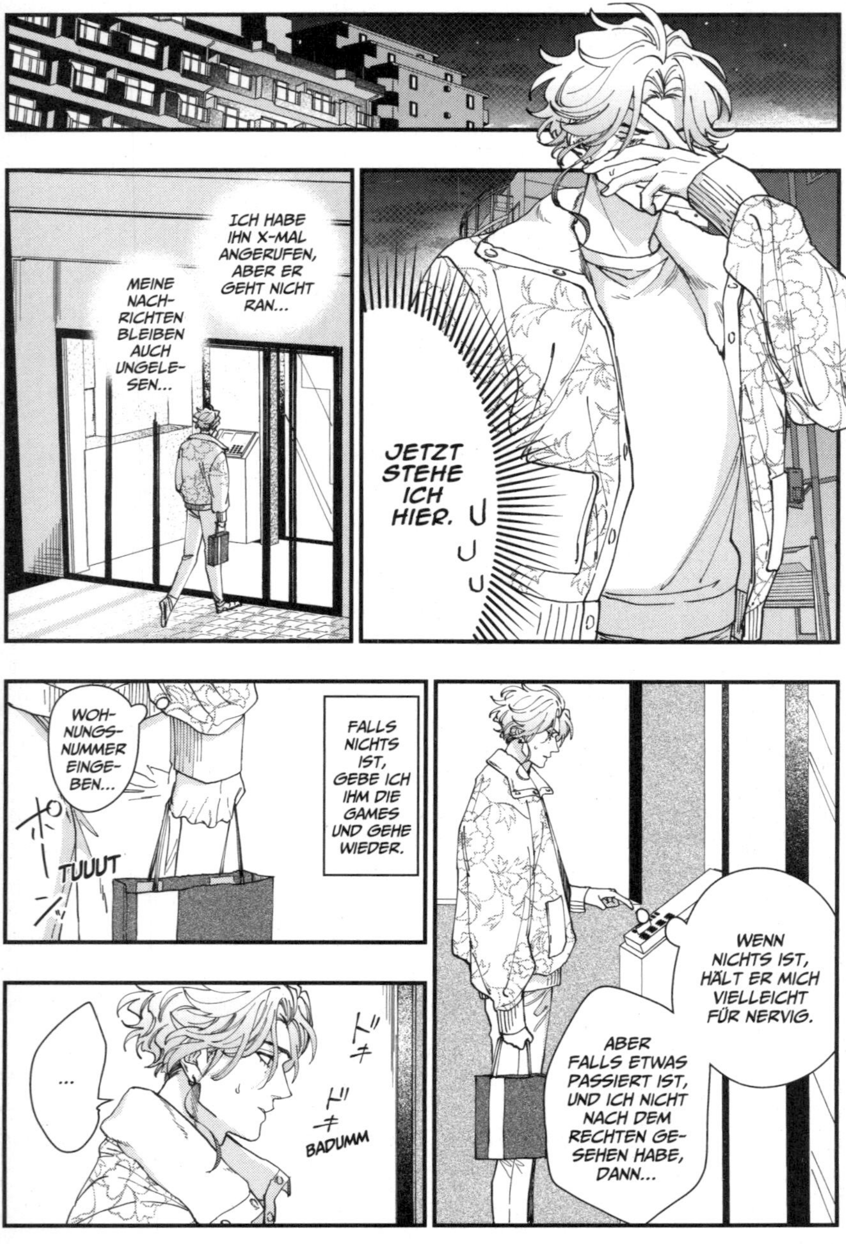

ICH HABE IHN X-MAL ANGERUFEN, ABER ER GEHT NICHT RAN...

MEINE NACHRICHTEN BLEIBEN AUCH UNGELESEN...

JETZT STEHE ICH HIER.

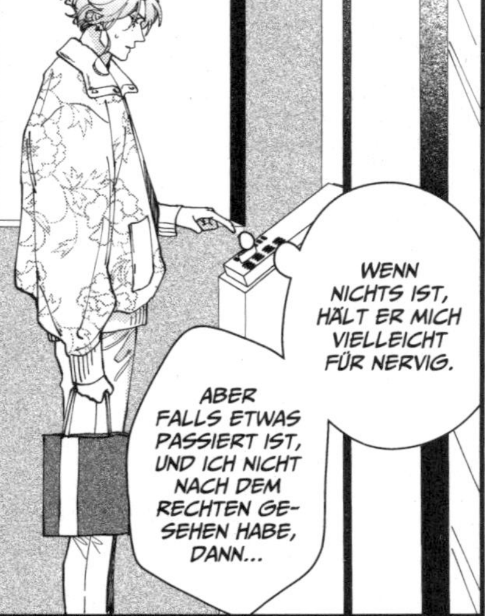

FALLS NICHTS IST, GEBE ICH IHM DIE GAMES UND GEHE WIEDER.

WOHNUNGSNUMMER EINGEBEN...

TUUUT

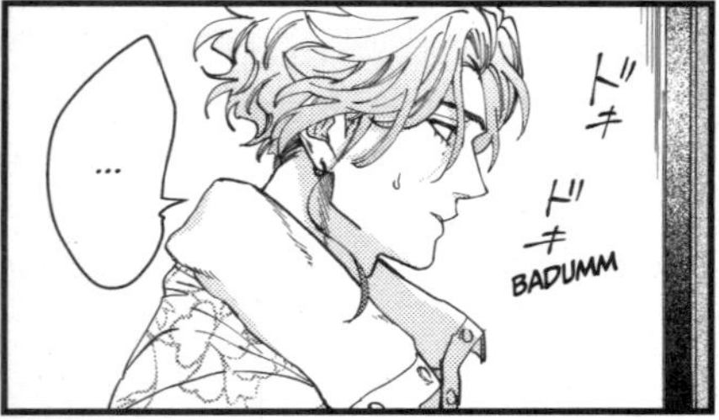

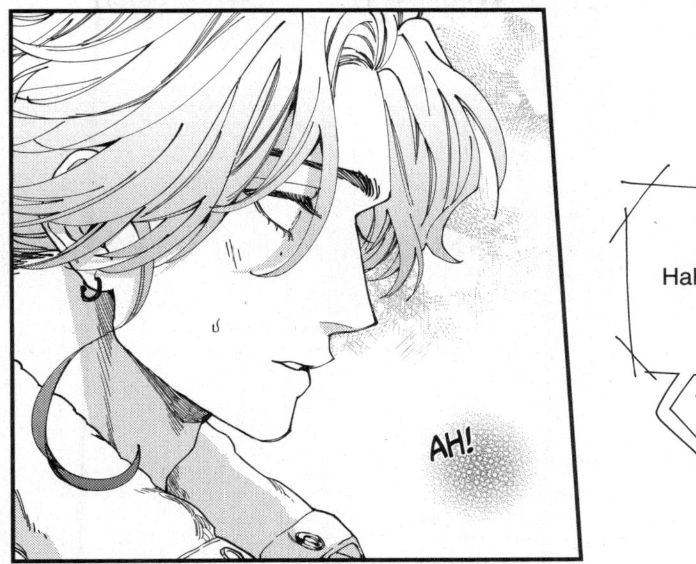
AH!
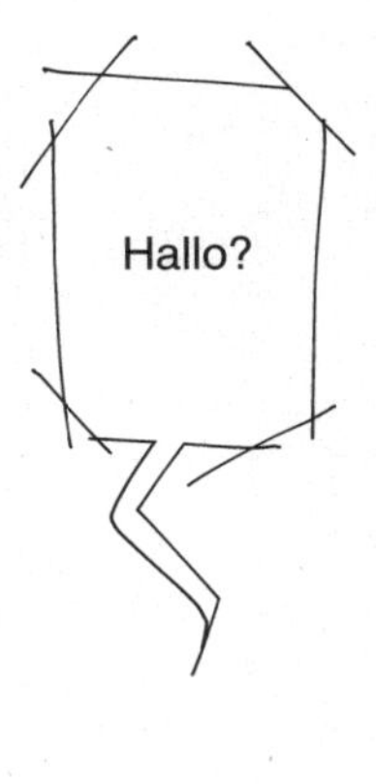
Hallo?
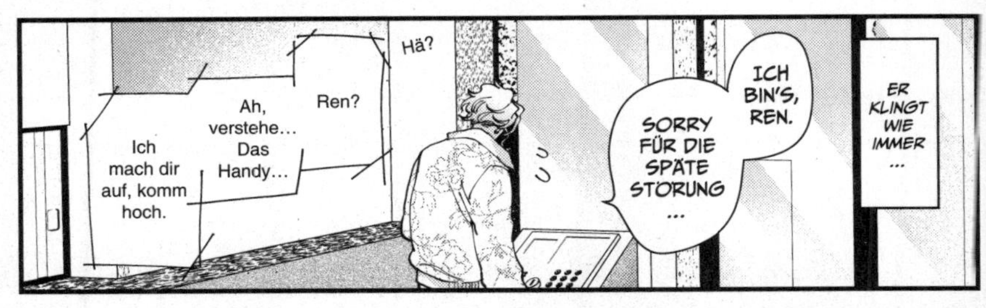
ER KLINGT WIE IMMER ...
ICH BIN'S, REN.
SORRY FÜR DIE SPÄTE STÖRUNG ...
Hä?
Ren?
Ah, verstehe… Das Handy…
Ich mach dir auf, komm hoch.
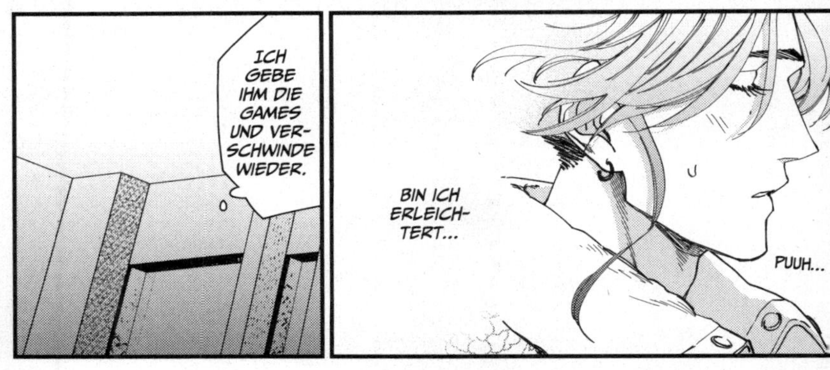
PUUH...
BIN ICH ERLEICH-TERT...
ICH GEBE IHM DIE GAMES UND VER-SCHWINDE WIEDER.

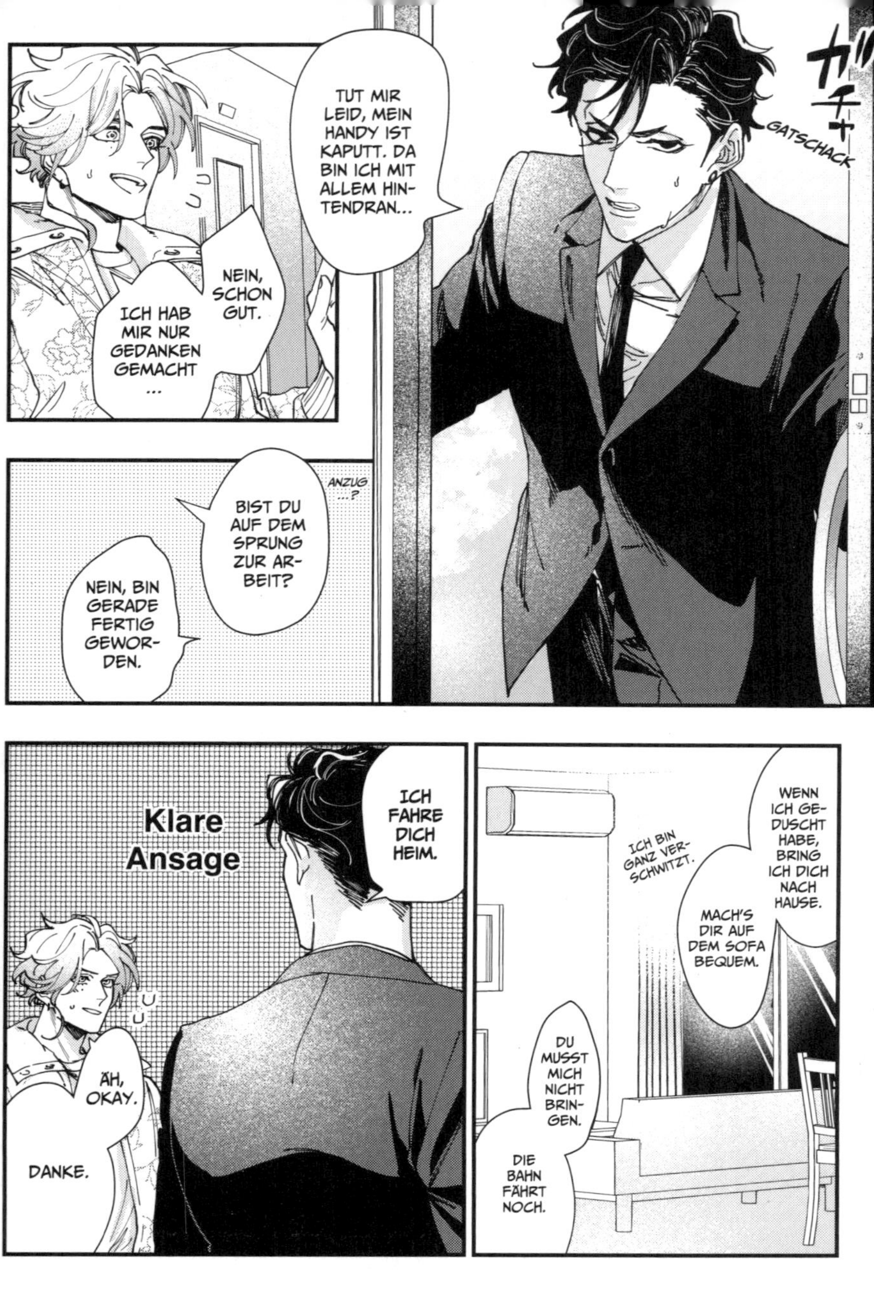

ガチャ
GATSCHACK

TUT MIR LEID, MEIN HANDY IST KAPUTT. DA BIN ICH MIT ALLEM HINTENDRAN...

NEIN, SCHON GUT.

ICH HAB MIR NUR GEDANKEN GEMACHT ...

ANZUG ...?

BIST DU AUF DEM SPRUNG ZUR ARBEIT?

NEIN, BIN GERADE FERTIG GEWORDEN.

WENN ICH GEDUSCHT HABE, BRING ICH DICH NACH HAUSE.

ICH BIN GANZ VERSCHWITZT.

MACH'S DIR AUF DEM SOFA BEQUEM.

DU MUSST MICH NICHT BRINGEN.

DIE BAHN FÄHRT NOCH.

ICH FAHRE DICH HEIM.

Klare Ansage

ÄH, OKAY.

DANKE.

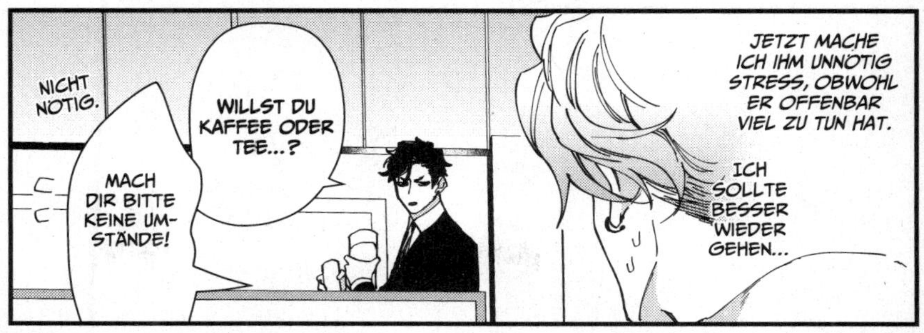
JETZT MACHE ICH IHM UNNÖTIG STRESS, OBWOHL ER OFFENBAR VIEL ZU TUN HAT.
ICH SOLLTE BESSER WIEDER GEHEN...
WILLST DU KAFFEE ODER TEE...?
NICHT NÖTIG.
MACH DIR BITTE KEINE UMSTÄNDE!

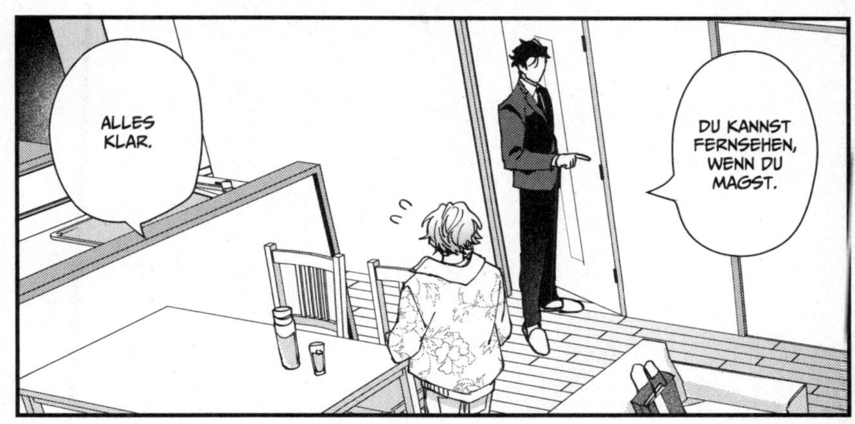
DU KANNST FERNSEHEN, WENN DU MAGST.
ALLES KLAR.

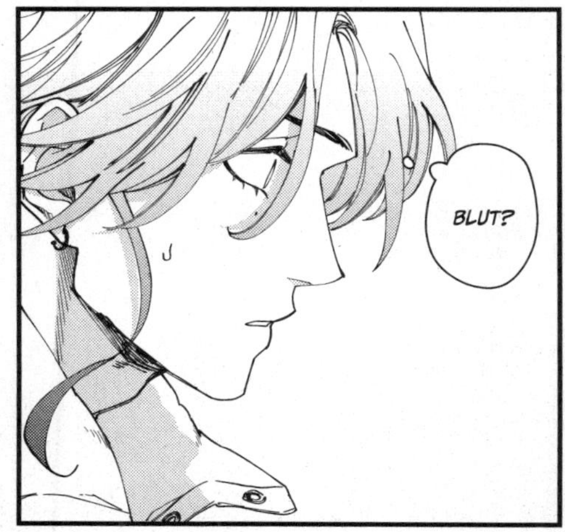
BLUT?

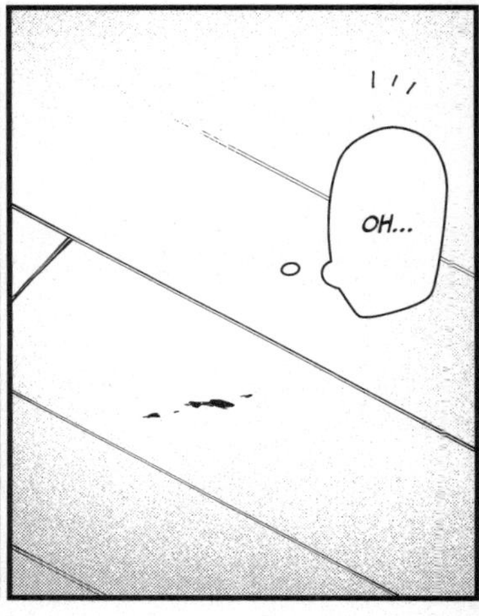
OH...

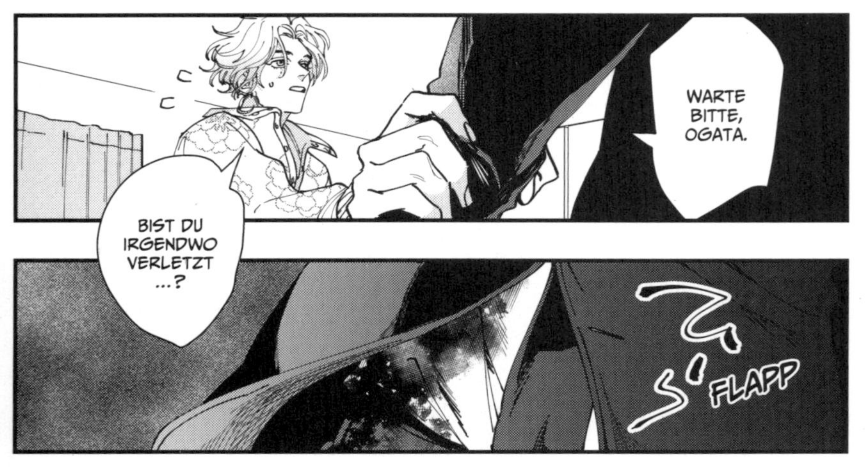

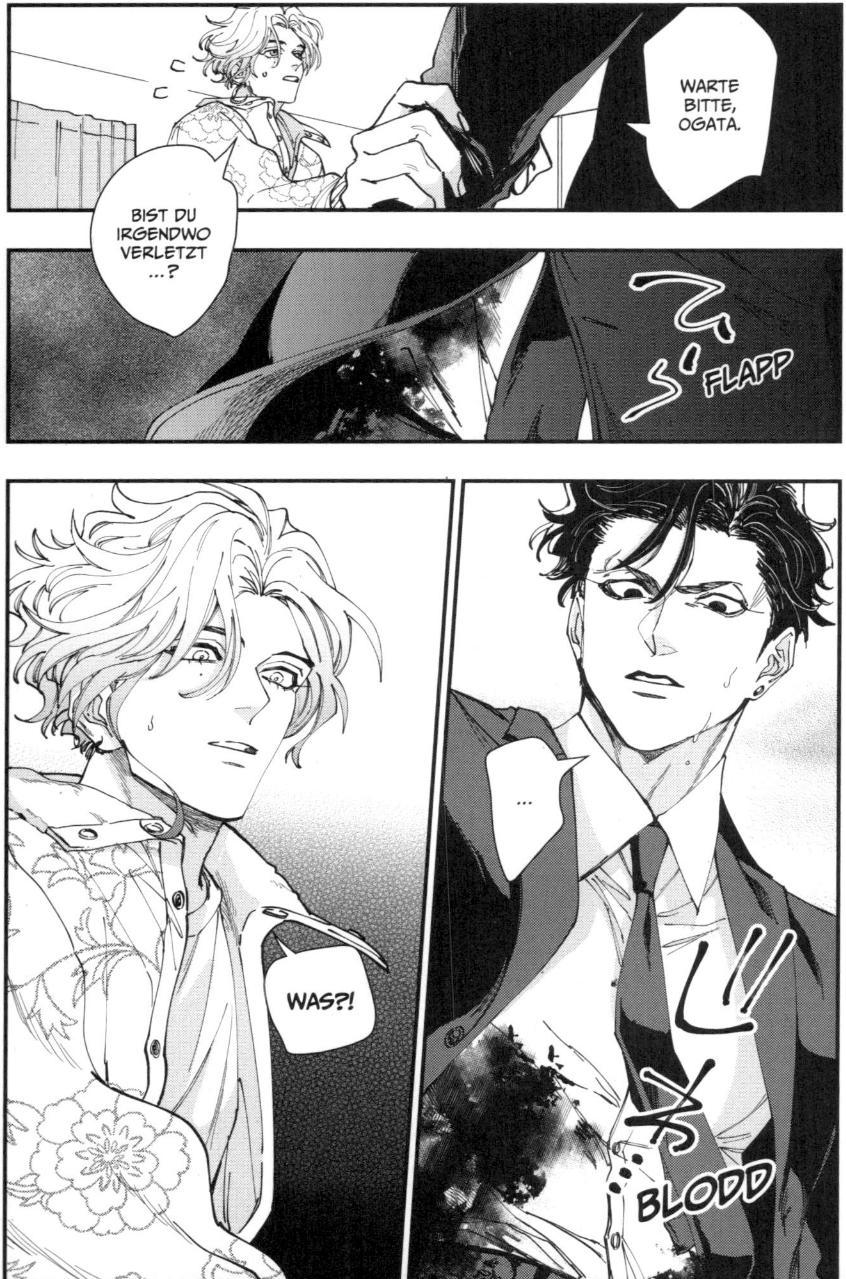

...

BLODD

WAS?!

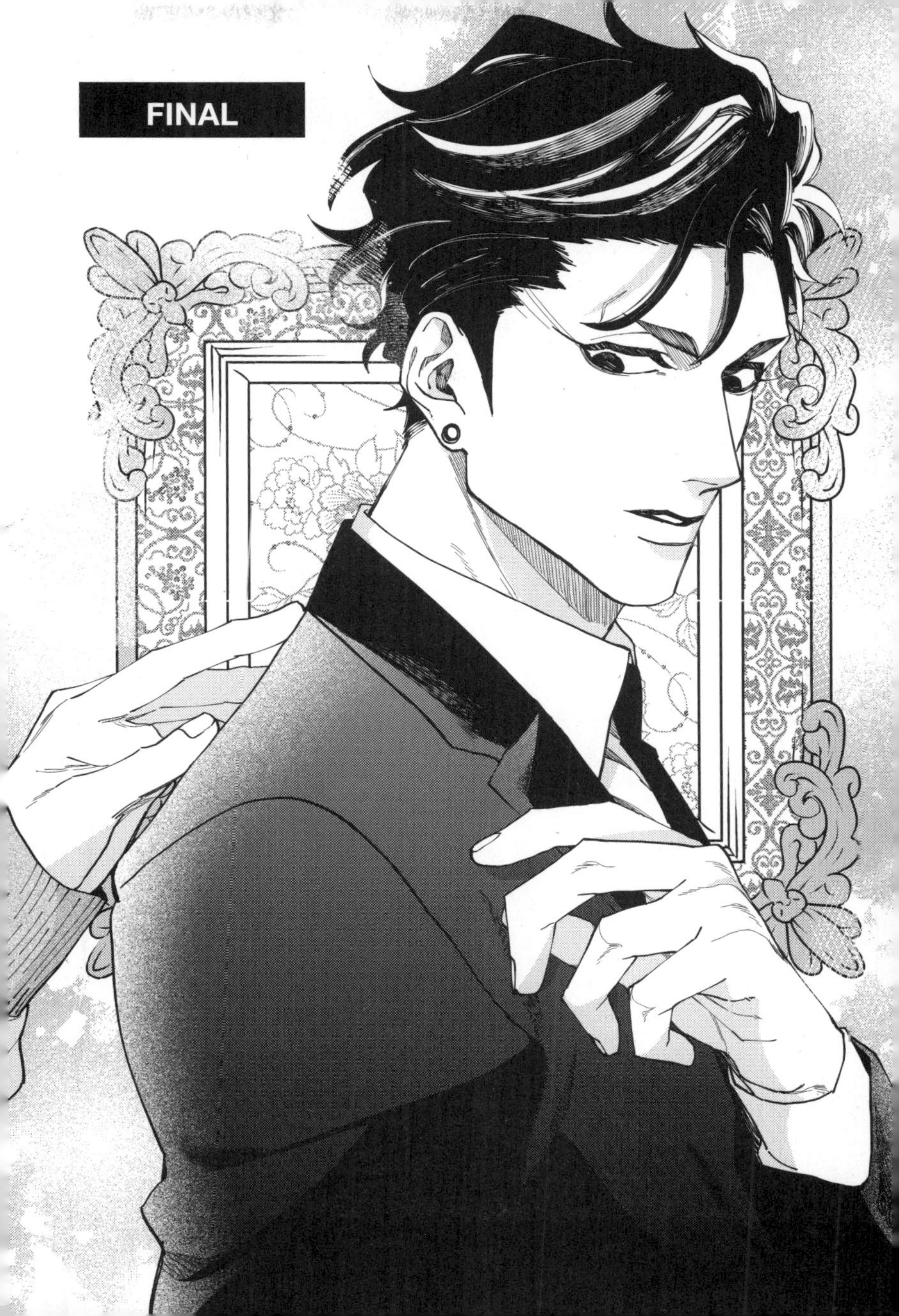
FINAL

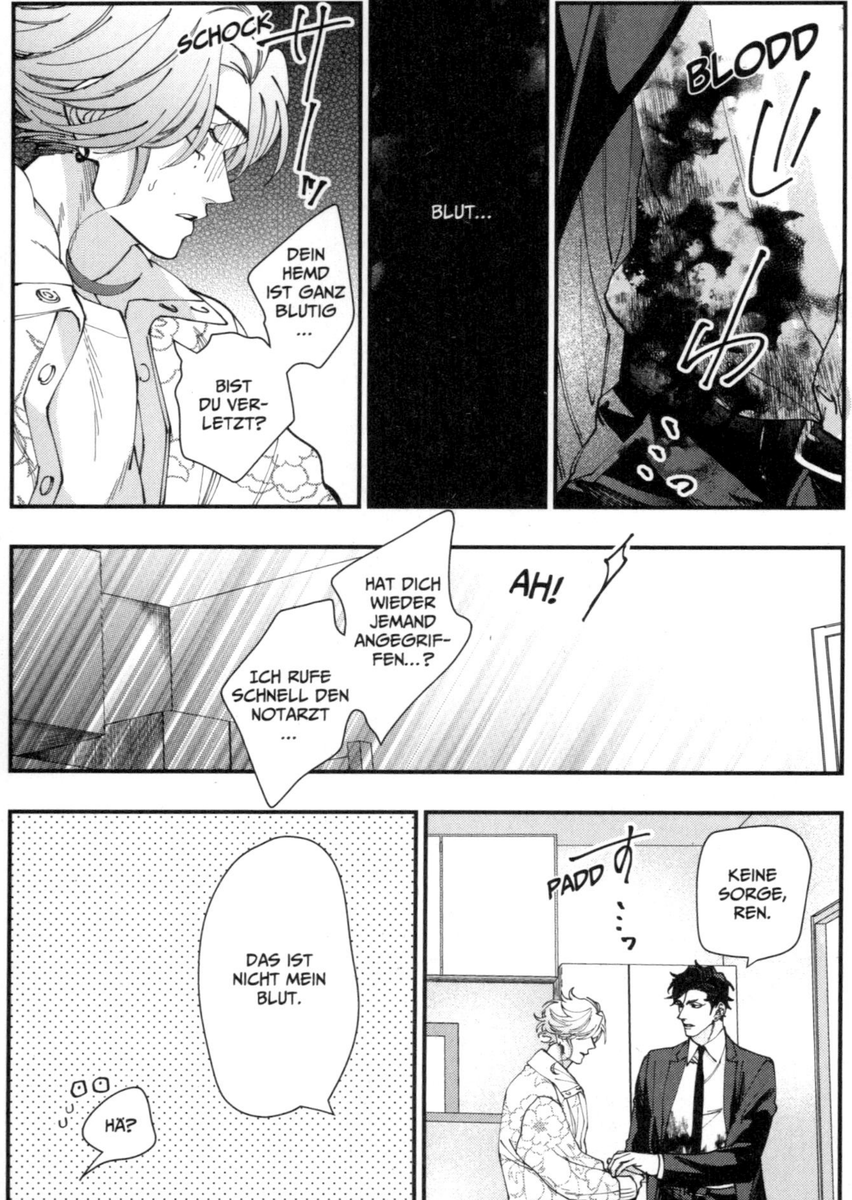
SCHOCK
DEIN HEMD IST GANZ BLUTIG ...
BIST DU VER-LETZT?
BLUT...
BLODD
HAT DICH WIEDER JEMAND ANGEGRIF-FEN...?
ICH RUFE SCHNELL DEN NOTARZT ...
AH!
PADD
KEINE SORGE, REN.
DAS IST NICHT MEIN BLUT.
HÄ?

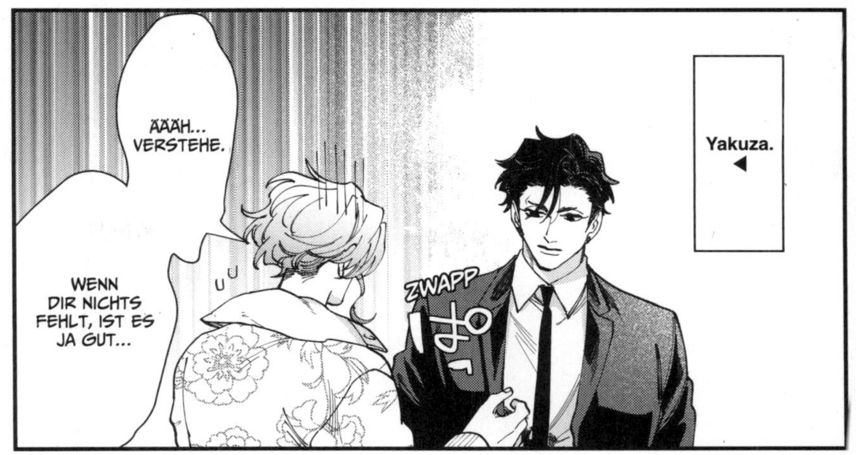
Yakuza.
ZWAPP
ÄÄÄH... VERSTEHE.
WENN DIR NICHTS FEHLT, IST ES JA GUT...

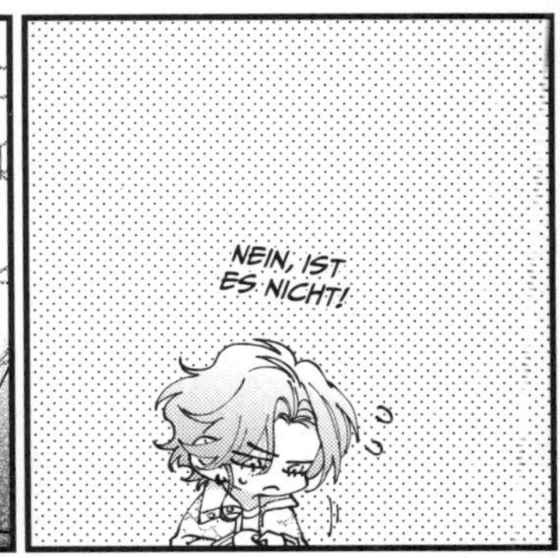
NEIN, IST ES NICHT!

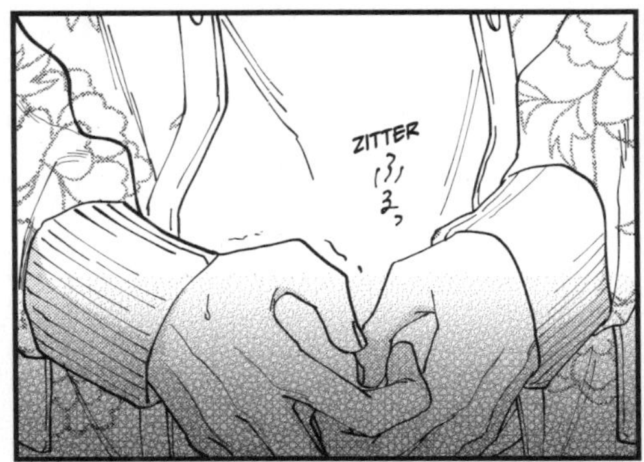
ZITTER

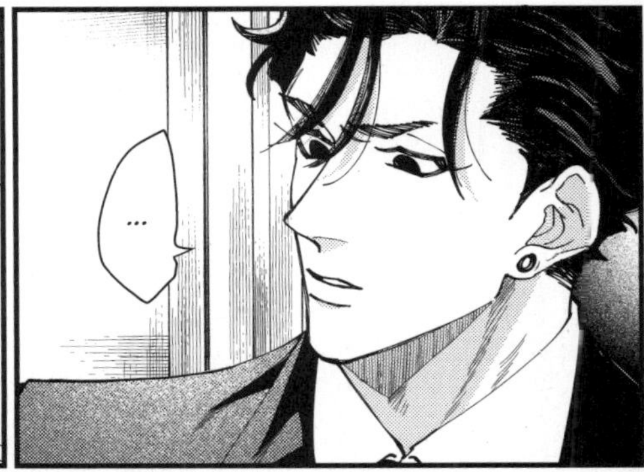
...

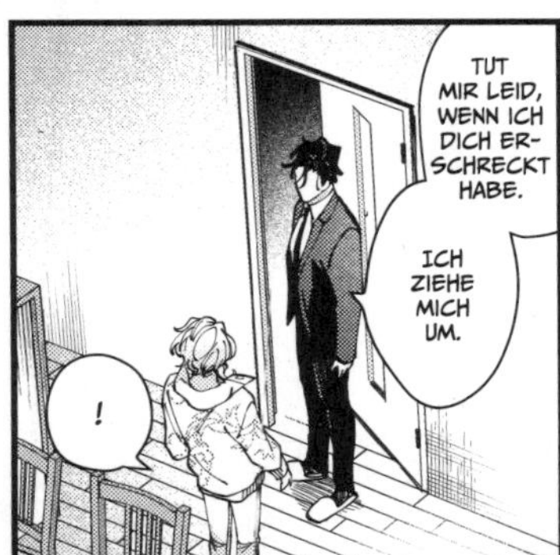
TUT MIR LEID, WENN ICH DICH ER-SCHRECKT HABE.
ICH ZIEHE MICH UM.
!

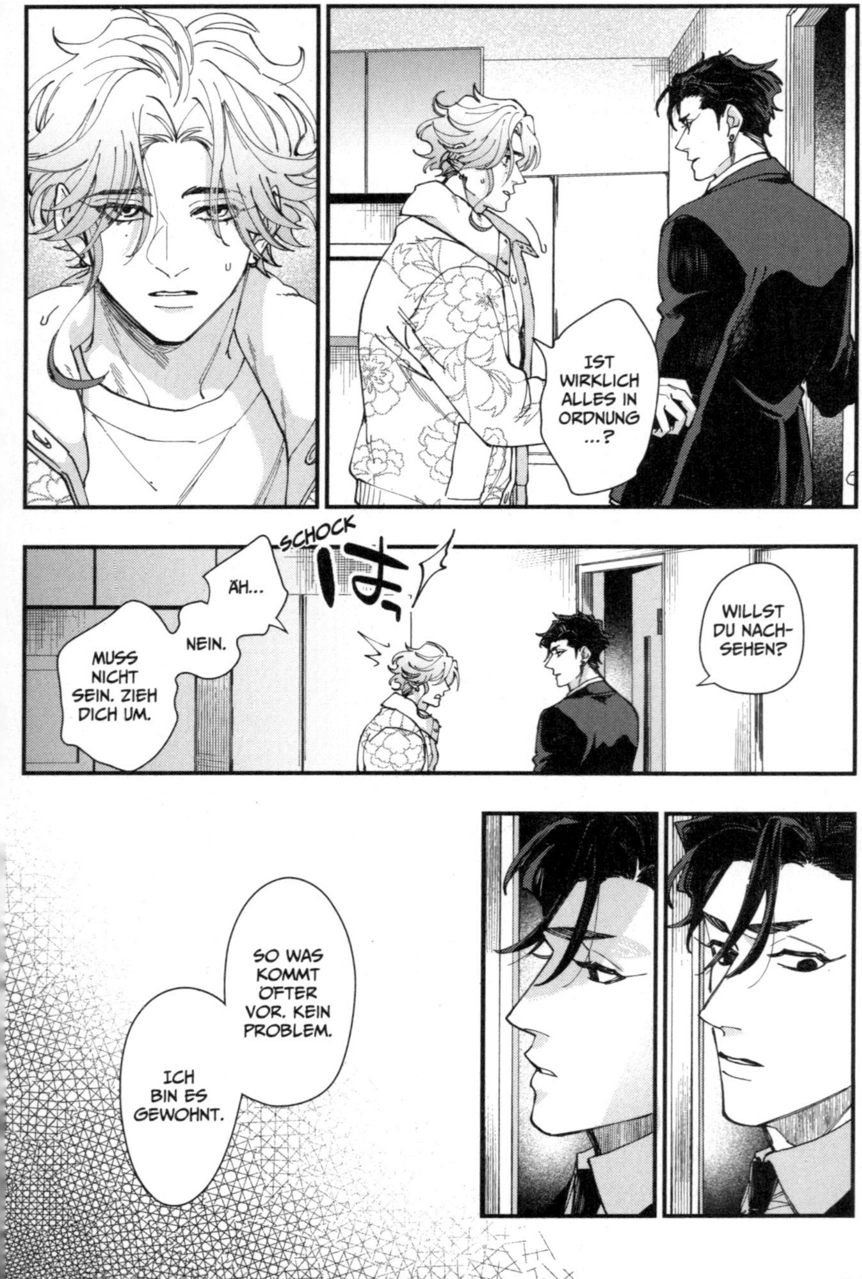

IST WIRKLICH ALLES IN ORDNUNG ...?

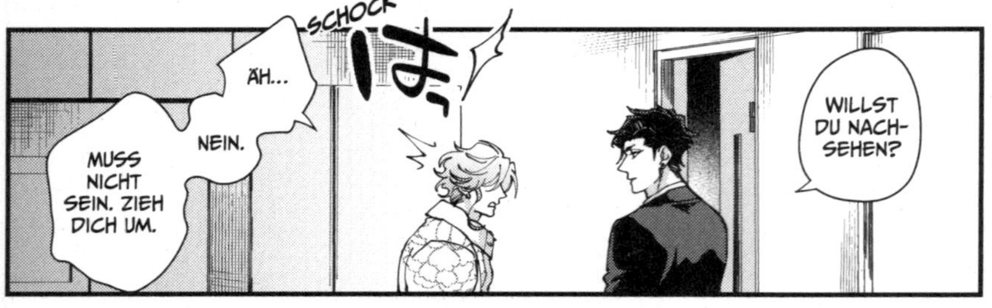

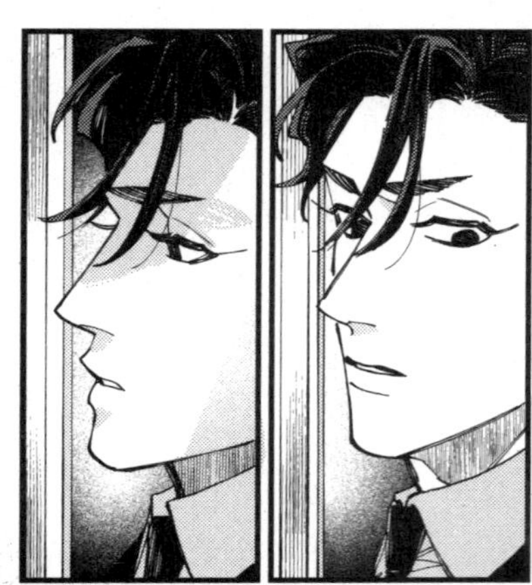

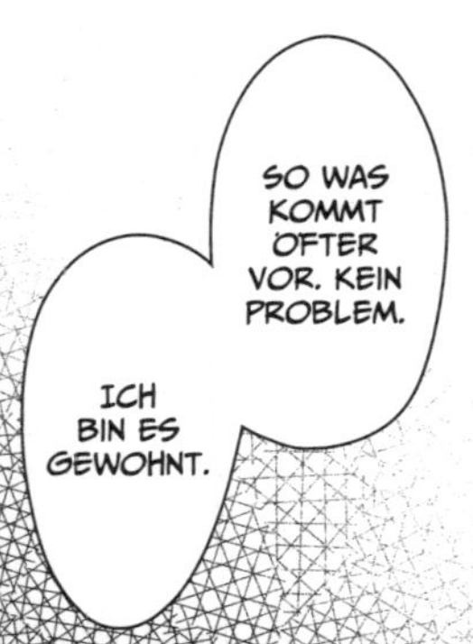

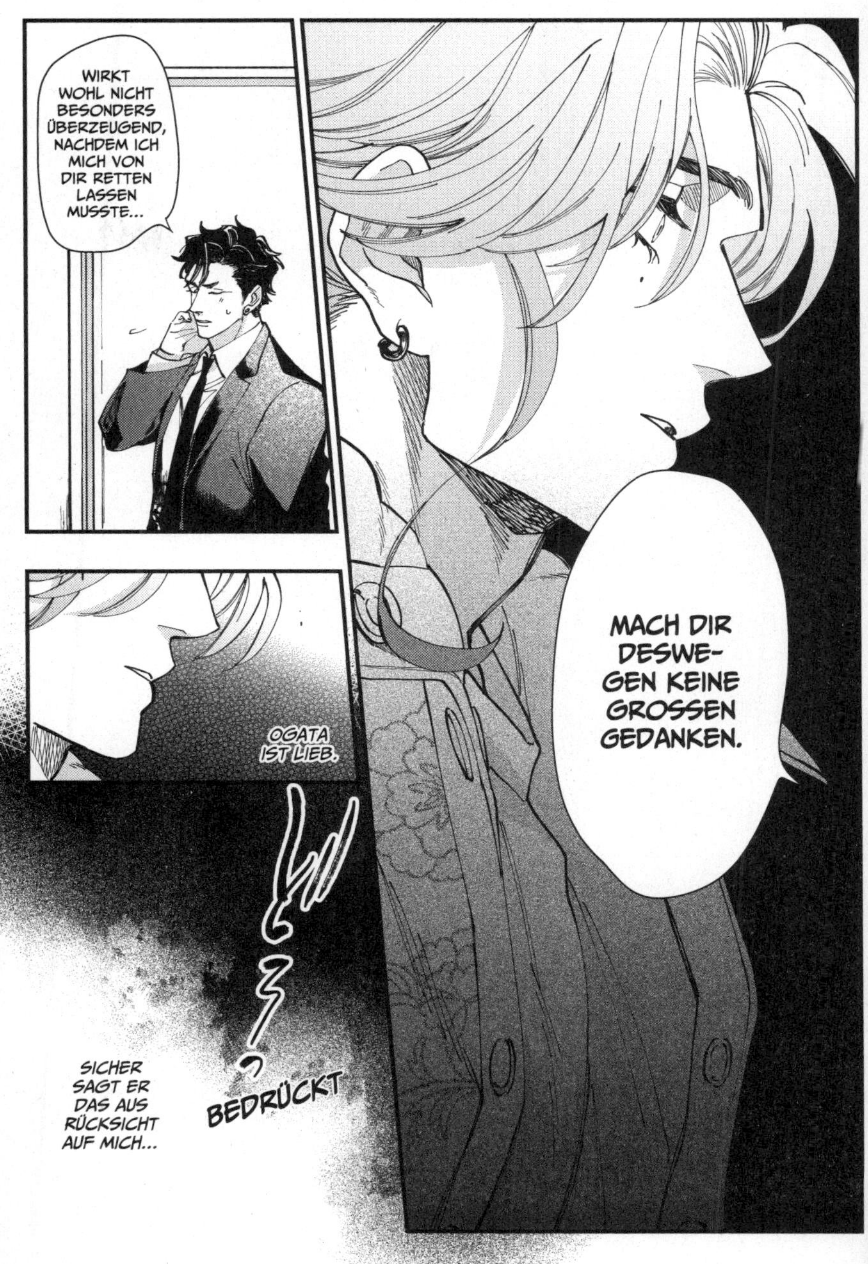
WIRKT WOHL NICHT BESONDERS ÜBERZEUGEND, NACHDEM ICH MICH VON DIR RETTEN LASSEN MUSSTE...
MACH DIR DESWEGEN KEINE GROSSEN GEDANKEN.
OGATA IST LIEB.
BEDRÜCKT
SICHER SAGT ER DAS AUS RÜCKSICHT AUF MICH...

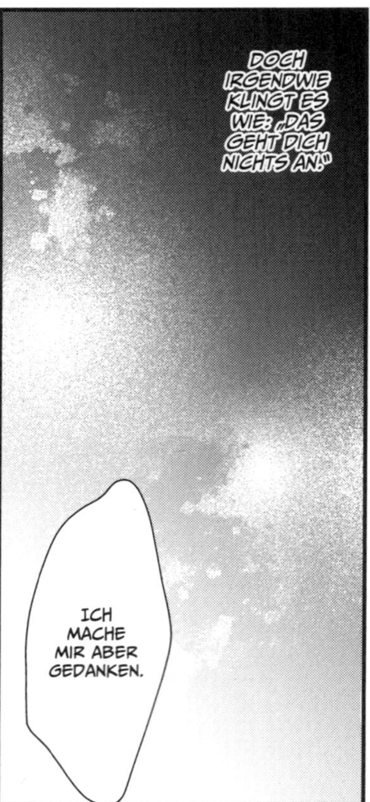
DOCH IRGENDWIE KLINGT ES WIE: „DAS GEHT DICH NICHTS AN."
ICH MACHE MIR ABER GEDANKEN.

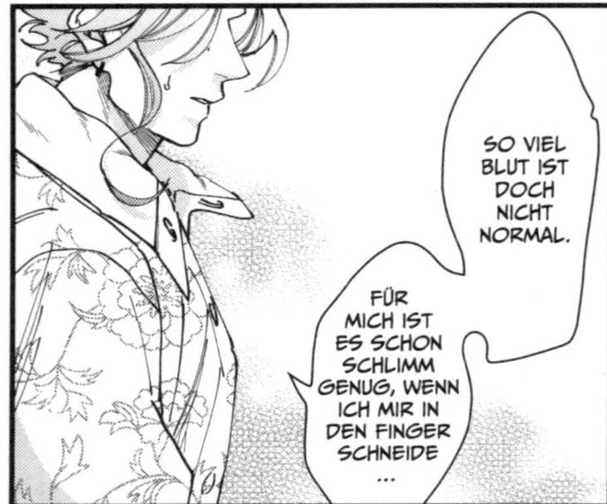
SO VIEL BLUT IST DOCH NICHT NORMAL.
FÜR MICH IST ES SCHON SCHLIMM GENUG, WENN ICH MIR IN DEN FINGER SCHNEIDE ...

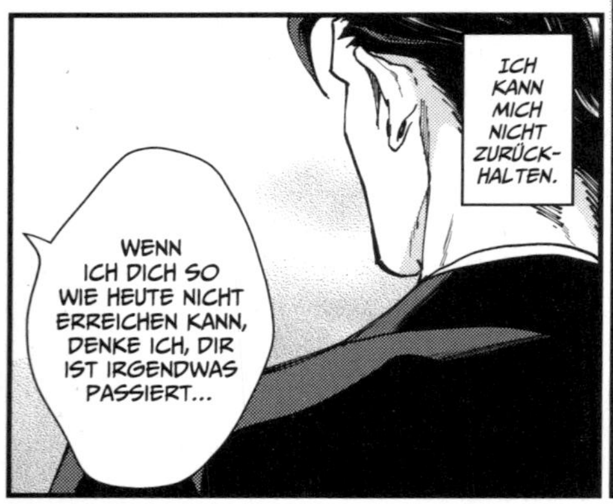
ICH KANN MICH NICHT ZURÜCK-HALTEN.
WENN ICH DICH SO WIE HEUTE NICHT ERREICHEN KANN, DENKE ICH, DIR IST IRGENDWAS PASSIERT...

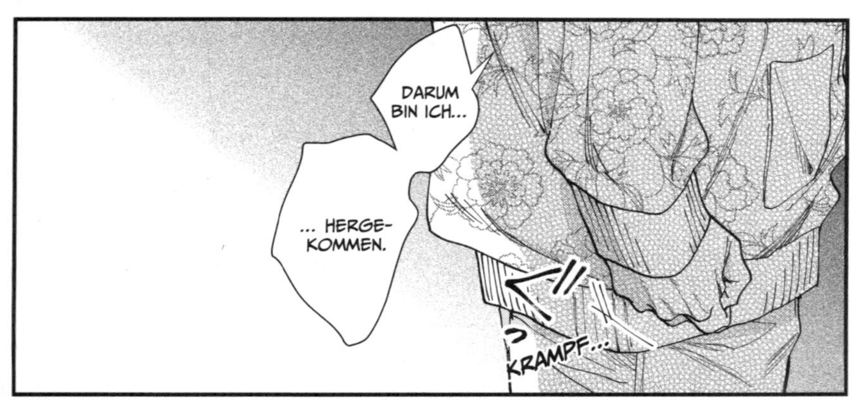
DARUM BIN ICH...
... HERGE-KOMMEN.
KRAMPF...

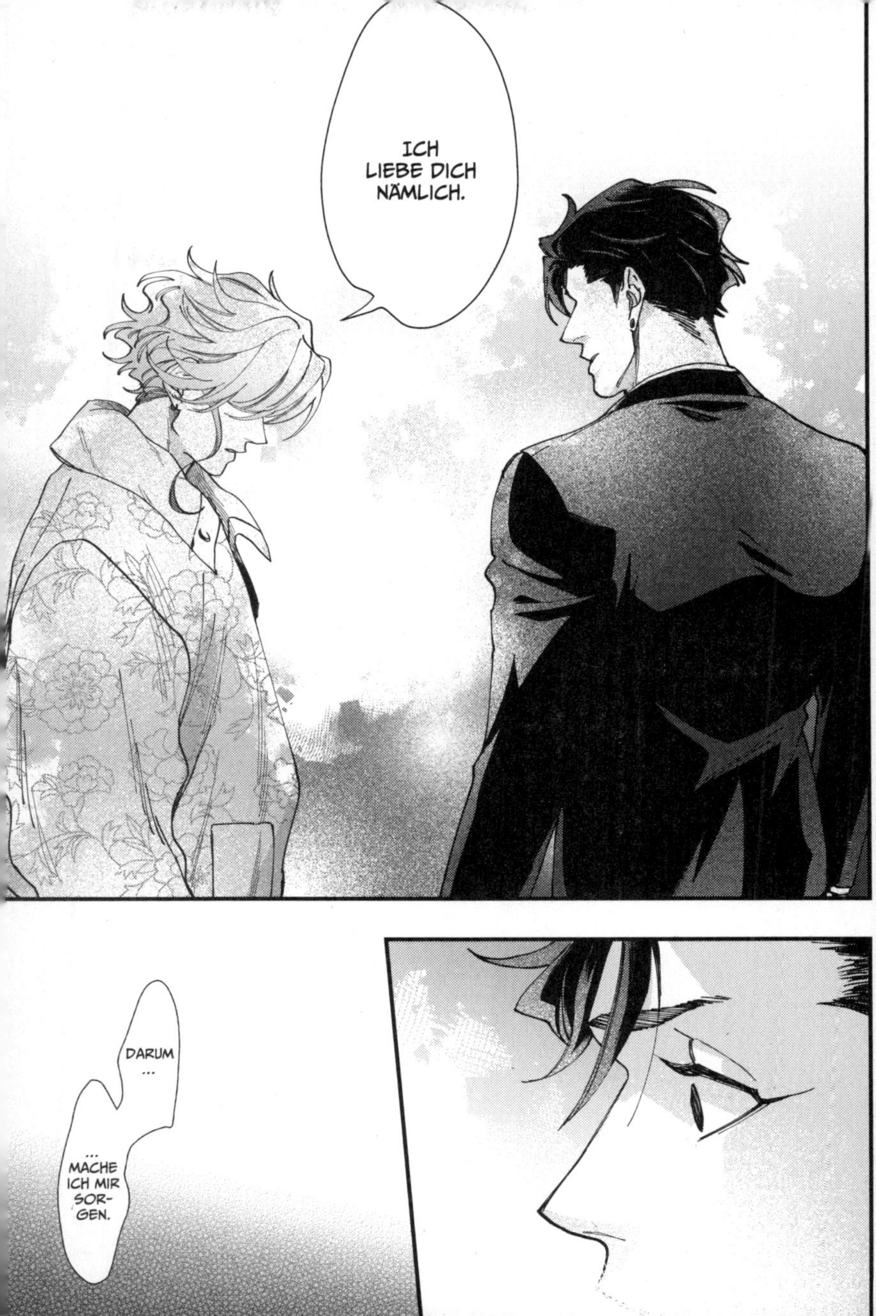

ICH LIEBE DICH NÄMLICH.

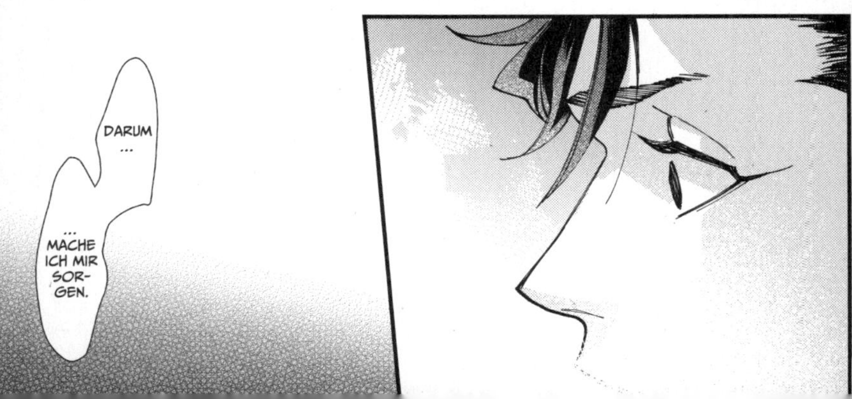

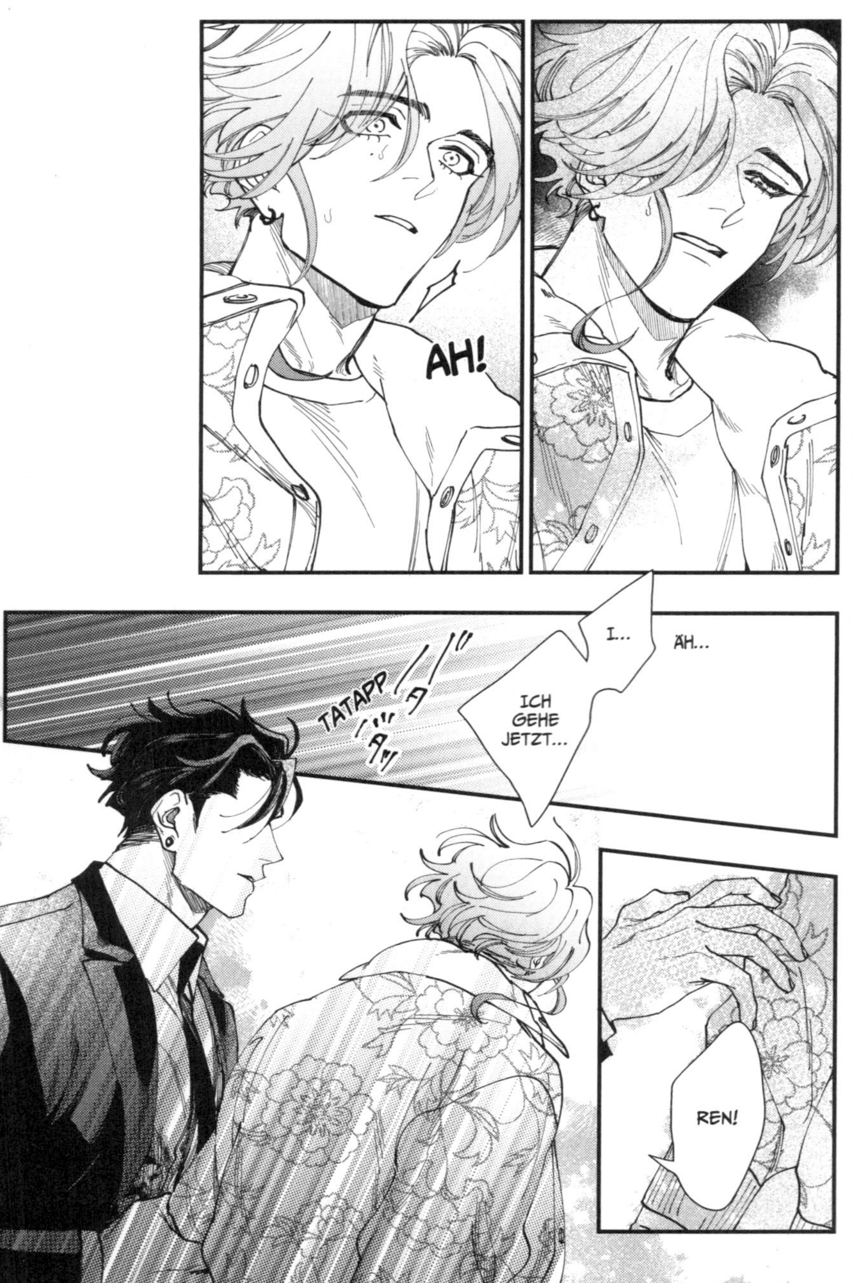
AH!
ÄH...
I...
ICH GEHE JETZT...
TATAPP
REN!

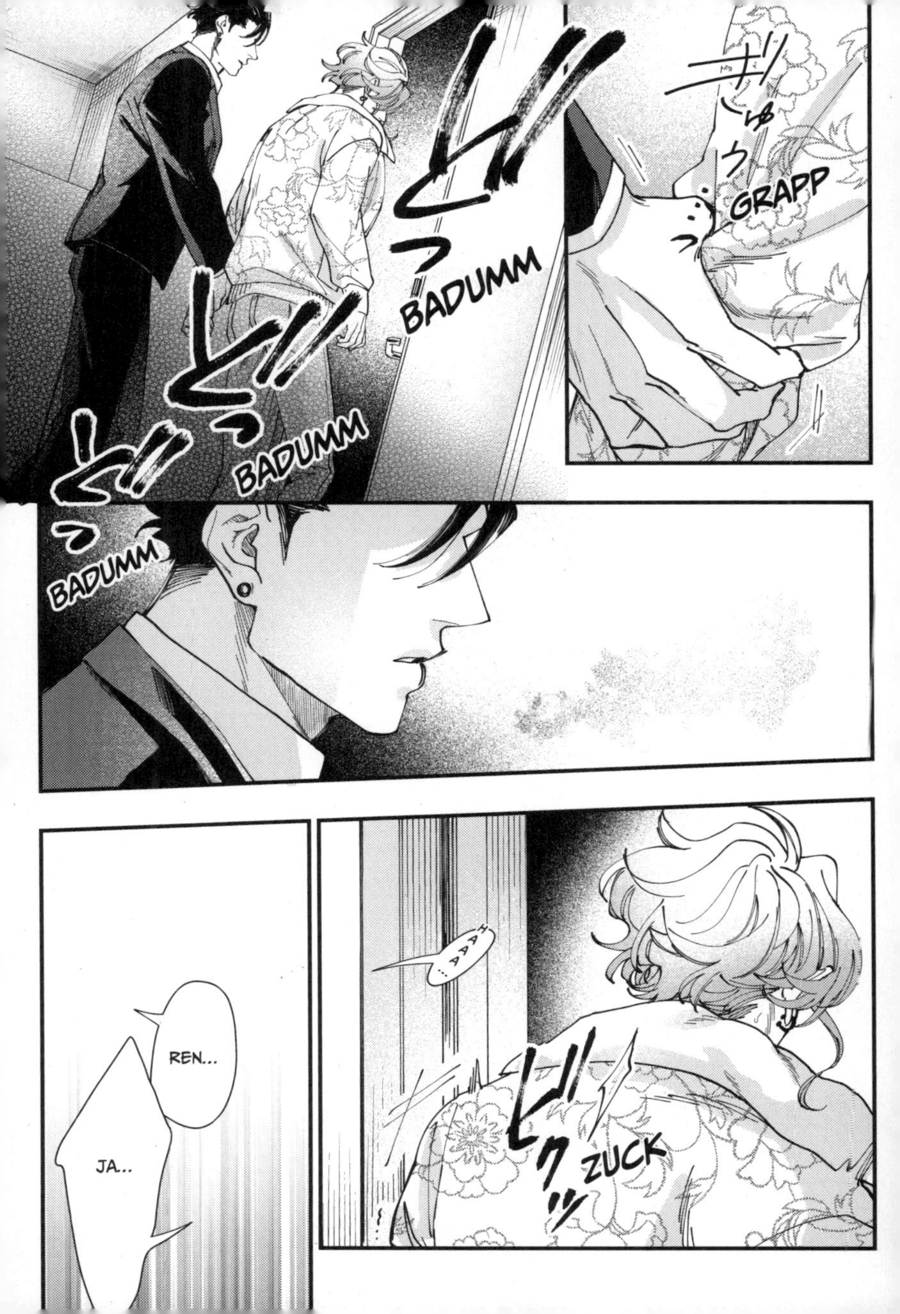

GRAPP

BADUMM

BADUMM

BADUMM

HAAA...

ZUCK

REN...

JA...

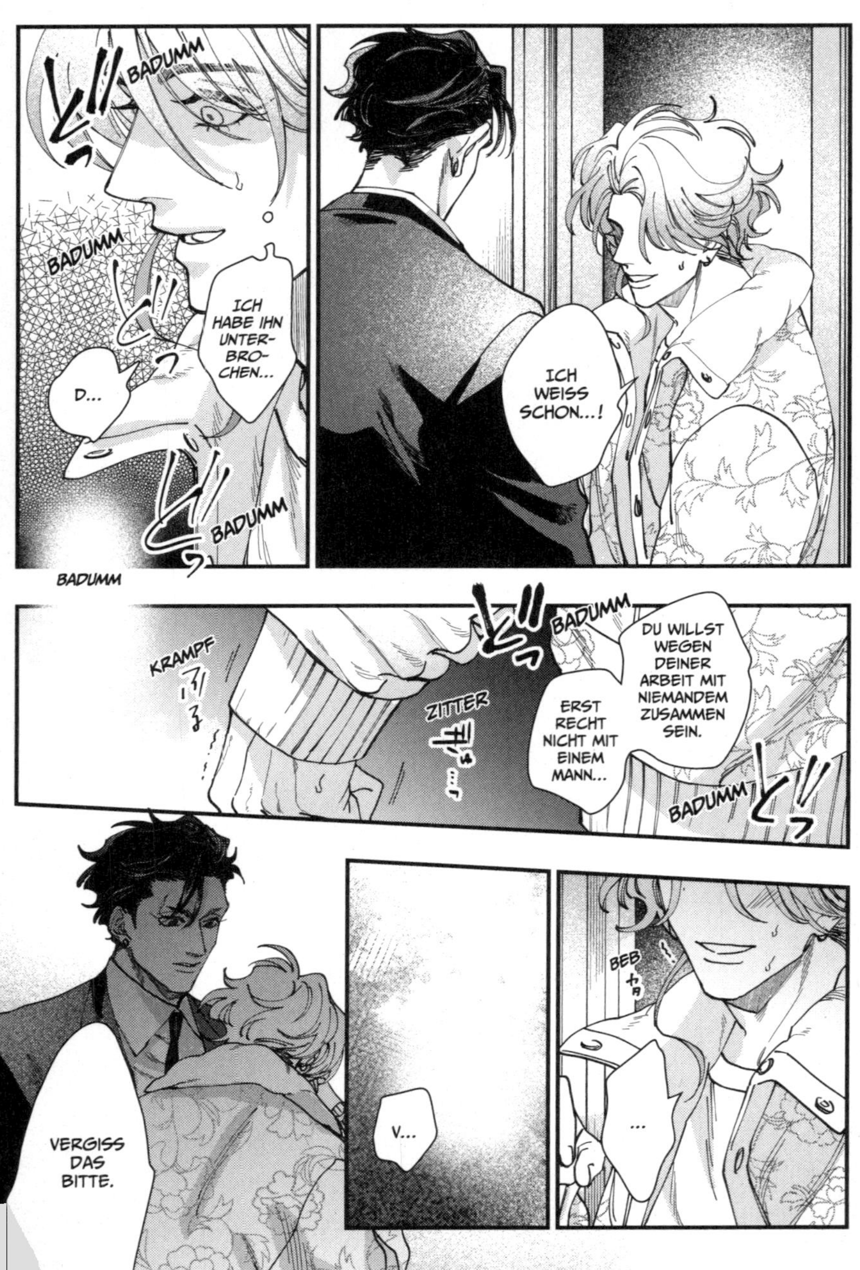
ICH WEISS SCHON...!
BADUMM
BADUMM
ICH HABE IHN UNTER-BRO-CHEN...
D...
BADUMM
BADUMM
BADUMM
DU WILLST WEGEN DEINER ARBEIT MIT NIEMANDEM ZUSAMMEN SEIN.
ERST RECHT NICHT MIT EINEM MANN...
BADUMM
ZITTER
KRAMPF
BEB
...
V...
VERGISS DAS BITTE.

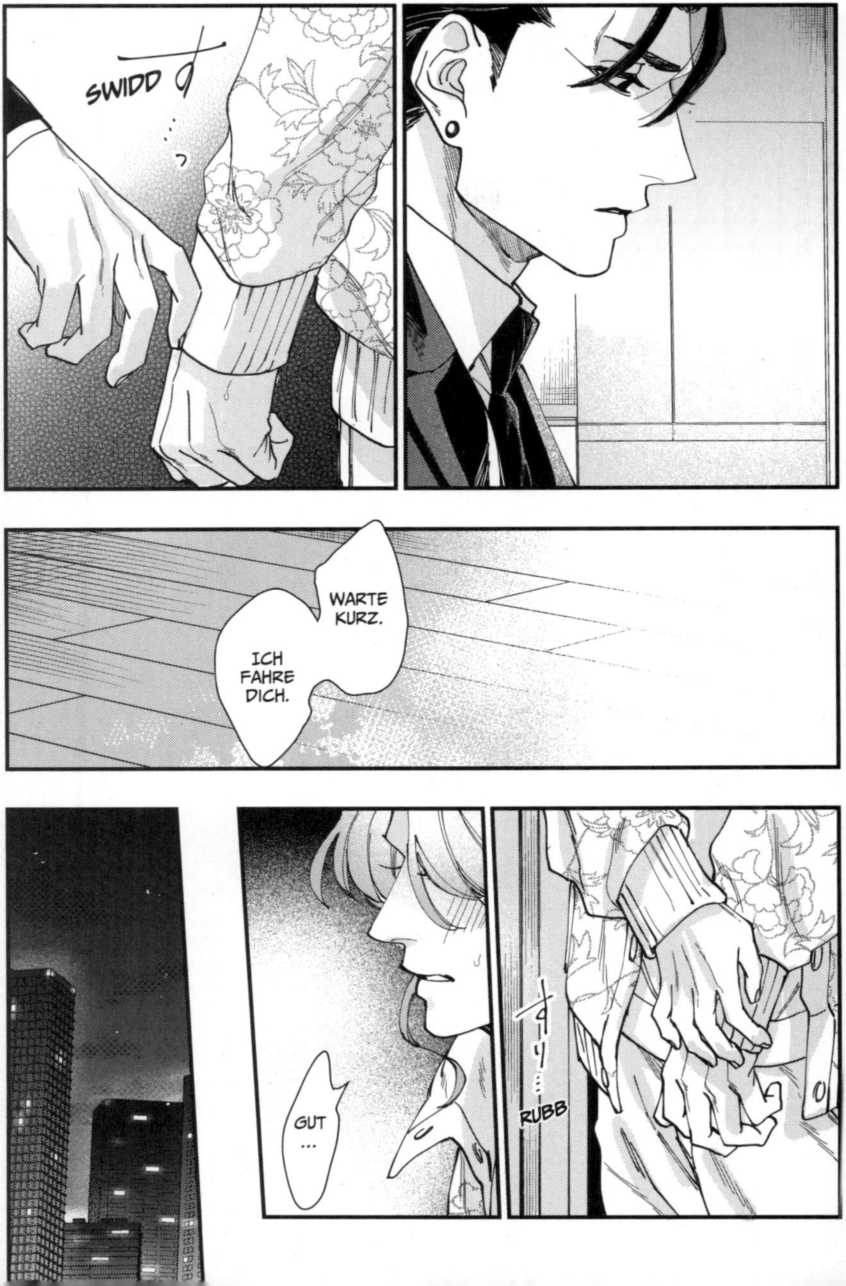

SWIDD

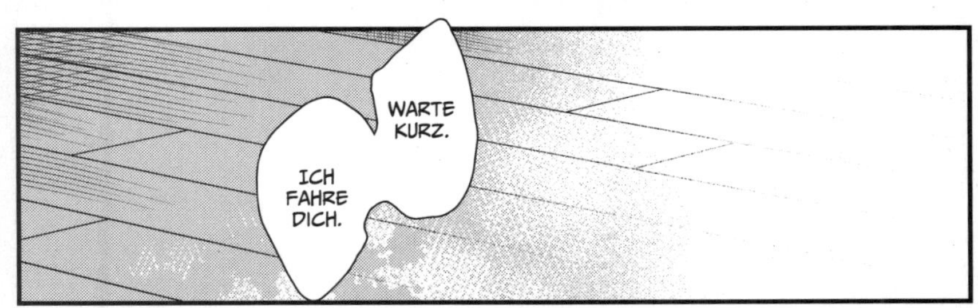

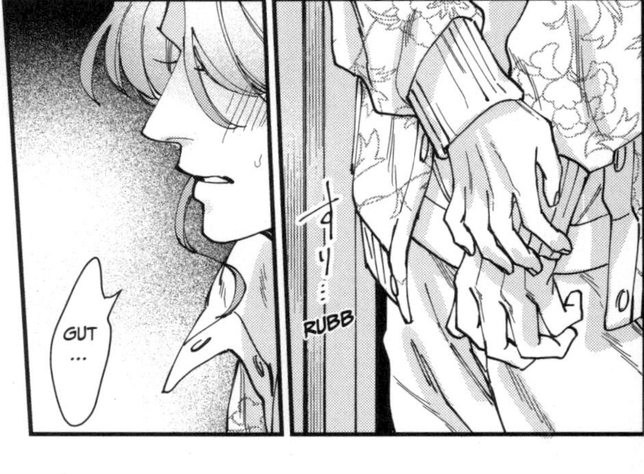

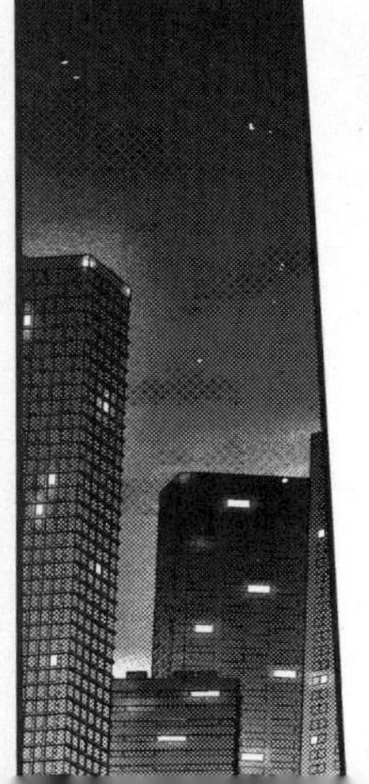

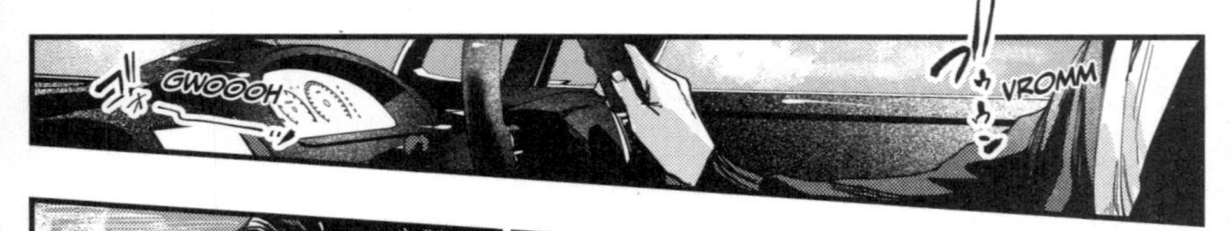

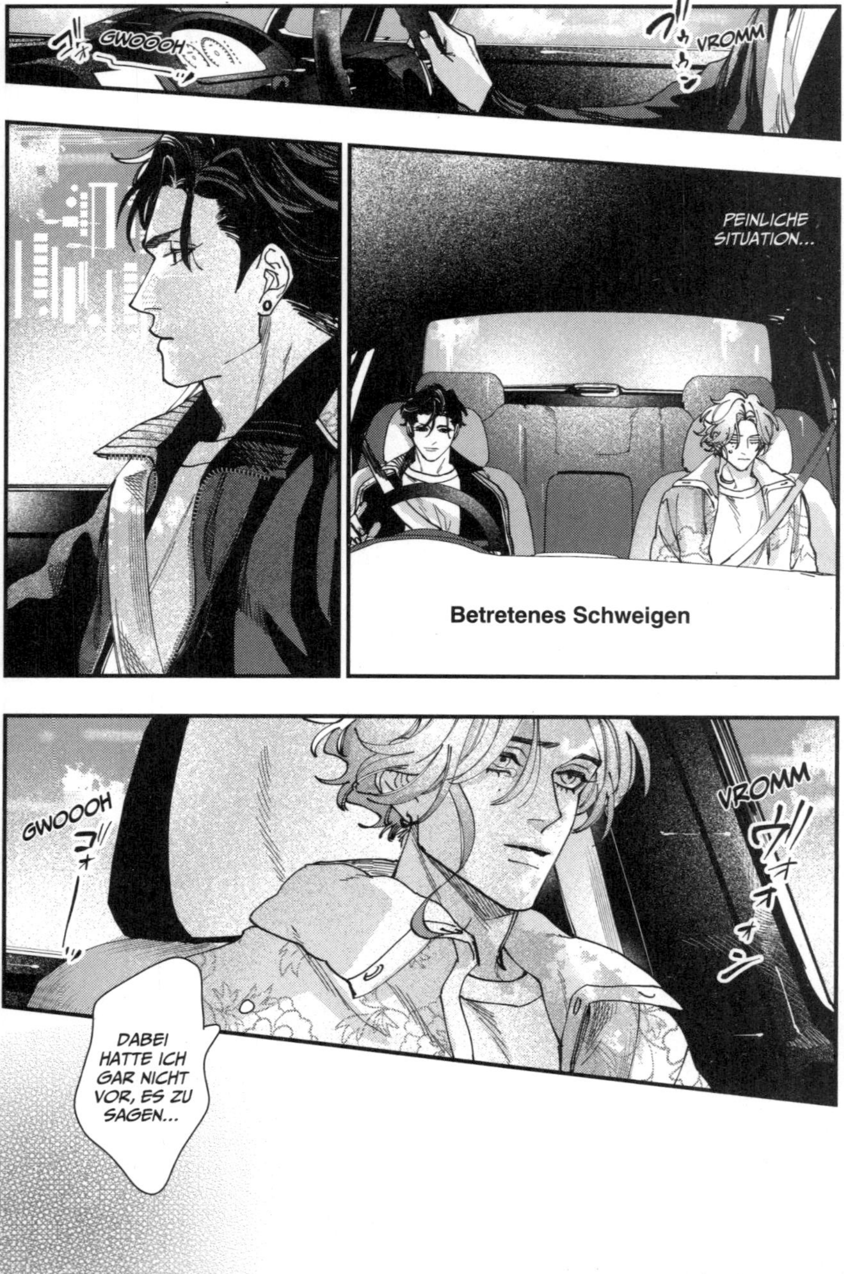

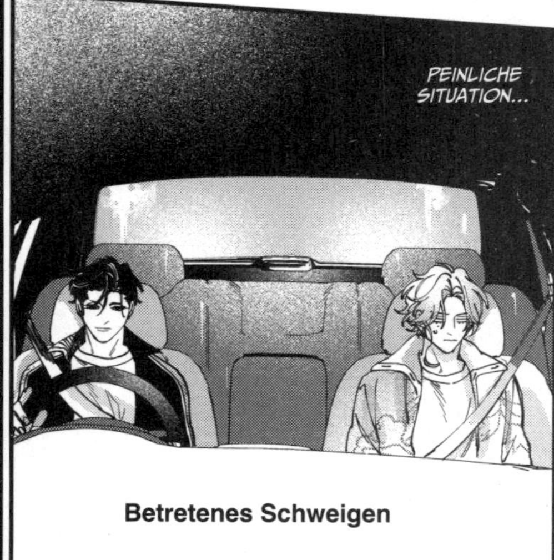

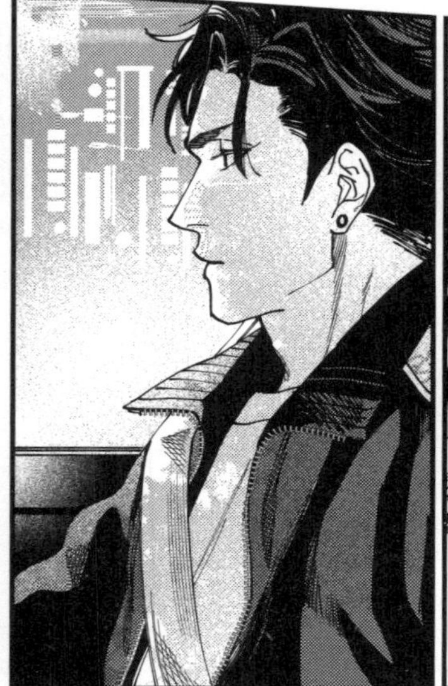

VROMM
GWOOOH
DABEI HATTE ICH GAR NICHT VOR, ES ZU SAGEN…

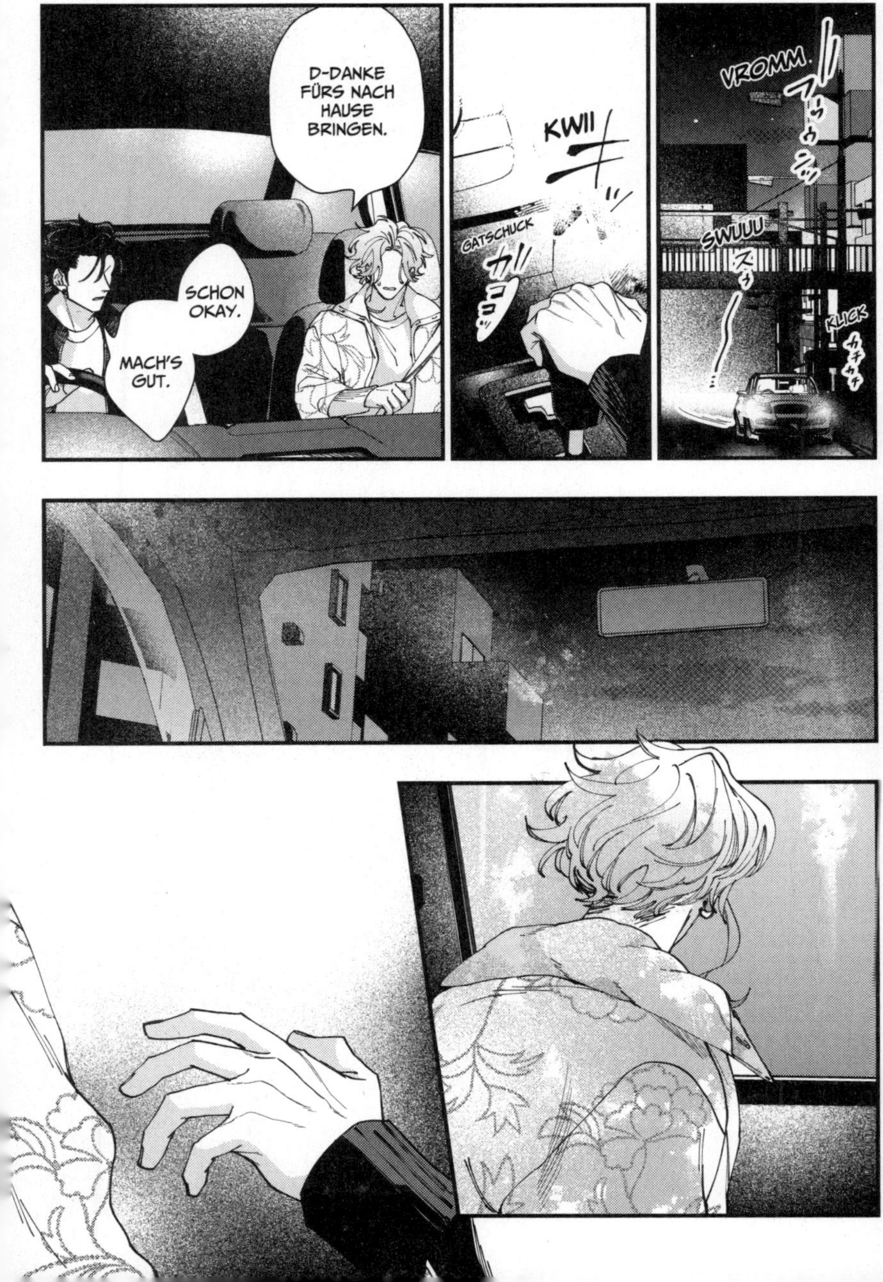

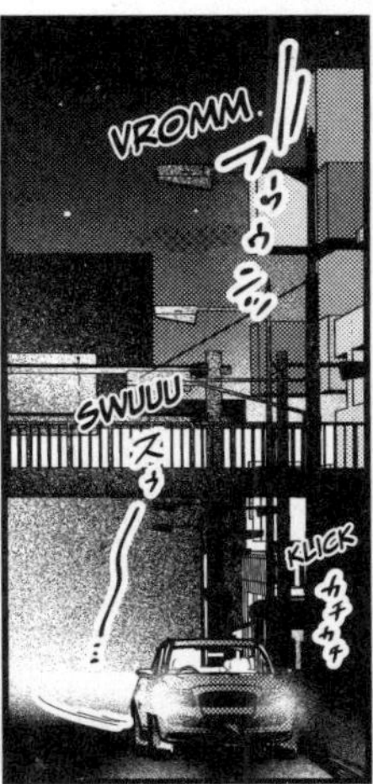
VROMM.
SWUUU
KLICK

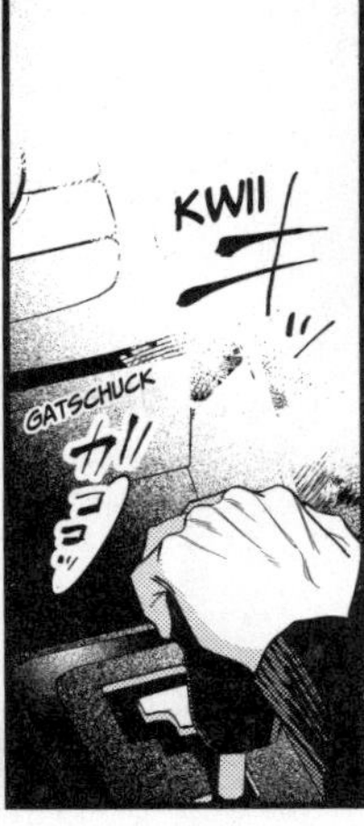
KWII
GATSCHUCK

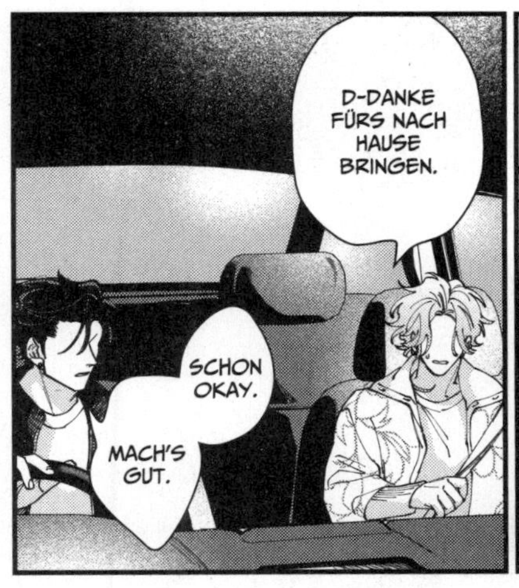
D-DANKE FÜRS NACH HAUSE BRINGEN.
SCHON OKAY.
MACH'S GUT.

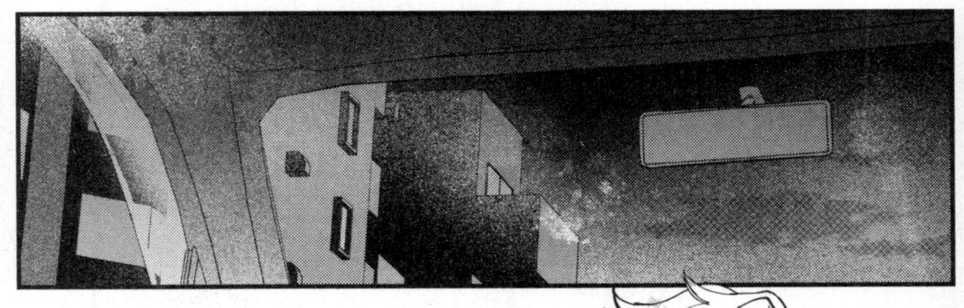

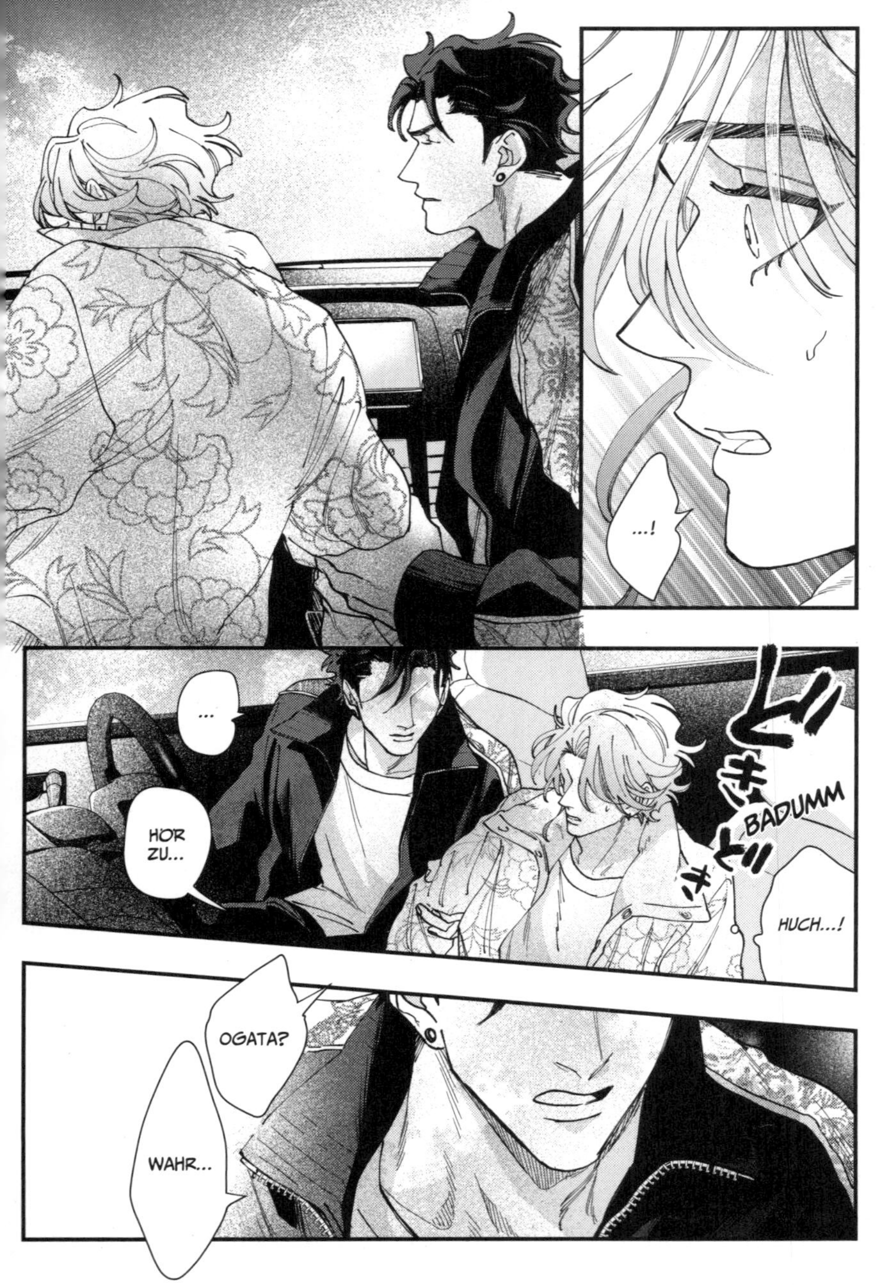
...!
HUCH...!
BADUMM
...
HÖR ZU...
OGATA?
WAHR...

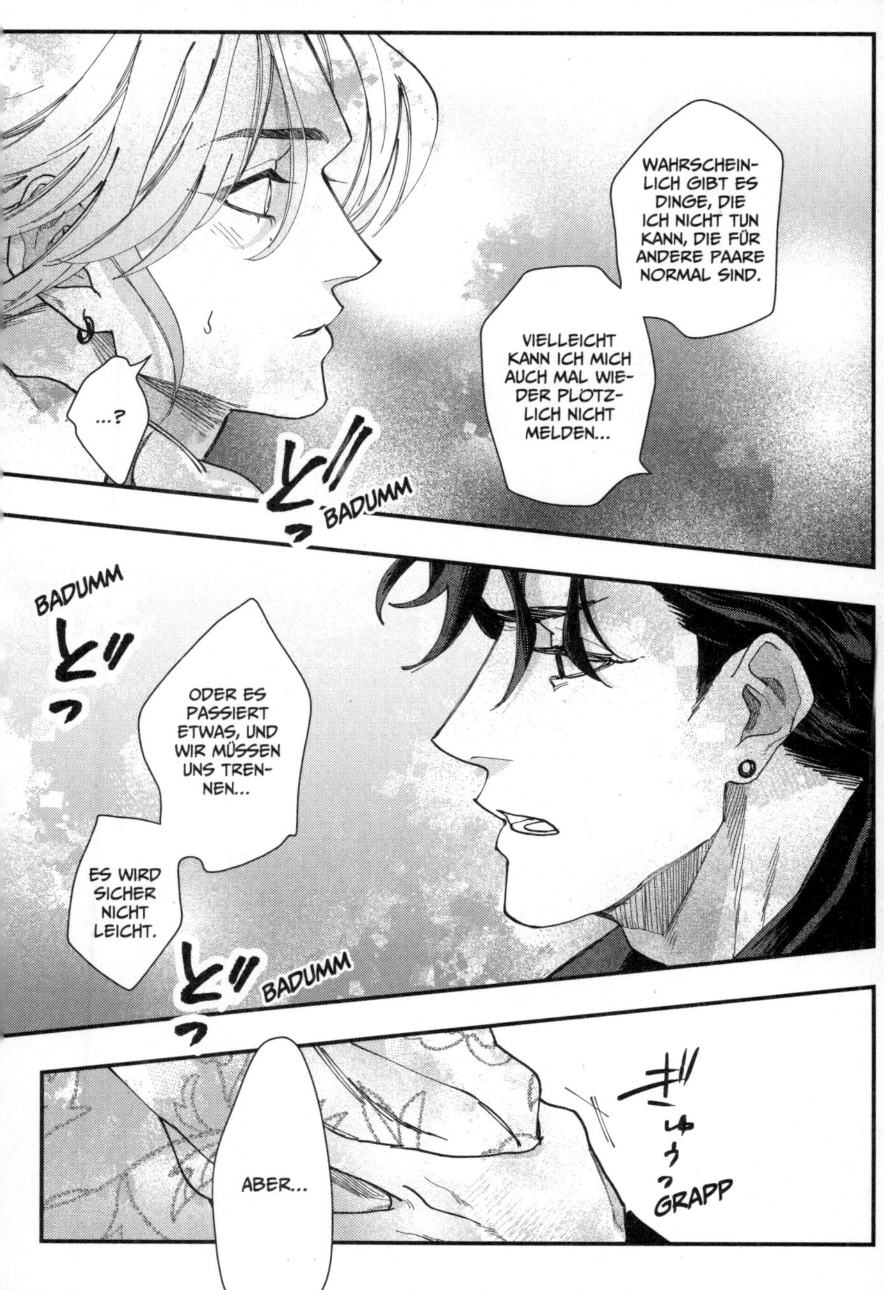
WAHRSCHEIN-
LICH GIBT ES
DINGE, DIE
ICH NICHT TUN
KANN, DIE FÜR
ANDERE PAARE
NORMAL SIND.
VIELLEICHT
KANN ICH MICH
AUCH MAL WIE-
DER PLÖTZ-
LICH NICHT
MELDEN...
...?
どッ BADUMM
どッ BADUMM
ODER ES
PASSIERT
ETWAS, UND
WIR MÜSSEN
UNS TREN-
NEN...
ES WIRD
SICHER
NICHT
LEICHT.
どッ BADUMM
ぎゅうっ GRAPP
ABER...

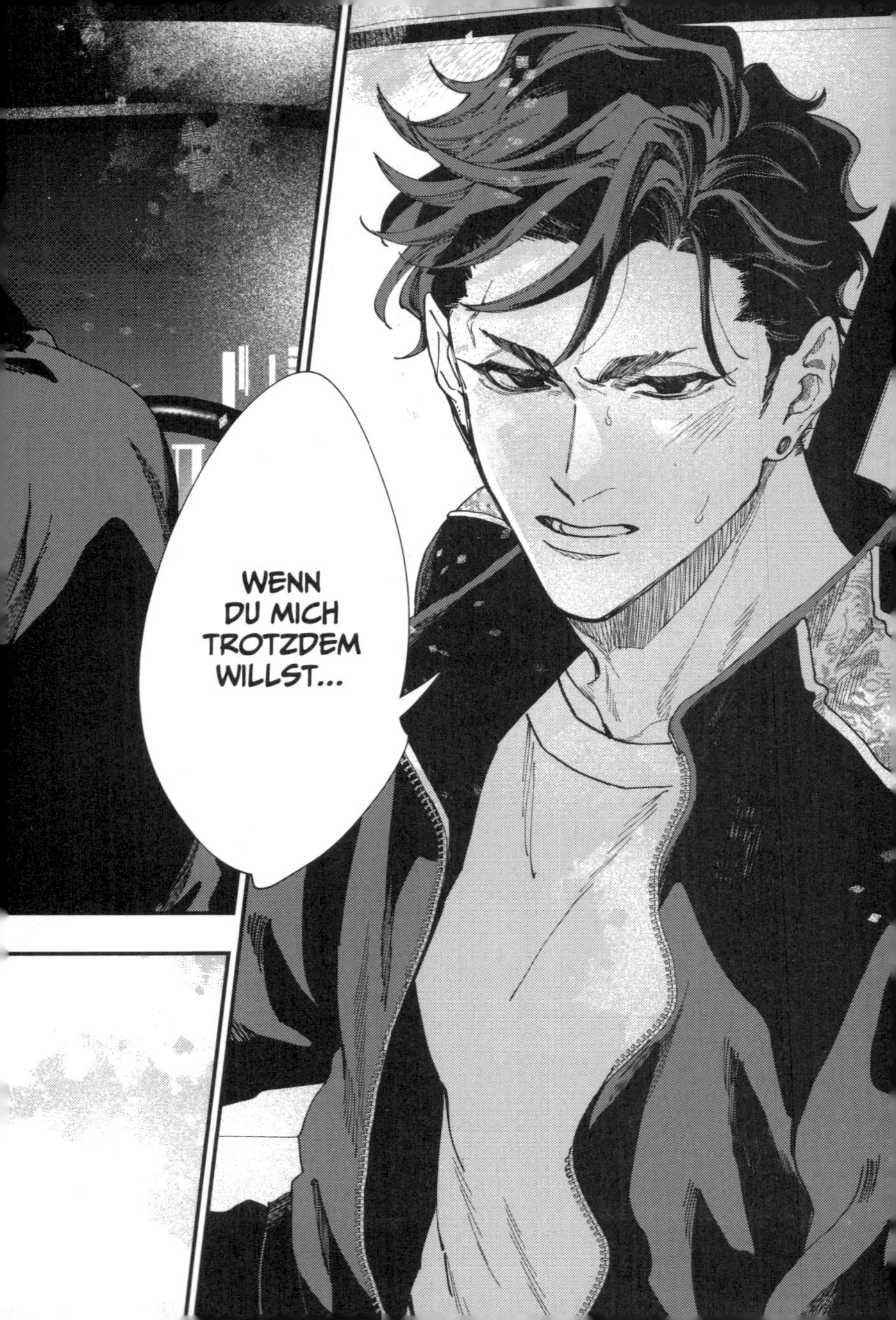
WENN
DU MICH
TROTZDEM
WILLST...

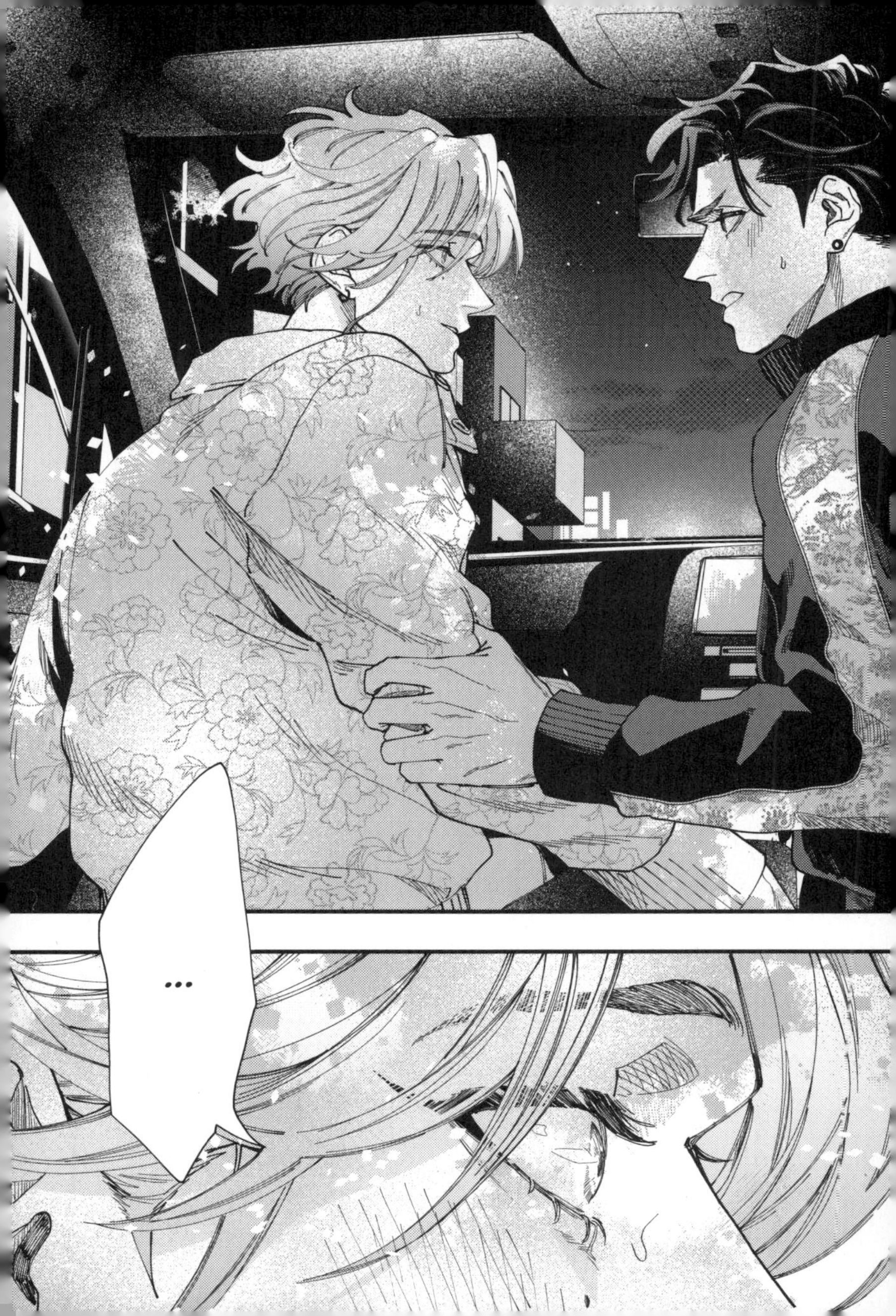

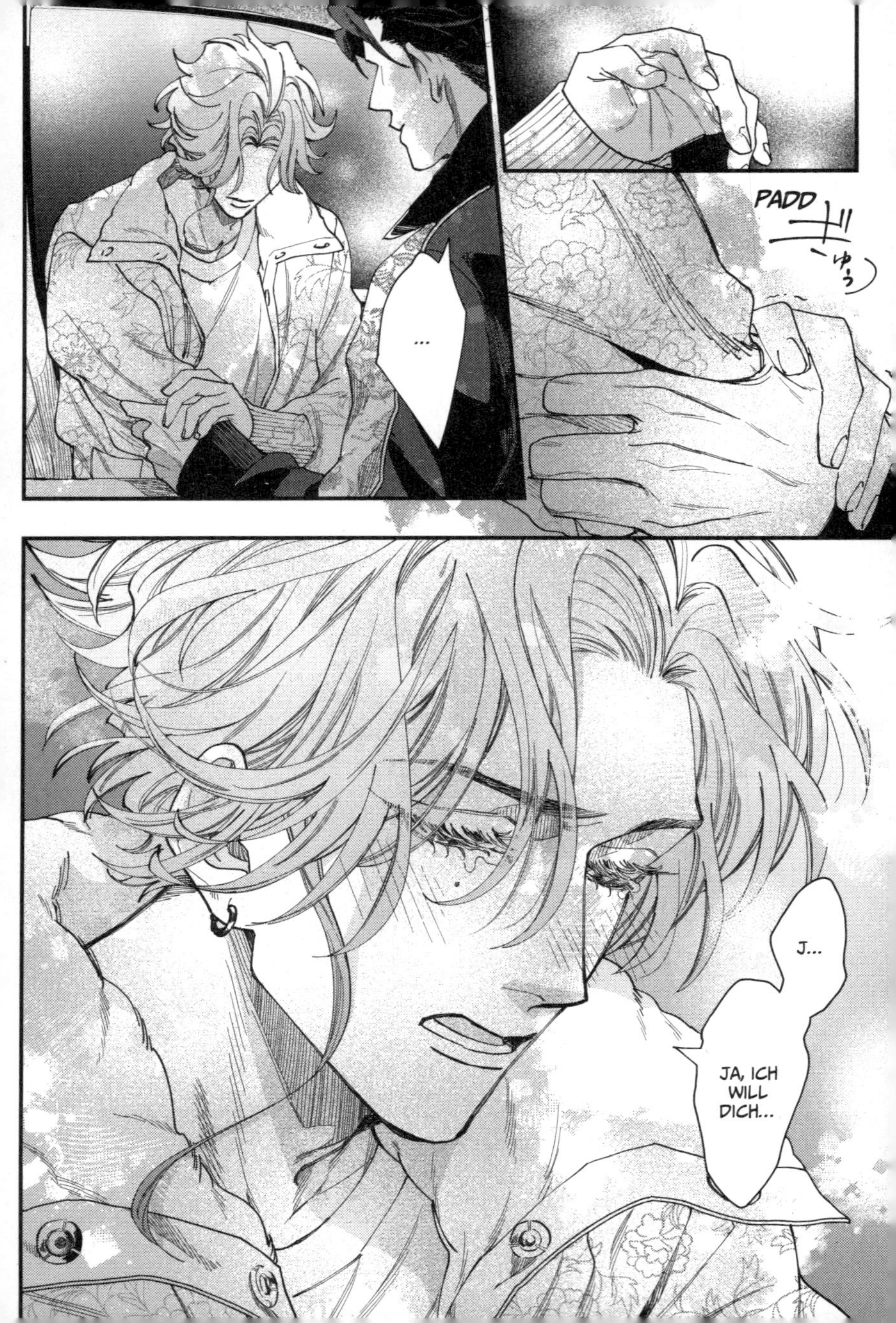

PADD
...
J...
JA, ICH WILL DICH...

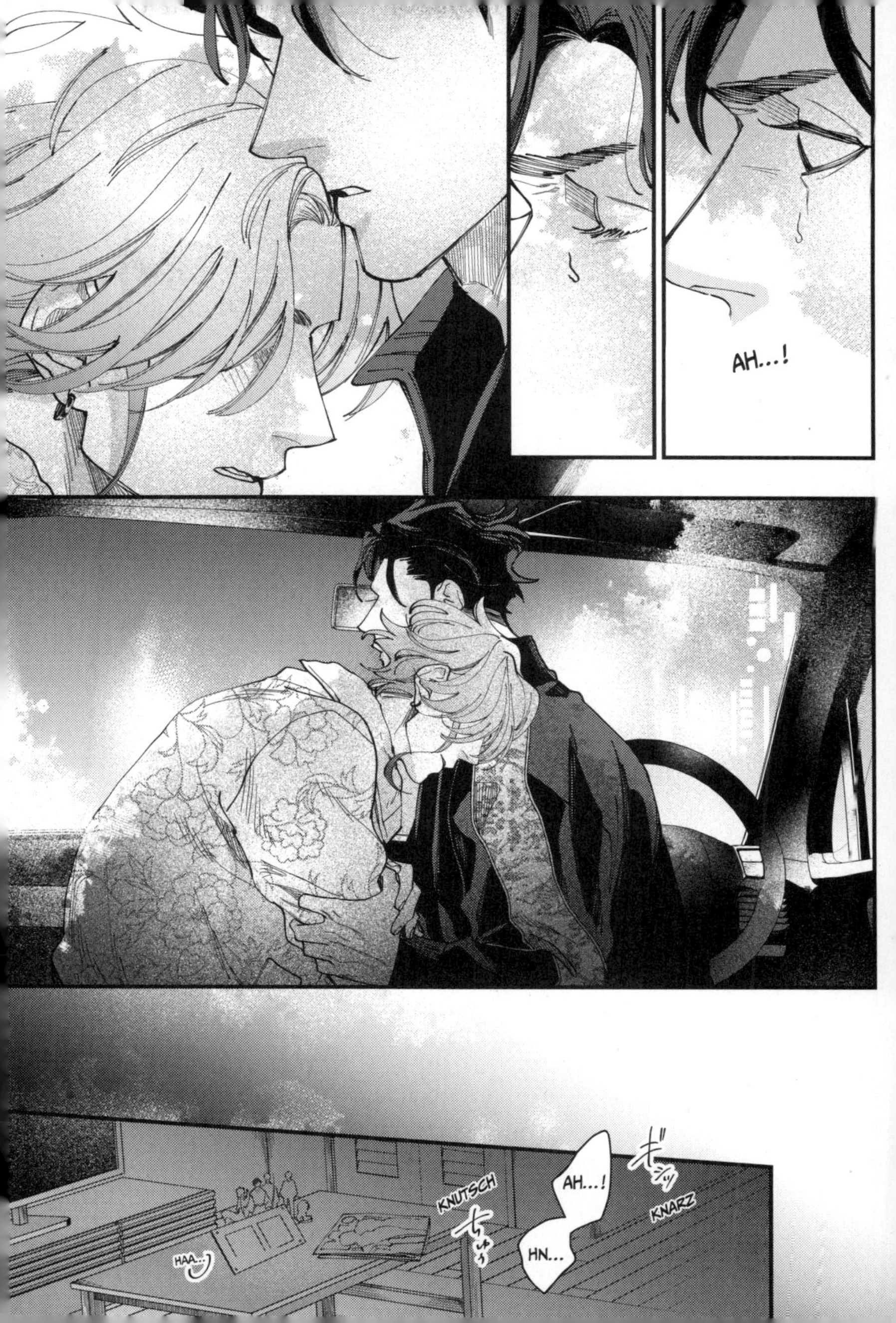
AH...!
ギシッ
KNARZ
AH...!
HN...
KNUTSCH
HAA...

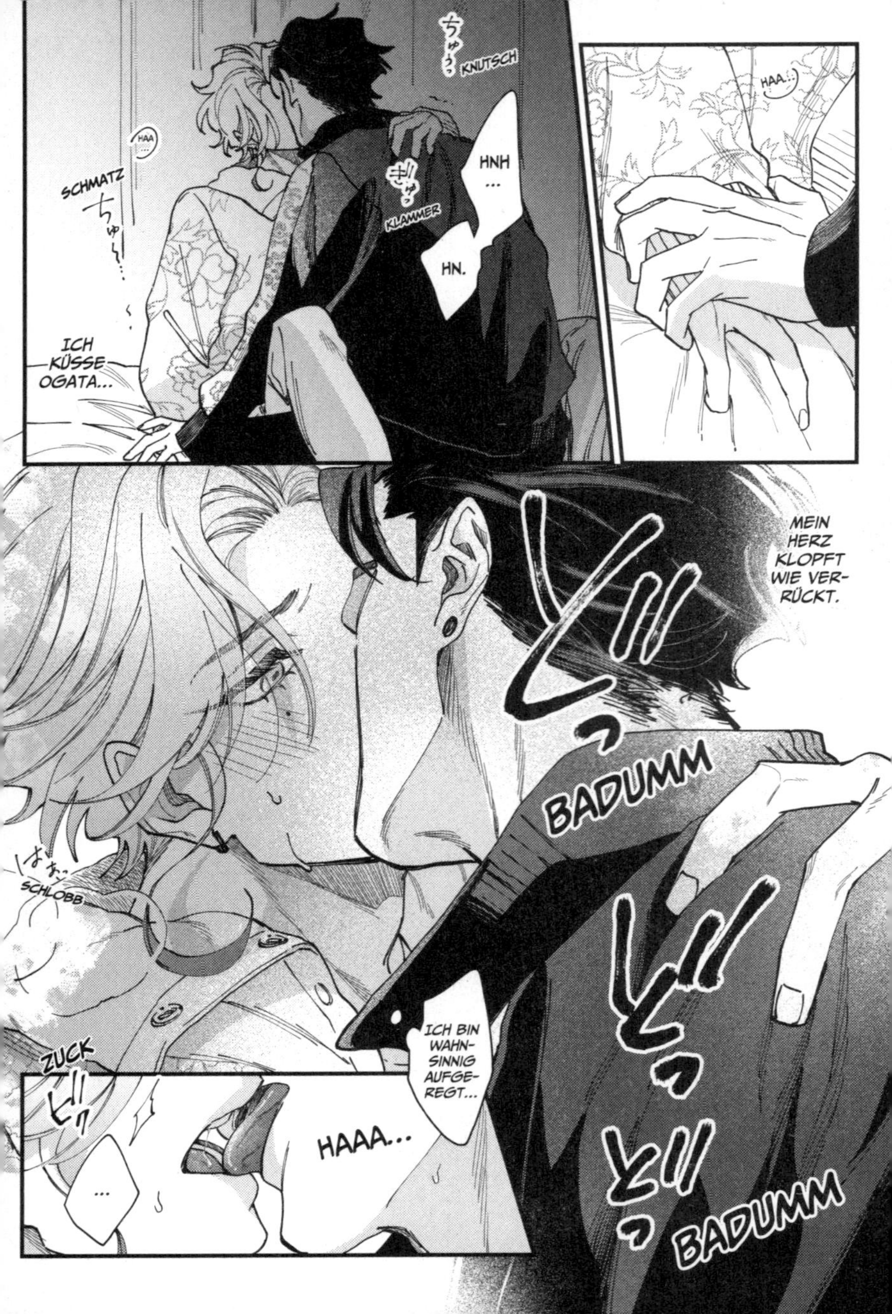
ちゅっ KNUTSCH
HAA...!
HAA...
SCHMATZ ちゅ～…
きゅっ KLAMMER
HNH ...
HN.
ICH KÜSSE OGATA...
MEIN HERZ KLOPFT WIE VERRÜCKT.
どくっ BADUMM
はむっ SCHLOBB
ICH BIN WAHNSINNIG AUFGEREGT...
どくっ BADUMM
ZUCK ビクッ
HAAA...
...

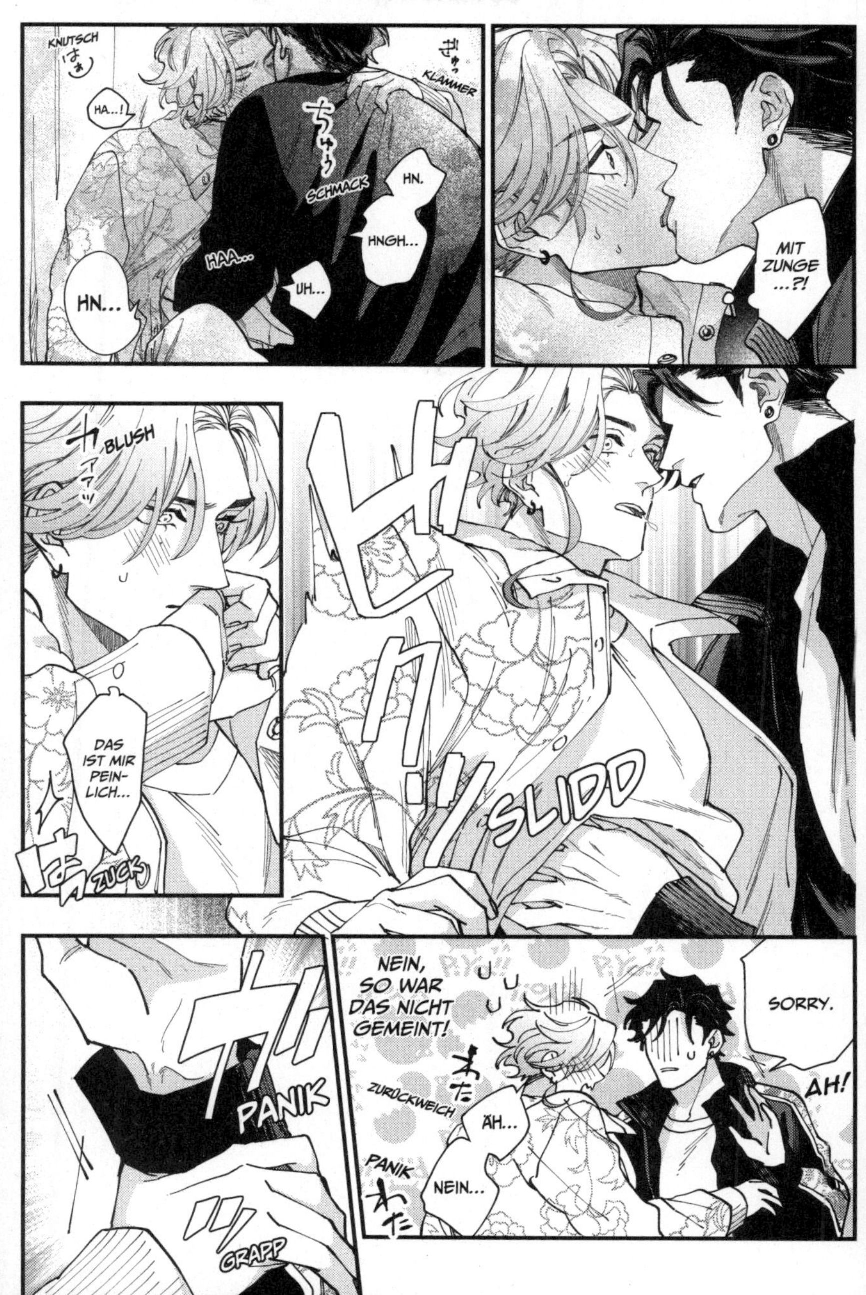
KNUTSCH
はぁ
KLAMMER
ぎゅっ
HA...!
ちゅう
SCHMACK
HN.
HNGH...
HAA...
UH...
HN...
MIT ZUNGE ...?!
BLUSH
カァアッ
DAS IST MIR PEIN-LICH...
はっ
ZUCK
SLIDD
SORRY.
AH!
NEIN, SO WAR DAS NICHT GEMEINT!
ZURÜCKWEICH
ÄH...
PANIK
NEIN...
PANIK
GRAPP

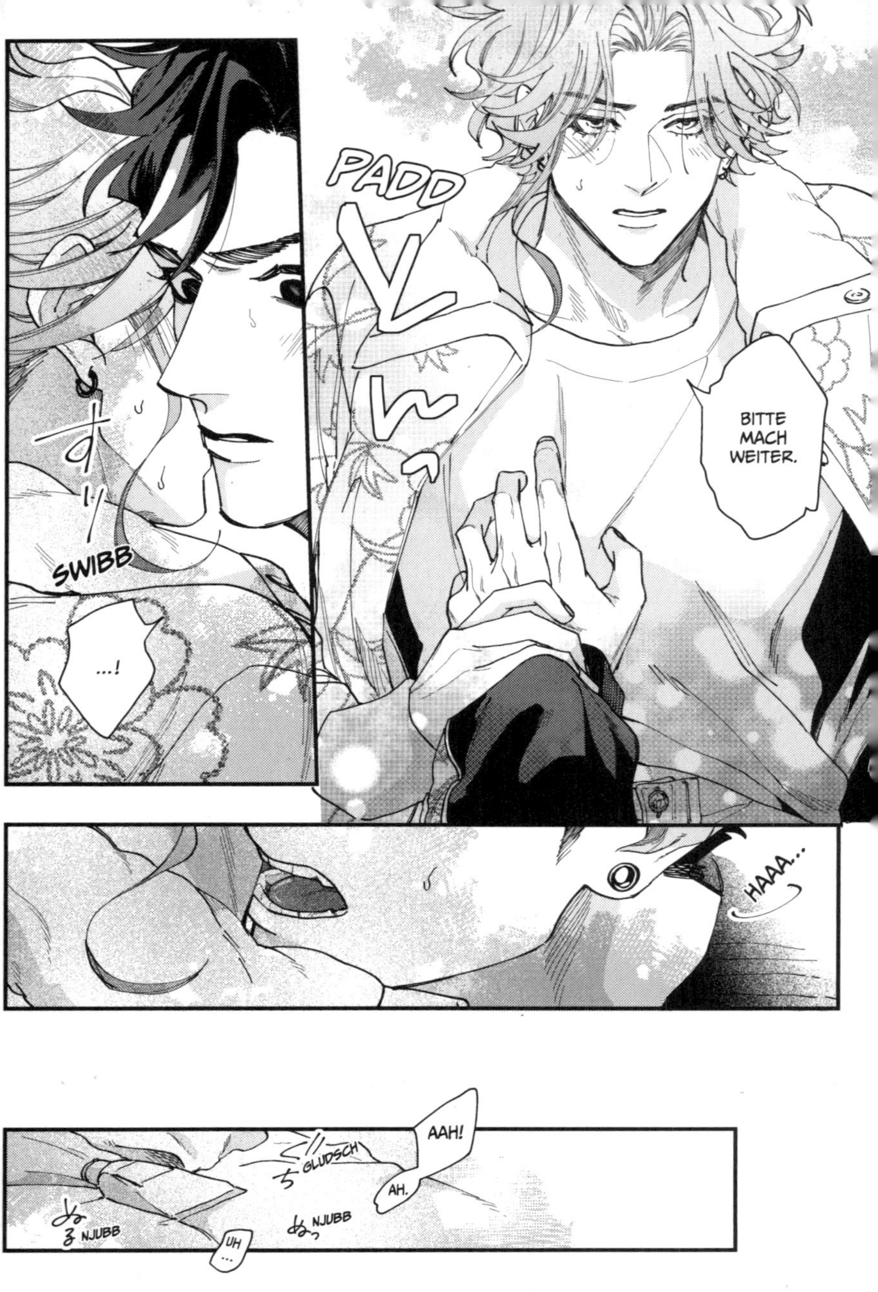

PADD
BITTE MACH WEITER.
SWIBB
...!
HAAA...

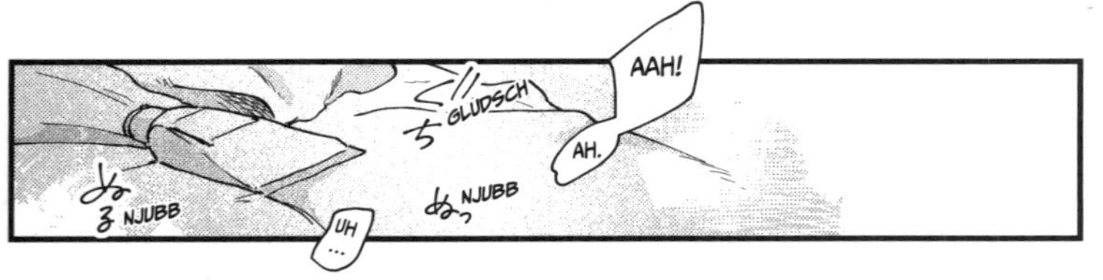

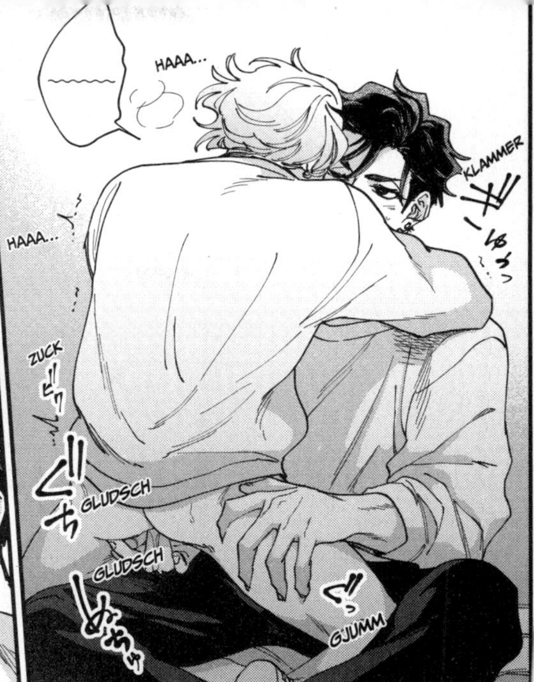
HAAA...
KLAMMER
HAAA...
ZUCK
GLUDSCH
GLUDSCH
GJUMM

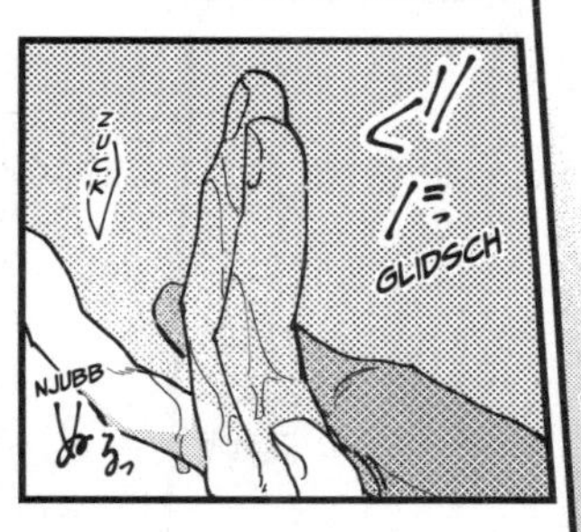
GLIDSCH
ZUCK
NJUBB

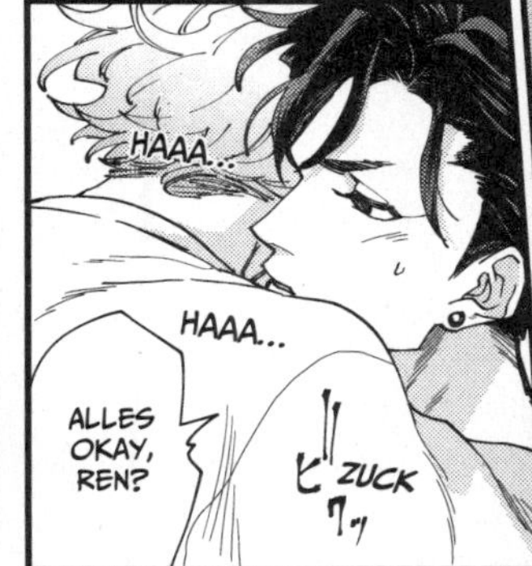
HAAA...
HAAA...
ALLES OKAY, REN?
ZUCK

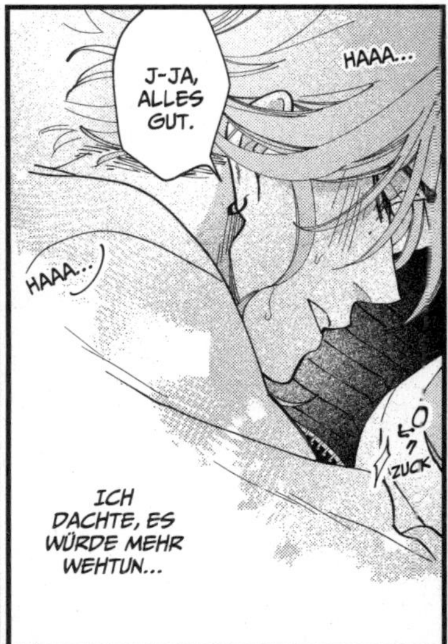
HAAA...
J-JA, ALLES GUT.
HAAA...
ZUCK
ICH DACHTE, ES WÜRDE MEHR WEHTUN...

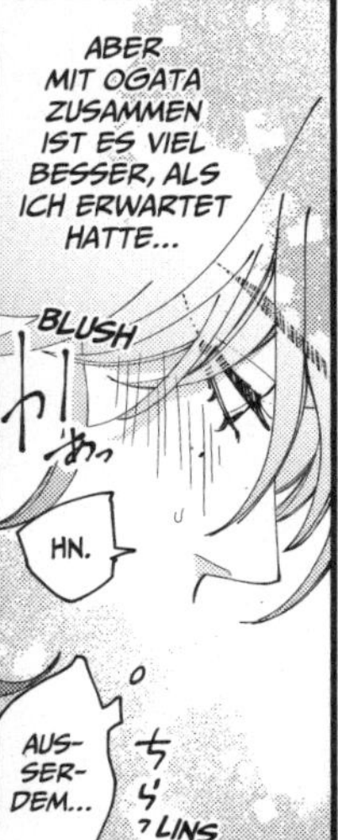
ABER MIT OGATA ZUSAMMEN IST ES VIEL BESSER, ALS ICH ERWARTET HATTE...
BLUSH
HN.
AUS-SER-DEM...
LINS

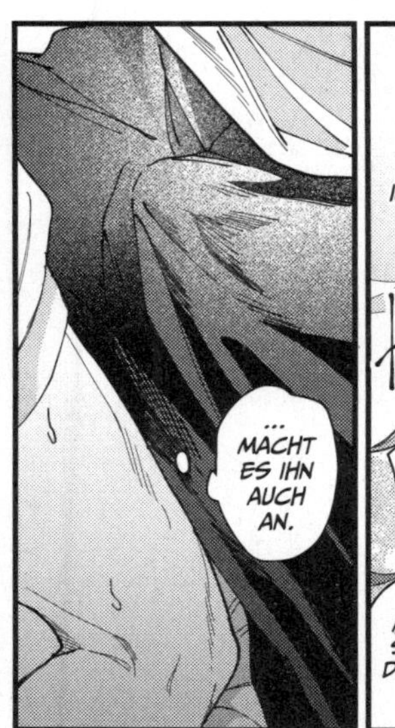
... MACHT ES IHN AUCH AN.

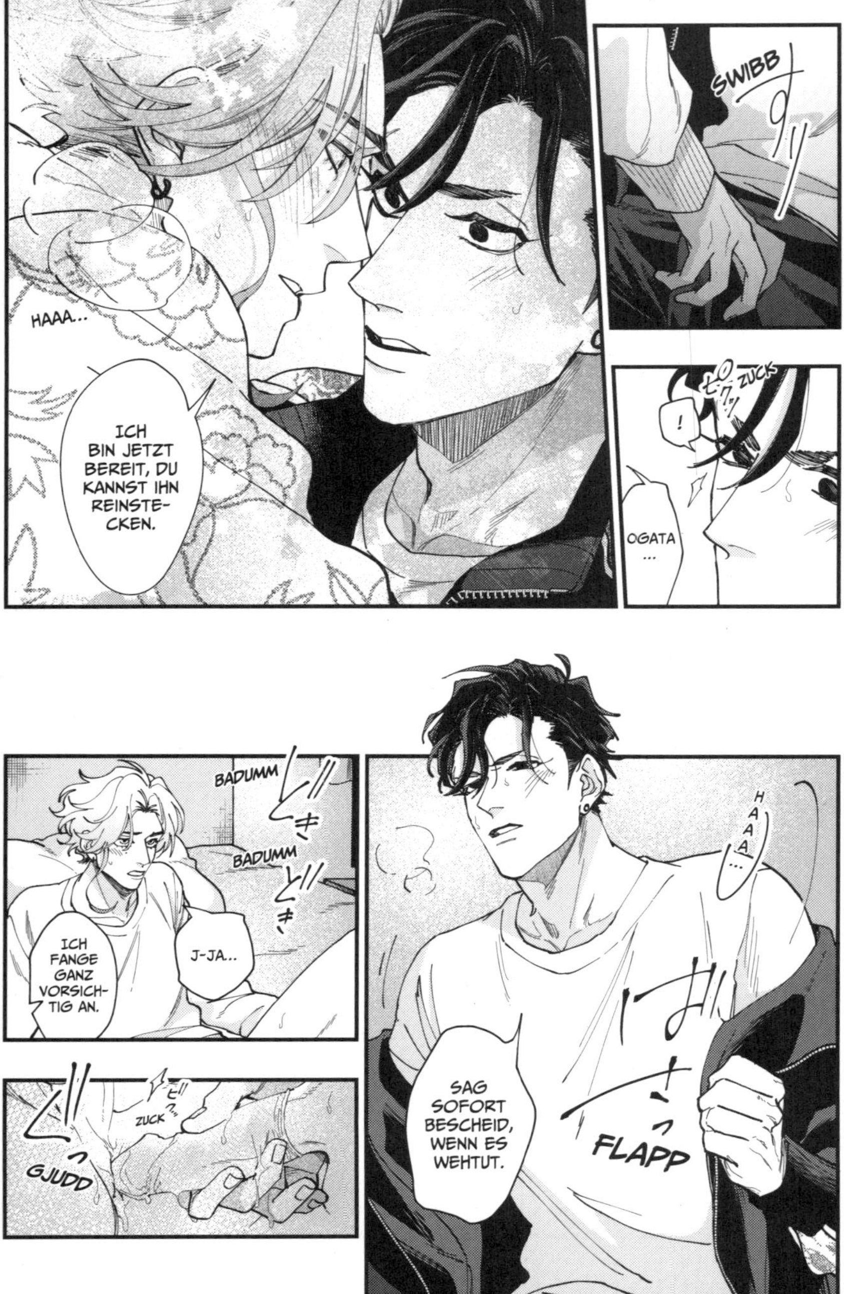

SWIBB

ZUCK
!
OGATA …

HAAA…
ICH BIN JETZT BEREIT, DU KANNST IHN REINSTE-CKEN.

H A A A …
FLAPP
SAG SOFORT BESCHEID, WENN ES WEHTUT.

BADUMM
BADUMM
J-JA…
ICH FANGE GANZ VORSICH-TIG AN.

ZUCK
GJUDD

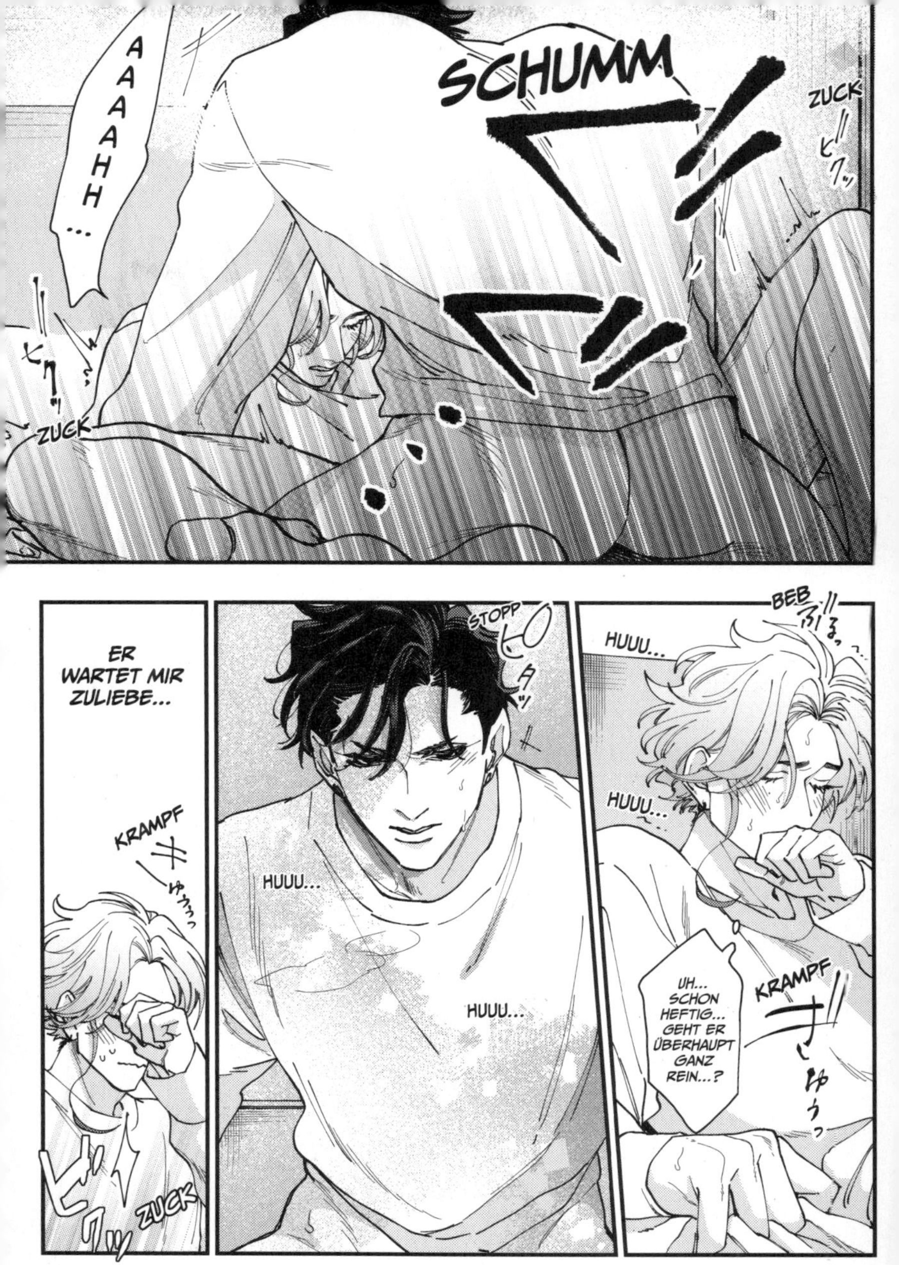

SCHUMM
ZUCK
AAAAAHH...
ZUCK

BEB
HUUU...
HUUU...
UH... SCHON HEFTIG... GEHT ER ÜBERHAUPT GANZ REIN...?
KRAMPF

STOPP
HUUU...
HUUU...

ER WARTET MIR ZULIEBE...
KRAMPF
ZUCK

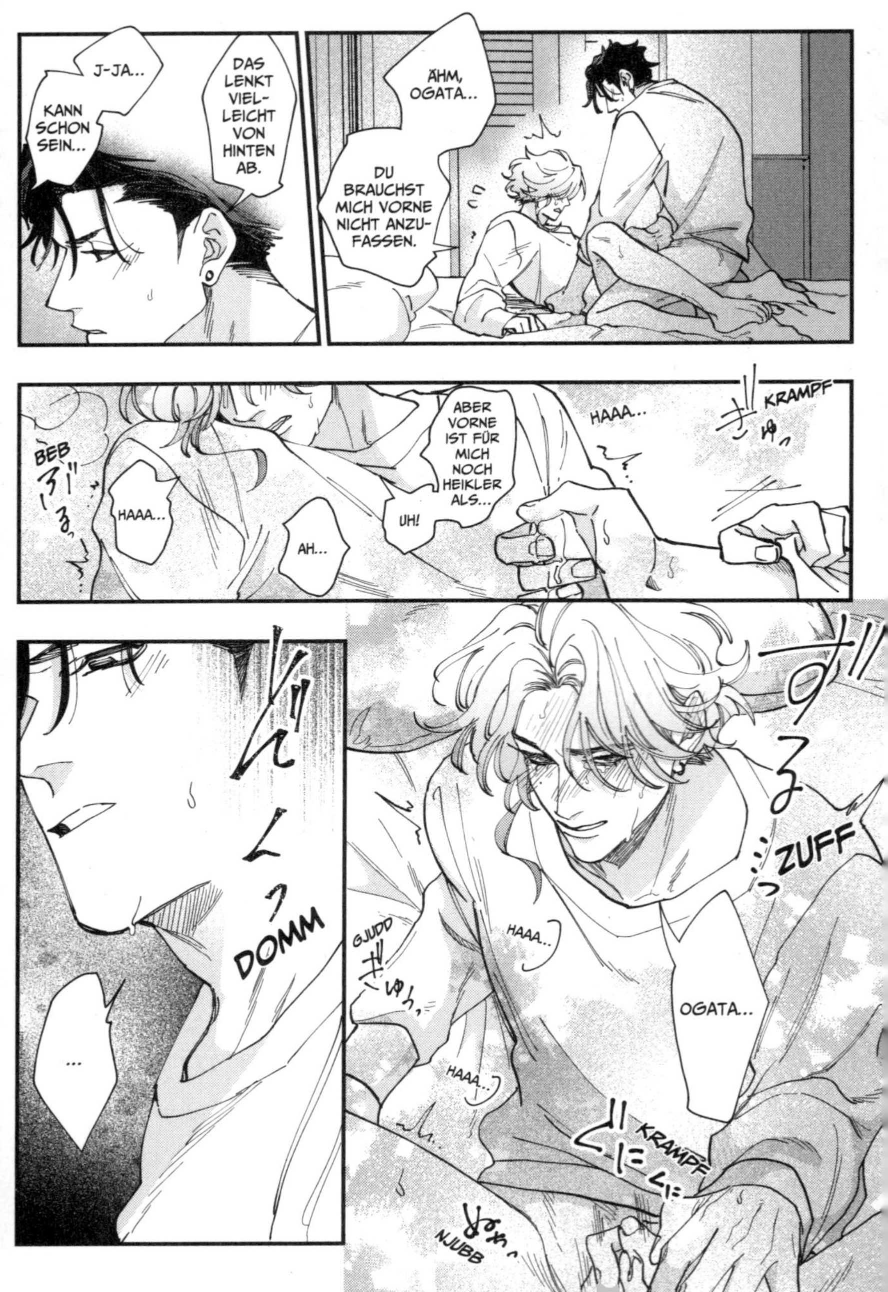

ÄHM, OGATA...
DU BRAUCHST MICH VORNE NICHT ANZUFASSEN.
DAS LENKT VIELLEICHT VON HINTEN AB.
J-JA...
KANN SCHON SEIN...
KRAMPF
HAAA...
ABER VORNE IST FÜR MICH NOCH HEIKLER ALS...
UH!
AH...
HAAA...
BEB
ZUFF
HAAA...
OGATA...
GJUDD
HAAA...
KRAMPF
NJUBB
DOMM
...

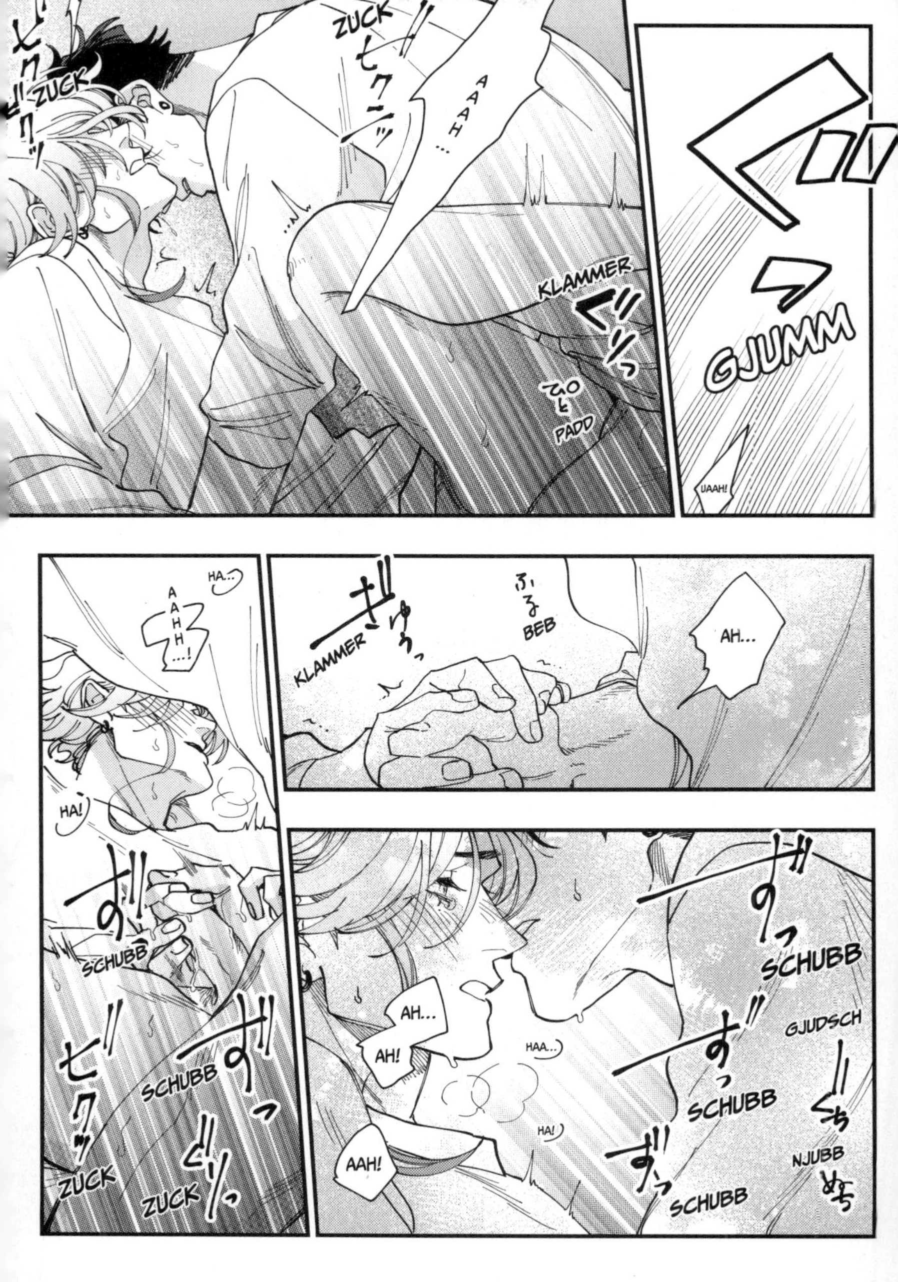
GJUMM
UAAH!
ZUCK
AAAAH...
ZUCK
KLAMMER
PADD
AH...
BEB
KLAMMER
HA...
AAHH...!
HA!
SCHUBB
SCHUBB
ZUCK
ZUCK
SCHUBB
GJUDSCH
SCHUBB
NJUBB
SCHUBB
AH...
AH!
HAA...
HA!
AAH!

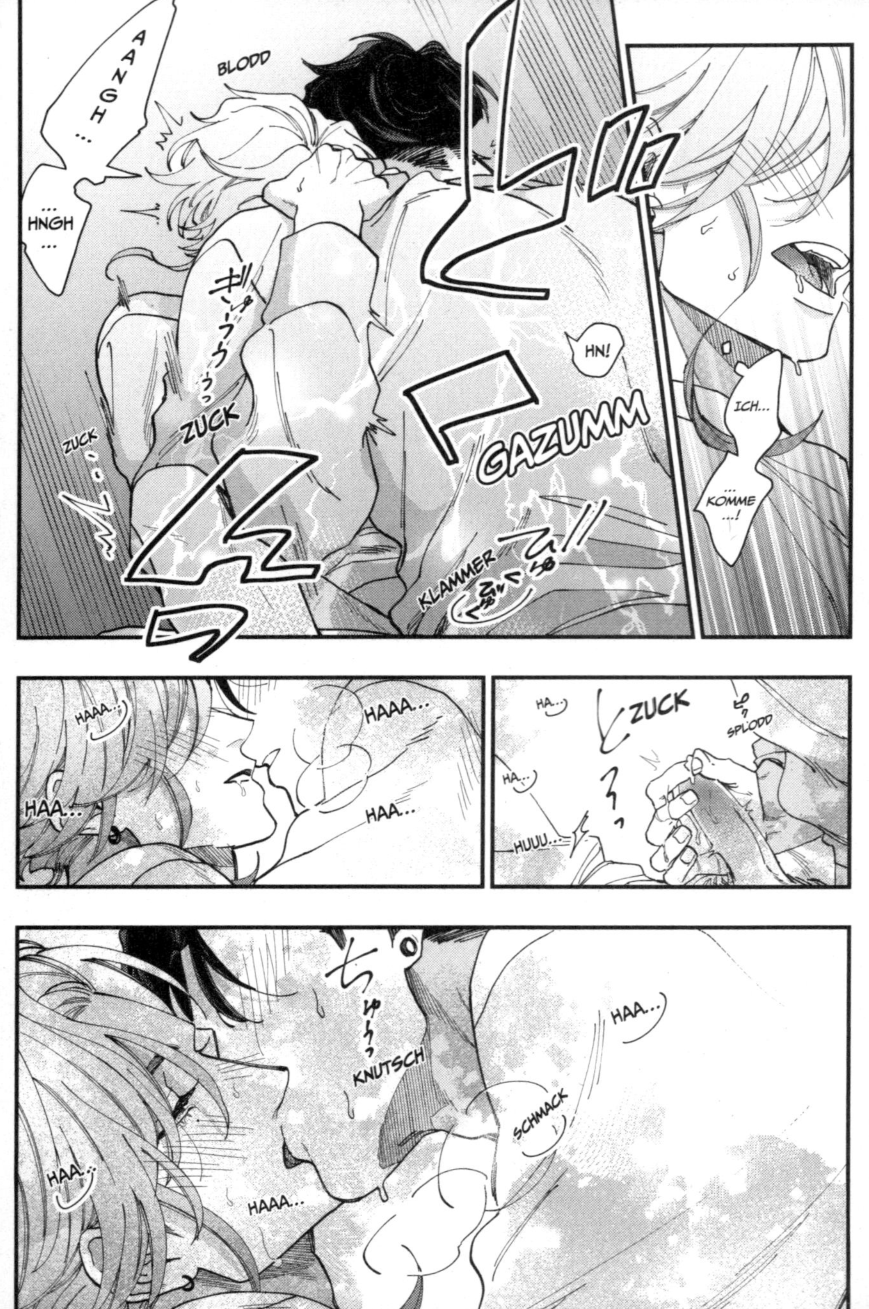

AANGH...
...HNGH...
BLODD
ZUCK
ZUCK
HN!
GAZUMM
KLAMMER
ICH...
...KOMME...!
HAAA...
HAAA...
HAA...
HAA...
HA...
ZUCK
SPLODD
HA...
HUUU...
KNUTSCH
HAA...
SCHMACK
HAA...
HAAA...

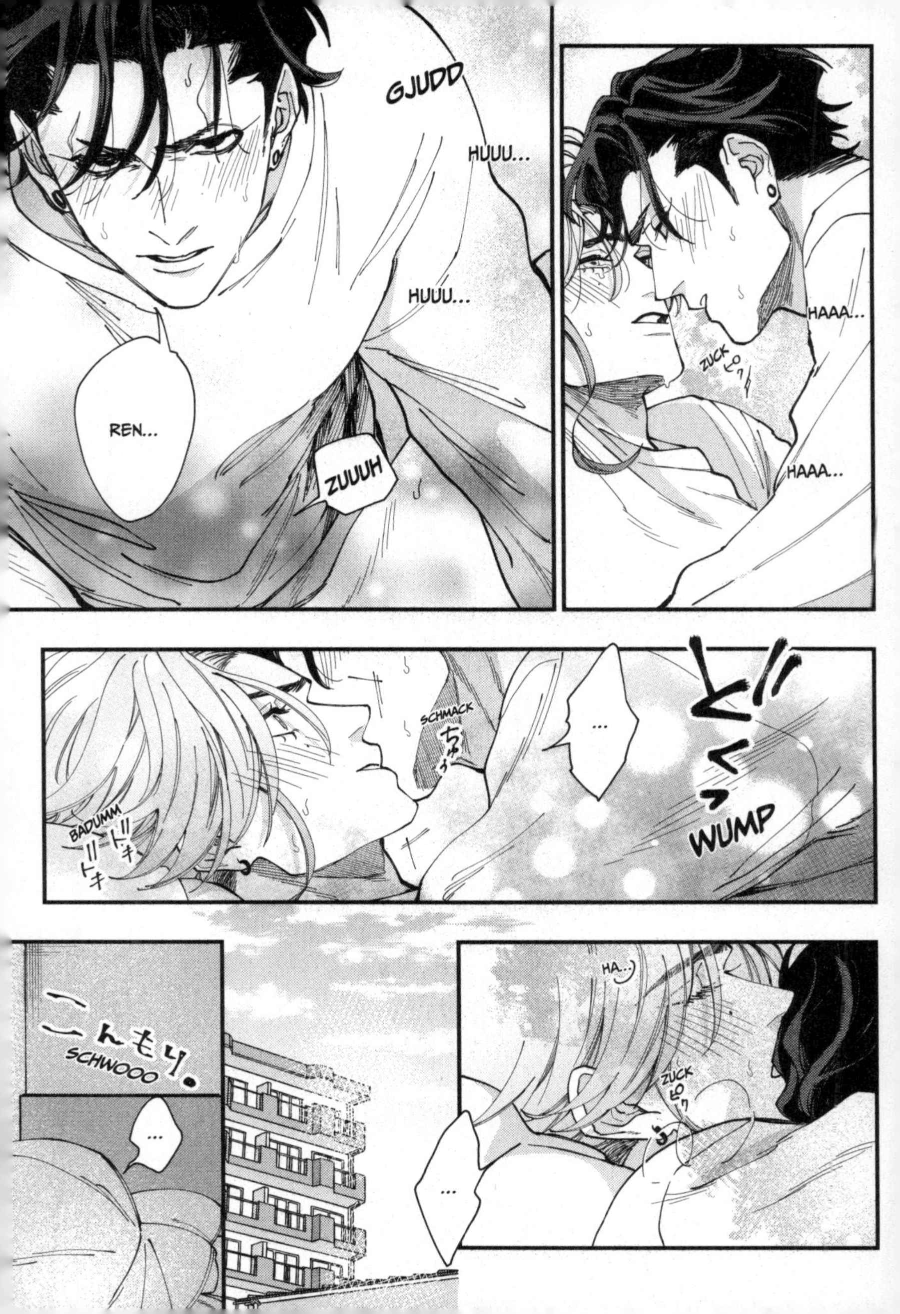

HAAA...
ZUCK ピク
HAAA...

GJUDD
HUUU...
HUUU...
REN...
ZUUUH

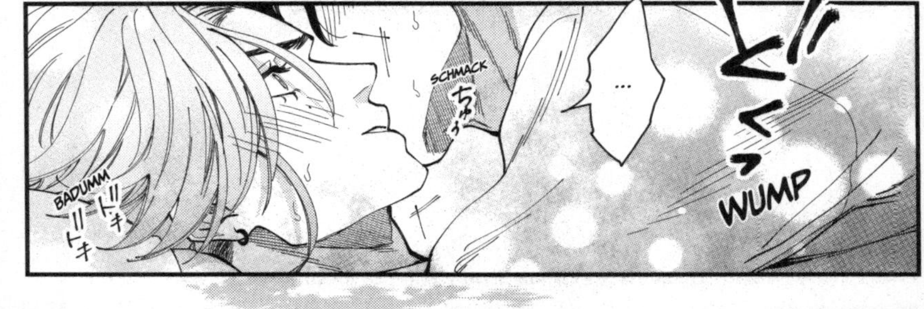

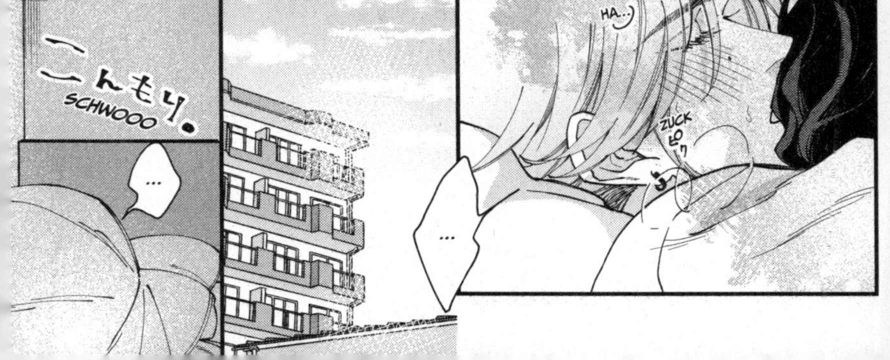

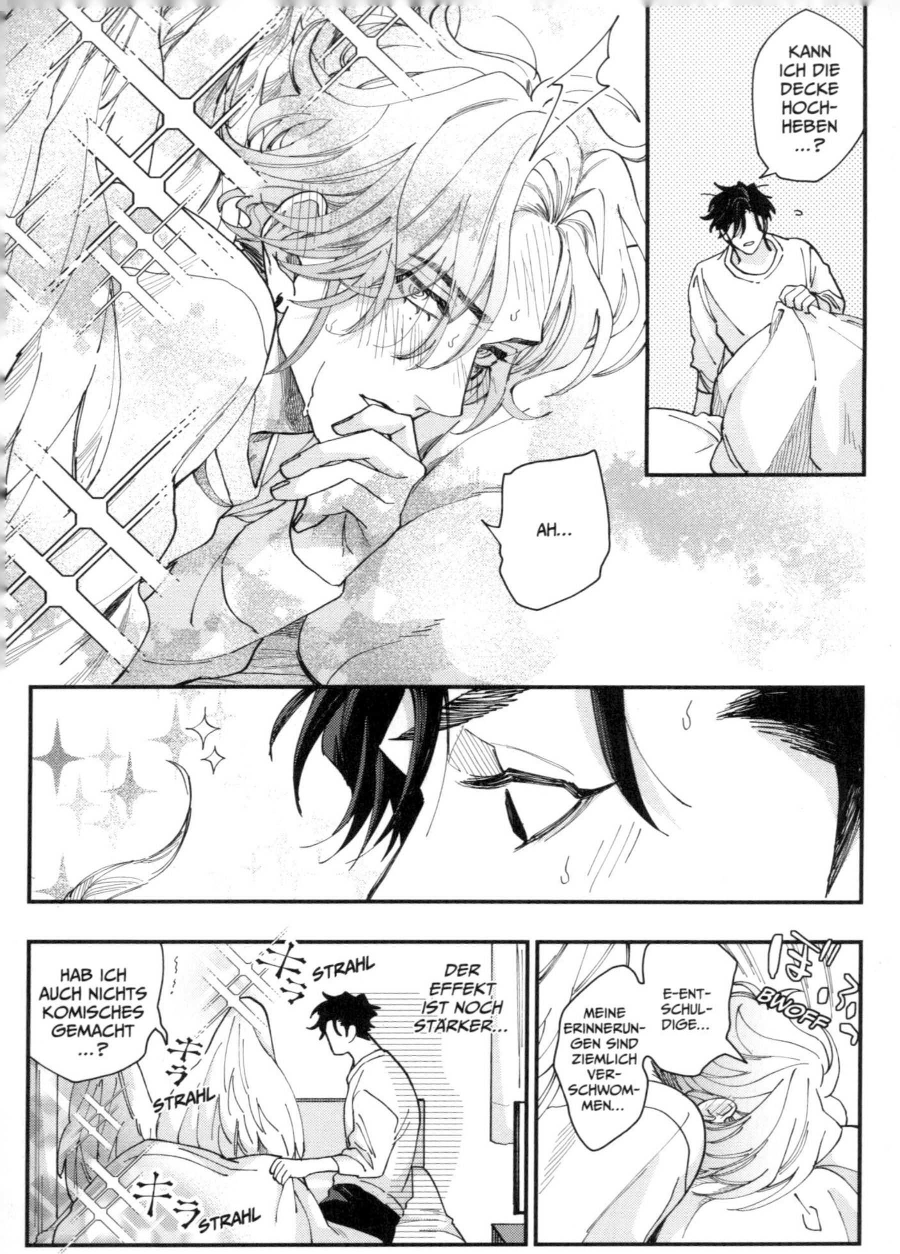

KANN ICH DIE DECKE HOCH-HEBEN ...?

AH...

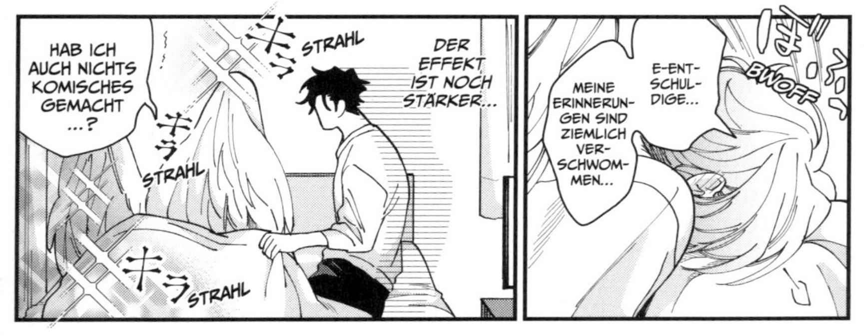

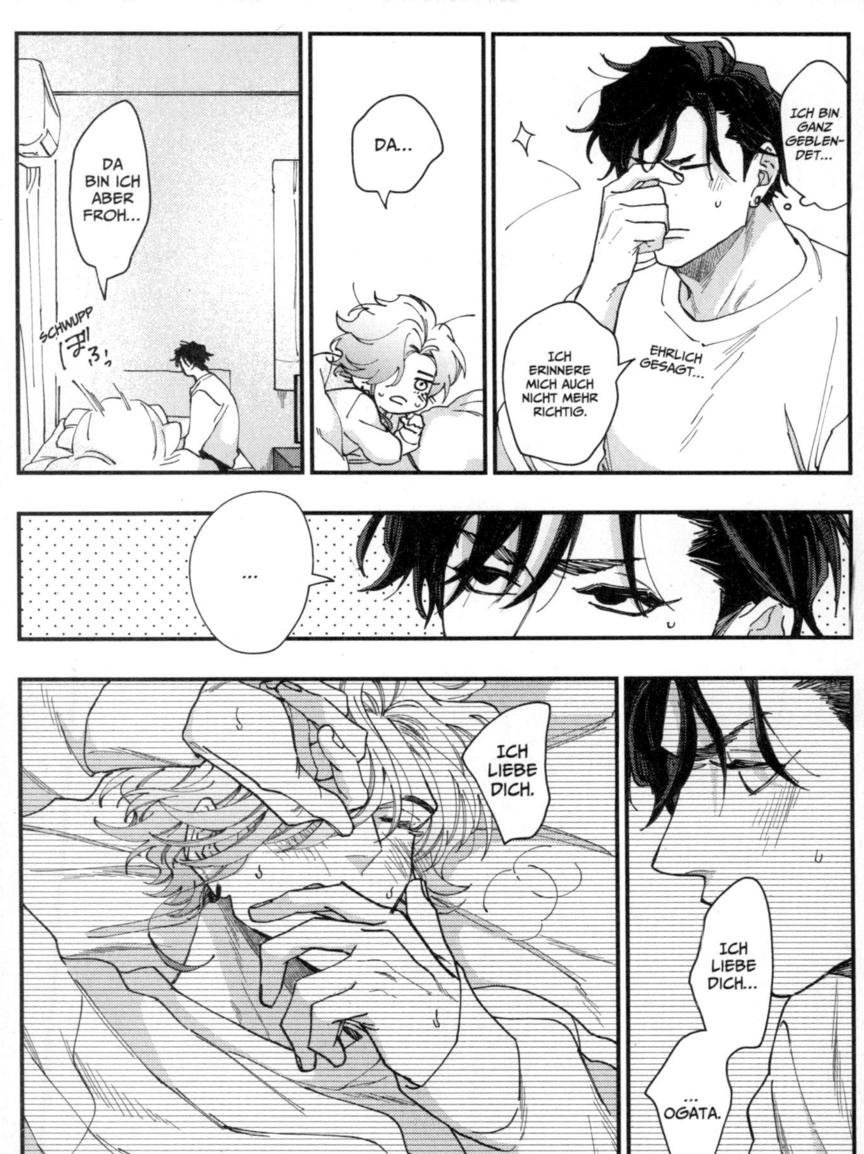
DA BIN ICH ABER FROH...
SCHWUPP
ぽふっ
DA...
ICH BIN GANZ GEBLENDET...
EHRLICH GESAGT...
ICH ERINNERE MICH AUCH NICHT MEHR RICHTIG.
...
ICH LIEBE DICH.
ICH LIEBE DICH...
... OGATA.

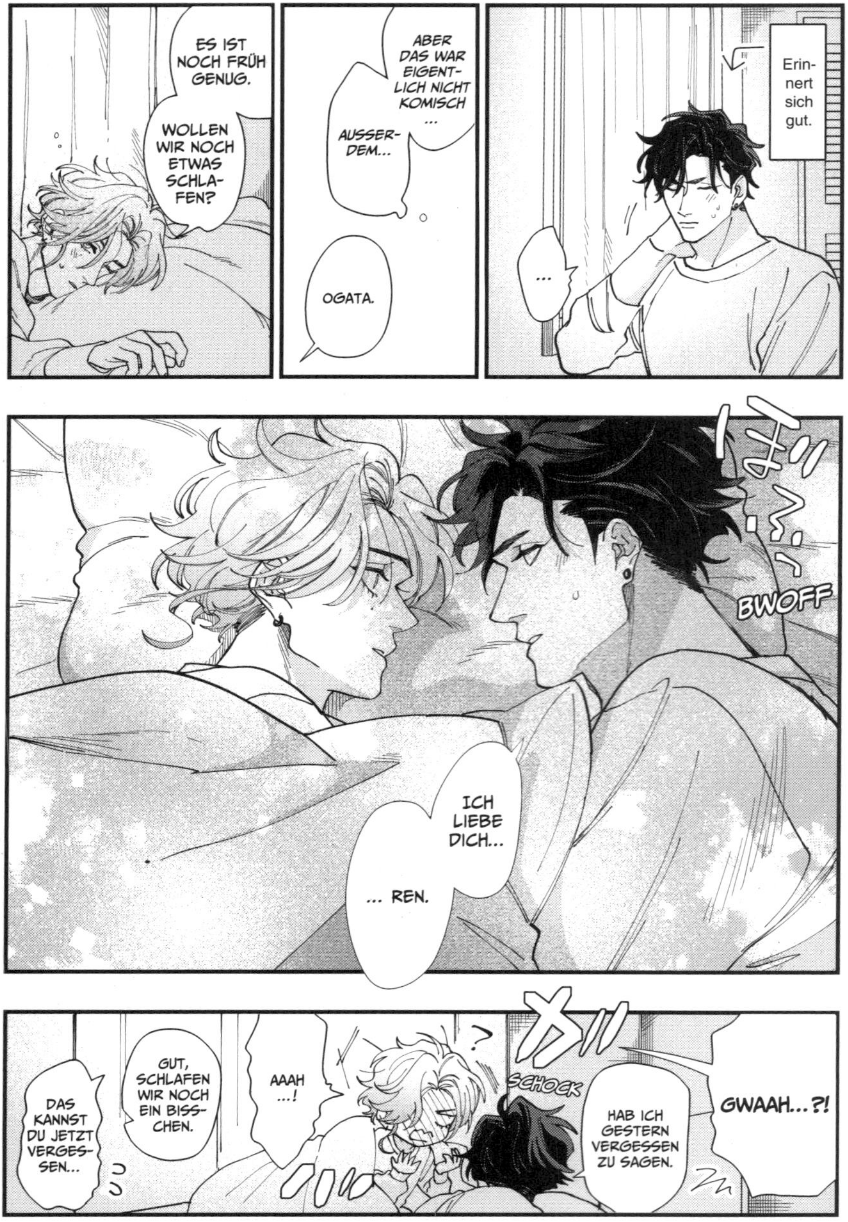

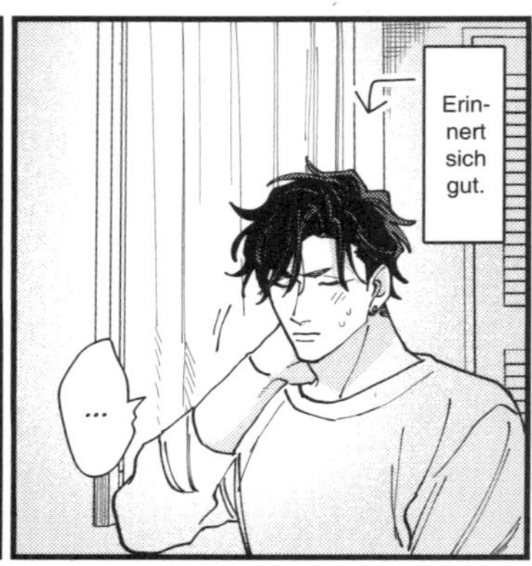
Erinnert sich gut.
...

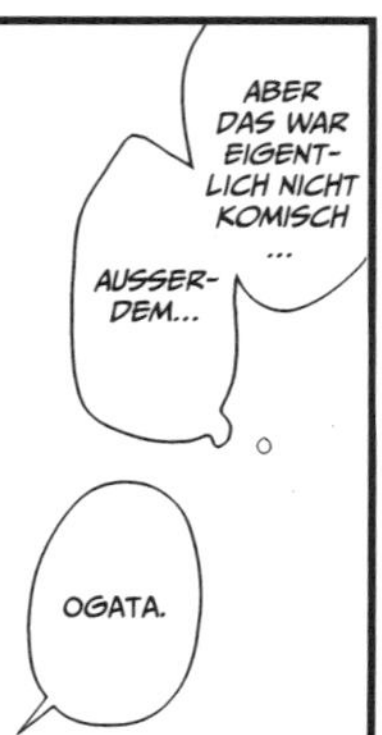
ABER DAS WAR EIGENTLICH NICHT KOMISCH ...
AUSSERDEM...
OGATA.

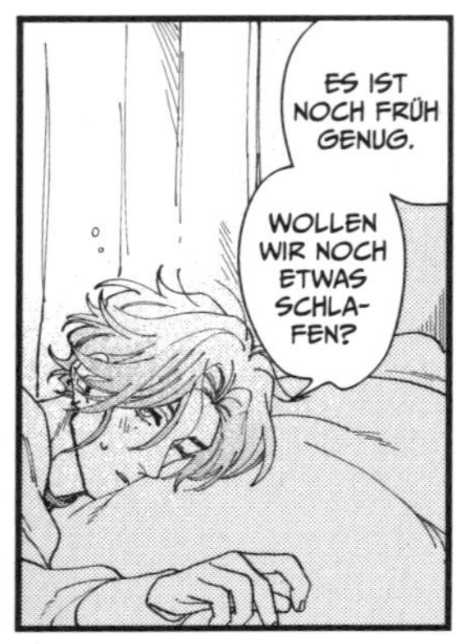
ES IST NOCH FRÜH GENUG.
WOLLEN WIR NOCH ETWAS SCHLAFEN?

BWOFF
ICH LIEBE DICH...
... REN.

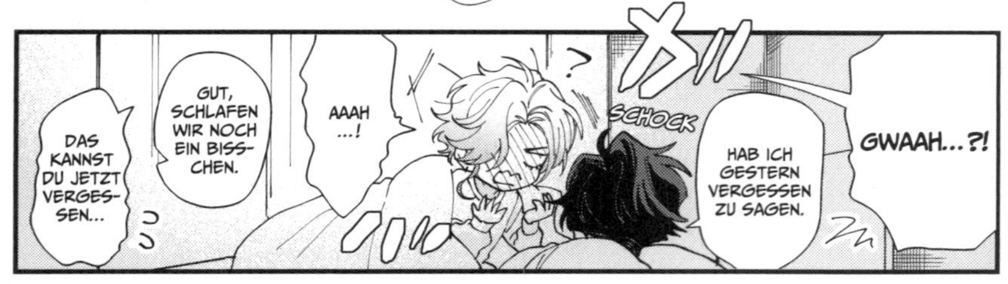
GWAAH...?!
HAB ICH GESTERN VERGESSEN ZU SAGEN.
SCHOCK
AAAH ...!
GUT, SCHLAFEN WIR NOCH EIN BISSCHEN.
DAS KANNST DU JETZT VERGESSEN...

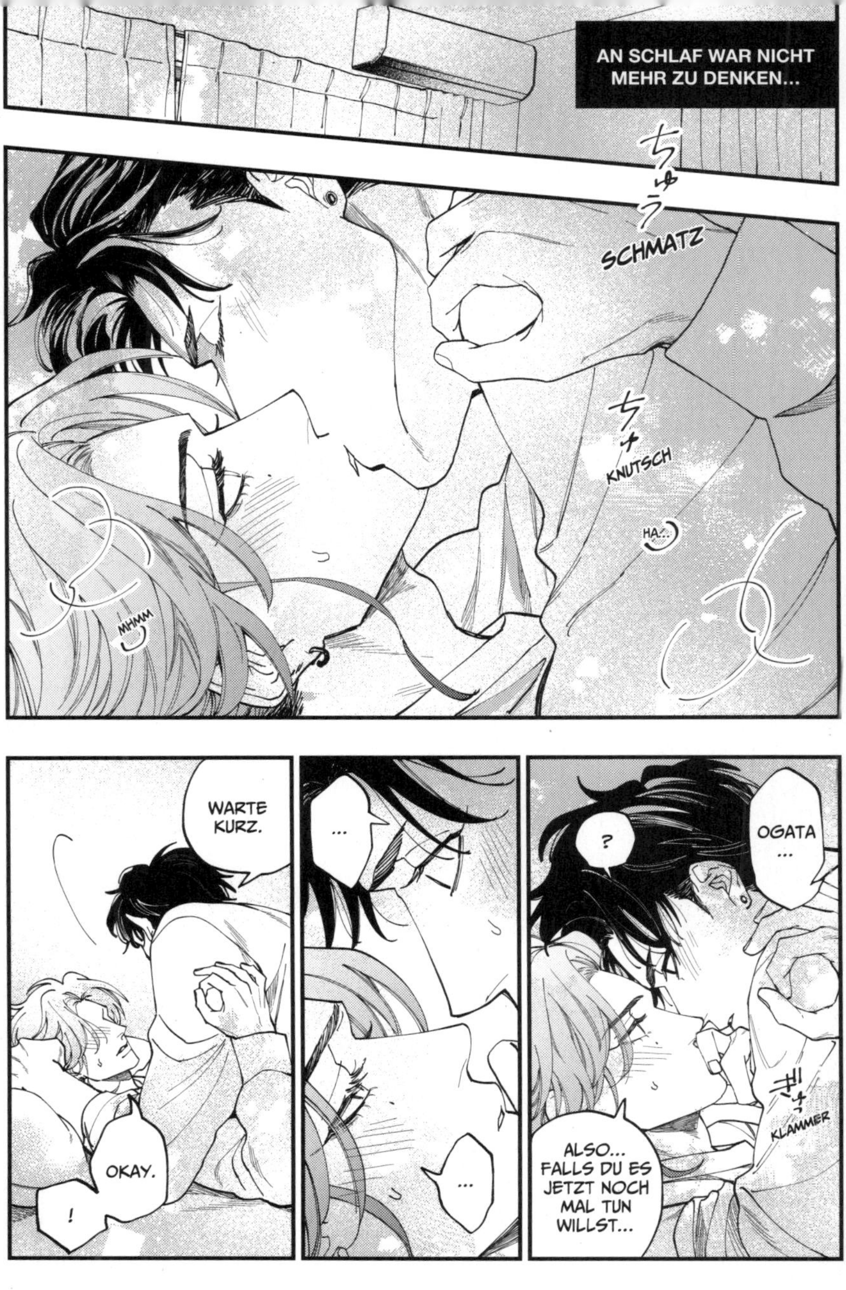

AN SCHLAF WAR NICHT MEHR ZU DENKEN...

SCHMATZ

KNUTSCH

HA...

MHMM

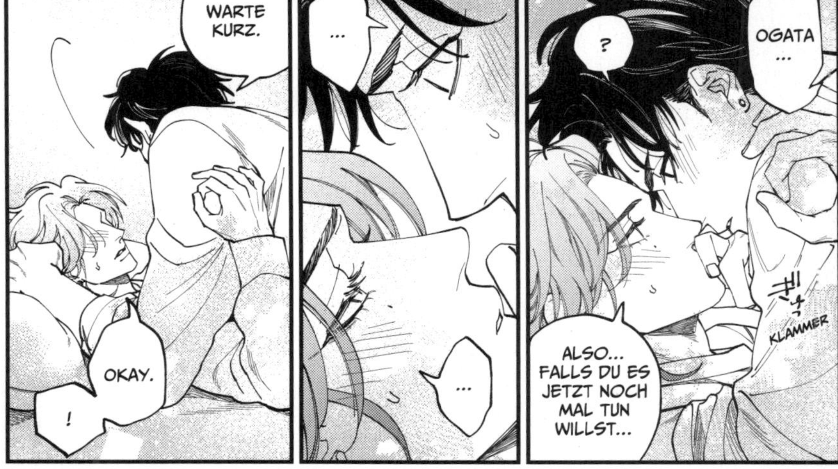

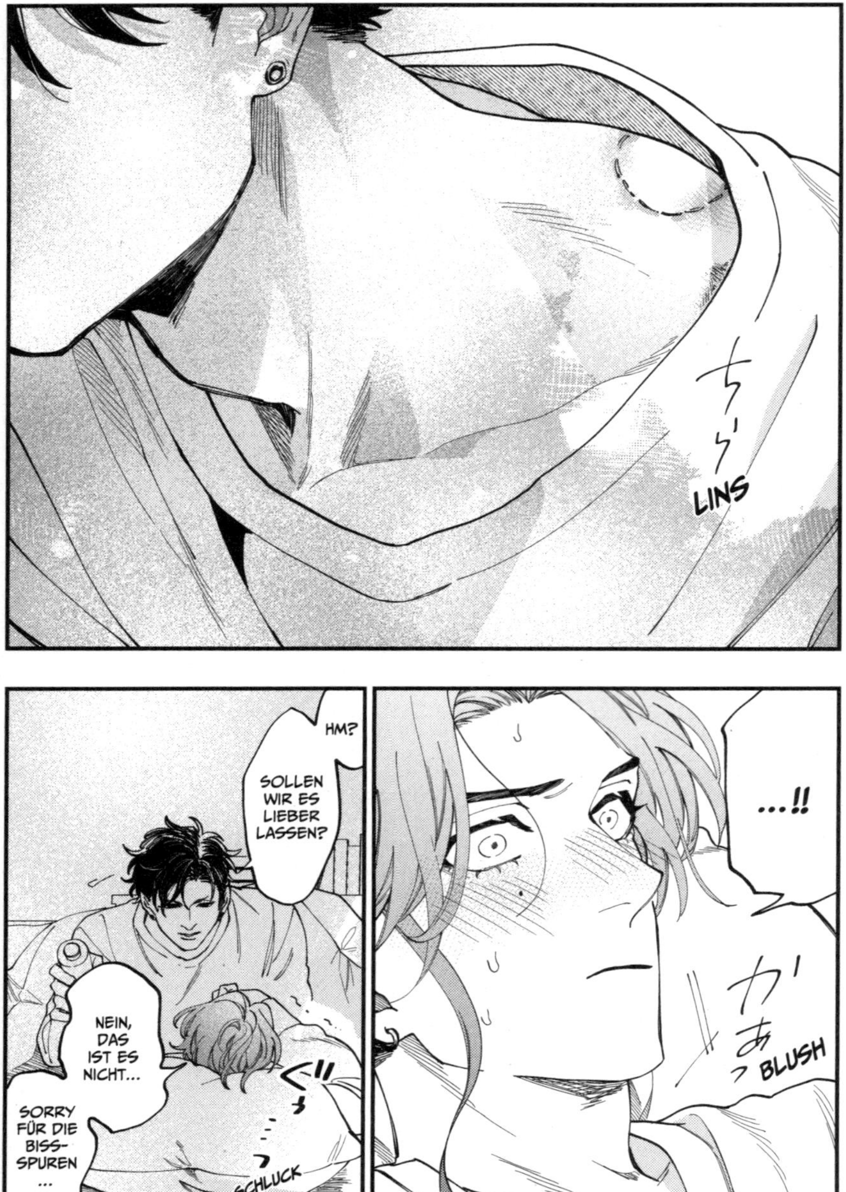

ちら
LINS

...!!
かぁっ
BLUSH

HM?
SOLLEN WIR ES LIEBER LASSEN?
NEIN, DAS IST ES NICHT...
SORRY FÜR DIE BISS-SPUREN ...
ぐっ!!
SCHLUCK

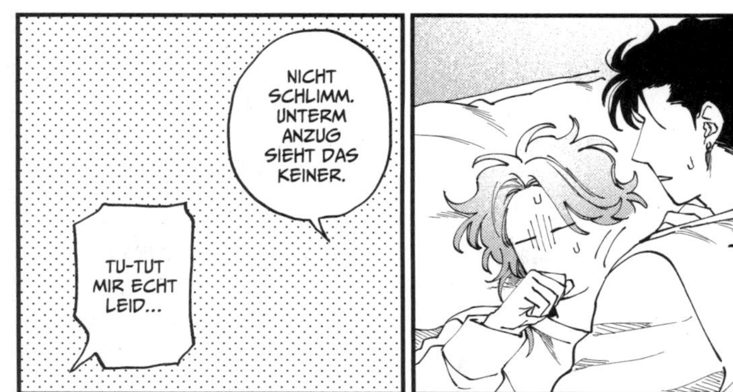

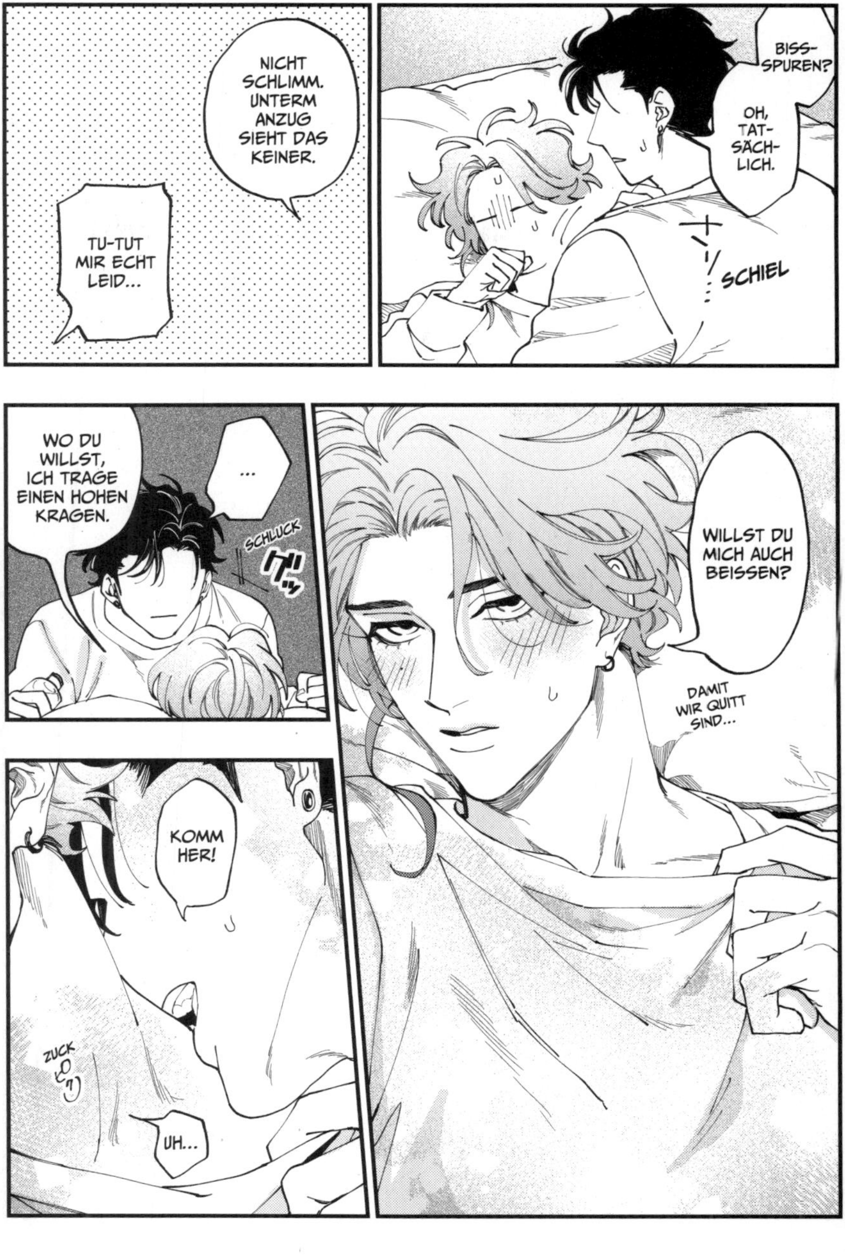

WILLST DU MICH AUCH BEISSEN?

DAMIT WIR QUITT SIND...

...

WO DU WILLST, ICH TRAGE EINEN HOHEN KRAGEN.

SCHLUCK

KOMM HER!

ZUCK

UH...

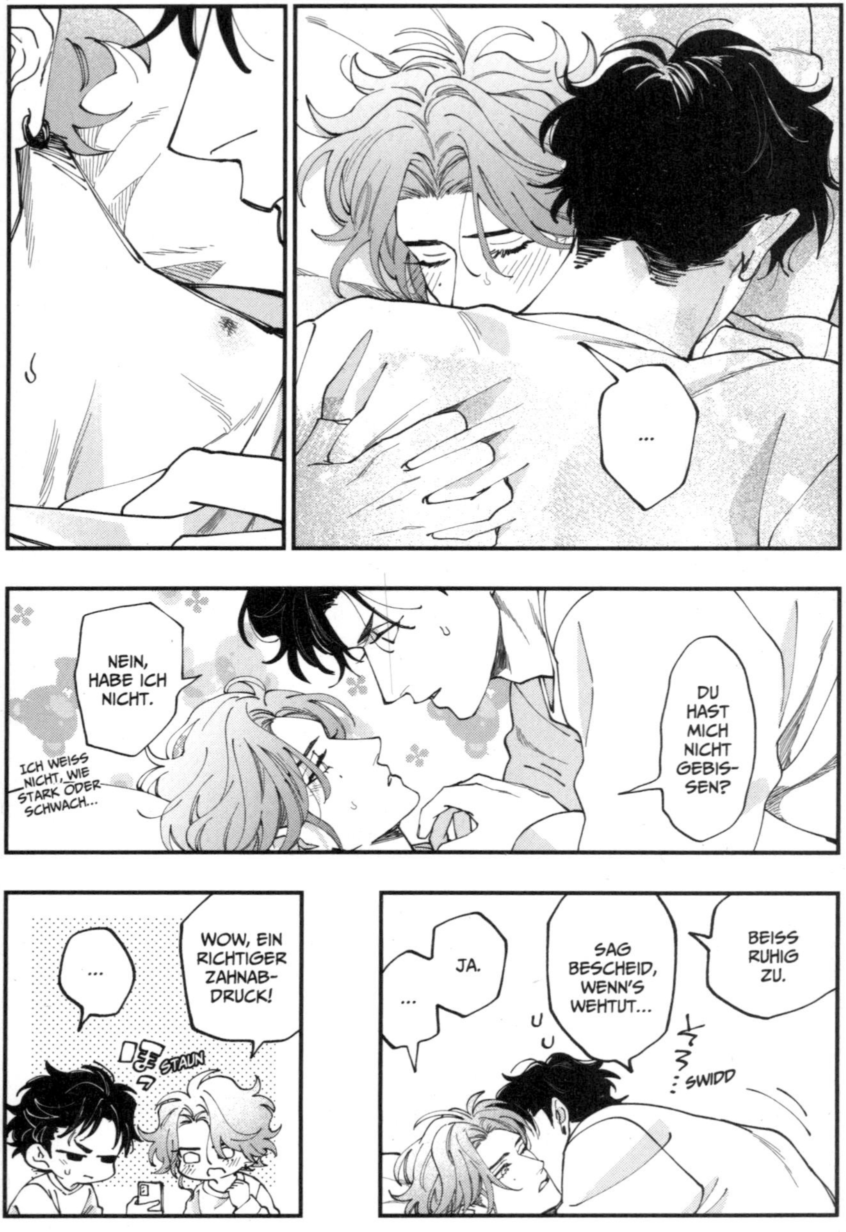

...

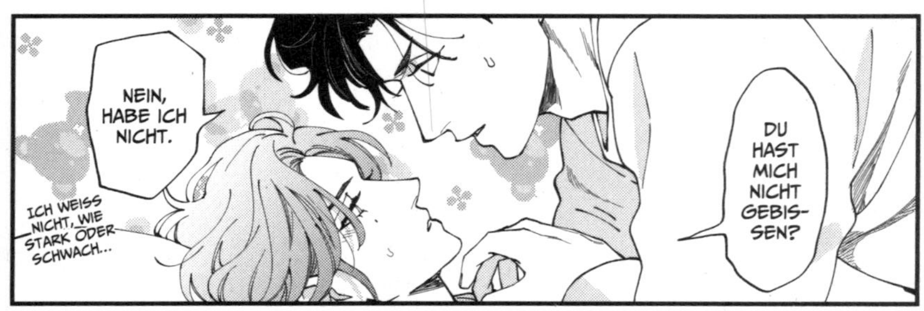
DU HAST MICH NICHT GEBISSEN?
NEIN, HABE ICH NICHT.
ICH WEISS NICHT, WIE STARK ODER SCHWACH...

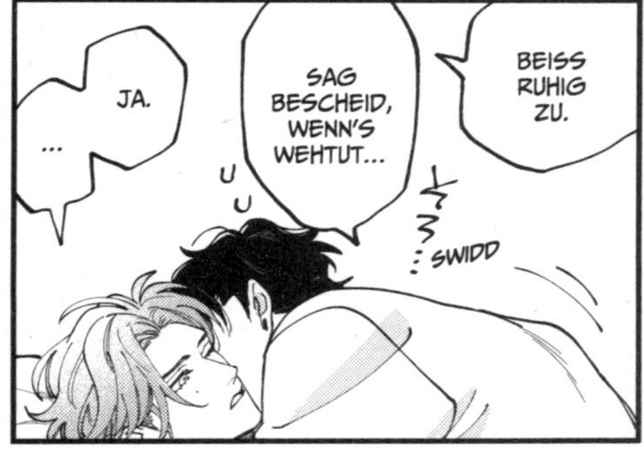
BEISS RUHIG ZU.
SAG BESCHEID, WENN'S WEHTUT...
JA.
...
SWIDD

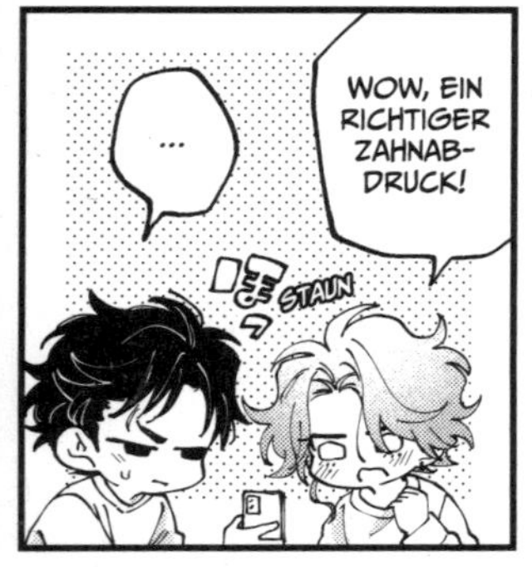
WOW, EIN RICHTIGER ZAHNAB-DRUCK!
...
STAUN

LIMIT HONEY

PRESENTED BY NANASE

vol.4

LIMIT HONEY
presented by
Nanase

LIMIT HONEY

PRESENTED BY NANASE

vol.4

LIMIT HONEY
presented by
Nanase

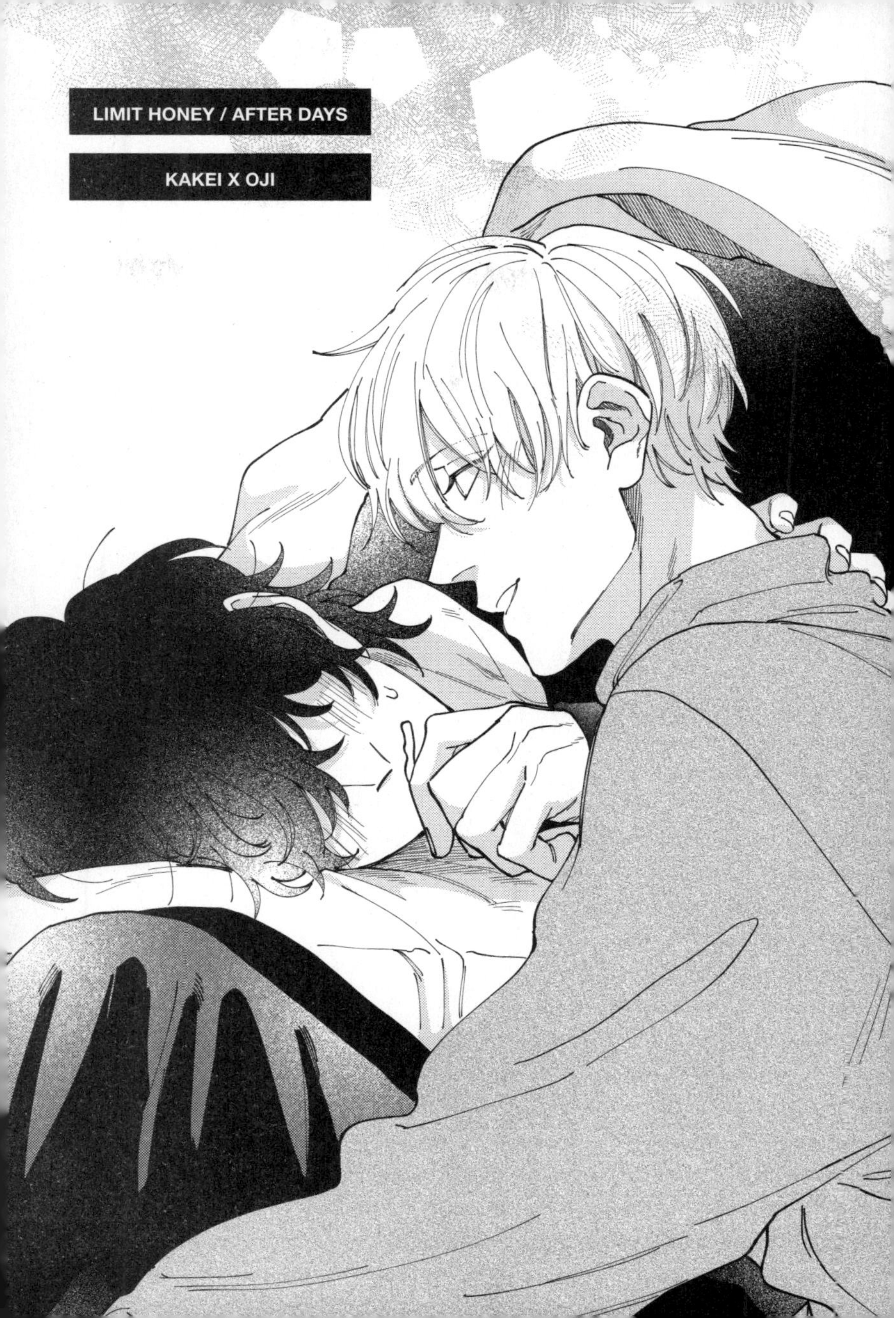
LIMIT HONEY / AFTER DAYS
KAKEI X OJI

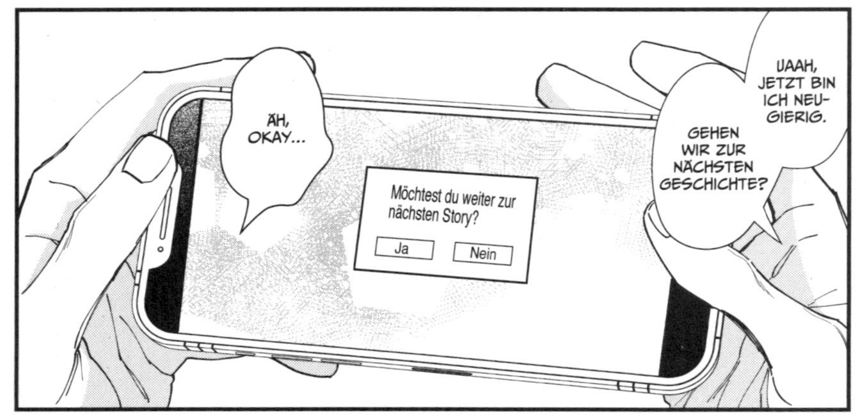

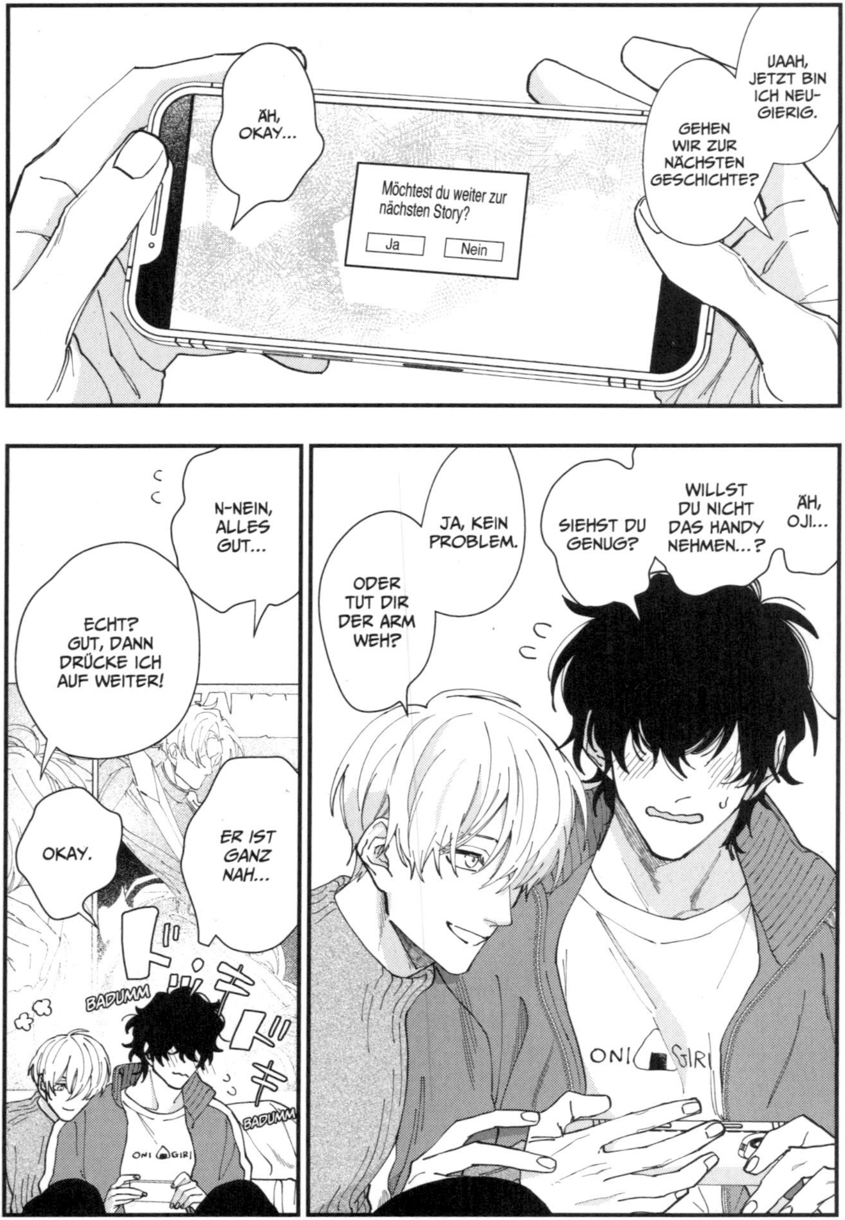

ÄH, OJI…

WILLST DU NICHT DAS HANDY NEHMEN…?

SIEHST DU GENUG?

JA, KEIN PROBLEM.

ODER TUT DIR DER ARM WEH?

ONI GIRI

N-NEIN, ALLES GUT…

ECHT? GUT, DANN DRÜCKE ICH AUF WEITER!

ER IST GANZ NAH…

OKAY.

BADUMM

BADUMM

ONI GIRI

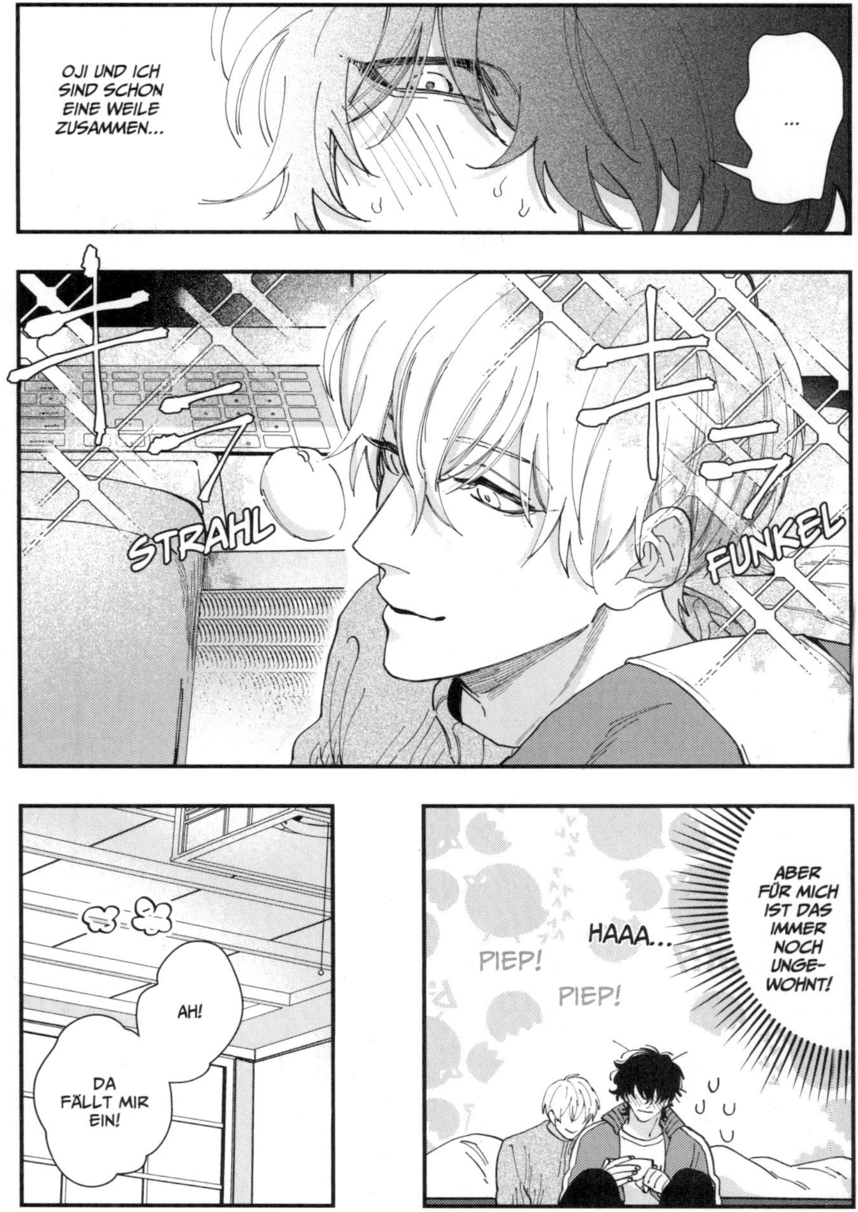

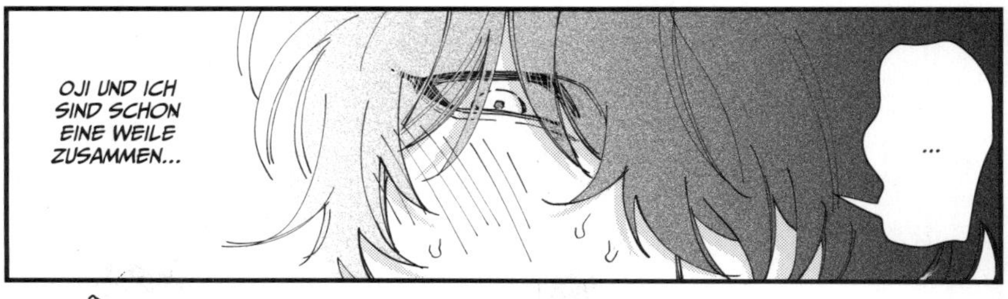

FUNKEL

STRAHL

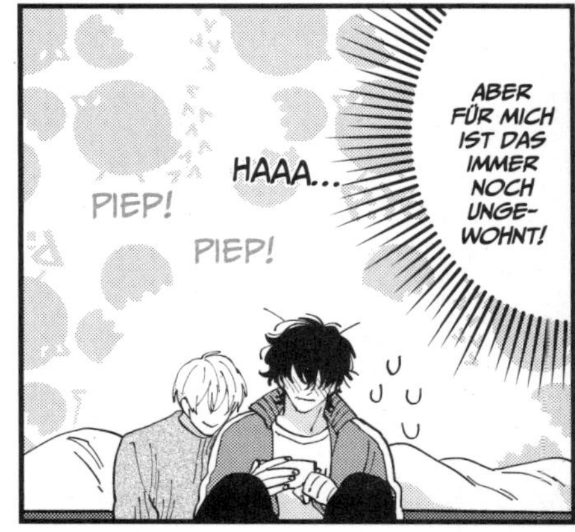

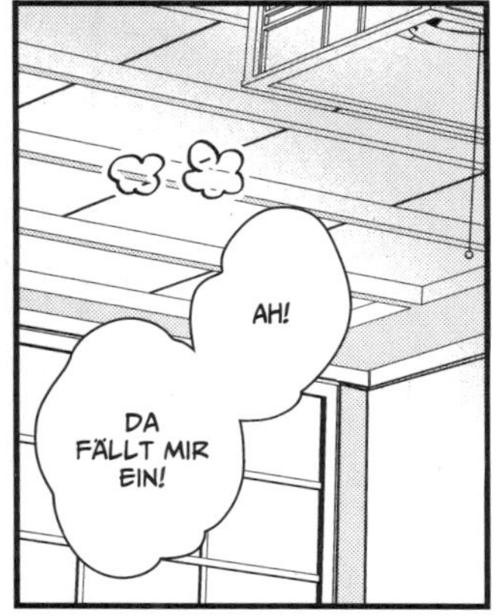

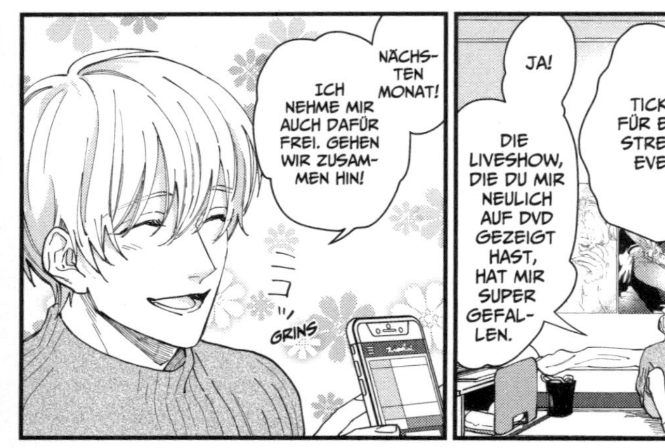
HÄ?
TICKETS... FÜR EIN LIVE-STREAMING-EVENT...?
ÄHM...
JA!
DIE LIVESHOW, DIE DU MIR NEULICH AUF DVD GEZEIGT HAST, HAT MIR SUPER GEFALLEN.
NÄCHSTEN MONAT!
ICH NEHME MIR AUCH DAFÜR FREI. GEHEN WIR ZUSAMMEN HIN!
GRINS

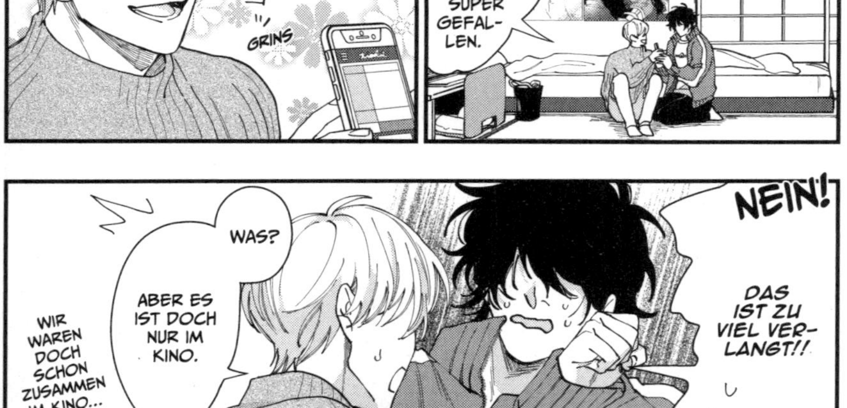
NEIN!
DAS IST ZU VIEL VERLANGT!!
WAS?
ABER ES IST DOCH NUR IM KINO.
WIR WAREN DOCH SCHON ZUSAMMEN IM KINO...

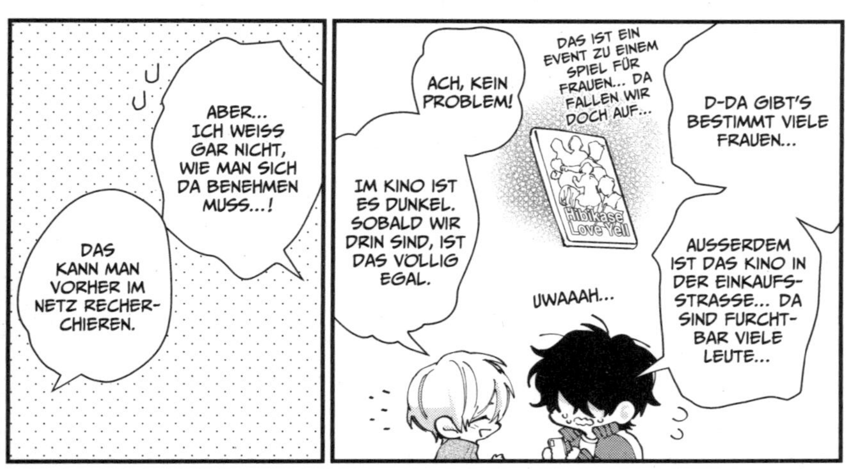
D-DA GIBT'S BESTIMMT VIELE FRAUEN...
DAS IST EIN EVENT ZU EINEM SPIEL FÜR FRAUEN... DA FALLEN WIR DOCH AUF...
Hibikase Love Yell
AUSSERDEM IST DAS KINO IN DER EINKAUFSSTRASSE... DA SIND FURCHTBAR VIELE LEUTE...
UWAAAH...
ACH, KEIN PROBLEM!
IM KINO IST ES DUNKEL. SOBALD WIR DRIN SIND, IST DAS VOLLIG EGAL.
ABER... ICH WEISS GAR NICHT, WIE MAN SICH DA BENEHMEN MUSS...!
DAS KANN MAN VORHER IM NETZ RECHERCHIEREN.

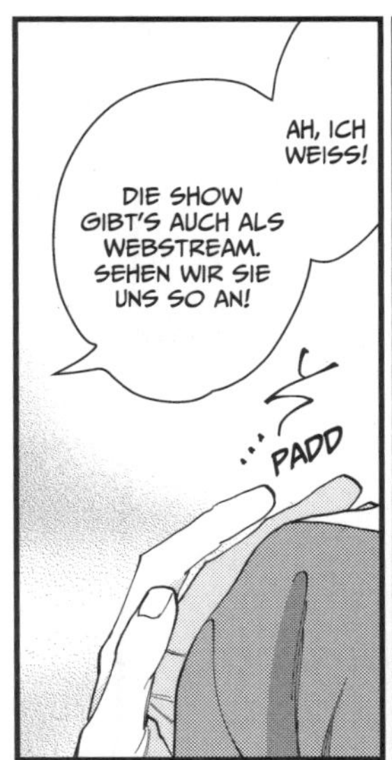
AH, ICH WEISS!
DIE SHOW GIBT'S AUCH ALS WEBSTREAM. SEHEN WIR SIE UNS SO AN!
PADD

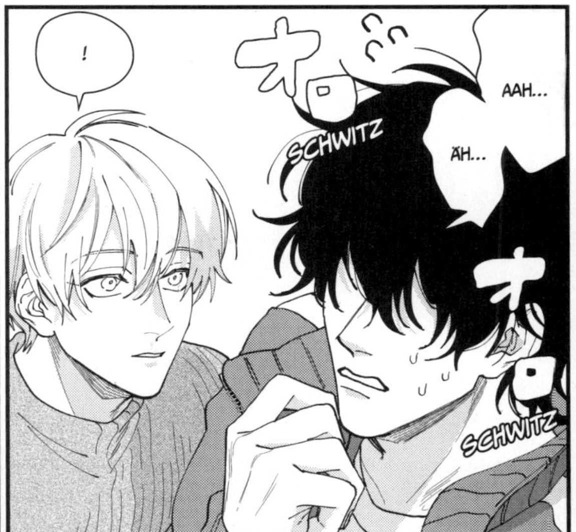
!
AAH...
ÄH...
SCHWITZ
SCHWITZ

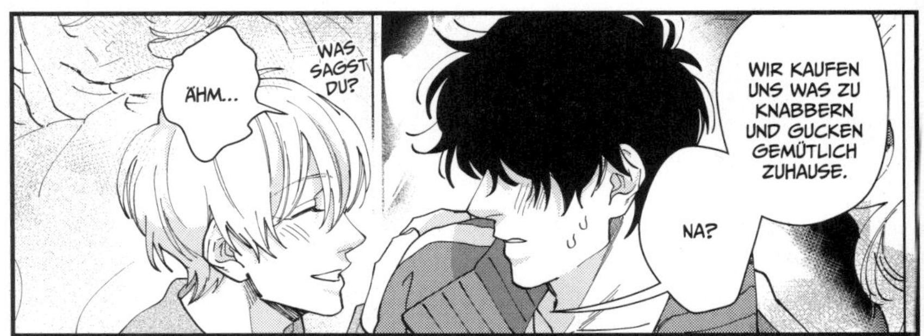
WIR KAUFEN UNS WAS ZU KNABBERN UND GUCKEN GEMÜTLICH ZUHAUSE.
NA?
WAS SAGST DU?
ÄHM...

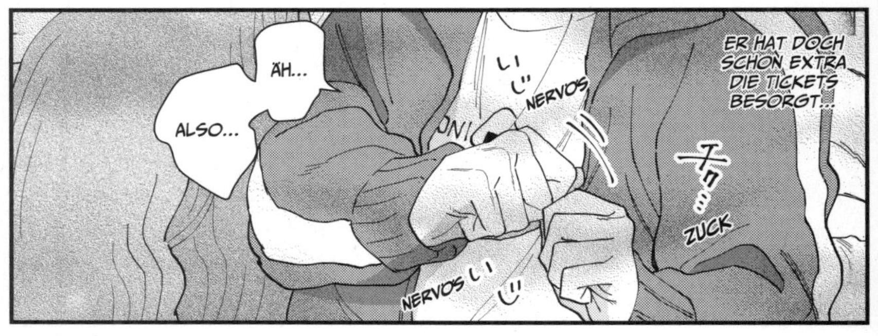
ER HAT DOCH SCHON EXTRA DIE TICKETS BESORGT...
ZUCK
NERVÖS
NERVÖS
ÄH...
ALSO...

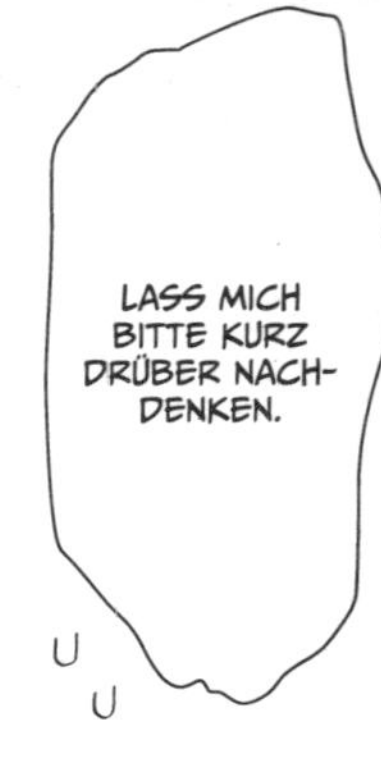
LASS MICH BITTE KURZ DRÜBER NACH-DENKEN.

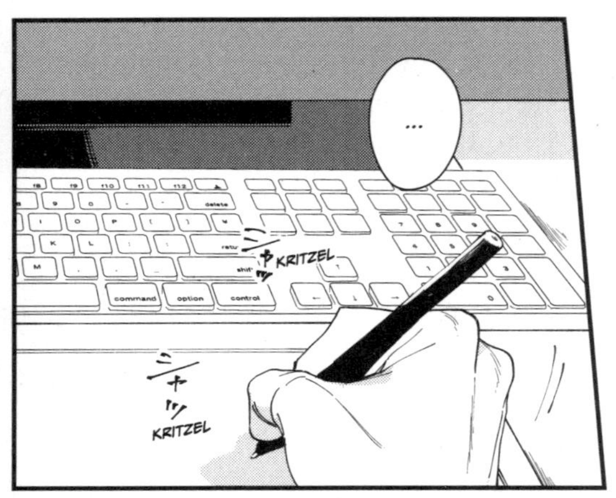
...
KRITZEL
KRITZEL

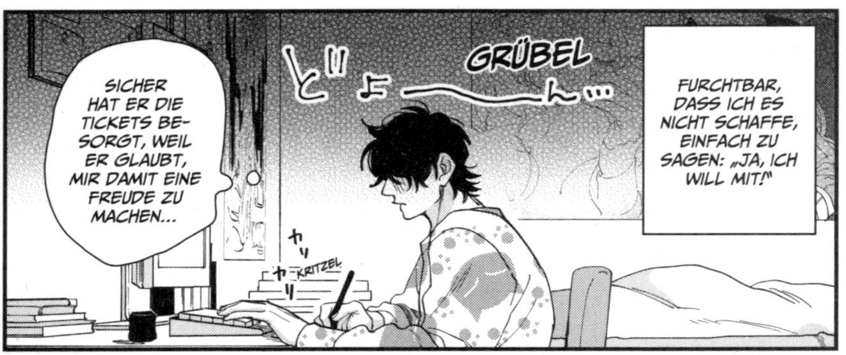
FURCHTBAR, DASS ICH ES NICHT SCHAFFE, EINFACH ZU SAGEN: „JA, ICH WILL MIT!"
GRÜBEL
SICHER HAT ER DIE TICKETS BE-SORGT, WEIL ER GLAUBT, MIR DAMIT EINE FREUDE ZU MACHEN...
KRITZEL

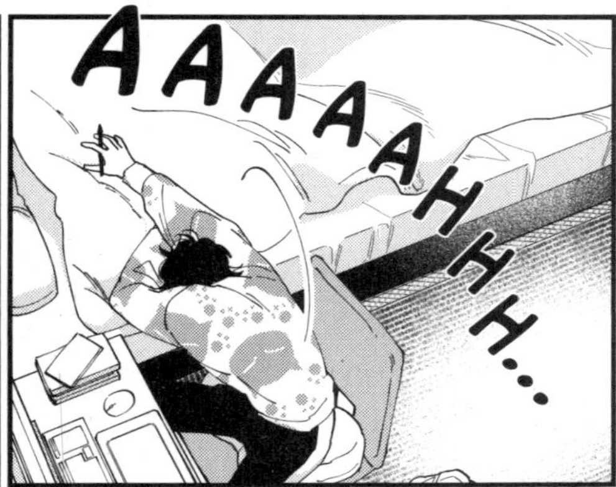
AAAAAAHHHH...

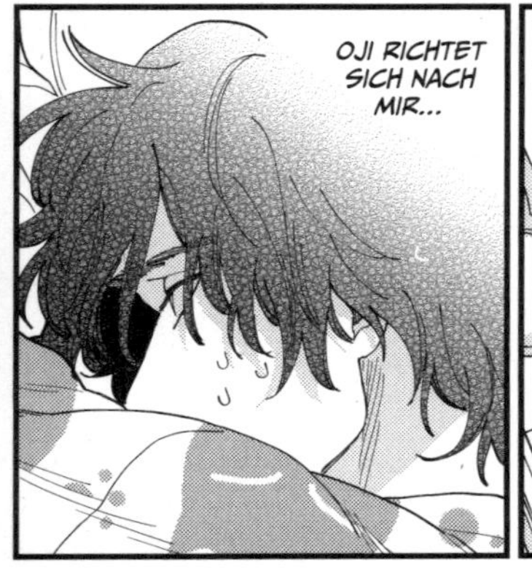
OJI RICHTET SICH NACH MIR...

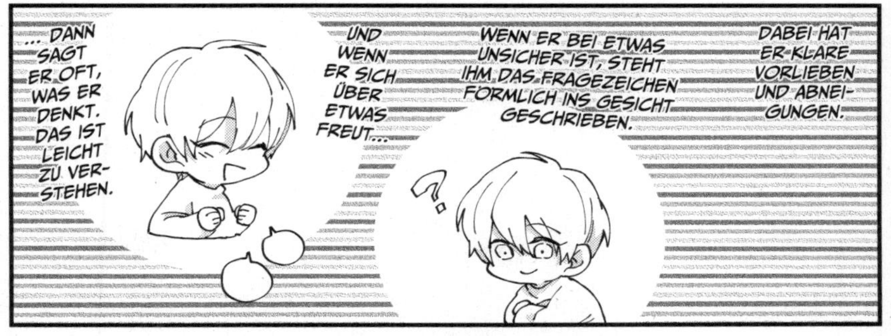
DABEI HAT ER KLARE VORLIEBEN UND ABNEIGUNGEN.
WENN ER BEI ETWAS UNSICHER IST, STEHT IHM DAS FRAGEZEICHEN FÖRMLICH INS GESICHT GESCHRIEBEN.
UND WENN ER SICH ÜBER ETWAS FREUT...
... DANN SAGT ER OFT, WAS ER DENKT. DAS IST LEICHT ZU VERSTEHEN.

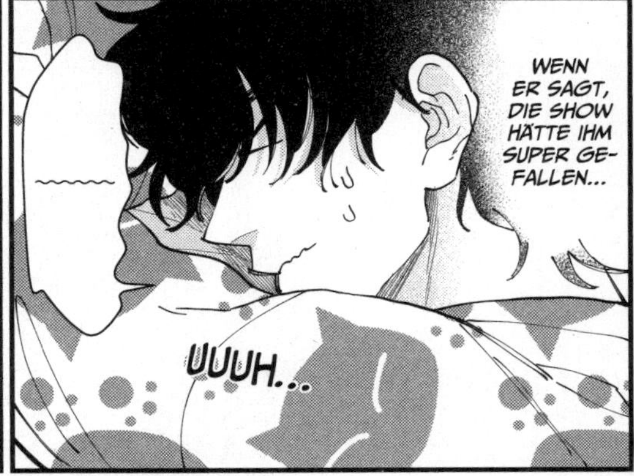
WENN ER SAGT, DIE SHOW HÄTTE IHM SUPER GEFALLEN...
UUUH...

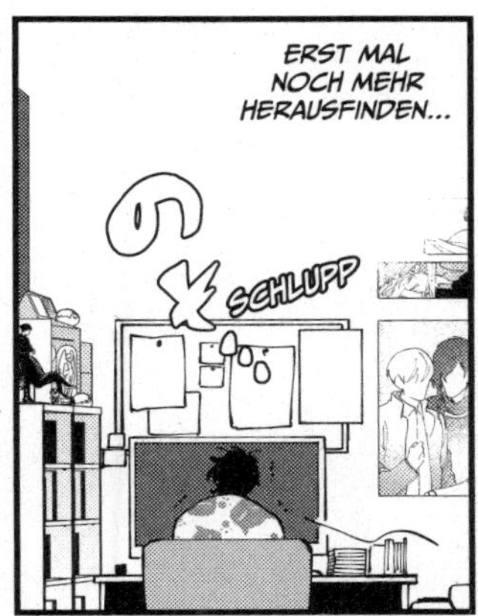
ERST MAL NOCH MEHR HERAUSFINDEN...
SCHLUPP

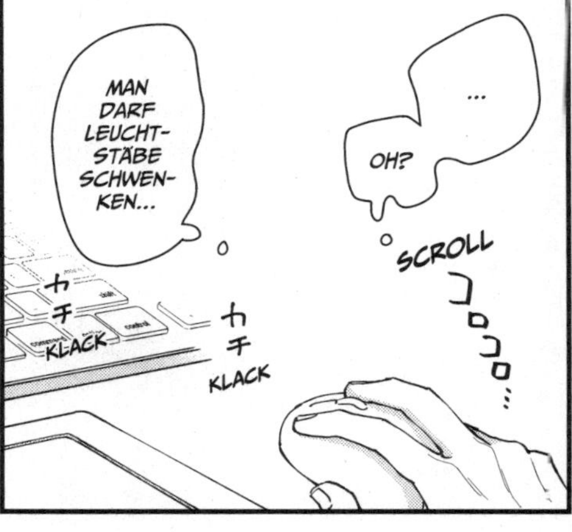
...
OH?
MAN DARF LEUCHTSTÄBE SCHWENKEN...
SCROLL
コロコロ…
カチ
KLACK
カチ
KLACK

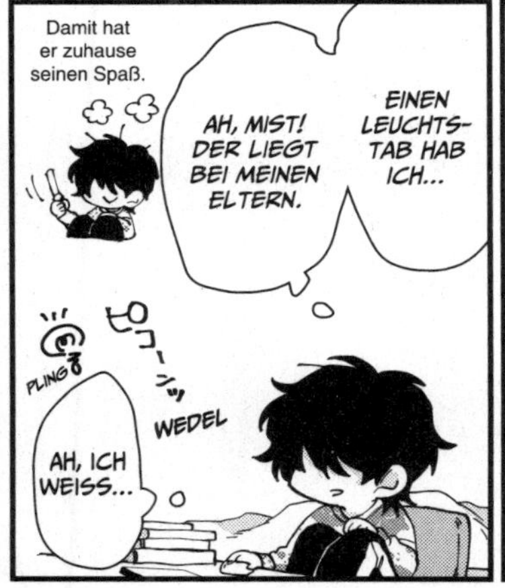
Damit hat er zuhause seinen Spaß.
EINEN LEUCHTSTAB HAB ICH...
AH, MIST! DER LIEGT BEI MEINEN ELTERN.
PLING
ピコーンッ
WEDEL
AH, ICH WEISS...

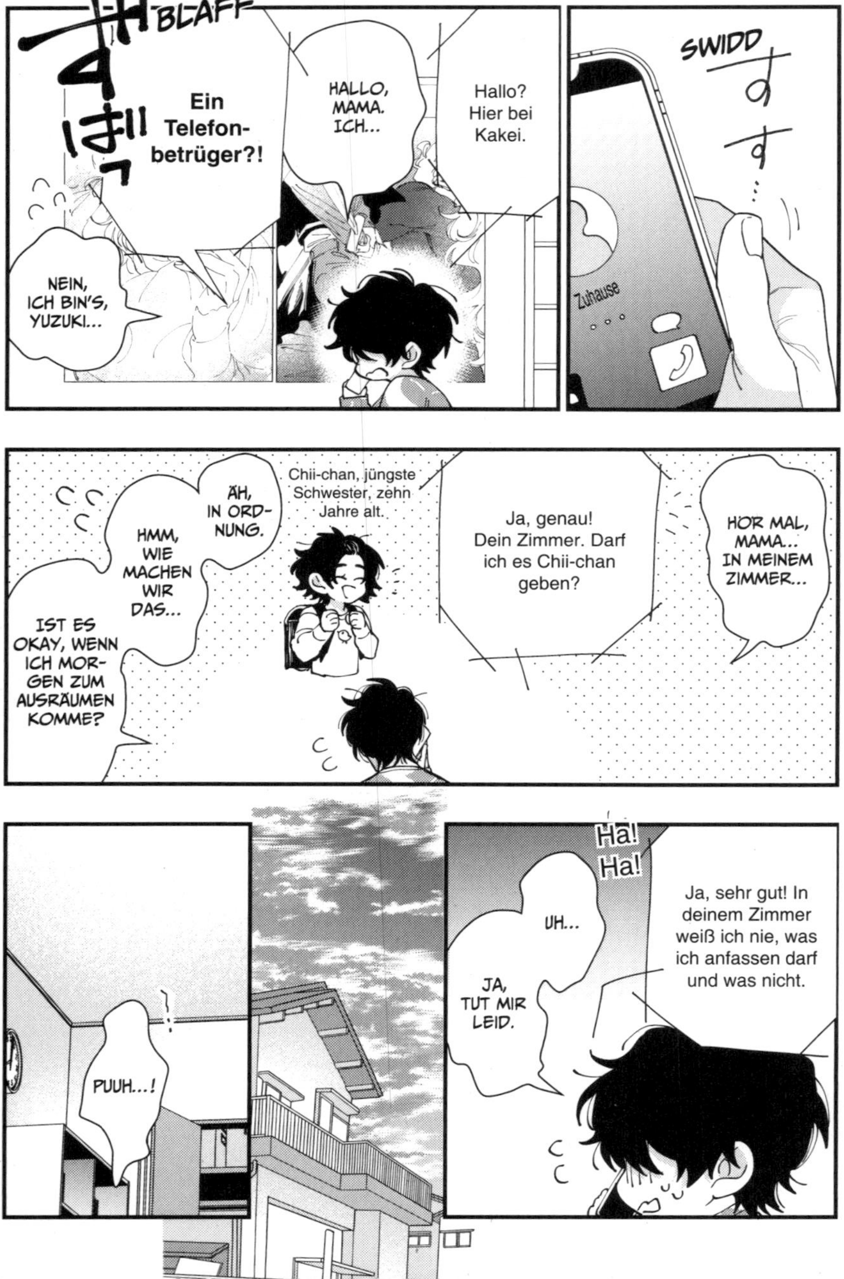

SWIDD
Zuhause
Hallo? Hier bei Kakei.
HALLO, MAMA. ICH...
BLAFF
Ein Telefonbetrüger?!
NEIN, ICH BIN'S, YUZUKI...

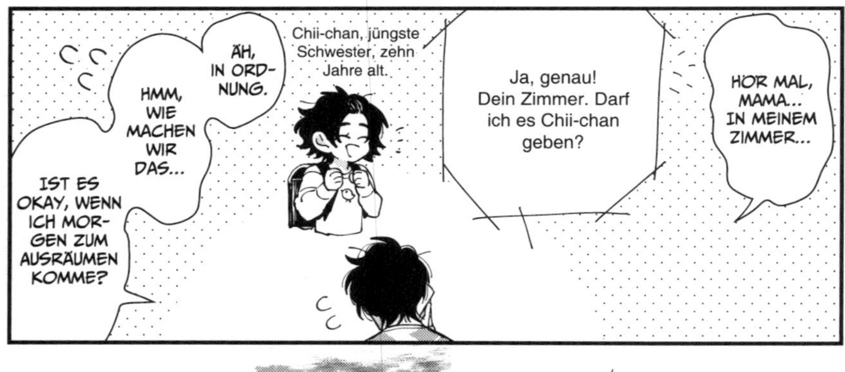

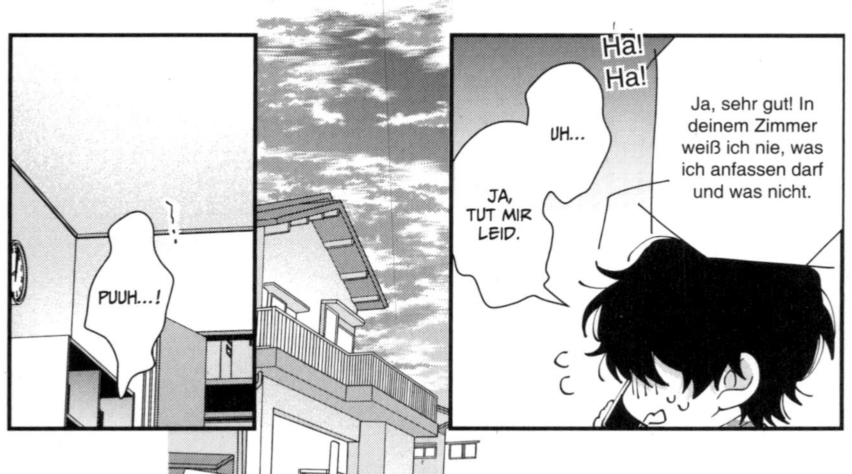

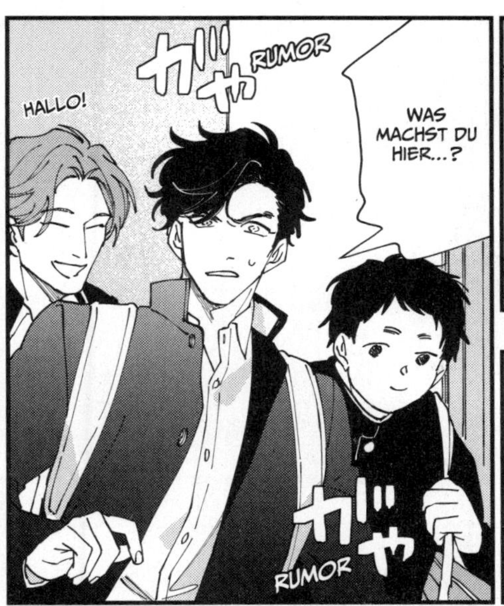
WAS MACHST DU HIER...?
RUMOR
HALLO!
RUMOR
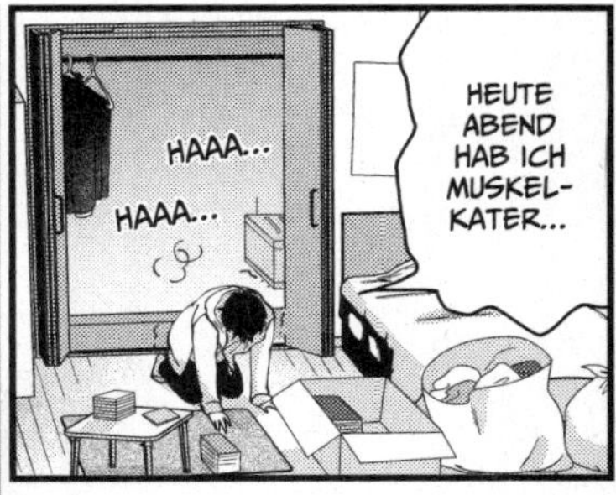
HEUTE ABEND HAB ICH MUSKEL-KATER...
HAAA...
HAAA...
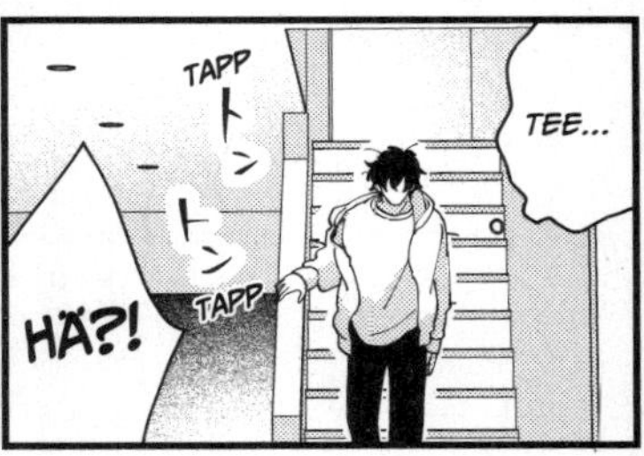
TEE...
TAPP
TAPP
HÄ?!
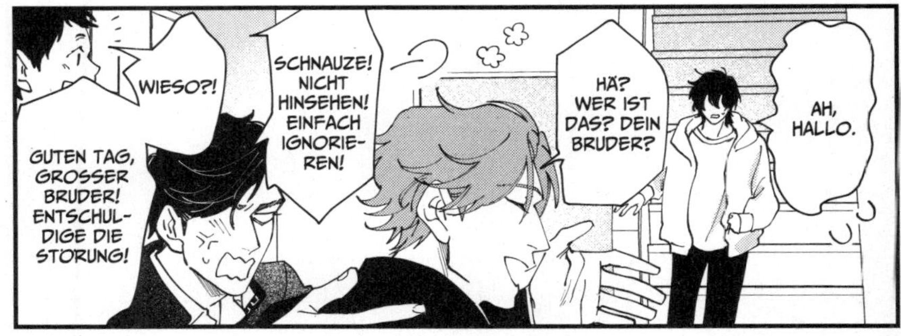
AH, HALLO.
HÄ? WER IST DAS? DEIN BRUDER?
SCHNAUZE! NICHT HINSEHEN! EINFACH IGNORIE-REN!
WIESO?!
GUTEN TAG, GROSSER BRUDER! ENTSCHUL-DIGE DIE STORUNG!
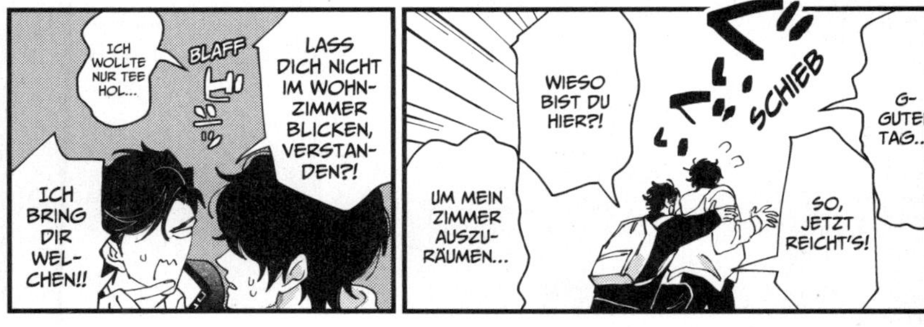
G-GUTEN TAG...
SCHIEB
SO, JETZT REICHT'S!
WIESO BIST DU HIER?!
UM MEIN ZIMMER AUSZU-RÄUMEN...
LASS DICH NICHT IM WOHN-ZIMMER BLICKEN, VERSTAN-DEN?!
BLAFF
ICH WOLLTE NUR TEE HOL...
ICH BRING DIR WEL-CHEN!!

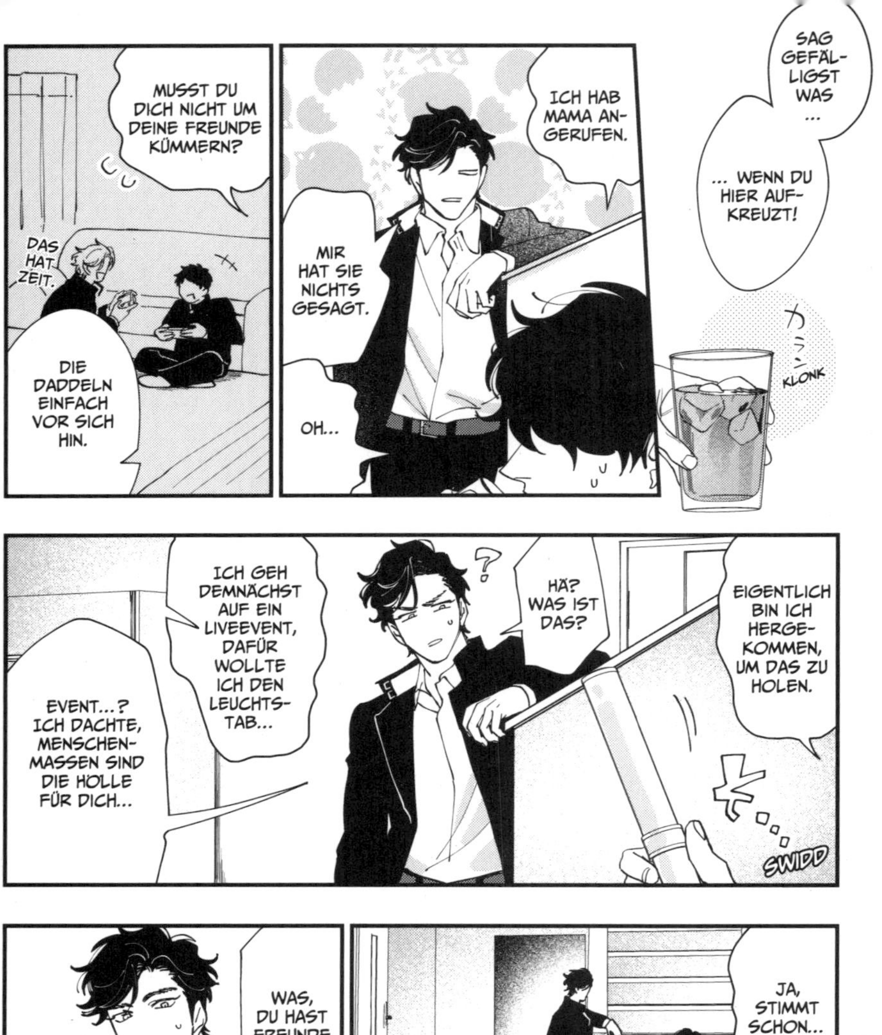

SAG GEFÄLLIGST WAS ...
... WENN DU HIER AUFKREUZT!
KLONK
ICH HAB MAMA ANGERUFEN.
MIR HAT SIE NICHTS GESAGT.
OH...
MUSST DU DICH NICHT UM DEINE FREUNDE KÜMMERN?
DAS HAT ZEIT.
DIE DADDELN EINFACH VOR SICH HIN.

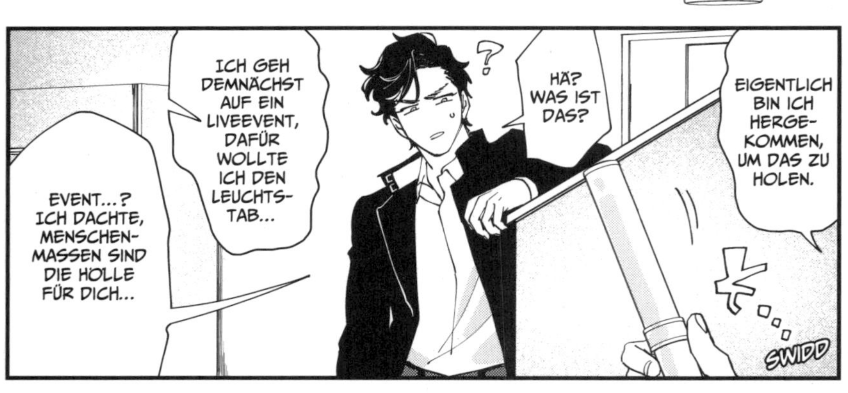

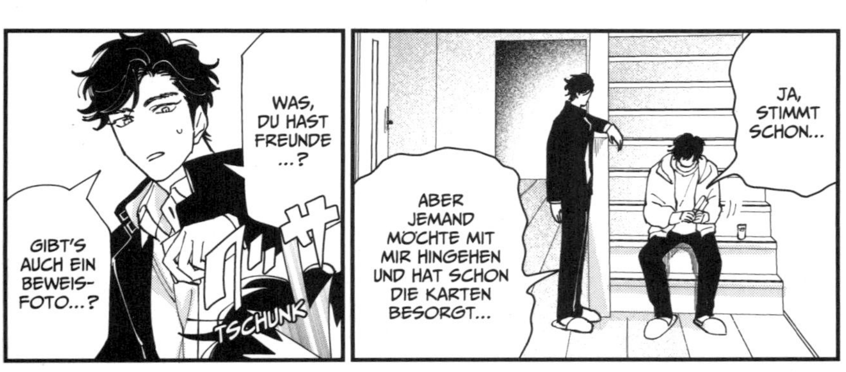

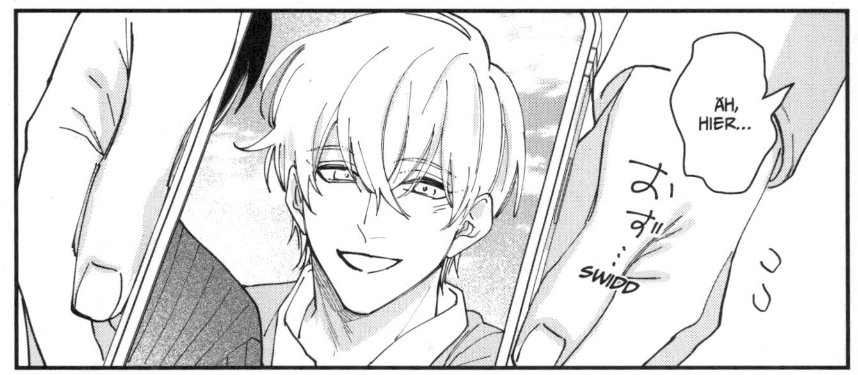

ÄH, HIER...
SWIDD

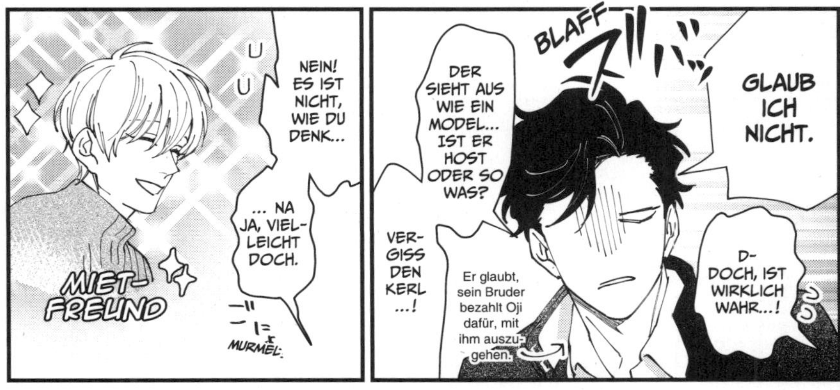

BLAFF
GLAUB ICH NICHT.
DER SIEHT AUS WIE EIN MODEL... IST ER HOST ODER SO WAS?
D-DOCH, IST WIRKLICH WAHR...!
VERGISS DEN KERL ...!
Er glaubt, sein Bruder bezahlt Oji dafür, mit ihm auszugehen.
NEIN! ES IST NICHT, WIE DU DENK...
... NA JA, VIELLEICHT DOCH.
MIET-FREUND
MURMEL

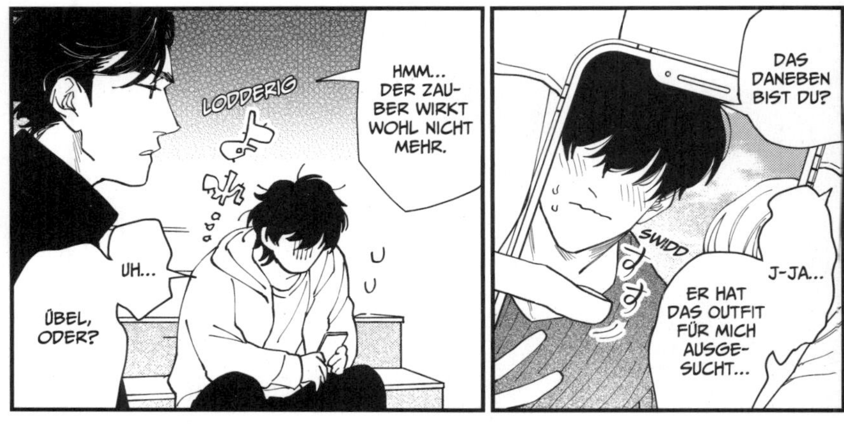

DAS DANEBEN BIST DU?
SWIDD
J-JA...
ER HAT DAS OUTFIT FÜR MICH AUSGESUCHT...
HMM... DER ZAUBER WIRKT WOHL NICHT MEHR.
LODDERIG
UH...
ÜBEL, ODER?

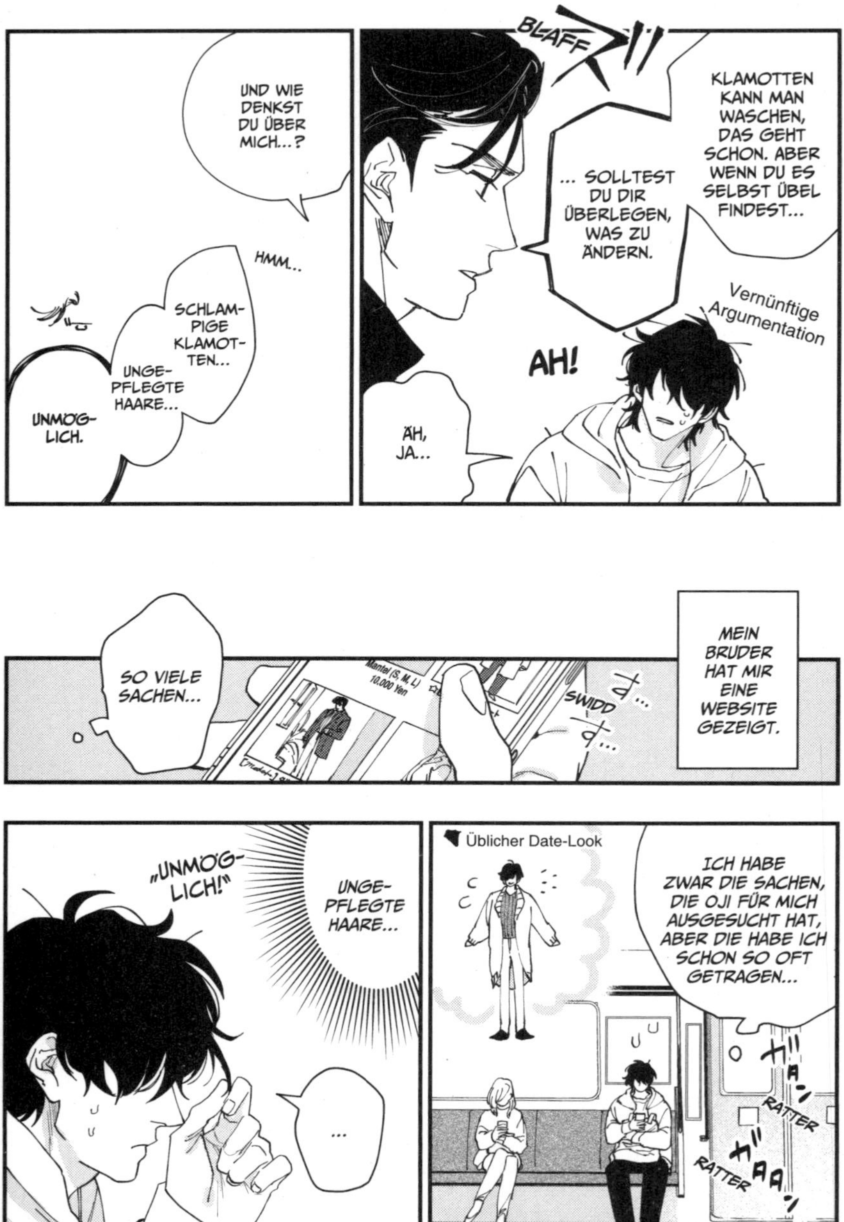

BLAFF
KLAMOTTEN KANN MAN WASCHEN, DAS GEHT SCHON. ABER WENN DU ES SELBST ÜBEL FINDEST...
... SOLLTEST DU DIR ÜBERLEGEN, WAS ZU ÄNDERN.
Vernünftige Argumentation
AH!
ÄH, JA...
UND WIE DENKST DU ÜBER MICH...?
HMM...
SCHLAMPIGE KLAMOTTEN...
UNGEPFLEGTE HAARE...
UNMÖGLICH.

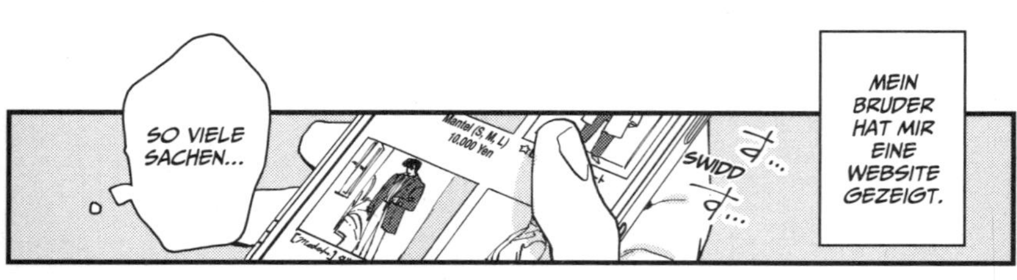

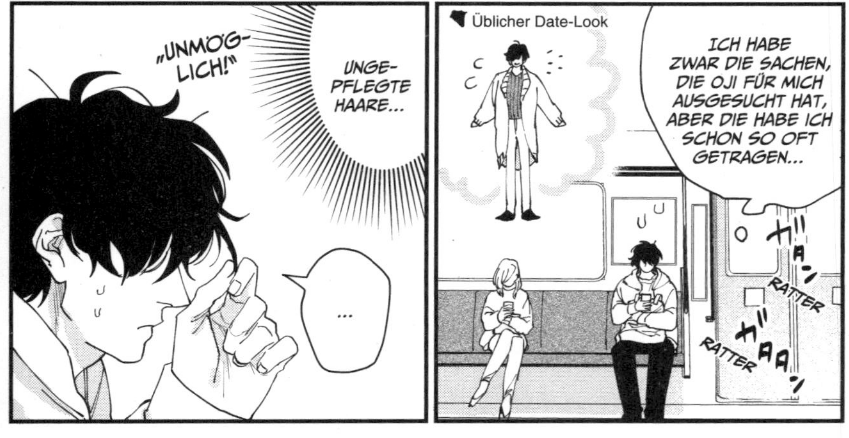

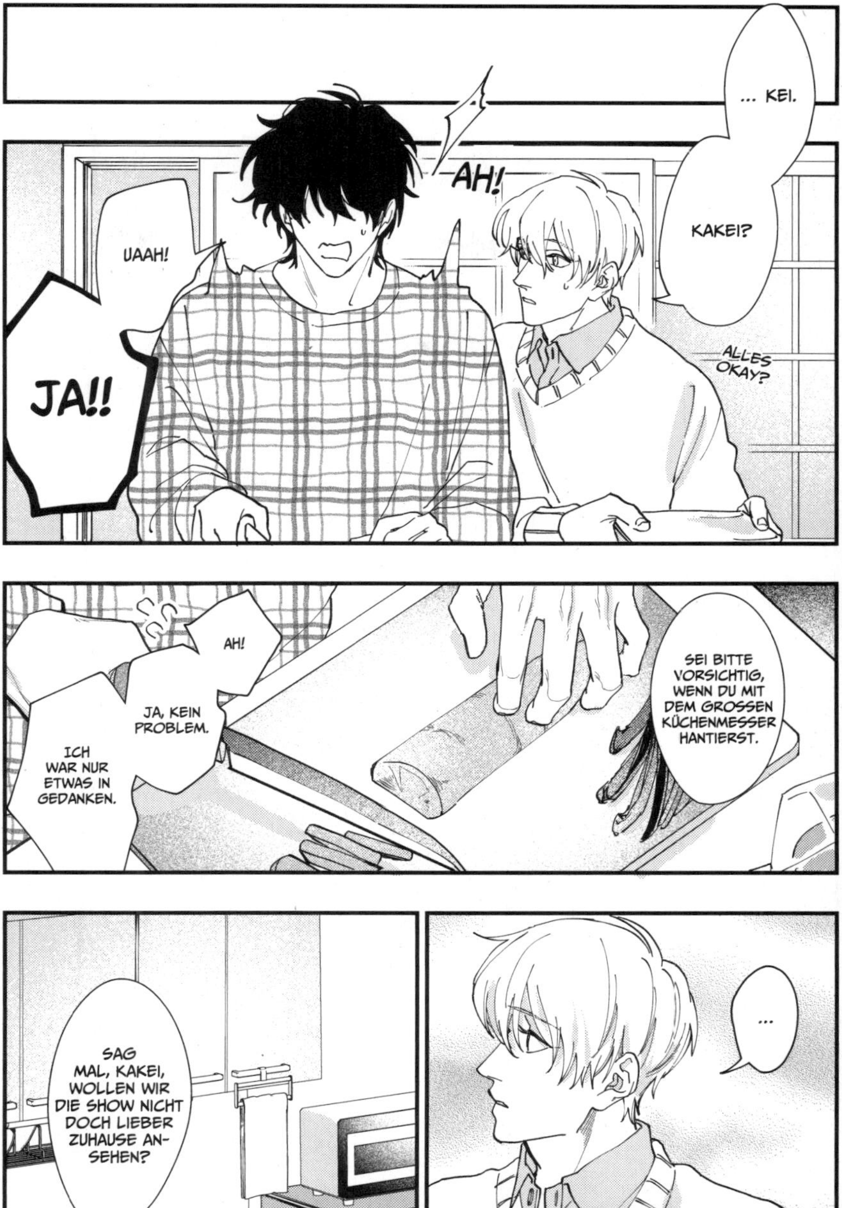

... KEI.
KAKEI?
ALLES OKAY?
AH!
UAAH!
JA!!

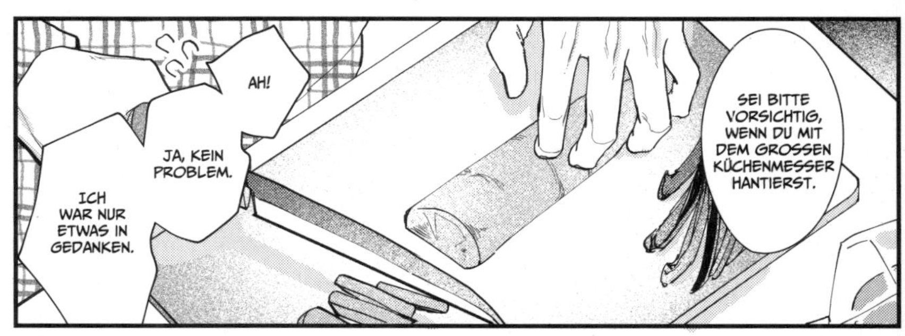

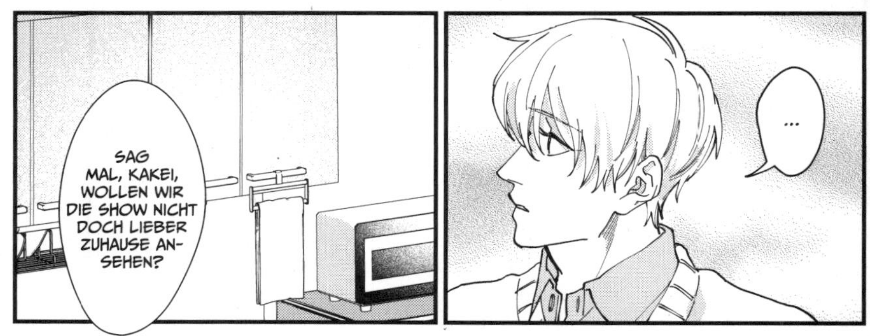

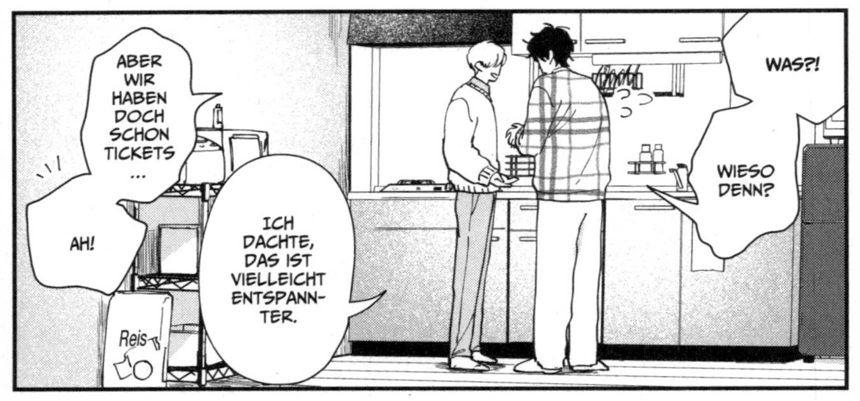
WAS?!
WIESO DENN?
ICH DACHTE, DAS IST VIELLEICHT ENTSPANNTER.
ABER WIR HABEN DOCH SCHON TICKETS ...
AH!
Reis

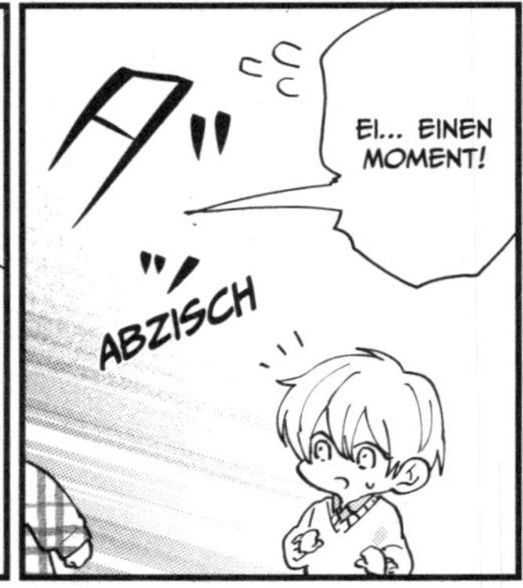
EI... EINEN MOMENT!
ABZISCH

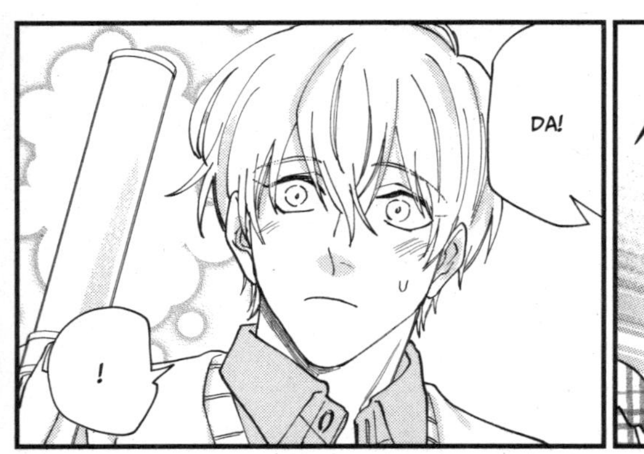
DA!
!

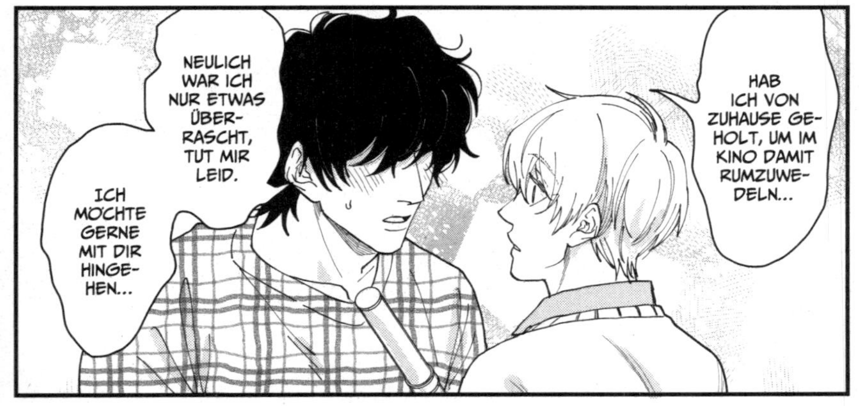
HAB ICH VON ZUHAUSE GEHOLT, UM IM KINO DAMIT RUMZUWEDELN...
NEULICH WAR ICH NUR ETWAS ÜBERRASCHT, TUT MIR LEID.
ICH MÖCHTE GERNE MIT DIR HINGEHEN...

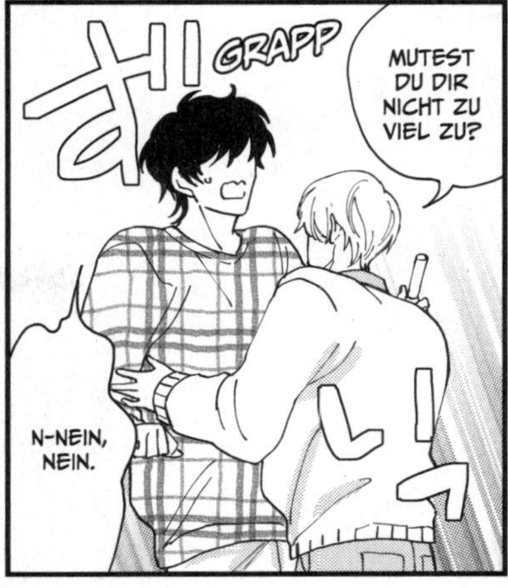
GRAPP
MUTEST DU DIR NICHT ZU VIEL ZU?
N-NEIN, NEIN.

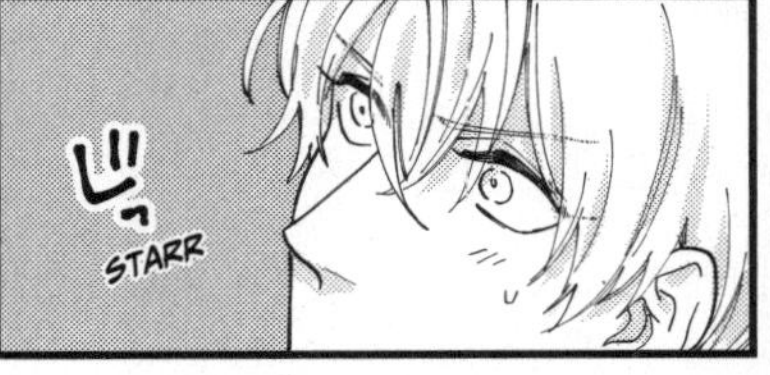
STARR

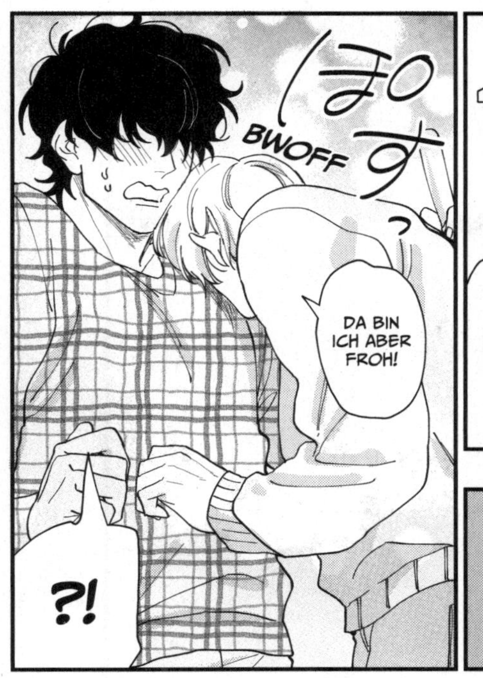
BWOFF
DA BIN ICH ABER FROH!
?!

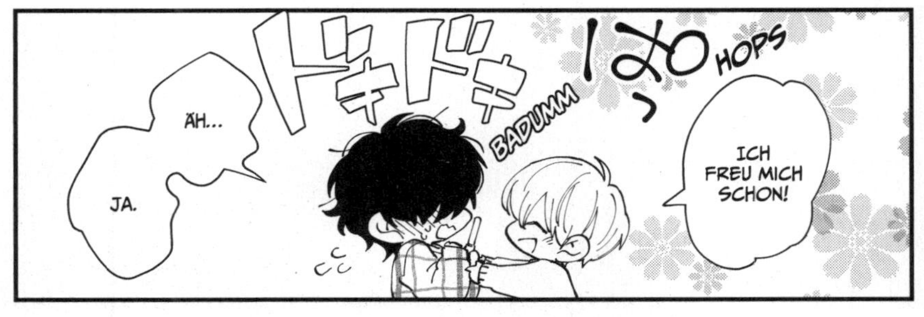
HOPS
BADUMM
ICH FREU MICH SCHON!
ÄH...
JA.

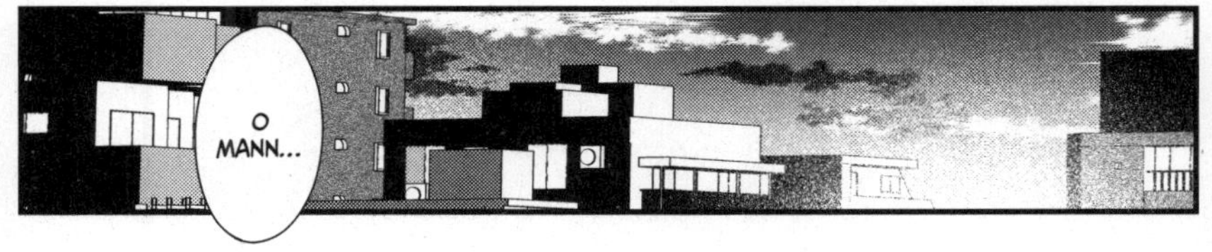
O MANN...

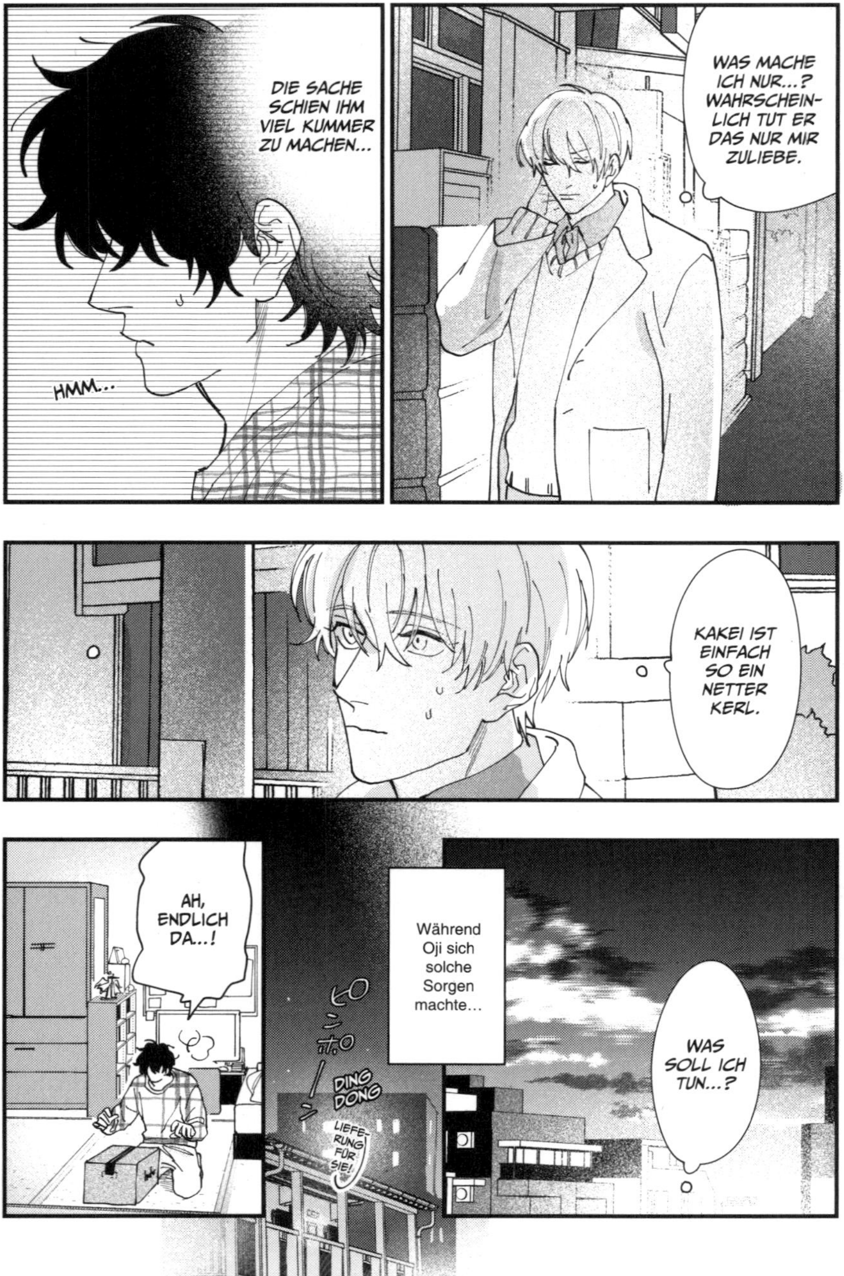

WAS MACHE ICH NUR...? WAHRSCHEINLICH TUT ER DAS NUR MIR ZULIEBE.
DIE SACHE SCHIEN IHM VIEL KUMMER ZU MACHEN...
HMM...

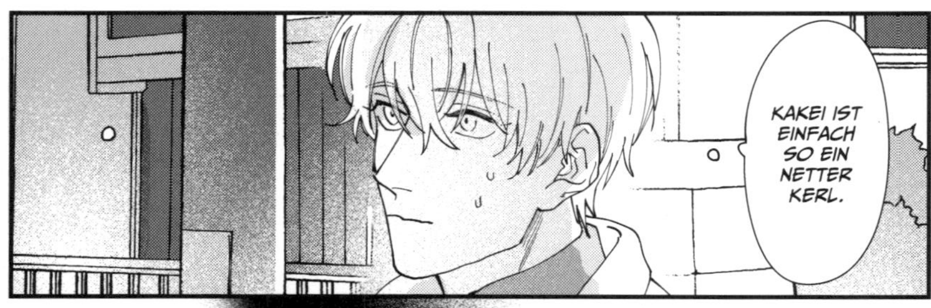

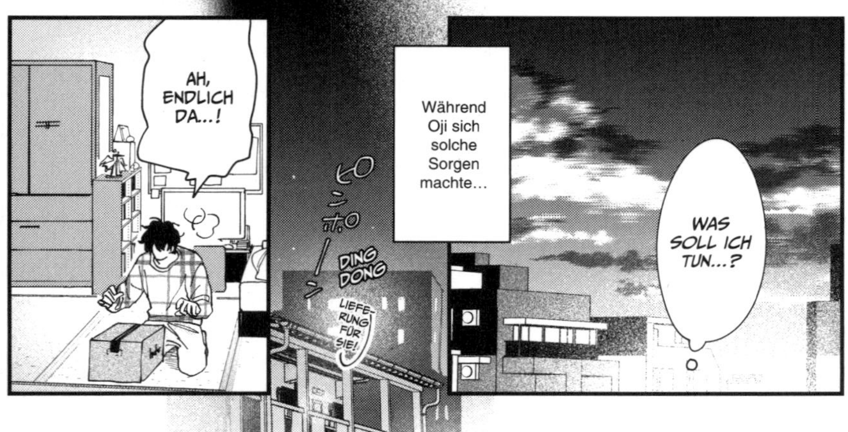

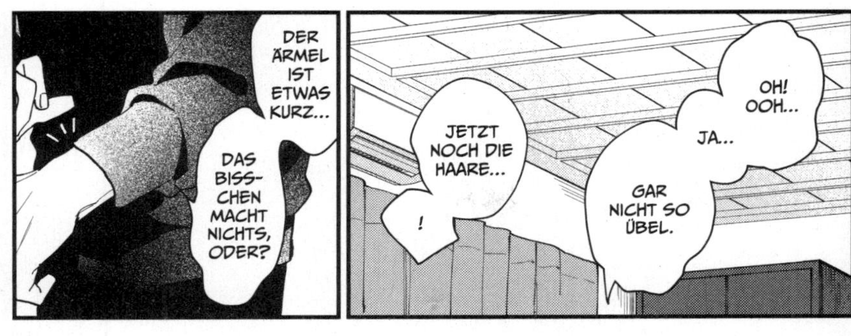

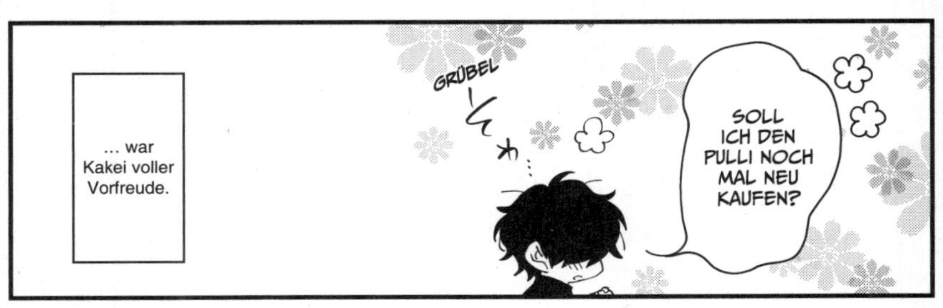

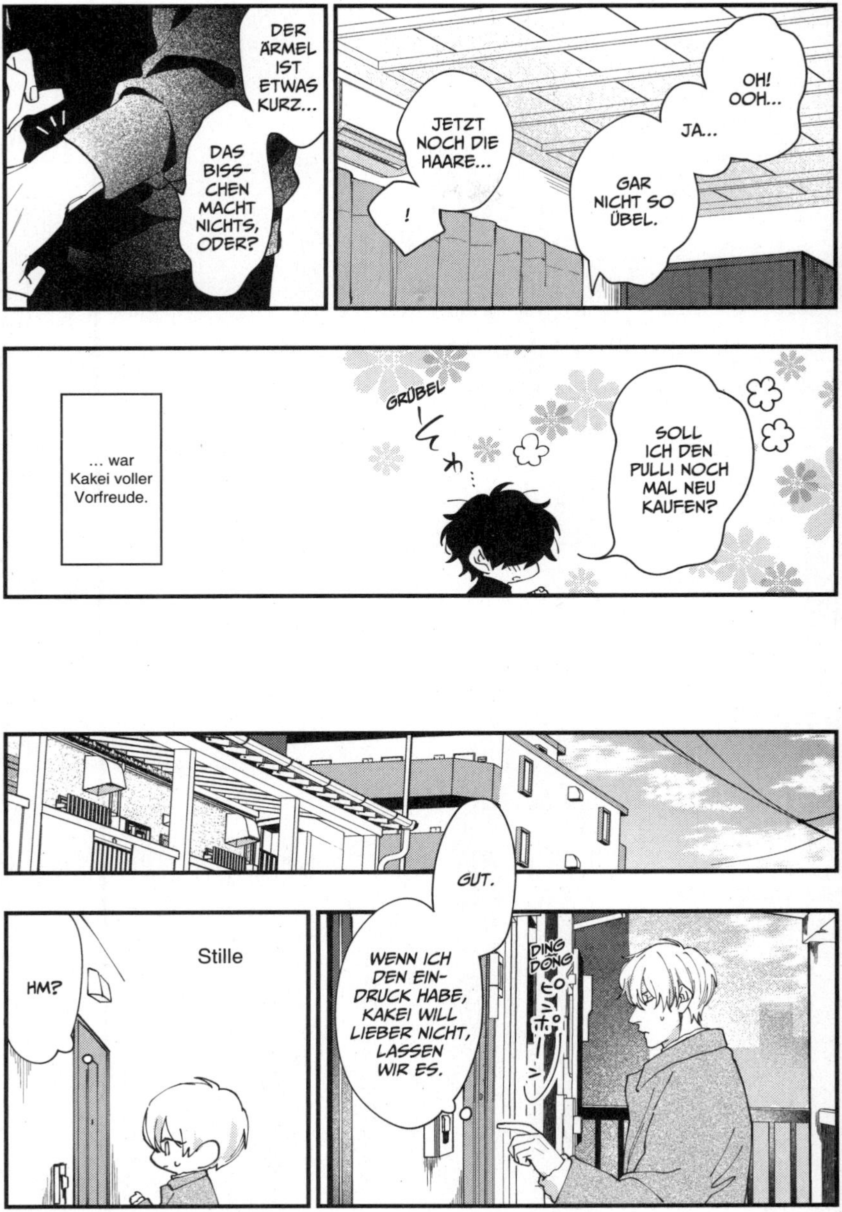

GUT.

WENN ICH DEN EIN-DRUCK HABE, KAKEI WILL LIEBER NICHT, LASSEN WIR ES.

DING DONG

Stille

HM?

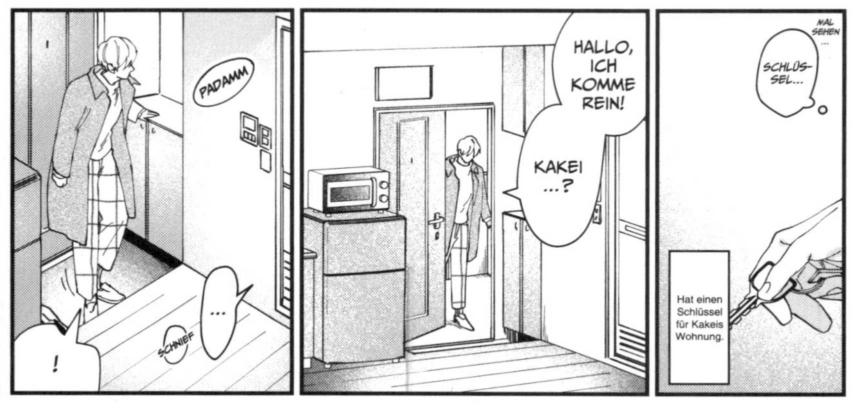
MAL SEHEN ...
SCHLÜS-SEL...
Hat einen Schlüssel für Kakeis Wohnung.
HALLO, ICH KOMME REIN!
KAKEI ...?
PADAMM
...
SCHNIEF
!

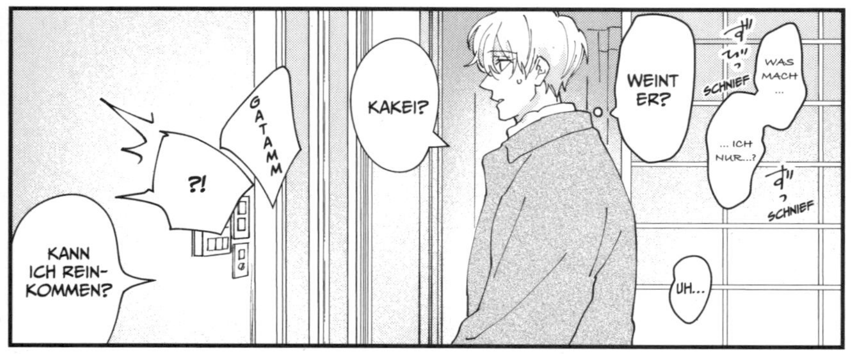
WAS MACH ...
... ICH NUR...?
SCHNIEF
SCHNIEF
WEINT ER?
UH...
KAKEI?
GATAMM
?!
KANN ICH REIN-KOMMEN?

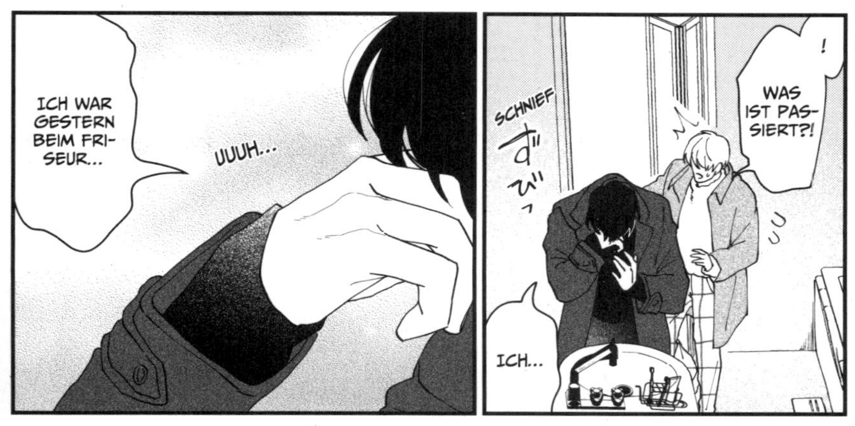
!
WAS IST PAS-SIERT?!
SCHNIEF
ICH...
UUUH...
ICH WAR GESTERN BEIM FRI-SEUR...

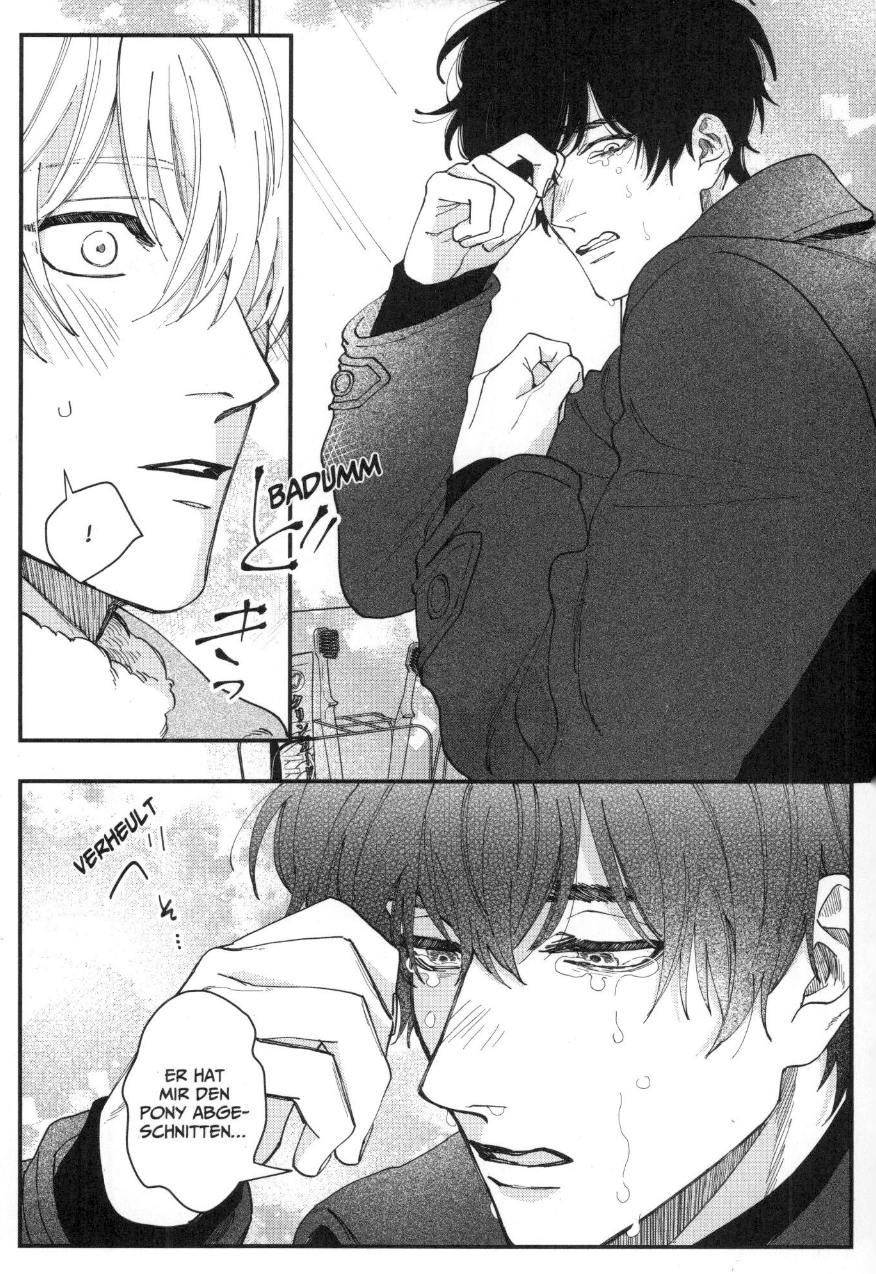
BADUMM
!
VERHEULT
ER HAT MIR DEN PONY ABGE-SCHNITTEN...

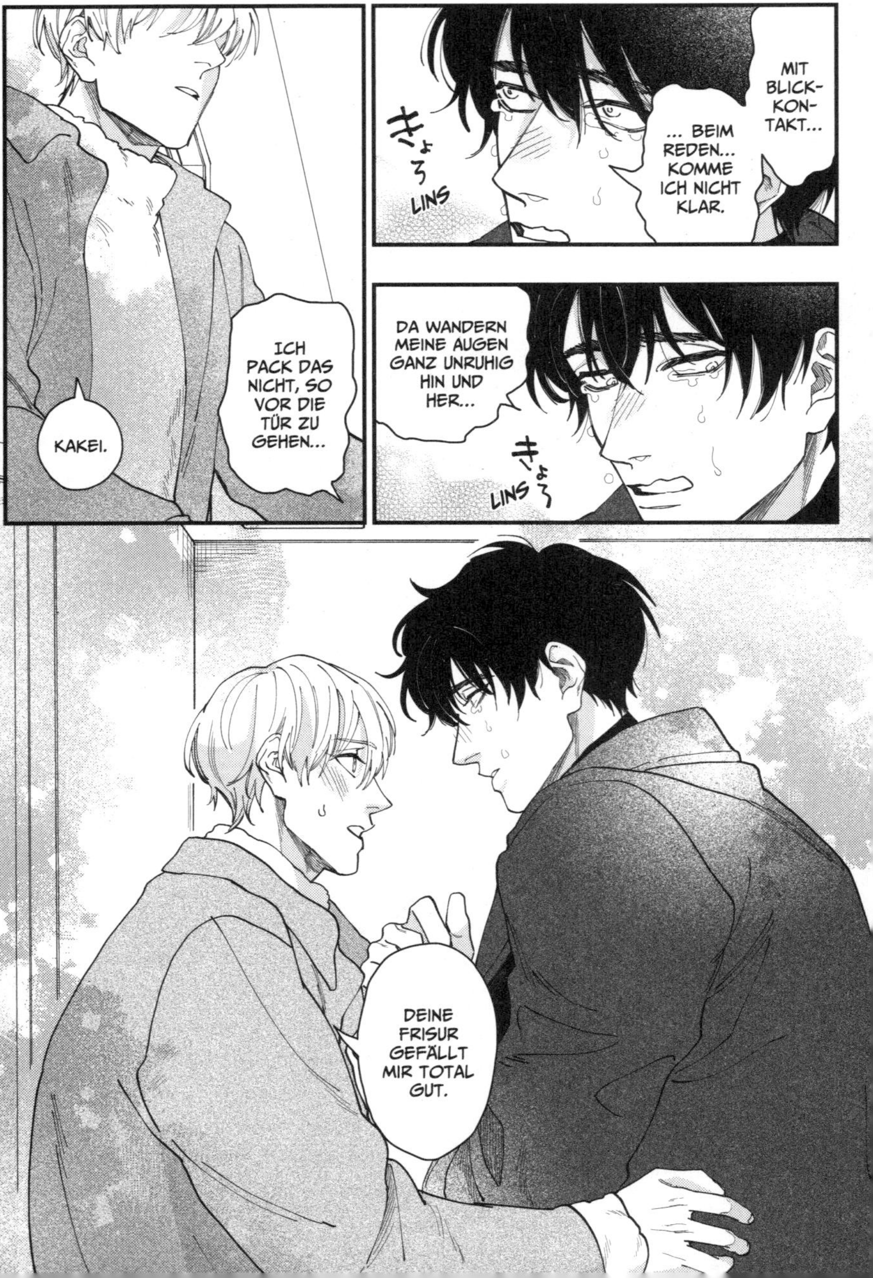

MIT BLICK-KONTAKT...
... BEIM REDEN... KOMME ICH NICHT KLAR.
きょろ LINS
DA WANDERN MEINE AUGEN GANZ UNRUHIG HIN UND HER...
きょろ LINS
ICH PACK DAS NICHT, SO VOR DIE TÜR ZU GEHEN...
KAKEI.
DEINE FRISUR GEFÄLLT MIR TOTAL GUT.

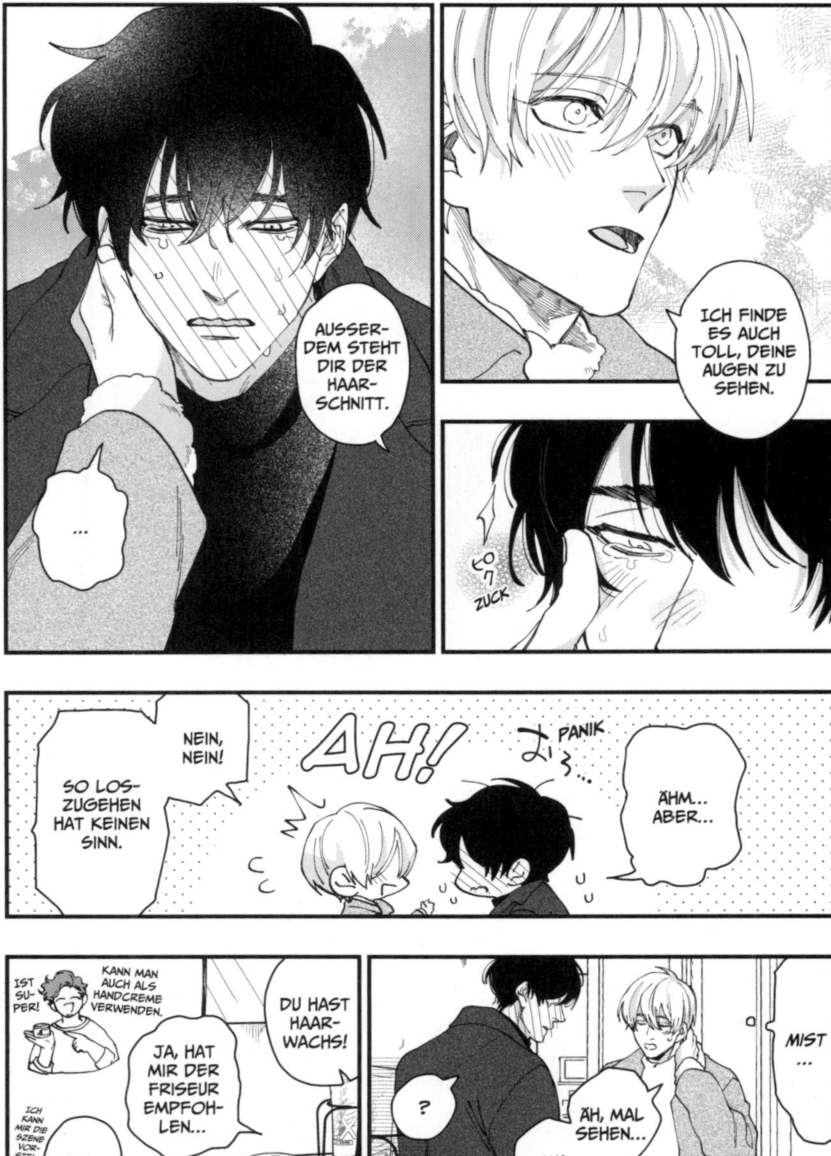

ICH FINDE ES AUCH TOLL, DEINE AUGEN ZU SEHEN.

ZUCK

AUSSERDEM STEHT DIR DER HAARSCHNITT.

...

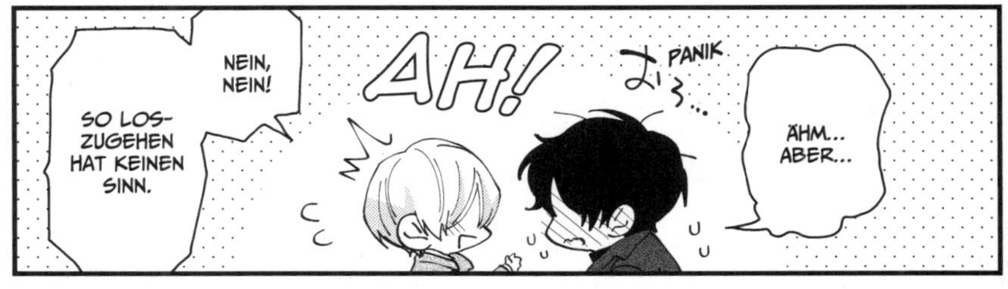

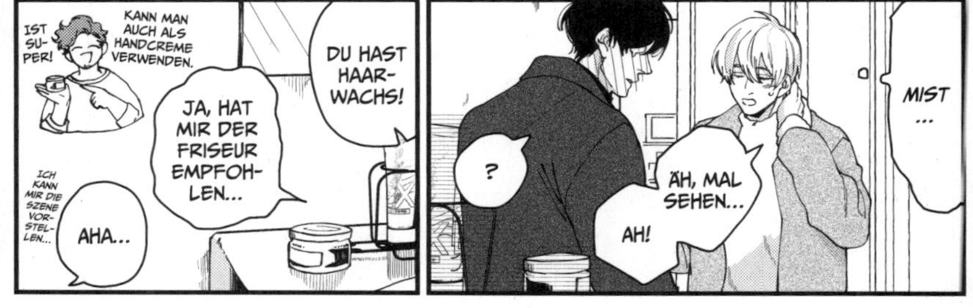

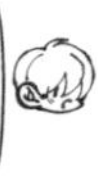
VIELLEICHT KRIEGEN WIR DAS IRGENDWIE HIN.
KANNST DU DICH EIN BISSCHEN VORBEUGEN?
MACH BITTE DIE AUGEN ZU...

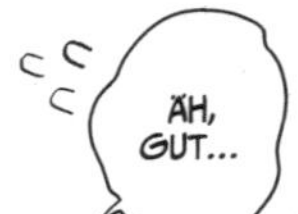
ÄH, GUT...

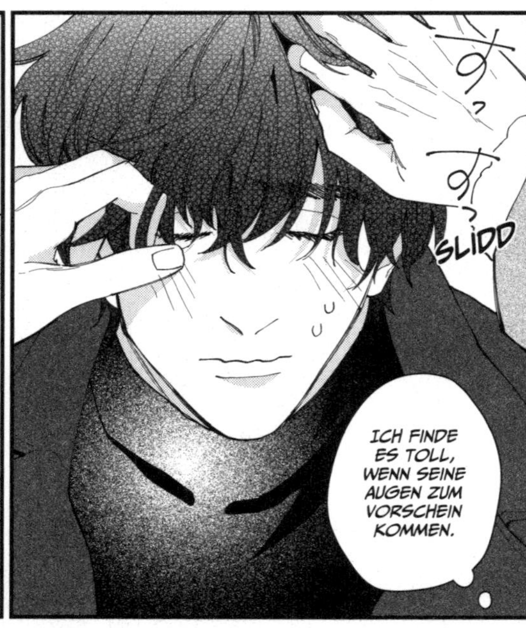
SLIDD
ICH FINDE ES TOLL, WENN SEINE AUGEN ZUM VORSCHEIN KOMMEN.

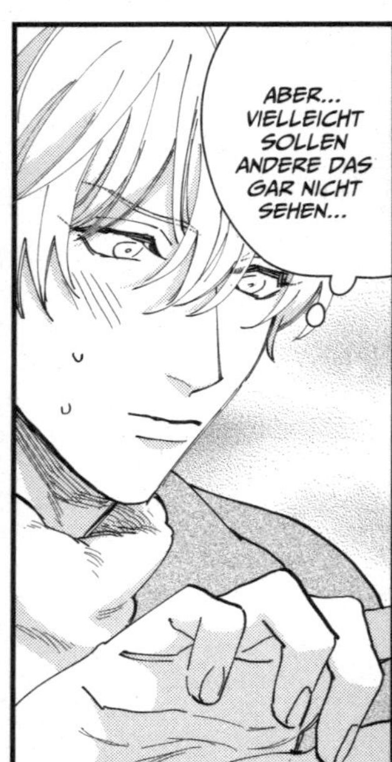
ABER... VIELLEICHT SOLLEN ANDERE DAS GAR NICHT SEHEN...

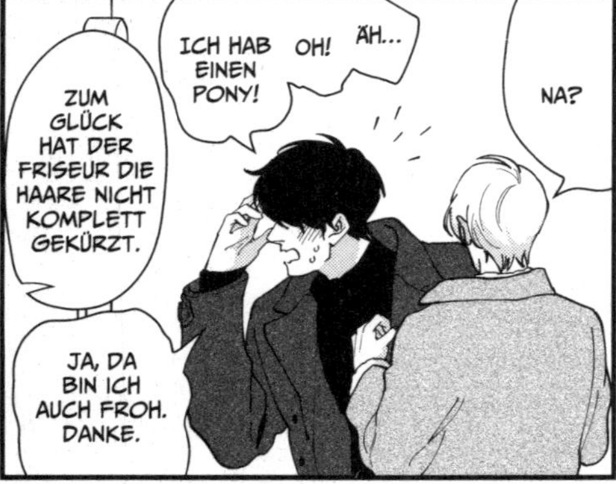
NA?
ÄH...
OH!
ICH HAB EINEN PONY!
ZUM GLÜCK HAT DER FRISEUR DIE HAARE NICHT KOMPLETT GEKÜRZT.
JA, DA BIN ICH AUCH FROH. DANKE.

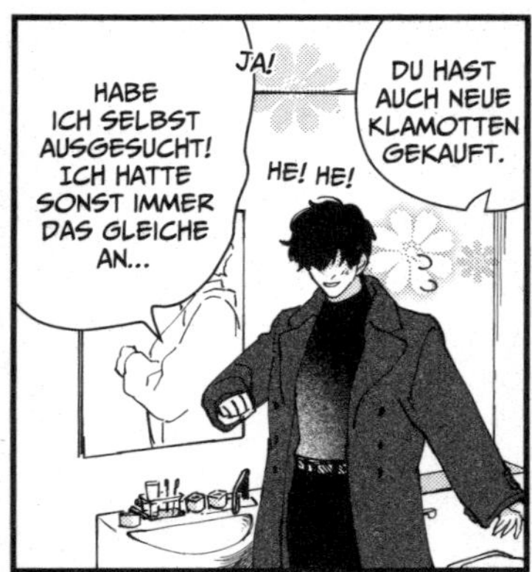
DU HAST AUCH NEUE KLAMOTTEN GEKAUFT.
JA!
HABE ICH SELBST AUSGESUCHT! ICH HATTE SONST IMMER DAS GLEICHE AN...
HE! HE!

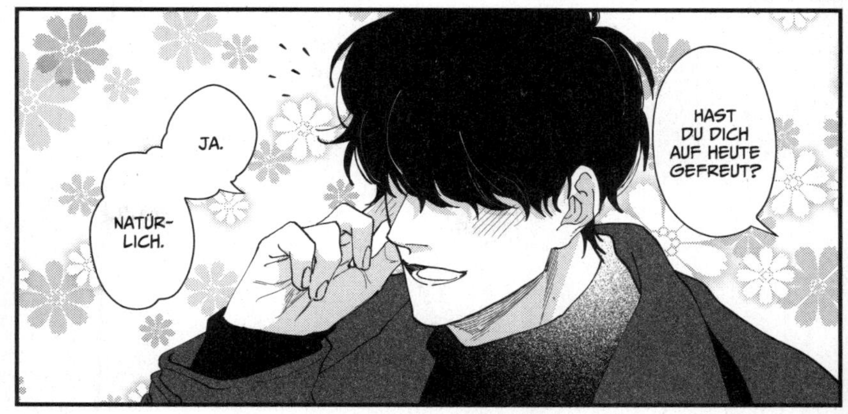
HAST
DU DICH
AUF HEUTE
GEFREUT?
JA.
NATÜR-
LICH.

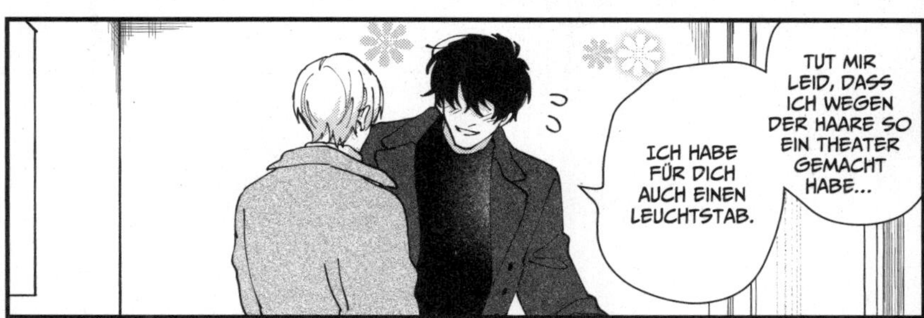
TUT MIR
LEID, DASS
ICH WEGEN
DER HAARE SO
EIN THEATER
GEMACHT
HABE...
ICH HABE
FÜR DICH
AUCH EINEN
LEUCHTSTAB.

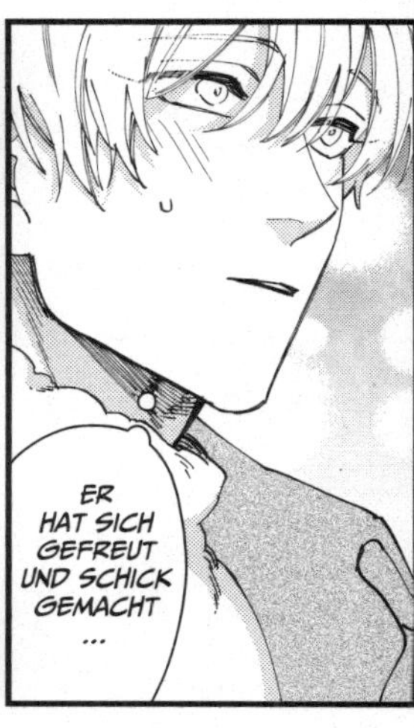
ER
HAT SICH
GEFREUT
UND SCHICK
GEMACHT
...

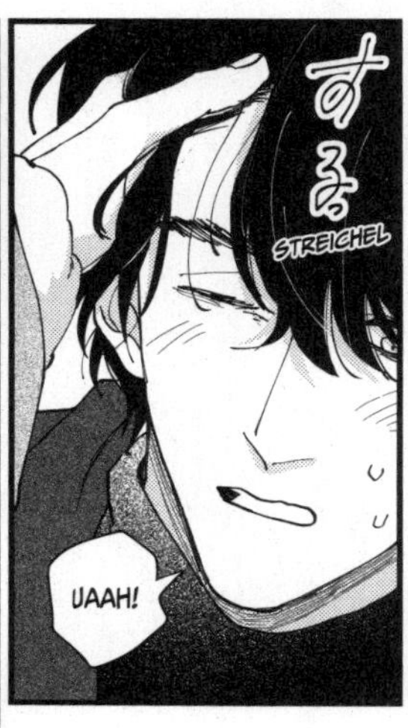
すっ
STREICHEL
UAAH!

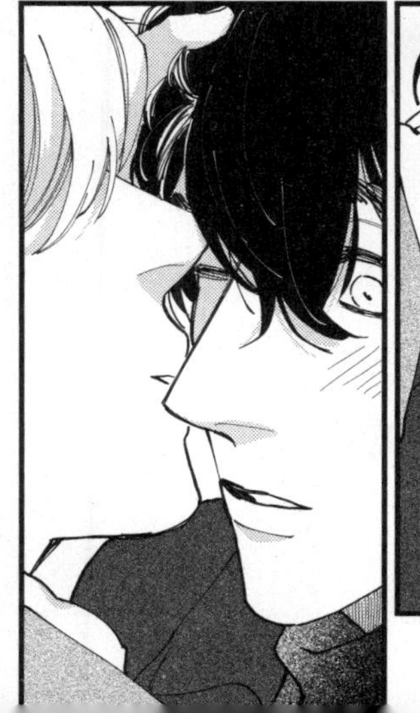

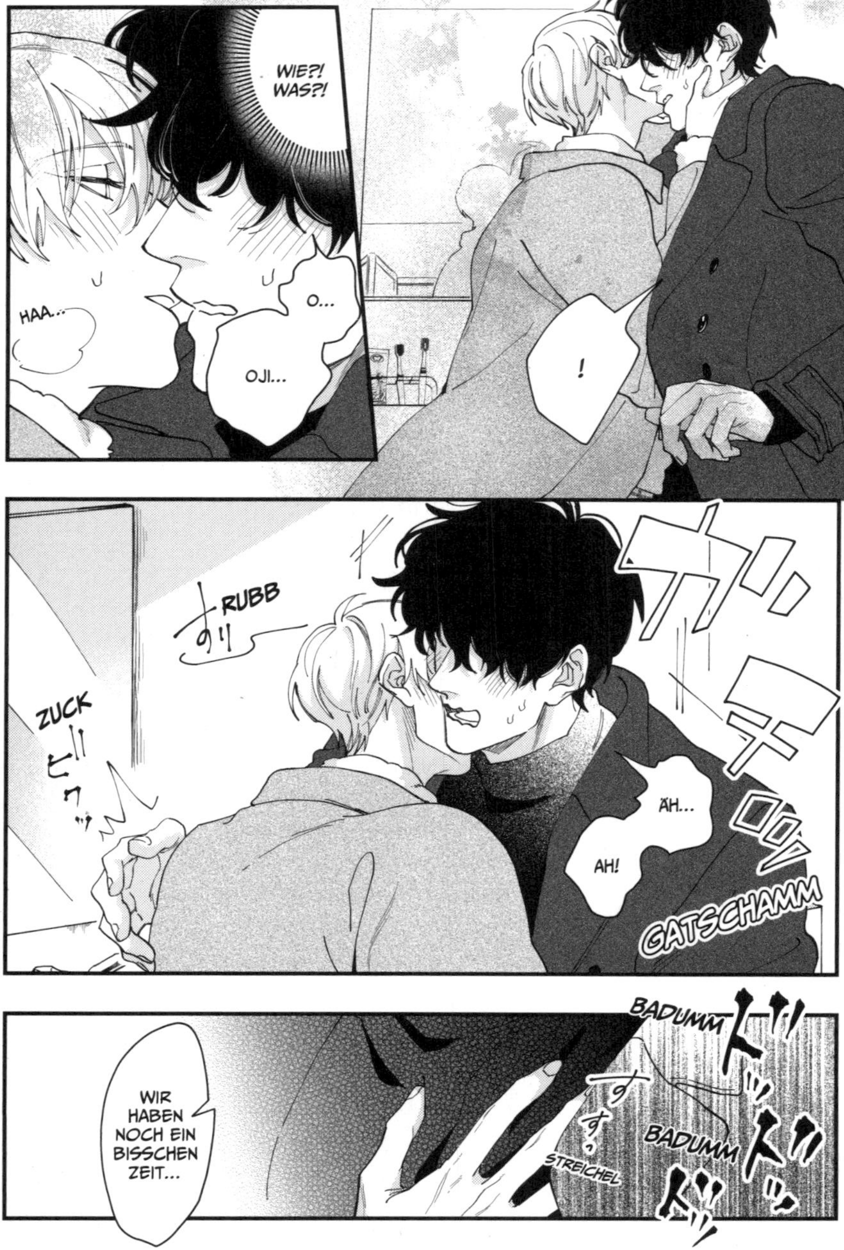

!

WIE?! WAS?!

O...
OJI...

HAA...

GATSCHAMM

ÄH...
AH!

RUBB

ZUCK

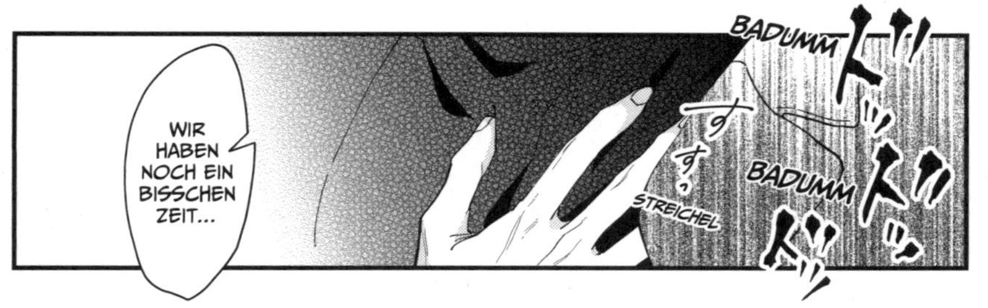

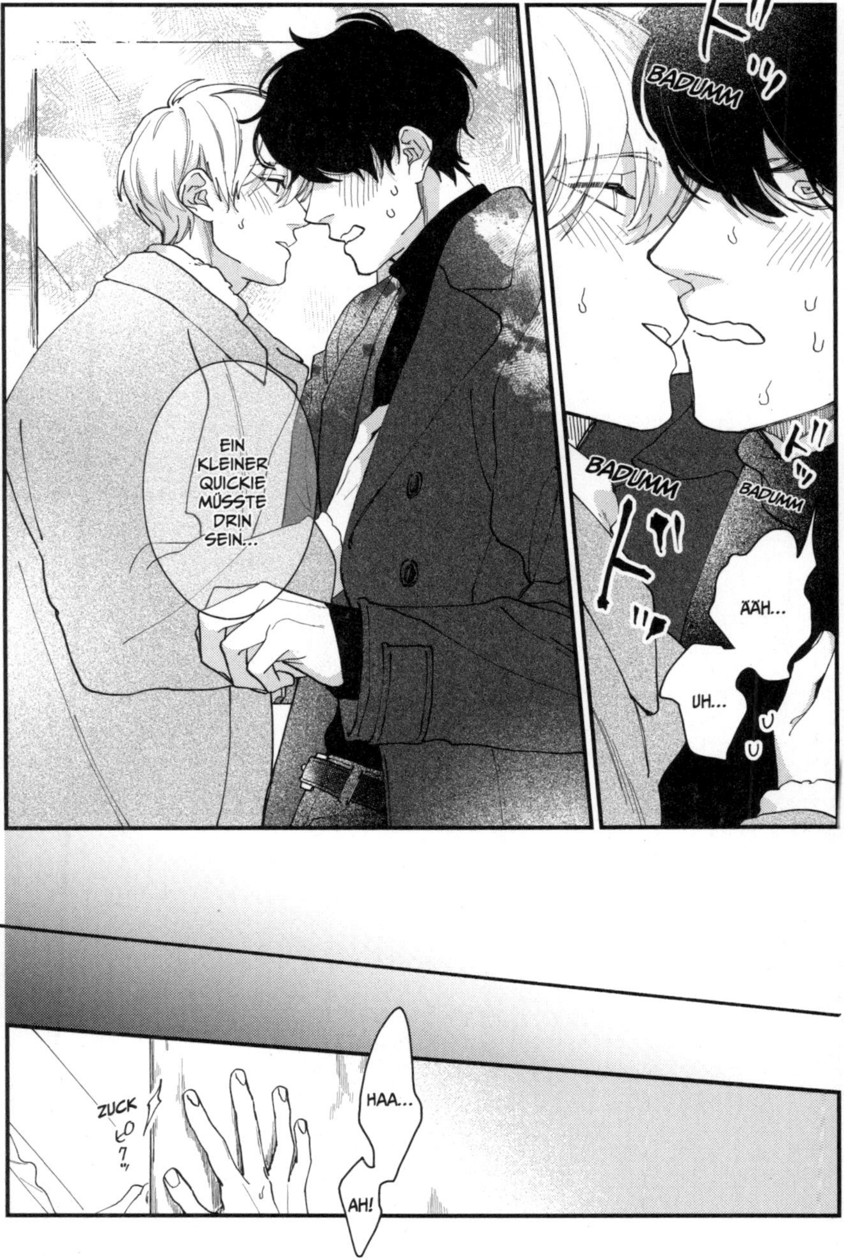

BADUMM
BADUMM
BADUMM
ÄÄH...
UH...
EIN KLEINER QUICKIE MÜSSTE DRIN SEIN...

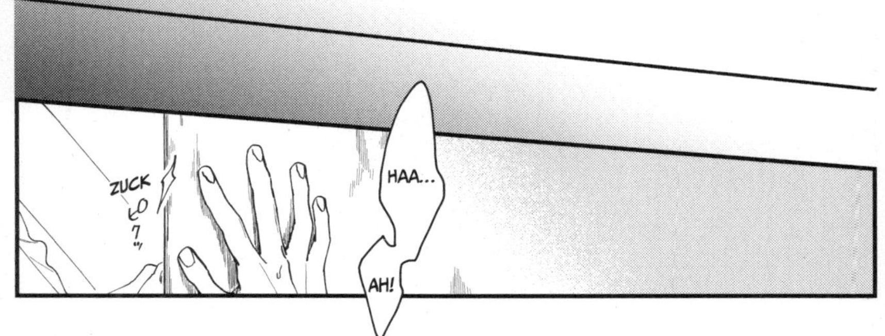

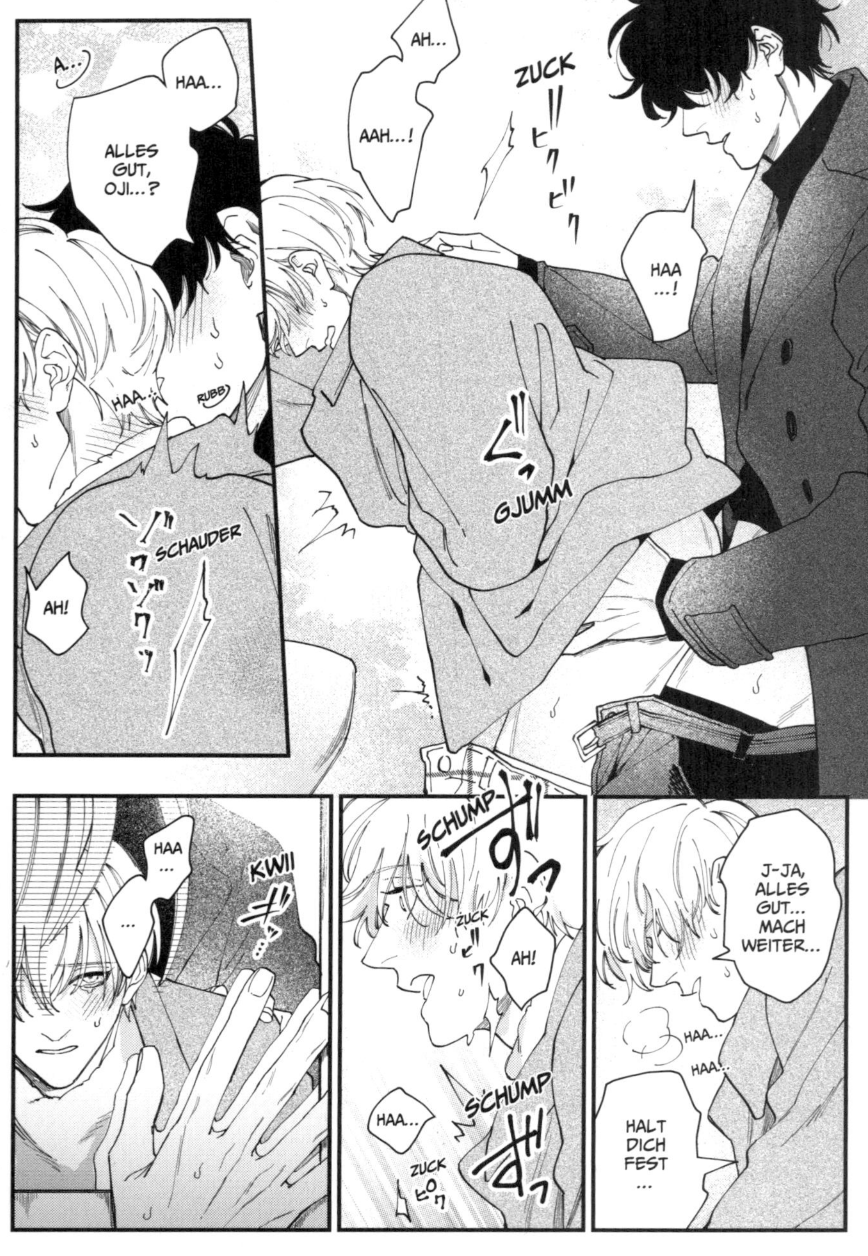

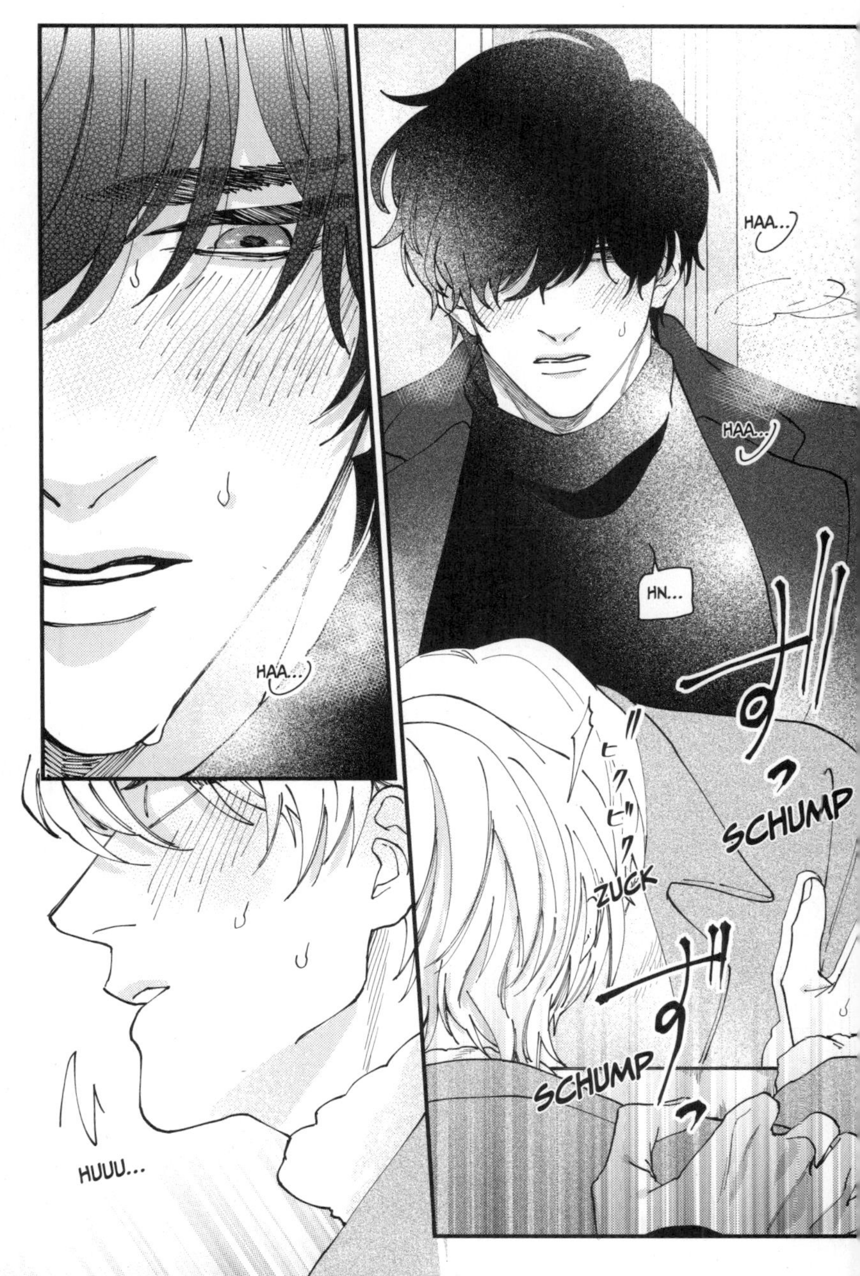

HAA...
HAA...
HN...
SCHUMP
ZUCK
SCHUMP
HAA...
HUUU...

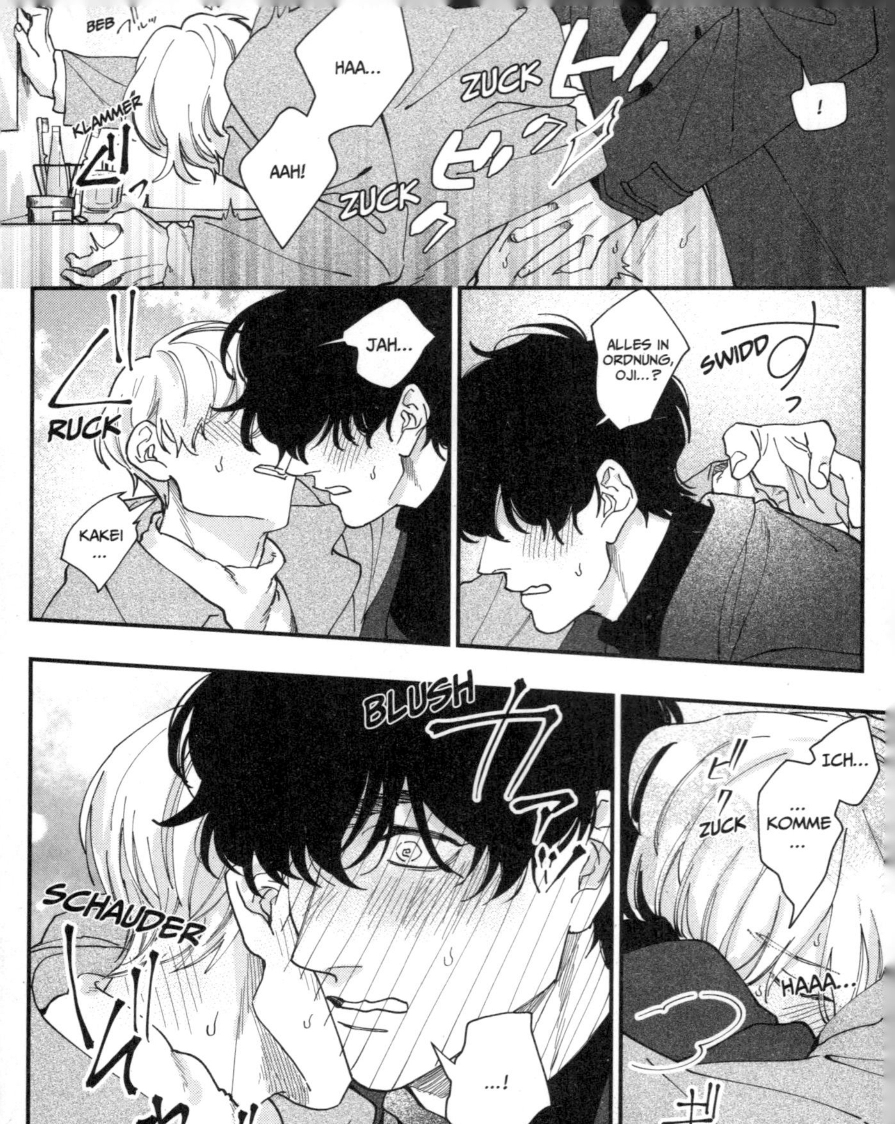
!
ZUCK
ZUCK
HAA...
AAH!
KLAMMER
BEB
JAH...
RUCK
KAKEI ...
ALLES IN ORDNUNG, OJI...?
SWIDD
BLUSH
...!
SCHAUDER
ICH...
... KOMME ...
ZUCK
HAAA...
HAAA...
KLAMMER

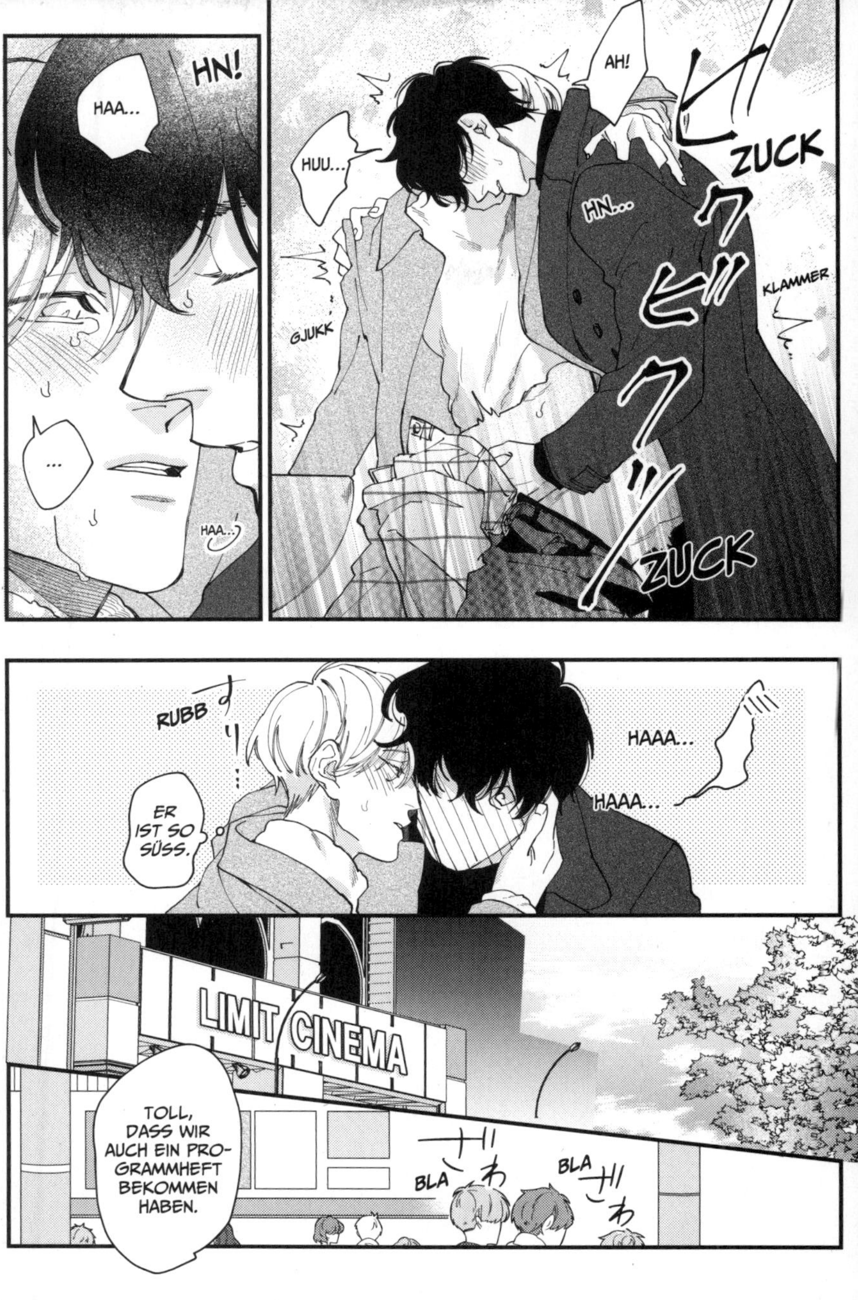

AH!
ZUCK
HN...
KLAMMER
HUU...
GJUKK
ZUCK
HN!
HAA...
...
HAA...
HAAA...
HAAA...
ER IST SO SÜSS.
RUBB
LIMIT CINEMA
TOLL, DASS WIR AUCH EIN PRO-GRAMMHEFT BEKOMMEN HABEN.
BLA
BLA

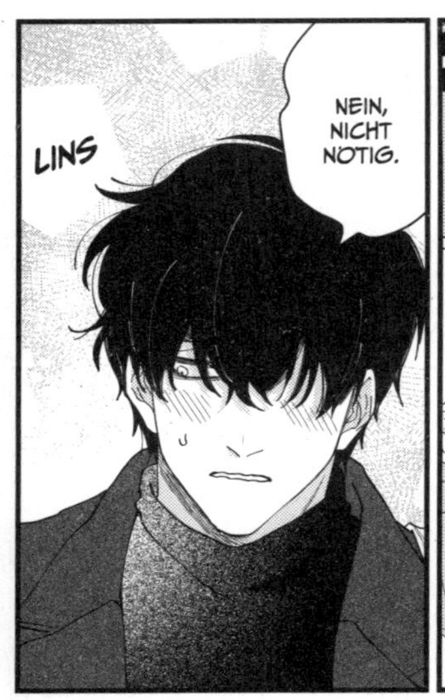
LINS
NEIN, NICHT NÖTIG.

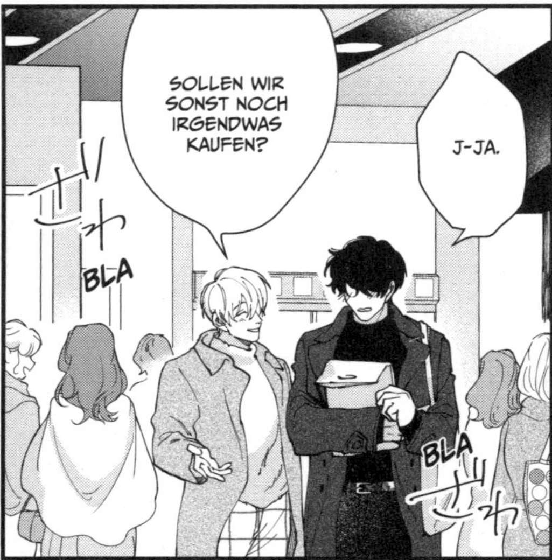
J-JA.
SOLLEN WIR SONST NOCH IRGENDWAS KAUFEN?
BLA
BLA

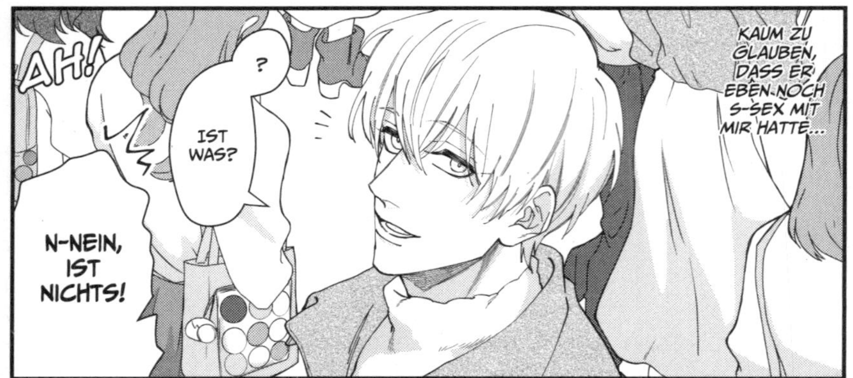
KAUM ZU GLAUBEN, DASS ER EBEN NOCH S-SEX MIT MIR HATTE...
?
IST WAS?
AH!
N-NEIN, IST NICHTS!

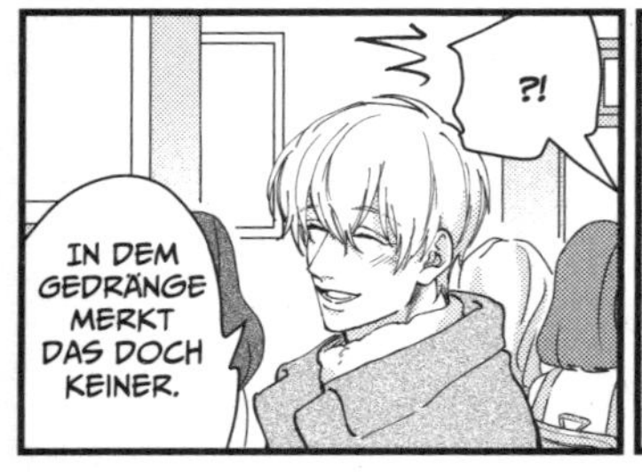
?!
IN DEM GEDRÄNGE MERKT DAS DOCH KEINER.

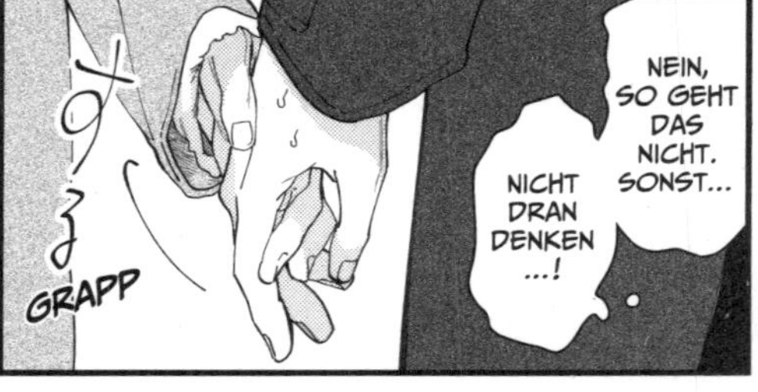
NEIN, SO GEHT DAS NICHT. SONST...
NICHT DRAN DENKEN ...!
GRAPP

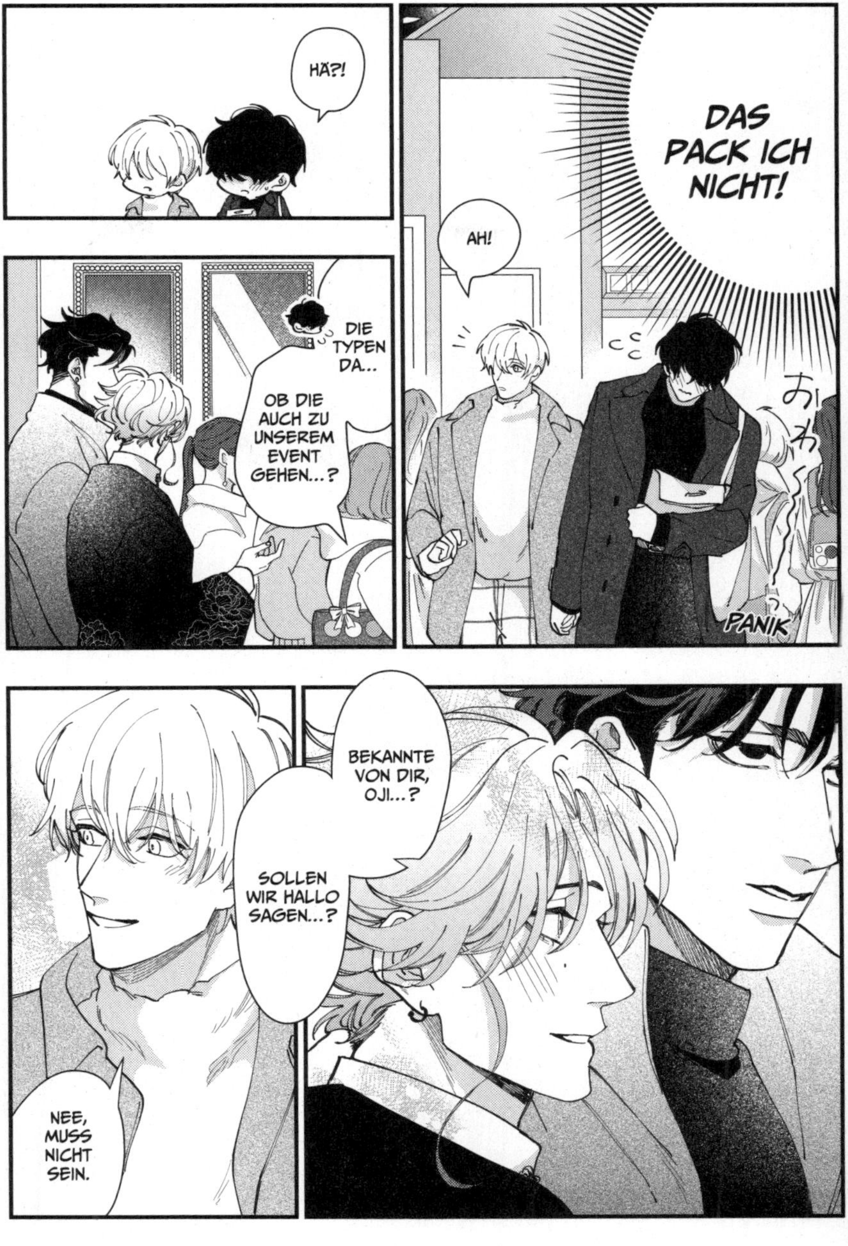

AH!

DAS PACK ICH NICHT!

PANIK

HÄ?!

DIE TYPEN DA...

OB DIE AUCH ZU UNSEREM EVENT GEHEN...?

BEKANNTE VON DIR, OJI...?

SOLLEN WIR HALLO SAGEN...?

NEE, MUSS NICHT SEIN.

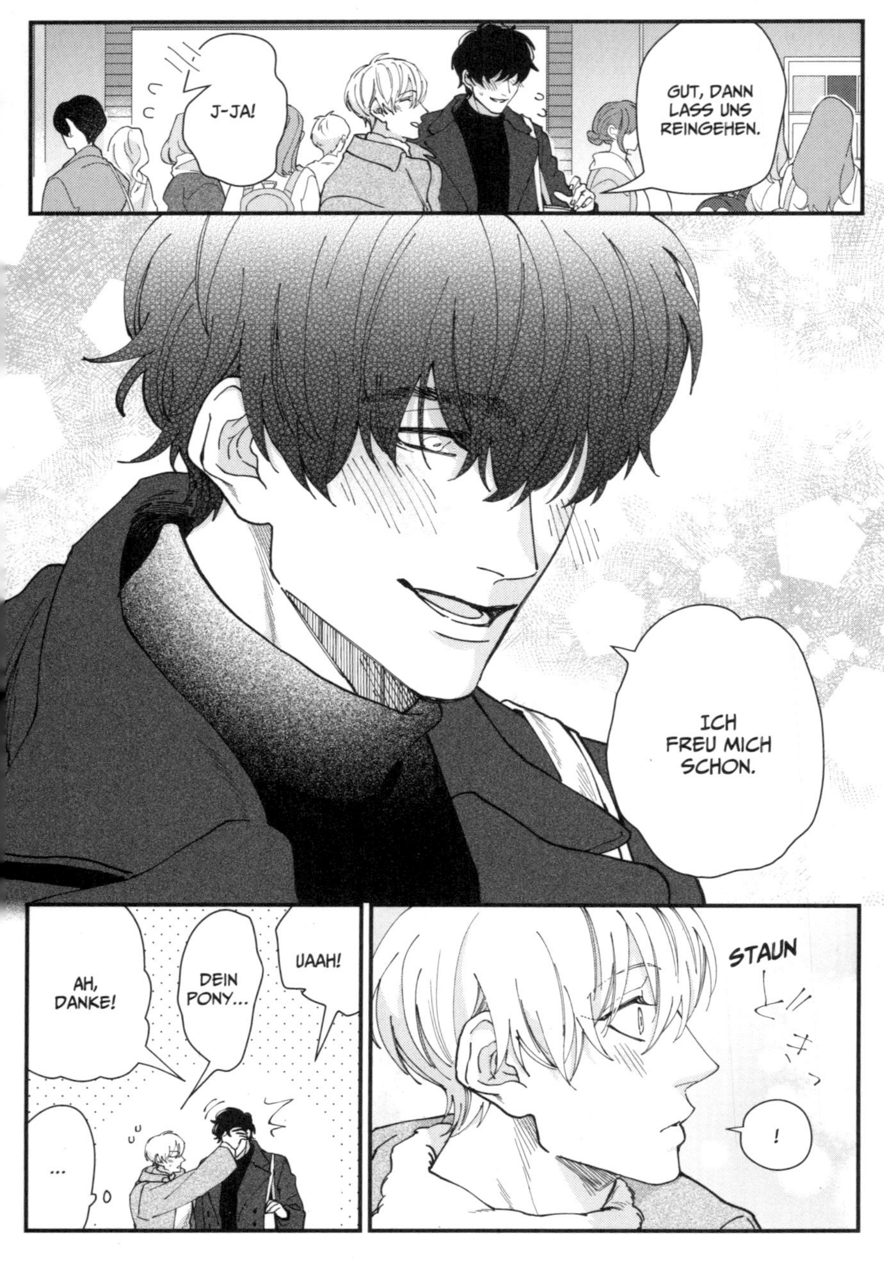

GUT, DANN LASS UNS REINGEHEN.
J-JA!
ICH FREU MICH SCHON.
STAUN
!
UAAH!
DEIN PONY...
AH, DANKE!
...

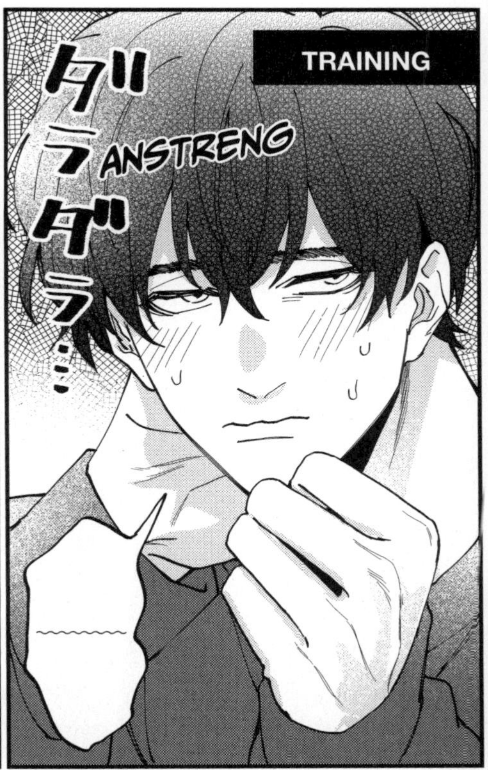
TRAINING
ANSTRENG

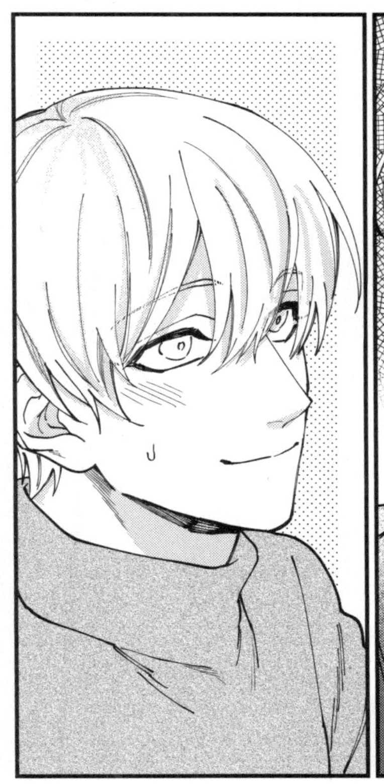

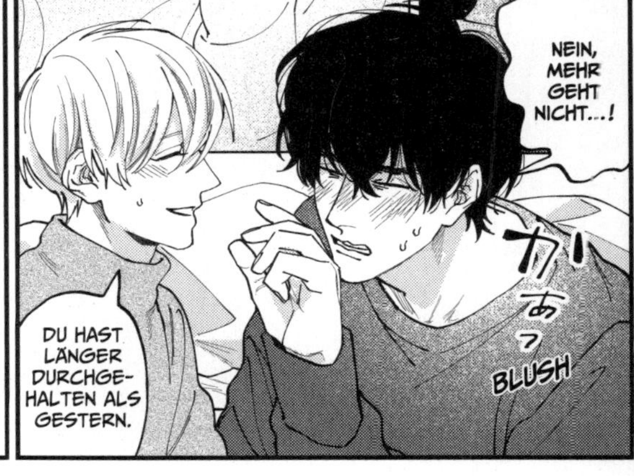
NEIN, MEHR GEHT NICHT...!
BLUSH
DU HAST LÄNGER DURCHGEHALTEN ALS GESTERN.

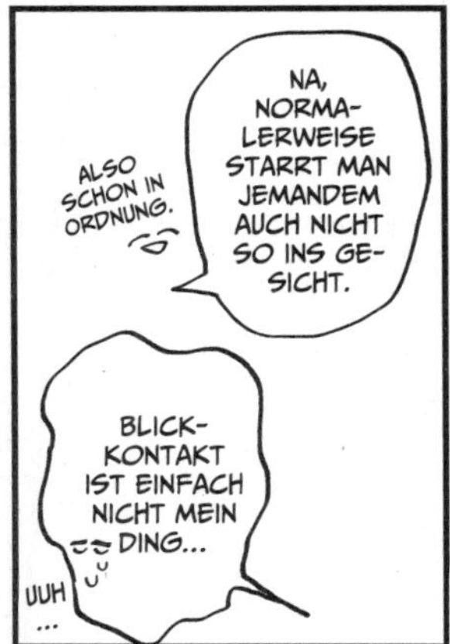
NA, NORMALERWEISE STARRT MAN JEMANDEM AUCH NICHT SO INS GESICHT.
ALSO SCHON IN ORDNUNG.
BLICKKONTAKT IST EINFACH NICHT MEIN DING...
UUH ...

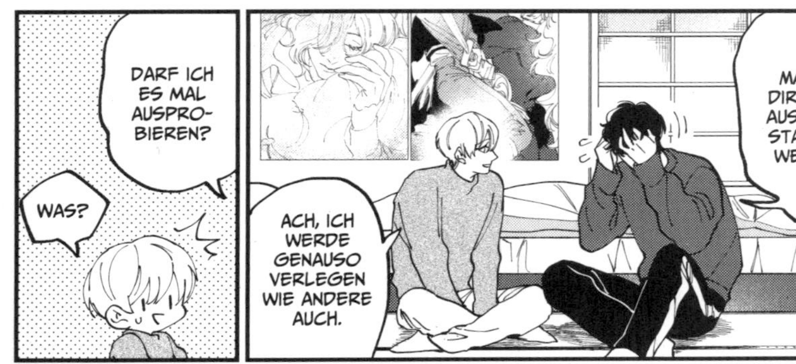
MACHT'S DIR NICHTS AUS, ANGE-STARRT ZU WERDEN?
ACH, ICH WERDE GENAUSO VERLEGEN WIE ANDERE AUCH.
DARF ICH ES MAL AUSPRO-BIEREN?
WAS?

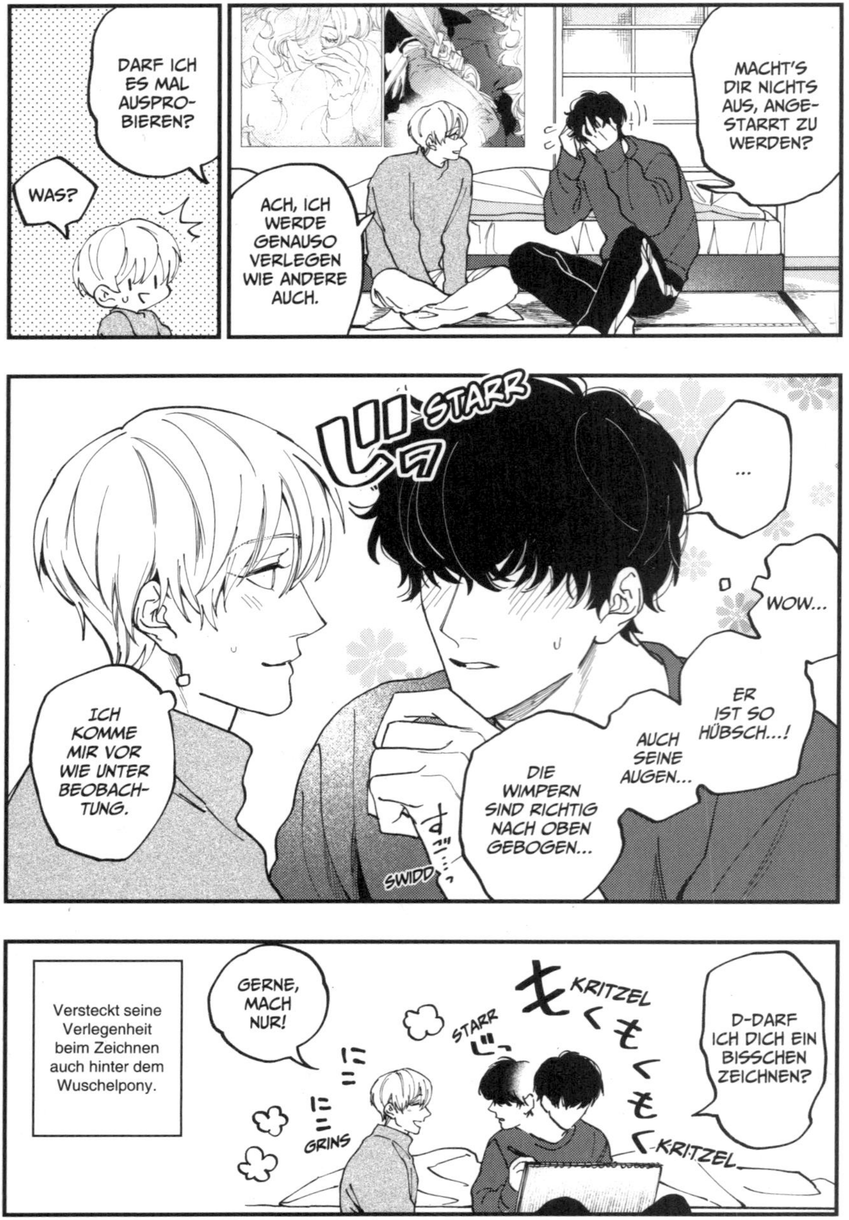

STARR
...
WOW...
ER IST SO HÜBSCH...!
AUCH SEINE AUGEN...
DIE WIMPERN SIND RICHTIG NACH OBEN GEBOGEN...
ICH KOMME MIR VOR WIE UNTER BEOBACH-TUNG.
SWIDD

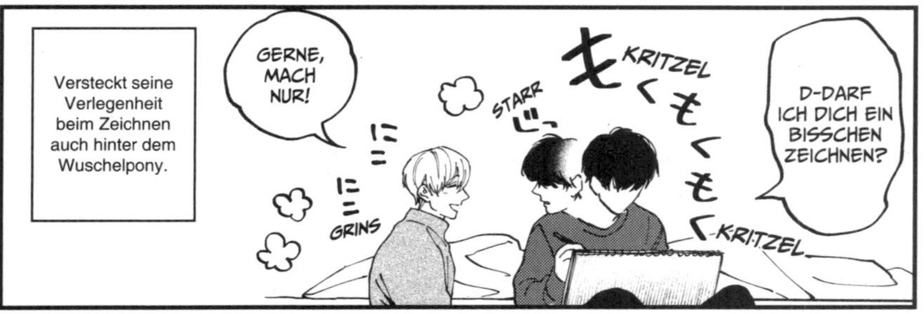
D-DARF ICH DICH EIN BISSCHEN ZEICHNEN?
KRITZEL
KRITZEL
STARR
GERNE, MACH NUR!
GRINS
Versteckt seine Verlegenheit beim Zeichnen auch hinter dem Wuschelpony.

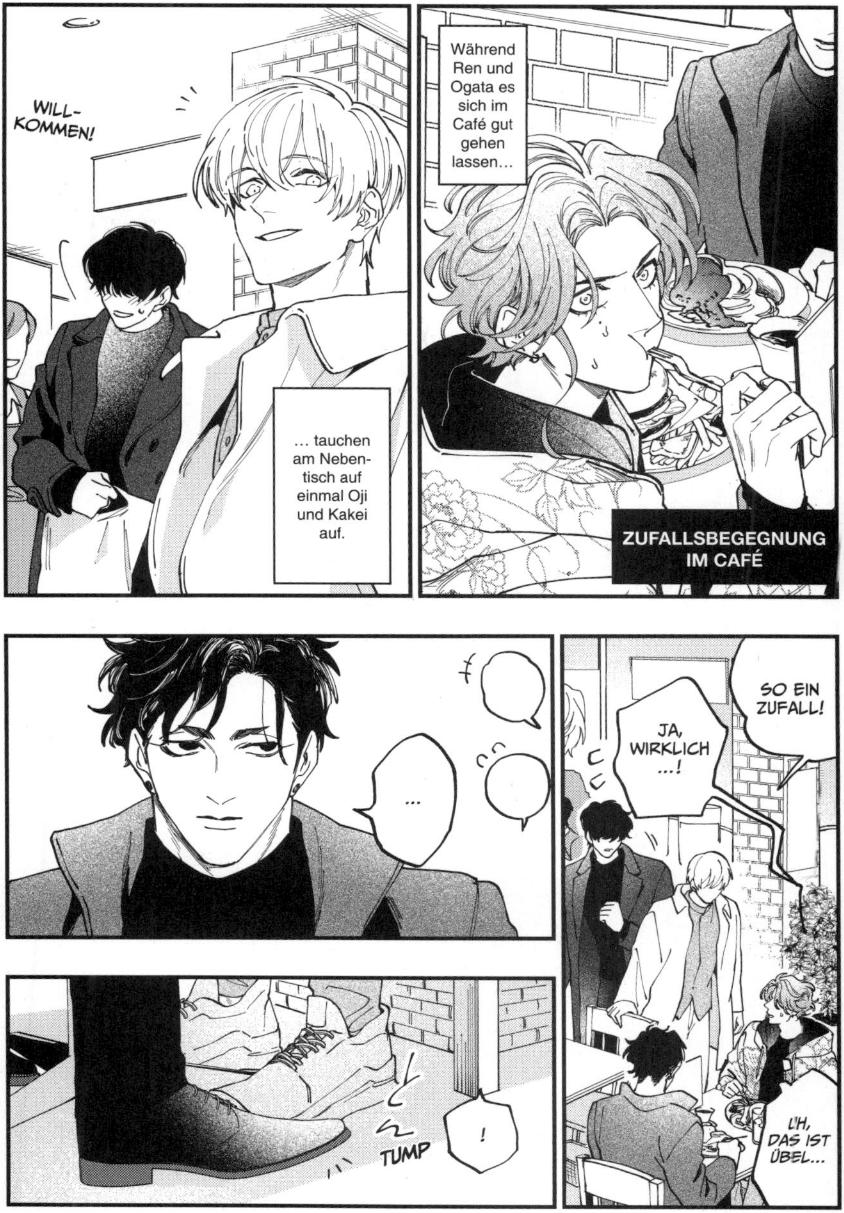

Während Ren und Ogata es sich im Café gut gehen lassen…

ZUFALLSBEGEGNUNG IM CAFÉ

WILL-KOMMEN!

… tauchen am Nebentisch auf einmal Oji und Kakei auf.

SO EIN ZUFALL!

JA, WIRKLICH …!

UH, DAS IST ÜBEL…

…

TUMP

!

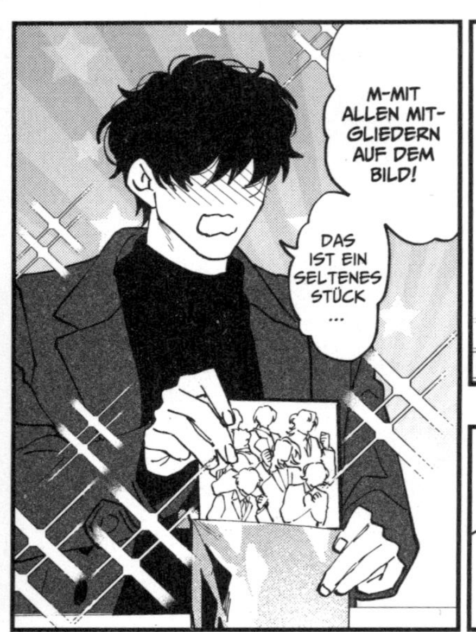

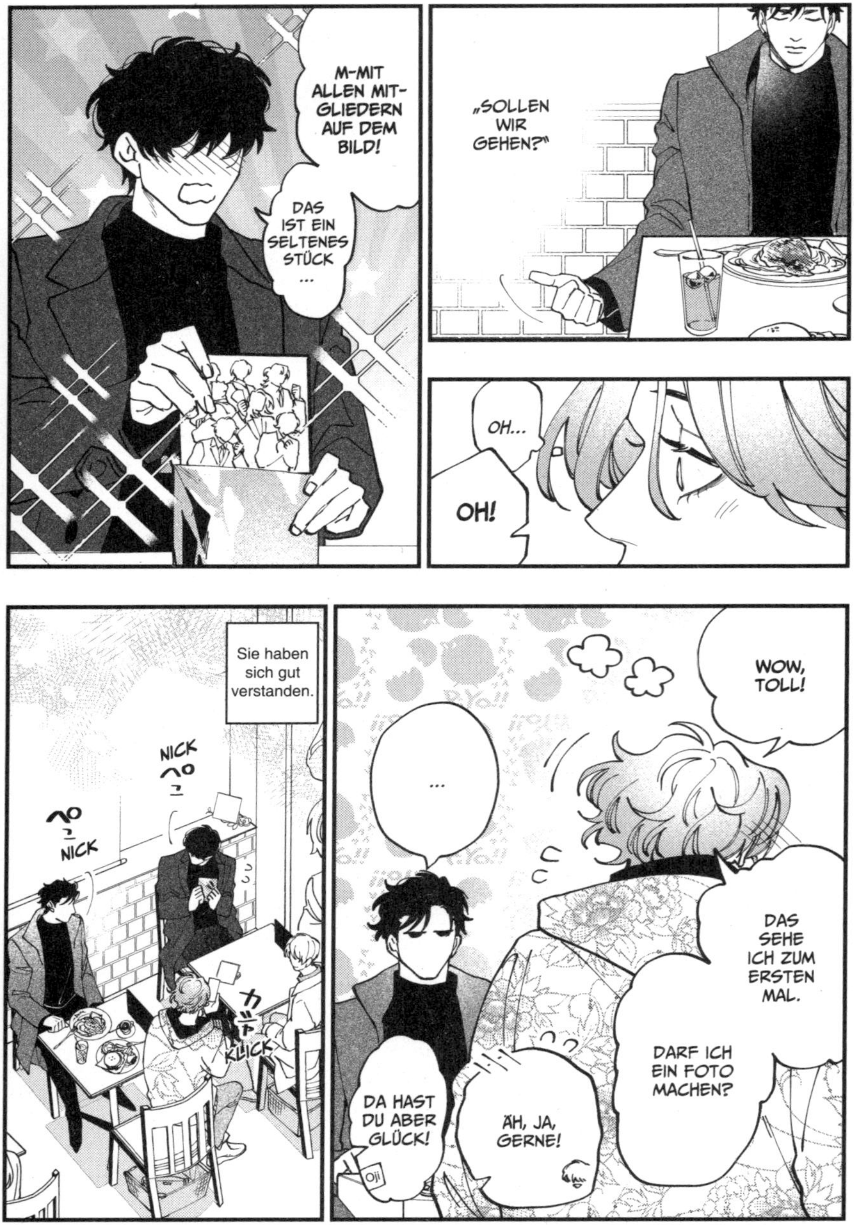

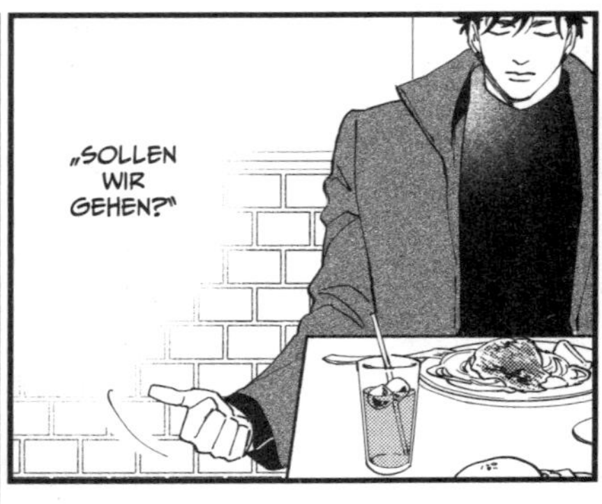

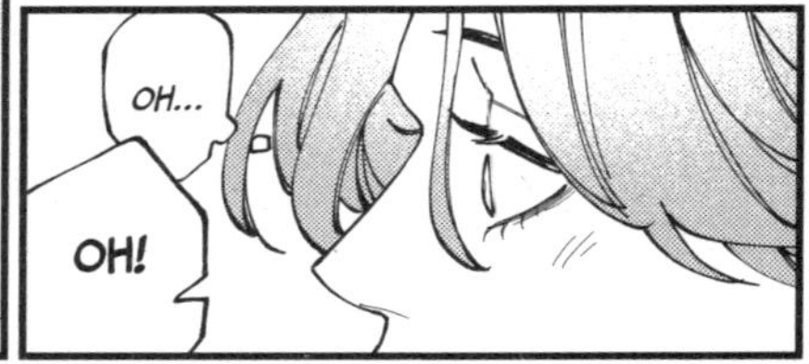

WOW, TOLL!

DAS SEHE ICH ZUM ERSTEN MAL.

DARF ICH EIN FOTO MACHEN?

ÄH, JA, GERNE!

DA HAST DU ABER GLÜCK!

...

Oji

Sie haben sich gut verstanden.

NICK

NICK

KLICK

Unsere Bücher findest du im Buch- und Fachhandel und auf

www.egmont-manga.de

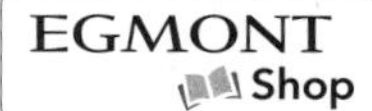

www.egmont-shop.de

„Limit Honey" von Nanase
Aus dem Japanischen von Christine Steinle
Originaltitel: „Limit Honey" Vol. 4

Originalausgabe:
© 2022 NANASE. All rights reserved
First published in Japan in 2022 by SHINSHOKAN CO., Ltd. Tokyo
German version published by EGMONT Verlagsgesellschaften mbH under license from SHINSHOKAN CO., Ltd.

Deutschsprachige Ausgabe:
© 2024 Egmont Manga verlegt durch
Ritterstraße 26, 10969 Berlin

1. Auflage 2024
Verantwortliche Redakteurin: Manuela Rudolph
Redaktion: Christopher Bünte
Textbearbeitung: Frank Neubauer
Gestaltung: Wolfgang Schütte
Koordination: Angelika Schönhuber
Printed in the EU
ISBN 978-3-7555-0247-0

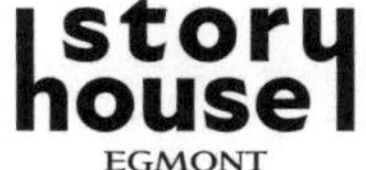

Die Egmont Verlagsgesellschaften gehören als Teil der Egmont-Gruppe zur **Egmont Foundation** – einer gemeinnützigen Stiftung, deren Ziel es ist, die sozialen, kulturellen und gesundheitlichen Lebensumstände von Kindern und Jugendlichen zu verbessern. Weitere ausführliche Informationen zur Egmont Foundation unter **www.egmont.com**

SUTOPPU!

Koko wa kono manga no owari dayo.
Hantaigawa kara yomihajimete ne!
Dewa omatase shimashita!
Tanoshii hitotoki wo dozo!

Egmont-Manga-Chiimu

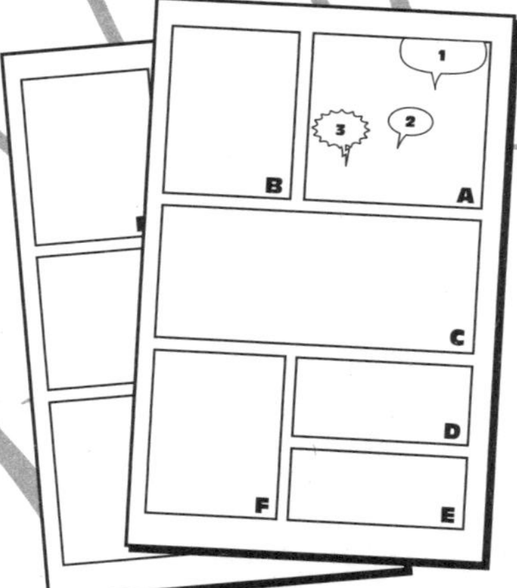

STOPP!

Das ist der Schluss des Mangas.
Fangt bitte am anderen Ende an!
Und nun genug der Vorrede,
viel Spaß beim Lesen!

Euer Egmont-Manga-Team